兰州大学哲学社会科学文库

Philosophy and Social Sciences Library of Lanzhou University

从自私到利他——语言文化变化的模因观

樊林洲 著

兰州大学出版社

LANZHOU UNIVERSITY PRESS

图书在版编目（ＣＩＰ）数据

从自私到利他 ：语言文化变化的模因观 / 樊林洲著
. -- 兰州 ：兰州大学出版社，2024.8
ISBN 978-7-311-06566-9

Ⅰ．①从… Ⅱ．①樊… Ⅲ.①文化语言学—研究
Ⅳ．①H0-05

中国国家版本馆CIP数据核字(2023)第215441号

责任编辑　马媛聪　宋　婷
封面设计　张友乾

书　　名　从自私到利他——语言文化变化的模因观
作　　者　樊林洲　著
出版发行　兰州大学出版社　（地址：兰州市天水南路222号　730000）
电　　话　0931-8912613(总编办公室)　0931-8617156(营销中心)
网　　址　http://press.lzu.edu.cn
电子信箱　press@lzu.edu.cn
印　　刷　兰州人民印刷厂
开　　本　710 mm×1020 mm　1/16
印　　张　24.25
字　　数　346千
版　　次　2024年8月第1版
印　　次　2024年8月第1次印刷
书　　号　ISBN 978-7-311-06566-9
定　　价　98.00元

出版说明

　　党的二十大报告提出的"加快构建中国特色哲学社会科学学科体系、学术体系、话语体系，培育壮大哲学社会科学人才队伍"的重要精神，为我国高校哲学社会科学事业发展提供了根本遵循，为高校育人育才提供了重要指引。高校作为哲学社会科学"五路大军"中的重要力量，承载着立德树人、培根铸魂的职责。高校哲学社会科学要践行育人使命，培养堪当民族复兴重任的时代新人；要承担时代责任，回答中国之问、世界之问、人民之问、时代之问。

　　作为教育部直属的"双一流"建设高校，兰州大学勇担时代重任，秉承"为天地立心，为生民立命，为往圣继绝学，为万世开太平"的志向和传统，为了在兰州大学营造浓厚的"兴文"学术氛围，从而为"新文科"建设和"双一流"建设助力，启动了开放性的文化建设项目"兰州大学哲学社会科学文库"（简称"文库"）。"文库"以打造兰州大学高端学术品牌、反映兰州大学哲学社会科学研究前沿、体现兰州大学相关学科领域学术实力、传承兰州大学优良学术传统为目标，以集中推出反映新时代中国特色社会主义理论和实践创新成果、发挥兰州大学哲学社会科学优秀成果和优秀人才的示范引领作用为关键，以推进学科体系、学术体系、话语体系建设和创新为主旨，以鼓励兰大学者创作出反映哲学社会科学研究前沿水平的高质量创新成果为导向，兰州大学组织哲学社会科学各学科领域专家评审后，先期遴选出10种政治方向正确、学术价值厚重、聚焦学科前沿的思想性、科学性、原创性强的学术成果结集为"兰州大学哲学社会科学文库"第一辑出版。

　　"士不可以不弘毅，任重而道远。"兰州大学出版社以弘扬学术风范为己任，肩负文化强国建设的光荣使命，按照"统一设计、统一标识、统一版式、形成系列"的总体要求，以极其严谨细致的态度，力图为读者奉献出系列学术价值厚重、学科特色突出、研究水平领先的精品学术著作，进而展示兰大学人严谨求实、守正创新的治学态度和"自强不息、独树一帜"的精神风貌，使之成为具有中国特色、兰大风格、兰大气派的哲学社会科学学术高地和思想交流平台，为兰州大学"新文科"建设和"双一流"建设，繁荣我国哲学社会科学建设和人才培养贡献出版力量。

兰州大学出版社

二〇二三年十月

序　言

喜闻樊林洲教授的新作《从自私到利他——语言文化变化的模因观》付梓，这为我国模因论研究翻开新的一页。过去的20年间，我们从事的模因论研究大都集中在观察语言模因在具体语言实践中的表现。虽然我们在《语用三论》（2007）[①]中提到模因论，在《语用新论：语言模因论文选》（2020）[②]中收集了我们研究语言模因的部分论文，还出版了《语言模因理论与应用》（2014）[③]一书，意图从理论和应用两方面谈我们的体会。我们从模因论的视角审视语言的模仿、复制和传播，用模因论来解释在不同场合的语言语用表现，但我们还未能深入分析生物进化和语言文化进化与模因形成的关系，也没有从不同的角度探讨模因变化和进化的生态机制。桂诗春教授在《语言模因理论与应用》的

[①] 何自然、谢朝群、陈新仁：《语用三论：关联论·顺应论·模因论》，上海教育出版社，2007。

[②] 何自然、魏在江、戴仲平：《语用新论：语言模因论文选》，上海外语教育出版社，2020。

[③] 何自然、陈新仁等：《语言模因理论与应用》，暨南大学出版社，2014。

序言中提到，我们还需深入思考与模因研究有关的三大问题：达尔文主义引入社会和文化进化问题、模因和信息关系问题以及模因和语言关系问题。现在，樊教授这部专著多少可以帮助我们找到一些有关的答案。

《从自私到利他——语言文化变化的模因观》一书的前三章为我们分析了模因理论产生的来龙去脉。自20世纪中叶开始，分子生物学、遗传学、计算科学等领域的发展和进步，为语言研究提供了更多的科学证据和有效手段。于是，除了语言的本体研究之外，学者们重新认可语言起源和进化的探索，正是在这样的氛围下，理查德·道金斯（Richard Dawkins）在《自私的基因》（1976）①一书中提出了模因（meme）这个概念。基因和模因都来自复制，基因的复制通过遗传而繁衍，模因的复制则通过模仿而传播。苏珊·布莱克摩尔（Susan Blackmore）在《模因机器》（1999）②中更明确地说，任何一个信息，只要它能够通过广义上称为"模仿"的过程而被"复制"，它就可以称为"模因"。

《从自私到利他——语言文化变化的模因观》一书的余下五章颇有特色。其中第四章讨论模因论和语际翻译问题。樊教授在教学工作中长期主讲翻译理论与实践，他的学术兴趣亦在翻译研究方面，曾发表了大量有关翻译与实践的论文。在本书中，他论述了模因与翻译的关系。他引用安德鲁·切斯特曼（Andrew Chesterman）（1997）③的观点，认为模因提供了理解翻译的新的、有益的方法。于是，他认定文化与翻译都是模因论的解释对象，模因论可以推动翻译，而且要将翻译看作一种模因复制的动态行为。为此，他提出翻译过程是模因的变异和选择过程，提出译者要熟悉翻译策略，学习如何在不同的条件下使用不同的翻译策略。此外，樊教授还刻意论述了有关模因翻译的种种问题。这是本书讨论的专题特色之一，里面还详细讨论了各种翻译策略模因与翻译的关系，占有相当的篇幅，很值得我们注意。

接下来的第五章转到隐喻模因的研究。在这章中，樊教授讨论了隐喻

---

① Dawkins R, *The Selfish Gene*, New York: OUP, 1976.

② Blackmore S, *The Meme Machine*, Oxford: OUP, 1999.

③ Chesterman A, *Memes of Translation*, Amsterdam: John Benjamins, 1997.

模因的复制和传播机制。从模因的角度研究隐喻，是本书的另一特色。隐喻通常是修辞学、语义学的研究对象，近半个世纪以来，隐喻又成为认知语言学的热门课题。但本章则从生物哲学的角度认为隐喻的语言复制具有遗传性、变异性和选择性等特征，合乎生物复制的进化规律，从而认定隐喻就是模因。这样一来，隐喻研究就回归到语言现象的研究，成为语言进化的一个组成部分。本章还以"杨柳"隐喻图式为例，分析图式在复制过程中产生的变异，并从神经生物学的角度对隐喻模因进行了论证，最后说明隐喻生成进化的模因特性。

本书第六章讨论模因理论和意识形态，内容新颖，展现了作者对模因理论的独特认识。他认为模因是操控意识形态的重要工具，直接关系到国家的政治和军事安全。可以发起各种各样的模因战，取得预期价值。本章的观点之一是模因信息战：通过模因传播使不同受众快速获知信息，有效地传达我国政府的意图，从而有力地遏制和打击对方；观点之二是模因网络战：通过模因在网络传播，破坏对方的对话、叙事及颠覆对方的心理，寻求机会影响对方的观念和行为，传播有利于我方、不利于对方的信息；观点之三是模因心理战：包括战场心理战、战略心理战和军事行动心理战。战场心理战专注于战场的认知领域，针对对方的心理进行模因传播，以有利于我方的方式为目标。战略心理战在国家层面开展，在全球范围开展信息传播活动，从而影响域外人士的态度、认知和行为。此外，反模因宣传也是模因心理战的重要组成部分。本章提及的模因战和国防安全模因观、通过模因建构国际话语权以及其他与模因有关的论述目前还是一些新课题，其一系列的模因传播机制有待于读者参与研讨。

本书第七章专门讨论网络模因中的视觉模因，通过论证本书书名所说的"从自私到利他——语言文化变化的模因观"体现出本章的特色。樊教授认为，从模因进化的视角看，信息的传播从传统的"自私的"传播方式变化为当下的一种"利他的"传播方式，这正是模因信息的进化方式。为了阐明这个观点，樊教授指出，在网络时代，信息的接收者同时也是信息的制作者、编辑者和传播者。网络信息在模仿、复制和传播过程中形成的模因受众，同时也是信息的主体，这种情况可以说是网络技术所使然，正是网络技术使网络模因呈现出利他的趋势。网络技术使现实生活和虚拟生活交织在一起，网络形成的模因成了人们生活和交往的重要方式。通过模因传递的表情包成了人们表达情绪、情感、态度和立场的表情符号，成为一种表征信息的语言文化变化的视觉模因。本书对视觉模因的复制和传播机制做了详尽的分析，认为它是一种新型的文化现象，反映特定文化的信息和观念，其图像表征较之于语义表征具有传播优势。

本书第八章讨论模因理论与外语教学，是本书的收官之作。这是研究语言模因时经常涉及的课题，但往往都局限于如何通过模因的传播特性去改进外语教学方法和激发学生对外语学习的兴趣。樊教授在这一章却另辟蹊径去讨论模因理论和外语教学。他从文化进化联想到母语迁移，而母语迁移正是外语学习的最大阻碍。本章从分析母语负迁移的模因进化成因入手，指出学生在母语的认知惯性作用下对外语进行类推性的学习，不自觉地将外语看成是母语的等同物，从而影响外语学习质量。樊教授的观点是：第一，语言符号引致母语迁移形成；第二，母语迁移是哲学上说的主客分离现象；第三，生活的主客二分对立导致母语迁移；第四，人类惯于运用自己的经验。因此，樊教授认为克服母语迁移的策略是心智的转换：学习外语时要将母语文化的杂音过滤，排除以"隧道视野"狭窄和单一的视角来学习外语。他在分析了母语迁移在人类社会进化中的必然性之后，认识到母语和外语各具不同的"客观结构"，提出从模因视角来学习外语的策略是可行的。然而要取得和外语使用者基本相同的感知能力，则是学习者长期的目标和任务。

以上是我作为本书的第一读者阅读后的一点收获。书中有很多章节体现了樊教授独特的研究成果，而我对这些新课题的认识还很肤浅，期待读者对此有更多的认识和体会。

何自然
2023年3月于广州白云山

作者的话

进化生物学家和动物行为学家理查德·道金斯在 1976 年提出模因（meme）的概念，模因的概念受基因概念的启发，是基因的文化等值物。道金斯认为，构成文化的种种思想和观念在社会中具有生命，并从心智到心智传播，在传播中可能生成变异，影响着人类进化的进程。这一概念后来催生了模因论的研究领域。这一领域从20世纪的最后 10 年至今成果斐然。

何自然教授率先把模因概念和相关理论体系介绍到国内学术界。何教授在介绍模因理论的同时，开展了模因论的创新型研究工作，对模因理论及其应用进行了相对系统的研究，并组织和翻译模因论的相关理论著作，模因论及其应用研究在中国外语界呈现出生机勃勃的发展势头。在国内人文和社会领域，也有学者应用模因论的研究模式和思维方式来研究与文化变化相关的问题，但和外语界相比，人数则少得多。

"模因"这一术语旨在以生物学方法研究文化的变化和进化。由于文化的范围实在太大，任何问题似乎都能放在文化之伞之下，而且文化的内容庞杂，即使文化研究的杰出学者，也只能研究文化的某个方面，或者某个方面的一些相对系统的问题。文化研究的方法当然也很多，此处自不待言。因此，学术界一直有人尝试能有一个系统的方法论来研究文化。自 20 世纪 60 年代以来，就有学者，主要是哲学家，尤其是生物哲学家（具体见第一章）尝试以生物学方式研究文化的变化和进化现象及其过程，在笔者看来，他们的研究难以被学术界普遍接受，这样一类交叉学科研究内容，一般只会局限于相关学术共同体。到了 20 世纪 70 年代后期，道金斯在其科普性著作《自私的基因》中，提出了令人耳目一新的类比，把模因（meme）类比于生物学中的基因（gene），并赋予模因相当于生物学中基因的性质和作用。这一类比给学术界以启发，以基因的作用来思考文化的变化和进化，大家似乎觉得，生物和文化在本质特征上的相似性，似乎决定了生物现象和文化现象在其他特征上也有可能相似，但是，大家似乎没有注意到，用类比的推理方法推出的结论是否正确，还有待实践证明，而人文科学的实践标准并不能像自然科学的标准那样具有单一性和验证性。但是，模因的概念确实具有启发性，能够激发人的想象力，并使我们能够以与基因的变化和进化相类似的方式来研究文化的变化和进化。

　　问题在于，文化现象的变化过程和结果远比基因的变化与进化过程及结果复杂得多。类比及其所生成的隐喻只是提供了看待文化现象的一种方法，文化的生物学隐喻对科学研究具有启发性，对文化现象的研究也能起到引导的作用，但是，模因论只是尝试研究文化诸现象的一个系统方法论而已，这一方法论尝试把千头万绪的文化现象按照生物学的系统方法来研究。从理想的角度来看，这确实给文化研究提供了一个系统的而且是相对成熟的方法论。但是，学科交叉研究并不是照搬其他学科的概念和术语，当然更不是以一门学科的严格方法来研究另一门学科。模因论的研究概莫能外。在以模因论研究文化现象的过程中，以下几个问题尤其需要结合文化的特征和规律来思考。

　　第一，基因是"自私的"复制因子，只为自身的繁殖和生产而复制。在这一点上，文化似乎不仅具有自私性，而且也具有不同程度的利他性。

具体来说，首先，文化在生成和进化的初期，是为特定的人/群体/部落/社会的生存、繁衍和发展而服务的。但是，随着社会组织形式发展得越来越复杂，人类面临的生存困难和危机不再围于一个群体或者部落，人类作为一个群体，需要共同对待和处理所面临的生存困境，自私的复制因子就具有利他性，这种利他性表现为文化的变化和进化是为了改善人类整体的福祉。从文化史上看，文字的形成和进化就是一个典型的例子。从当下看，碳达峰和碳中和是人类为共同改善生存环境而努力的另一个例子。事实上，当代社会几乎所有的科学技术都是由科学家个体或者团体研究，最后通过模仿和复制，由所有人使用或应用的，科学研究的大部分利益最终由人类所共享。其次，生物学中基因的变化和进化是自私的，不存在人类及其意志的干预和调适（科学技术，例如基因编辑技术等，有可能改变这一现象，我们永远都不要低估科学技术的创造力）。文化现象的变化和进化需要从两个方面来看：一方面，人类具有适应自然和社会的被动适应性；另一方面，人类作为万物的尺度，在适应自然和社会的同时，是推进和改造社会的主体，不能否认或者低估人类在文化变化和进化过程中的作用。持这一观点的学者包括利莫·士弗曼（Limor Shifman）等人，这些学者主张模因的行为主体是人类自身，而且这一观点得到了越来越多学者的认可和支持。道金斯在2013年也承认模因概念发生变异，并向新方向进化。网络模因是对最初模因概念的"劫持"和改变，网络模因不以自然选择的形式传播，而以人类的创造力形成变化，是有意识设计的结果。在模因自身的变化和进化过程中，最好把模因理解为一种文化信息，模因在人与人之间传递，但逐渐扩展为一种共享的社会现象。这种社会现象与所谓的 Web 2.0 时代的文化形成方式高度一致，以方便用户生成内容的应用程序平台为标志。本书最后一部分内容的撰写就采纳了这一思路。

第二，早期模因论者的观点认为，在模因的变化和进化过程中，人类的创造力来自人类存储、变化和选择模因的能力，而不是来自意识的能动性。按我们的理解，如果按照模因论的观点阐释意识和模因的关系，模因论者认为意识是幻觉，其实是指观念通过垂直和平行传播，形成世代传承的认知模式的无数经验，这些经验积淀在心灵最深处，构成下意识地认识、判断、衡量和接受观念的标准与范式，被群体的社会结构不断强化，其自身不断积累，在历史长河中变成一种根深蒂固的看待问题和接受观念的方法，人类关于观念的常规看法起着规范作用。这种作用体现着我们应该接受、赞赏或者同意的一种准则或完善的标准。观念的输入和输出被沉淀在大脑中的模式和标准无意识地加以塑造，以适应观念形成的大脑环境。其实从本质上来看，这仍然是人类主体的作用，只不过是无意识的作用而已。

第三，模因是病毒的类比确实具有局限性，因为这一类比容易引导人们只看到模因和病毒之间的相似性，却忽视两者之间的差异性。这在数字文化现象的研究中尤为明显，模因的传播方式和规律确实与病毒传播很相似，有学者认为模因和数字文化是天作之合，互联网不仅充满了模因活动，而且网络模因的模仿和复制方式是前所未有的，是竞争和选择的传播。但是，网络模因的适应程度具有很大的差异性，也就是说，网络模因对其传播所在的社会文化环境的适应水平有差异，模因和病毒之间的差异性远远大于相似性。因此，在研究模因的过程中，只能把与病毒的类比视为一种启发，而更多的是研究模因的适应差异性。

第四，在模因的研究中，要正确地对待隐喻的思维方式，正确认识隐喻的作用。对模因普遍的生物学隐喻以进化遗传学为模型，这一模型是道金斯在其 1976 年的著作中直接提出来的。但是，有些学者通过寻求与所有主要进化遗传概念（包括基因型、表现型、转录和密码）等生物学概念相对应的文化来"把与基因的类比推至逻辑上的极端"（Alvarez，2004：25）。道金斯的确是在生物学意义上提出的隐喻，因为道金斯本人是一位进化生物学家和动物行为学家，他在研究生物进化和动物行为时受到启发，因而提出了文化进化的模因概念。道金斯仅仅是提出这样一个概念而已，他并没有阐释和完善这一概念。但是，模因的行为与基因的行为不仅有很大的不同（Atran，2001），而且不能把文化简化为生物学，因为这会简单化极其繁复和庞杂的人类文化行为，从而看不到人类文化行为的复杂性、多元性和庞杂的组合性。因此，在以模因为基本概念分析文化现象时，模仿、复制和传播的适应特定环境的思路应该从相对纯粹的社会/文化视角来分析。

第五，关于模因的另一项基本争议，即人在模因的传播过程中是否具有主体性的问题。这一问题与上文意识的问题有密切的联系。布莱克摩尔（1999）等学者认为人类是由其所承载并不断传播的众多模因所操纵的"模因机器"。这是模因论研究的早期观点，否认人的主体性的观点其实不是模因概念本身所固有的，我们在上一段刚说过，道金斯最初只是提出了模因的概念，后来的一些学者按照生物学中基因的概念来解释模因，从文化复制和传播的视角来看，这种解释具有局限性，其局限性表现在只考虑了模因和基因类比的性质，并没有考虑文化自身的特征，也没有考虑在交叉学科研究中，相关概念在新兴学科中的拓展和适用性等问题。其实，只要应用模因论来研究具体的文化现象，就会发现类比和隐喻自身的局限性。在达尔文时代，就有人反对自然选择这一概念，而达尔文认为自然选择的概念只是一个隐喻，与所有其他科学分支中使用的隐喻没有任何不同。同时达尔文还认为，科学中的隐喻是有用的，也是恰当的，因为隐喻具有启发性，"自然选择"的隐喻能够引导人们质疑具有适应性价值的特征，因为适应性特征强化个体（或物种）生存的机会，而且适应性特征尤其能够使人们注意个体（或物种）是如何具有适应性特征的价值的。笔者不再赘述，否则就陷入了纯理论问题无休止的争论当中。但是，不难看出，学科交叉研究中的术语的使用，往往受术语在已经确立的学科概念上的制约，把此类术语应用到新兴学科，研究者一般难以很快从本质上认识在新兴学科中应用的、在另一学科中已经确认的范畴和思维方式，这种认识需要一个过程。

在科学研究中，隐喻的作用还在于，隐喻能够使人们看到实际上没有功能和目的的现象或者事实。但是，进化论的必要假设并不是每个生物体的每个特征都适应某种目的，更不用提最佳适应这一特征了。然而，作为一种研究方法，功能和目的的假设有助于人们发现微妙或复杂的适应性特征，或其他一些容易被忽视的因素。正如库恩（Koen）一直坚持认为的那样，好的知识范式会鼓励人们不断努力解决某一难题，即使看不到解决方案。因此，科学研究中的隐喻具有一定的假设和探寻的作用，直到人们最终被迫得出一个假设不存在的最终结论，否则，过早地放弃可能会中断某一个方面的研究，这在科学的发展中不啻是一种停滞。笔者在本书第一章中已经指出，以进化的思路和方法研究语言现象被迫中断了将近一百年的时间，生物学和遗传学等科学技术的发展成果，使科学界在20世纪60年代又重新认为，以进化思路来研究语言的变化和进化是可行的，而且具有很好的前景。

从科学研究的角度来看，如果认可理论上的语义学观点，即按照术语的语义内容来理解术语，那么，在以哲学语言所表述的某一专业领域形成范式的所有理论，其自身都是一种演绎式的推理。换言之，这样的推理并不是关于真实世界的观点，而是对真实世界的一种理想化的描写，因此，在这一意义上，就不能苛求或者否定隐喻的启发性，因为所有的科学断言基本上都是以隐喻的方式提出来的。研究者更需要应用理论模型，验证隐喻所提出的理论模型是否适用于客观世界时，演绎式的推理才具有作用。我们没有理由认为一个类比或者推理，比任何其他的科学断言或者推理更真实，或者更不真实。

自然选择论的部分问题在于，它似乎依赖于对自然规律的归纳概括。换句话说，自然选择可以作为进化变化的机制，只有假设在特定环境中对个体具有适应性价值，并因此具有被传递的特征，才对类似环境中的其他个体也有价值。对归纳推理持怀疑态度的哲学家，就像卡尔·波普尔（Karl Popper）一样，似乎并不完全认可这一假设。有人可能会质疑自然选择理论所依赖的特定假设是否合理。一些哲学家和科学家，如道金斯认为这是合理的，而且他还有一个更强有力的声明：无论生命发生在哪里——在这个星球上或任何其他星球上——自然选择都会发生，并将成为进化变化的主要力量。因此，在道金斯看来，自然选择是一种自然法则。

从上述五个方面来看，应用生物学理论和生物哲学的方法论来研究文化的变化和进化，并不能完全照搬这些理论，而是要根据文化的特点，使生物学理论和生物哲学方法论能够在文化的变化和进化中具有解释力和说服力。在交叉学科研究中，这不是一个容易解决的问题，因为学者都有自己的学术背景和学术训练方式，想要完全理解交叉学科，并把相关交叉学科的内容融会贯通，这需要一定时间的认识和研究。从模因论自身的发展来看，有一些学者如康特（Conte, 2000）明确提出，在文化的变化和进化研究中，应把人视为文化传播的行为者，而不是文化传播的载体。模因的传播是基于具有决策能力的，并且具有意识的主体，社会规范、看法和偏好在模因选择过程中至关重要。把人视为文化变化和进化的行为者，对于理解文化的传播，尤其对于理解模因在数字文化中的进化方式，而且在研究模因的最初概念在其传播过程中发生显著变化时，更具有解释力和说服力。模因在微观层面扩散，但塑造了社会的宏观结构，模因通过各种模仿手段复制，并遵循竞争性选择的规则。

作者在研究过程中，通过借鉴相关核心文献，且随着对模因理论的不断深入认识，对这一理论的理解也经历了上述研究模式和方法的逐步变化，这种变化也贯穿于此书的撰写过程。

本书共八章，其中第四章六至八节由陈胜男撰写，樊林洲修订；第四章九至十二节由刘慧云撰写，樊林洲修订；其余章节由樊林洲撰写。

模因理论和应用研究是一门新兴的交叉学科研究，其理论体系还有待于进一步完善，由于不同学者的研究背景和知识视野，其应用研究包含的内容非常多，查阅国外的相关研究文献，便可窥其一斑。我们这本书所涉及的内容，仅仅是围绕语言文化的变化和进化所进行的一些研究，有相当一部分章节在学术刊物上公开发表过，其中关于语言进化的章节，介绍和引用国外学者研究的内容相对多一些，与翻译相关的内容侧重于应用研究，与文化相关的内容则侧重于应用模因理论对文化现象，尤其是对网络模因的分析和研究。

作者在研究网络文化中的网络模因时，在思路上对模因的利他性趋势才有了相对清晰的认识，因此，这部分内容在本书中阐述不多，还未做更加深入细致的探讨，谨启发读者思考这一问题。

作者期待着读者对此书的批评和指正。我们愿意和大家共同努力，为模因理论和实际应用添砖加瓦。

目　录

第一章

从生物和文化
进化到语言进
化

语言能力是人类认知能力的生物进化过程，表现为语言遗传基因。语言既是文化的基石，也是文化的载体，因此语言进化的研究路向就是语言的生物性和文化性。

第一节
从生物进化到语言进化

语言是进化系统的观点比现代语言学还古老。16世纪，西奥多·毕布利安德尔（Theodor Bibliander，1548）和康拉德·格斯纳（Conrad Gessner，1555）提出语言具有祖先语，语言从其祖先语"继承"特性，并将其特性传递给"子语言"。威廉·琼斯（William Jones）研究语言的起源和语言的"共同原形"，在1793年观察到语言之间具有相似性，印欧语言之间的相似性来源于"共同的祖先语"，这一假说蕴含语言进化思想。

1859年《物种起源》出版之后，就有学者以进化思想研究语言的起源和变化。奥古斯特·施莱歇尔（August Schleicher）于1863年发表《达尔文理论与语言学》，提出语言的"家族树"概念，绘制印欧语系语言的谱系树形图，说明语言变化和习得是达尔文进化过程。施莱歇尔把语言和动植物进行类比，认为"属""种"概念分别与语系和语系的语言类似，语言具有诞生、发展、复杂化、退化、死亡的过程（姚小平，2007）。赫尔曼·保罗（Hermann Paul）认为言语是由"概念群"构成的"心理有机物"（1880：27），"个人方言"即具体的语言能力，是由交际同伴的个人言语施加影响而获得的特性。上述研究在理论渊源上是语言复制的早期研究。

但是，由施莱歇尔和保罗的观点可以看出，在提出语言复制和进化的理论框架时，早期的语言学家没有逐步并且细致地把特性复制的基本观念应用到语言领域，而是过于简单地采纳了由生物学家提出的概念和术语，在和语言现象的概念草率类比中产生了不必要的混淆。他们不顾个体区别或特殊环境，无条件地要求一致，强行使用生物学概念研究语言，仅凭印象提出自己的观点，没有真正提出具体的细节。加上那时科学技术发展的局限性，缺乏必要的研究材料与方法，当时的语言起源和复制研究没有实证基础，只能停留在思辨性讨论上，所以巴黎语言学会和伦敦语言学会分别于1866年和1872年不再接受此类论文，语言起源和进化研究就停止了。

尽管进化生物学认为生命形式是复制系统，但是语言学界却认为用生物概念研究语言可能有意义，也可能在语言教学法上有指导作用，用生物方法讨论语言仅仅是隐喻，不应该过于认真地对待。遗憾的是，在生物学界具有强大的产出能力的复制观点，在语言研究中没有一席之位，语言学界在倒洗澡水时很可能把"小孩"也一起倒掉了。

19世纪末20世纪初，索绪尔（Saussure）的纲领性断言，即任何时期的语言系统状态反映本质上是任意性的社会规约，如果忽略语言史，我们可以更好地理解语言。这种关注语言状态而不重视语言史的结构主义方法把语言学家的注意力从语言的历史问题上引开了，从而导致对语言研究的非历史方法占主导地位。

上述种种原因使语言的复制和进化研究停滞了将近一百年。在此期间，生物学取得的成就改变了人类对世界和人类自身在世界中的作用的看法，这是人类历史上意义最重大的科学发现之一。但是生物学的成就却使语言学家在某种程度上完全放弃了这一观点。

自20世纪中叶开始，分子生物学、考古学、遗传学、脑科学与神经科学等领域取得的成果，为探索语言起源和进化提供了科学证据，计算机建模等新方法成为研究语言起源和进化的手段之一，从而使语言起源和进化研究有了科学依据，这是语言进化研究"复兴"的时代背景。在此背景下，科学界逐渐认为解释生物的进化理论也可以应用到其他领域，生物并不像以前所想象的那么特殊，生物复制系统可能是一般的系统类型，而且在其他很多领域也可以找到这种类型的变异，语言可能是这种系统类型的其中之一。罗杰·拉斯（Roger Lass）提出语言是复制的信息系统，语言必须复制自身以生存，语言具有历史，语言史是不断努力复制自身的历史。语言学不是和复制系统相关的唯一学科，我们应该尽可能地使用相同的术语，以说明本体基础相同或相似。拉斯不是把生物学和语言学联系起来的唯一学者，语言变化不是由历史偶然事件引起的变化，语言本身也在进化，因为语言是内在的复制系统，近年来在语言学界和其他科学领域，越来越多的学者都表达了这一观点。1960年，美国动物行为学家霍克特（Hockett）发表了《语言的起源》一文，对比了人类语言和其他动物的交际系统，研究了人类语言产生与进化的生理、认知和社会基础，语言进化研究才打破沉寂，重新回到学者的视野中。

美国人类学协会和纽约科学院分别在1972年和1975年召开了主题为"语言和言语的起源与进化"的研讨会，进化语言学家詹姆斯·赫福特（James Hurford）于1996年在爱丁堡发起进化语言研讨会（EVOLANG），这些会议标志着语言进化研究再次进入学者的视野中。哈佛大学2002年召开了第四届语言进化国际研讨会，在这次会议上，乔姆斯基（Chomsky），生态语言学的奠基人之一豪斯（Hauser）和肯尼迪（Kennedy）教授的讨论长达近两个小时，讨论围绕语言的起源、语言进化机制以及语言如何进化等问题，这一国际会议到2014年已经举办了10次。著名的圣塔菲研究所（Santa Fe Institute）认为语言是动态进化的一个类型，是"复杂适应系统"。

平克（Pinker）和布鲁姆（Bloom）的《自然语言和自然选择》一文于1990年在《行为与脑科学》杂志上发表，标志着人类语言起源和进化研究获得学术界的再次认可。2007年，国际语言学期刊《生物语言学》创刊，标志着进化语言学科的诞生。

乔姆斯基把语言能力称为"语言器官"，认为动物和人类在话语特征上具有很强的进化连续性，语言能力的进化体现人类特有的适应度，语言能力使人类具有进化优势和历史文化。2002年，乔姆斯基与进化生物学马克·豪斯（Marc Hauser）、进化生物学和认知科学家费奇（Fitch）在《科学》杂志上发表了主题为语言能力进化的论文，力图整合语言学、生物学、心理学等学科的语言研究。2005年，平克和杰肯道夫（Jackendoff）在《认知》杂志上发文反驳乔姆斯基等人的观点。双方随后展开讨论，引用跨学科证据，努力为不同学科的研究提供一个整合的平台。这一讨论影响深远，因为相关学者都在自然科学领域研究进化，从认知、语言、神经等领域研究灵长目动物到人类的进化过程，反映当代语言学研究的趋势，同时说明语言学研究必须吸收认知科学、心理学、人类学、生物学的新成果。

上述内容说明进化语言学是科学和人文结合的新兴学科，表现出蓬勃发展的趋势，很多学者，例如伯纳德·比坎杰（Bernard Bichakjian）、詹姆斯·赫福特、卢蒂·凯勒（Rudi Keller）、马丁·哈斯佩尔曼斯（Martin Haspelmath）、罗杰·拉斯（Roger Lass）、阿普里尔·麦克马洪（April McMahon）等，近年来都在研究语言进化，并有著作出版。

第二节
从文化进化到语言进化

文化遗传的方式是文化进化的核心问题。人类为了生存和繁衍，向其他物种学习，以获得生存技能。自然选择理论认为亲代具有不同的生存和繁殖能力，后代在促进或抑制这些能力特征方面与亲代相似，这是父代把其特征遗传给子代的垂直传递的适应方式。但是达尔文没有说明人类向同代人学习的水平传递方式，如果把水平传递纳入进化理论，则需要补充进化的达尔文模式。

威廉·詹姆斯（William James）是早期具有文化进化思维的学者，他在1880年提出，社会进化和人类心理发育与动物进化之间具有明显的相似性。斯宾塞（Spencer）是应用进化思维研究人类文化的早期倡导者之一，其进化哲学认为伟人在决定历史进程中的作用是次要的，因为首先社会塑造伟人，然后伟人才改造社会。社会和文化的发展首先需要个体在生理和社会内部力量的作用下获得才能，但是个体具有主体性，也具有创造的能力，社会环境具有采纳个体和个体能力的力量。

进入20世纪70年代，卡尔·波普尔、吉哈德·福尔迈（Gehard Vollmer）以及唐纳德·坎贝尔（Donald Campbell）等哲学家以生物进化基本原理研究人的认识能力、结构和心智发展问题。他们的研究成果成为语言学家研究语言进化的哲学依据。到20世纪80年代以后，卡瓦利-斯福扎（Cavalli-Sforza）、菲尔德曼（Feldman）、拉姆斯登（Charles J. Lumsden）和威尔逊（Wilson）等科学家致力于构建文化进化理论，认为文化特征既可以通过同代人的个体（水平传递）获得，又可以通过多代人的个体（垂直传递）获得。遗传学家卡瓦利把根据基因绘制的人类谱系图和语言谱系图进行对比观察，从语言的进化与扩散、人群的移动与分化的关系视角来分析语言进化的历史，有助于我们理解语言进化的动力和方向。博伊德（Boyd）和理查森（Richardson）认为人类的发展是基因和文化共同作用的结果，声望偏见调整学习机制，复制有益的行为，而模仿常见行为的从众偏见更有可能使个体学习新行为。这些学者尝试用不同的方式构建规范模式，以把文化遗传的作用整合到进化得更标准的生物模式中。

道金斯于1976年提出模因论，旨在把进化思维应用到文化遗传的理论中，这可能是影响最大的理论。模因论力图在文化进化与生物进化之间得出具有解释力的类比，模因论认为选择是实体复制特征的过程，复制过程和亲代复制子代相似，"复制因子"是能够复制自身的实体。在进化的标准生物模式中，一般认为基因是复制因子。基因复制自身，从而使子代有机体相似于亲代。如果用生物进化模式解释文化的进化，在文化中就需要找到解释文化遗传的某种形式的复制因子，模因就是这种复制因子。

模因论提出了思考人类进化的不同方式。模因论认为文化不是对早期人类和其基因优势的适应，文化是人类祖先使用模仿技能时出现的第二个寄生性复制因子，基因和模因共同进化，模因重组人类的身体和大脑，以更好地传递所复制的模因，模因是为自身利益而进化的复制因子，模因和基因进化的方向一致。从人类的本质和更宽广的进化视野看，模因论显然提供了研究文化的一个新方法。

生物哲学史家赫尔（Hull）采纳了道金斯的复制因子概念，但是他把有机物的作用归纳为互动因子，并把互动因子定义为和环境相互作用的任何实体，以引起相关复制因子的选择，互动因子和环境的相互作用是选择的场所；互动因子是复制因子复制的载体，选择以互动因子和其环境相互作用的过程为中心，形成复制因子的差异复制。

文化进化模型的共同特征是，进化变化是复制形成的变化，实体在复制过程中复制，复制品的大部分结构和最初的结构相同或相似，复制过程累积并且重复，因此产生谱系。进化变化具有两个步骤：复制过程形成变异，通过某种机制选择变体。文化进化的这类模型被称为广义进化理论。

在此期间，生物学、认知科学和哲学等相关领域的学者研究了大脑、认知和语言的关系。神经人类学家特伦斯·迪肯（Terrence W. Deacon）以进化生物学和神经科学为理论基础，探索人类认知的进化，研究动物和人类交际，尤其是语言和语言进化的内在复制过程，他使用寄生物和宿主隐喻说明语言和大脑的关系，认为语言结构共同进化以适应大脑宿主。科学和生物哲学家丹尼尔·丹尼特（Daniel Dennett）研究了进化论对于人类思维模式的影响，其进化观和道金斯的相同，他认为模因论是一个非常有用的哲学工具，其理论对语言进化和进化心理学研究有较大的影响。

从文化进化这条线索看，模仿和复制是语言进化的主要方式，因此模因论和赫尔的模型成为语言进化研究的理论基础。语言学家尼古拉斯·里特（Nicolaus Ritt）应用模因论系统分析语言变化，说话人以概念模因为基础而生成的语言行为，其目的是复制模因，而不是交际，模因共同适应是一种选择压力，这种选择压力能够解释英语史中韵律结构和元音变化之间的相互作用。布莱文斯（Blevins）运用生物隐喻研究音韵学，以解释从成人到儿童的语音系统传递中变化的共时语音模式，他又使用遗传概念，研究儿童学习成人语言复制中的"错误"形成的变异，即听话人改变从说话人听到的内容的机制和自然选择的机制，即语音在特定的语音环境中有无可能变化。

克罗福特（Croft）应用赫尔的广义选择理论，认为语句中的语言结构符号由说话人生成，语素（lingueme）是语言复制因子，说话人是互动因子，说话人在说话中复制复制因子，在产出和理解话语中形成变异。语言结构通过语言使用进化，说话人作为互动因子是选择的场所，这一模式与社会历史语言学形成变化的传递理论（变体的选择）一致，言语社区中与特定的社会语言变体相关的各种社会因素导致了言语的传递或消亡。

穆夫温（Mufwene）从生态学视角研究语言进化，认为语言以拉马克方式（Lemarckian）进化。语言进化是说话人之间为适应交际策略和交际需要而形成的不完全复制，进化是连续不断的复制过程。复制是语言机制和/或语用原则的重新组合，组合过程和生物学的遗传重组相似，最后生成变体。语言接触、进化和消亡是生态因素作用的结果。语言进化是个人言语之间竞争的自然选择过程，影响语言的生态环境因素是文化、权力、地位等。语言是复杂的适应系统，其寄生性说明语言系统具有渗透性，一种语言或其变体的经常使用，其实是它为适应新生态环境而竞争和选择的结果。

王士元（2006）认为中国人的基因是长期族群迁徙和融合的产物，汉语吸收各种方言和不同民族语言的词汇及语法结构，语言进化有涌现、变迁、习得三个尺度，语言是生物进化与文化进化相互作用的产物，进化语言学不仅要研究语言现象，还要研究语言形成和变化的过程。王士元和邓晓华（2009：176-179）用生物学种系生成法来研究汉藏语系语言的谱系分类，用定量方法来分析中国语言及方言之间的谱系关系，有助于理解中国语言进化的具体进程。龚涛（2018）应用词汇–词序共同进化模型研究汉语，揭示出汉语可能保留了语言的一些原始特性。

第三节
语言进化研究的创新点

语言进化研究体现了当代科学和人文的结合，借助基因学、动物行为学、人类学和计算机模拟等多学科研究方法，不但可以揭示人类语言的形成和发展过程，还有助于了解人类生存的自然、社会和文化因素，科学和人文的结合使语言研究具备可重复性和可验证性，有望使语言学成为实证科学。

广义进化方法能够填补语言是个体拥有的认知系统和语言是社会制度之间的概念空白。从模仿复制的角度来看，说话人的语言能力和言语社区是群体或库，言语能力是语言能力和言语社区的集合，这不但提供了新的理论途径，以解决传统理论无法解决的问题，而且能够加深我们对推动语言历史过程的理解。

　　语言进化研究是跨学科研究，其主要问题是，研究者一般只精通某个领域，生物学家和遗传学家精通于生物学和遗传学，而人类学家、社会学家和语言学家则精通于社会人文科学。因此，研究语言的复杂性、生物性和社会性需要相关学科的研究者通力合作，这是进化语言学面临的挑战和长期任务。

第二章

模因理论

　　模因论是研究文化和文化相关学科的进化认识论方法之一，其理论架构是和基因的类比，探讨的问题是信息和知识如何进入人的心灵或大脑，模因是信息和知识传播的单位。作为新方法，其概念新颖，方法独特，解决的是传统社会科学没有注意到的问题，因此吸引学者以模因理论研究不同领域中信息和知识的传播。同时，西方学术界也在探讨这种新理论基础概念的合理性和价值，以及该理论的解释力和预测力等问题，因此，模因论是当前学术界讨论的前沿理论之一。分析围绕模因概念和模因与基因类比等方面讨论的内容，掌握讨论反映的深层次问题，了解模因论的研究成果，把握其发展现状，从而正确认识模因论，以期客观全面地进行这一领域的理论及应用研究。

第一节
模因论的原理

模因论是应用普遍达尔文主义研究文化和文化相关学科的一个认识论方法。进化生物学家道金斯根据生物进化的核心是自然选择，进化是自我复制实体竞争动力的原理，提出文化进化应该有文化的"复制因子"，即文化中差异复制的实体构成文化进化过程，他把这些实体命名为"模因"。模因是存在于大脑中的信息单位（Dawkins，1982：109），如信念、价值观、故事、流行歌曲和宗教观念。模因概念引起了学术界的关注，哲学家、社会和人文学家纷纷研究模因，探讨模因的基础概念和相关规律，形成了一门理论——模因论，主要研究文化和人的行为。

模因论尝试用一种新颖的规范模式，以把文化遗传的作用整合到进化得更标准的生物模式中去。模因论是运用达尔文的进化观研究文化进化的新理论。道金斯在研究基因的规律时受到启发，发现在人类社会中也存在和基因类似的能够复制自身的现象，他在《自私的基因》（1976）中把这种文化现象命名为模因（meme）。由于模因概念表现的独特视角和所研究的问题是社会学、心理学等学科难以解决或不关注的问题，这个观念便很快流行了起来。布莱克摩尔的《模因机器》（1999）比较系统地阐述了模因的原理，加上其他学者对模因的进一步研究，模因论日益受到研究界的关注。2006年，牛津大学出版社出版了《理查森·道金斯——一个科学家如何改变我们思考的方式》的文集，以此纪念道金斯的创造性贡献。

一、模因的概念

模因是以制约生物进化的原理研究文化变化和进化的概念。模因论认为文化要素是模因构成的，文化变化的本质是模因经常且持续的变化。模因是由数量庞大的、互不相关的、通过社会传播的信息所表现的心理状态和人工器物所携带的信息，模因传播的主要方式是模仿，模仿能够产生其他模因。模仿和传播是通过复制因子而实现的复制过程。道金斯认为，模因表现为"曲调、流行语、服装式样、制壶建门的方法"（2006：192）。后来的研究者基本上沿着这个思路研究模因。现在一般认为，通过社会传播的心理表征、人工器物和人的活动（包括语言和文本性质的活动）是模因，因为它们能够复制相似性质的器物或活动。模因通过社会传播使文化发生变化。模因论认为大脑中的所有观念都是模因。模因和模因库（所有模因的集合）中的其他模因为了复制而竞争。模因不但能复制到人的大脑中，而且也能复制到报纸、书籍、磁带、光盘和硬盘上。模因是"和离散的基因类比的假设，是文化遗传的单位，在文化环境中通过'表现型'结果影响其生存和复制而自然选择"（Dawkins，1982：290），通过模仿而传播。后来的研究者秉承道金斯的这一观点，认同模因是通过复制在人的大脑中进行传播的信息单位，如理查德·布罗迪（Richard Brodie，2009：32）把模因定义为"大脑中的信息单位，其存在影响事件，从而使该事件的更多复制品复制到其他人的大脑中"。现在，模因基本上被视为文化传播的单位或信息的单位，而文化是主体群体嵌入在思想、行为和器物中的行为总模式及其结果，文化取决于主体向后代讲授和传播知识的能力。道金斯总结并发展了一些思考进化过程的新方法，威廉姆·汉密尔顿（William D. Hamilton）、约翰·梅纳德·斯密斯（John Maynard Smith）和乔治·威廉姆（George C. Williams）在前几十年里已经对这些方法进行了详细的阐述。道金斯的著作使这些很重要的概念被更多的人所知道，并使生物变化不同概念的相对优点引起了人们饶有兴趣的讨论。把模因视为文化进化单位的观点简洁明确，引人入胜。正因为如此，道金斯关于模因的论述启发了很多人努力以进化的方式来思考文化。

二、模因论的基础原理

模因论认为文化的本质是模因，文化变化的本质是模因的不断变化。模因是由大量互不相关的、通过社会传播的信息所表现的心理结构。模因表现的信息通过社会传播，因此，社会学习能够产生模因。模因通过社会传播时，彼此的信息常常互不关联，因此，信息的社会传播是个复制过程，模因在这个过程中复制着自身。模因通过模仿向其他主体学习，是社会成员共同具有的文化元素，观念、行为和器物都是文化元素的组成部分。模因具体体现为通过社会传播的神话、信念、程序，以及做事、思考问题和口头表达的心理表征。总之，通过社会传播的心理状态、人工产物和人的活动（包括语言和文本性质的活动）都具有复制的性质，能够通过模仿产生类似性质的产物或活动。

对一定时期文化中的模因和其变化的描述可以说明这一时期的文化，模因频率的变化使人们注意到文化的变化。模因适应度的差异产生模因频率的变化。一些模因包含的信息量或表现的信息形式使这些模因更有可能在特定的社会、生物和物质环境中得到传播，这类模因就具有更高的适应度和更强的竞争力，比其他模因能够更多地复制自身。如果模因容易传播并善于激发人们将其传播，就有可能被有影响的人所使用，有可能被其他人认为是文化信息的来源而接受，越容易被人记住或越重要，模因的适应度就越高，竞争力就越强，人们越有可能通过模仿复制这些模因。因此，模因论作为一个解释性工具，似乎可以解释人类在历史长河中所表现出的行为，并研究产生这些行为的动机或原因。

模因论的理论原理是达尔文的进化观，它以生物进化的基本规律为类比，解释文化进化现象。道金斯提出"模因"是能够传播的文化实体的概念，"模因"在文化中的传播、选择和生存基本上与基因在生物进化中的方式相同，因此，他在基因和模因的传播之间建立了一种类比关系。这种关系是道金斯在继承哲学家波普尔、遗传学家卡瓦利-斯福扎、人类学家克洛克（F. T. Cloak）和行为生物学家卡伦（J.

M. Cullen)的文化和遗传进化类比思想后发展而来的。模因通过模仿在人的大脑之间传播，在模因库中繁殖自身；当一个有生命力的模因被移植到人的思想中，大脑就变成了这个模因的宿主，成为传播模因的载体，就像病毒寄生于一个宿主细胞的遗传机制一样；模因复制具有恒久性、多产性和复制准确度（Dawkins，2006：189-194）。模因作为复制因子，能够在人与人之间复制，表现为遗传形式；通过传播或记忆中的错误以及重新组合，表现为变异形式；通过人们选择复制内容和对象，表现为选择形式，这三个形式具有与基因相似的特征。

第二节
模因论的理论基础

模因和基因的类比是模因论的基本架构。模因是文化遗传的单位，具有决定文化实体特征、生存和行为方式的信息，是决定文化如何传播的机制。在模因论的发展过程中，一些学者认为基因和模因的类比有局限性，模因概念是不是建立在文化进化理论牢固基础上的还有待确认。我们首先简要说明针对这些问题的争论。

模因论也许是把进化思维应用到文化中的最著名的尝试。它试图从文化层面的进化和生物层面的进化之间得出很强的类比。模因论首先把选择抽象地描述为获得性实体复制特征的过程，这个复制过程就如亲代相似于子代一样。道金斯普及的模因论的观点是，需要能够忠实复制自身的实体——所谓的"复制因子"——来解释这种跨代相似性。在进化的标准生物模式中，一般认为基因是相关的复制因子。基因复制自身，这种能力解释了子代有机体相似于亲代的原因。如果文化是进化的，文化则需要找到解释文化遗传的某种形式的文化复制因子，模因起了这个作用。

一、模因是文化遗传的单位

模因论认为文化进化能以构成生物进化基础的变异和选择的基本原则来建模。但是，一些学者对是否存在模因，模因对于说明文化有无价值持怀疑态度。例如，生物哲学家威姆塞特认为，"模因的命名是错误的，对其特征的描述有误导作用，而且也许模因不存在"（Wimsatt，1999：279）。牛津大学教授 E. 麦格拉斯（McGrath，2005：135）断言，"模因的定义过于宽泛，模因是个无用的概念，不但没有启发作用，反而会使人迷惑"。人类学家亚当·库珀（Adam Kuper，2000：180）认为，"和基因不一样，文化性状不是粒状的。一个与上帝有关的概念不能和特定宗教中牢固持久联系的其他观念分开"。质疑者认为把文化分割为互不相关的单位，给每一个单位分配复制力的观点是错误的。针对这些质疑，模因论的主要研究者之一布莱克摩尔（2010：257）认为，模因是否存在的问题不对，道金斯当初设想把文化实体作为复制因子来思考，模因是一种思考方式。模因是编码在物质或能量中的信息，其核心定义是"被模仿物"或"被复制物"，"被复制物"就是模因。模因是否存在的问题分散了人们对模因的注意力。布莱克摩尔认为不应该关注模因是否存在的问题，而应该关注模因是否能够带来有益的理论或实践上的进步。普遍达尔文主义认为，每当有变异、选择和复制的信息时，那么肯定就有进化。词汇、技术和故事等是在人之间复制传播的，都经历了不同时间段的进化，是复制和储存竞争中的成功者，因此，模因是现实世界中存在的现象，并不是杜撰物，如果能够接受普遍达尔文主义，那么就能够接受模因概念和模因的存在。

质疑者担心模因论仅仅是一个没有深度的包装物，把文化变化的一些常见事实重新包装起来而已。他们指出，也许文化是由不同选择压力下竞争的复制实体构成的，但是，如果模因论提出的仅仅是描述影响文化假设评估的不同因素的另外一个表达方式，那么它给我们的启示是什么？科学家贾罗恩·拉尼尔（Jaron Lanier）认为，模因概念目前还不完全明确，我们对模因的认识还处于初级阶段。人类学家莫里斯·布洛克（Bloch，2000：194）说："我发现模因的概念芜杂繁多，我们应该把人类知识的单位称为什么才合适呢？"尽管道金斯把模因定义为"文化传播的单位或模仿的单位"（1976：192），但是实际上，不同研究者根据自己的专业知识和理解给模因规定的定义确实很多，而且不一致（刘宇红，2006），因此，质疑者批评模因论没有准确说明模因一致和严格的定义。而模因论认为人类社会的任何文化实体都能被视为模因，这导致模因的范围庞杂，定义多样，质疑者认为重要的理论概念应该相对统一。但是，赫尔指出，模因论中概念不清晰或不统一，部分原因是人们错误地认为科学中一些大家熟悉的学术模因非常清楚简洁。约翰森（W. L. Johannsen）在1909年提出"基因"概念时，当时也有人认为这一概念不清晰，但是这一概念一直沿用至今（Hull，2000：46-47）。布莱克摩尔（2010：259）在她的文章中对模因概念做了澄清，指出复制的特性是确定观念或器物是模因的唯一方法。如果要把模因的构成部分组合在一起，模因就是"被模仿物"或"被复制物"。确定实体是否是模因的标准是复制：如果观念在人之间复制，或者从人复制到书本，从计算机复制到器物，那么它就是模因（Blackmore，2010：259）。但是，这只是一个解释，并不是模因的定义。

模因的单位也是围绕模因争论的一个主要问题。例如，哲学家米奇丽（Midgley，2005：212）认为，"文化不能被整齐地划分成单位，把'思想原子化'什么也得不到，因为'思想不是粒状的'"。遗传学家雅布隆卡（Jablonka）和拉姆（Lamb）认为，在文化进化中"没有任何互不相关的、不发生变化的单位，也没有不发生变化的、从一代到下一代都能沿袭的界限"（2005：212）。文化是否和基因一样有单位目前没有经验证据，模因论者认为不能把类比严格地应用在文化实体的描述中，类比是说明文化变化的一个具有启发意义的推理。因此，布莱克摩尔指出，把模因描述为单位的部分原因是谈论实际存在物比谈论抽象的"被模仿物"容易得多，虽然单位问题在模因论中没有解决，但是对模因研究没有太大的影响（Blackmore，2010：259-260）。

二、文化传播具有谱系

如何看待模因和基因的类比是模因论中的核心问题。和模因论密切相关的一个批评利用了这样一个事实：尽管在基因复制中我们能够把基因的新复制体追溯到一个单一的亲代，但是观念很少能够以追溯到清晰谱系的方式从单一来源复制（Boyd & Richardson，2000）。在生物进化领域中，在解释进化动力的一些方面，对孟德尔（Mendel）的遗传学原理的理解一直是重要的。孟德尔的遗传学原理依赖于把基因理解为互不相关的传递单位。但是，由于个体受几个来源或者仅仅一个来源的影响，表征、观念出现在个体中，这样的话，就不可能在文化进化中发现任何与孟德尔的原理密切相关的内容。这表明在观念和基因之间的反类比研究当中存在实际局限性。

观念彼此表现为逻辑关系。例如，个体能否获得某种信念，一般取决于与该信念相关的概念性能力。不理解相对论则不可能相信这一理论，而且如果不掌握与物理学相关的其他信念就不能理解相对论。这个道理对于非技术信念也是适用的。根据一个人所谈论的具体宗教，信仰上帝就可能与宽恕、报应、爱等其他信念关联起来。

这导致一些批评者认为把文化分割为互不相关的单位，再给每一个单位分配复制力的观点是错误的。人类学家亚当·库珀（2000）认为，"文化特征和基因不一样，不是粒状的。一个与上帝相关的观念不能和特定宗教中稳定的并且长期关联的其他观念分开"。

在生物进化中，对孟德尔遗传原理的理解是解释进化动力的重要概念。由于个体受几个来源或者仅仅一个来源的影响，表征、观念出现在个体中，那么，这就不可能在文化进化中发现任何与孟德尔的原理密切相关的内容。因此，人类学家博伊德和理查森认为，在基因复制中能够把基因的新复制体追溯到一个单一的亲代，但是观念很少能够以追溯到清晰系谱的方式从单一来源复制（2005：429）。威姆塞特通过分析基因的具体原理，阐明了遗传学并没有从基因是自我复制这一事实中得到丰富的理论力量。再者，如果从基因复制的具体原理上比照模因，模因和基因类比的不准确性表现在三个方面。第一，两者的遗传模式不同；第二，文化遗传没有像基因连锁图谱那样具有遗传预测的类似性质；第三，文化遗传没有像基因组所具有的特征性大小和排列相类似的约束因素。模因论者强调自我复制的重要性和生物遗传原理的重要性，而威姆塞特却从这两方面指出文化遗传和基因遗传没有类比性，基因遗传不能作为文化遗传的理论根据和预测力量（Wimsatt，2010：276-277）。我们认为，只有经验证明模因存在，模因论才能摆脱类比的束缚。

这种观点的另外一种形式是，首先进行观察，得出文化进化重要的结论，并试图把文化遗传整合到传统的进化模式中。但是，这个基本动因没有解决文化进化是否需要有文化复制因子的问题。的确，大家能够接受对模因概念的很多批评，但是大家仍在尝试构建文化遗传作用的模式。我们与其尝试表明有文化复制因子，还不如尝试构建在学习理解中所得出的解释容易出错的学习模式，以及承认个人的信念经常是很多来源作用的结果，而不是从单一来源复制的结果。这个方面的文化进化模式的意义有时纯粹是为了表明不同种类的文化变化——不一定是适应度文化变化——如何能够随之影响基因进化，以及相反的情况。这是基因-文化共同进化模式的基本目标，这一目标是试图整合基因-文化共同进化模式和模因进化模式的一种努力。但是，文化进化模式的目的也是评估进化结构中文化遗传的作用。人们可能认为，即使大多数文化变化不需要文化复制因子，至少适应度文化变化需要复制因子。解释适应度的基本达尔文体系要求可靠的遗传——一旦出现提高适应度的变异，变异就能够保持在未来的子代里。如果文化学习容易出错，或者个体因采纳很多不同模式的平均模式而获得文化特征，那么，人们可能会认为如果某个个体能够发现一个提高适应度的行为，这个特征就会在未来的子代中丧失，原因可能是错误复制，也可能是因为这个特征和其他适应度较小的特征结合，产生了一个普通行为混杂体。所有这些推理都受到近来文化进化理论的挑战。

文化进化论者认为，在种群层面，累积进化要求提高适应度的文化特征保存在子代中。不过，他们不承认这种进化需要个体之间的精确传播。

三、模因是复制因子

模因论把所有被复制的信息和其产物视为自私的复制因子，为自身利益而复制，模因是被人类的模仿能力释放出来的复制因子。道金斯最初提出复制因子的概念，即基因是DNA的复制因子，模因是文化的复制因子。复制因子的概念是，有一个能够重新复制自身的信息核心，该信息核心是自我复制的。后来的模因研究者（Blackmore，1999；Distin，2005）认为，模因和基因是在竞争条件下进化的复制因子。质疑者认为，没有能够解释模因如何复制的已知机制。威姆塞特根据遗传学原理指出，复制因子的说法是一种简化论的表现，因为基因不自我复制，只有细胞大系统中的一部分才进行复制。在遗传学中，DNA复制需要200多个酶，细胞在经历有丝分裂的细胞周期时是自我复制的，但这不是复制事件，而是一个繁殖发育周期。因此，他认为如果把模因视为当某些条件被满足时才能够应用，并且有发挥重要作用的文化遗传性传播的模式或机制，模因论的理论基础才会更加完善（Wimsatt，2010：279）。人类学家丹·斯珀泊（Sperber，2000：164-165）从经验方法出发，认为文化复制很少是模因式的，而是文化上共同具有的思维模式使表征传播到一个种群，无须完全复制。斯特里尼（Stellini）认为，模因概念有没有价值，取决于把文化遗传区分为模因型或非模因型是否正确（Sperber，2000：164-165）。这些问题对模因论的普遍性提出了难题：并非所有的观念都是复制因子，因此，并非所有的观念都是模因。

四、主体是观念的主导者

模因论认为，观念不是人类的创造物，也不为人类的目的服务，观念活动的目的在于自身的复制和传播。布莱克摩尔提出，按照普遍达尔文主义的观点，宇宙中所有的秩序都是通过进化算法形成的，并由复制因子的力量驱动着，因此，人类的创造能力来自人类存储、改变和选择模因的能力，而不是来自自我创造能力或意识的能动性。她假设人类自身可能也是模因竞争和生存的结构体，人自身并不是一个有意识和自由意志的连续的存在体，而是一个持续的幻觉（Blackmore，2010：269）。对于自我，布莱克摩尔认为，自我是共同适应的模因复合体，与宗教、政治信仰和个人崇拜一样，自我是在彼此相互作用下的一系列模因，是各种不断传播的模因的安全港。自我受到保护，免于各种模因骗局的欺骗。自我不一定是真实的，自我是个幻觉（Blackmore，1996）。这是一个新颖独特的观点，质疑者认为这种观点削弱了人的自主性和创造力，把人类自身当作没有自由意志的模因复合体。心理学家契科森特米哈依（Csikszentmihalyi，1993：120）认为，意识是受人的意向性引导的自主过程的一部分，模因的最佳定义是"由人类的意向性行为产生的物质或信息的所有永久模式"。现有的认知模式认为，人不是观念或信念的被动"受体"或"携带者"，与人携带病毒的方式不一样，个体积极地以他们现有的知识和价值观解释接收的信息，并以此为基础，决定拒绝、接受或修正传递给他们的信息。换言之，个体和群体可以积极地介入文化的形成和传播。

五、文化的生物隐喻具有科学的启发性和引导性

基于模因的这种进化认识论方法，我们把生物学中基因的选择类比为概念变化模因的选择。新兴理论常常使用类比，并借鉴其他学科的标准，类比和借鉴可能是新见解的源泉，但也常常引起误解。回顾道金斯对类比的说明会对我们有一些启发。道金斯在关于模因概念的讨论中意识到类比的局限性后，先后对类比进行了一些解释。他指出，"类比有启发作用，但是如果我们不小心的话，类比会带来很多问题（taken too far）"（1986：196），他继而指出类比的使用原则，"如果我们过分注意细节并且在纯理论意义上使用术语的话，文化'进化'根本就不是真正的进化。但是，如果我们要判断一些比较原则是合理的

话，在类比之间有足够的共同点"（1986：216）。在学术界对类比进行批评时，他解释说："模因不是沿着线性染色体展开的，模因是否占据并竞争离散的'基因座'，是否有可辨认的等位基因尚不清楚……模因复制过程可能比基因复制过程的精确度差得多……模因可能是部分彼此混合的，基因没有这种特性。"（1982：112）从道金斯前后对类比的解释中我们可以看出，一方面，类比确实有局限性，类比只是相似的一种推理形式。要确定推理的正确性，需要进行严格的逻辑论证，实际上，对类比的批评就起着这种逻辑论证的作用。因此，我们可以把对模因和基因类比的批评视为证明模因是否为科学概念的一个过程。另一方面，道金斯应用类比的初衷是把类比作为理解文化进化的一种启发性方法。在科学发展的前沿领域，由于探索性强，缺乏经验证据，类比的应用是必要的，它有助于解释新概念和新定义，用人们已熟悉的概念或理论说明新提出的概念和理论，这表现为类比的启发性。再者，模因是一个新概念，不接受甚至反对新概念在科学史中是常见的。生物哲学家赫尔指出，孟德尔的遗传因子概念在学术界被确认之后，随着分子生物学的发展，更多的基因概念，如结构基因、调节基因、内含子、外显子和核苷酸等概念在历史上都引起了争议，威廉姆斯（G. C. Williams）在提出进化基因概念时也引起了争论（Hull，1976）。所以，我们应该辩证地看待模因和基因的类比，模因论是一门新理论，在没有大量经验和证据的情况下，类比有其特定的价值和作用。

第三节
模因论的研究方法

从对模因概念的质疑中，我们可以看出模因论反映出的深层次问题，模因观挑战了人文学科中的一个核心原则。道金斯指出，在解释模因的复制原理时，我们往往忽略了一个基本事实，即"文化特质以其本身所具有的方式进化，仅仅是因为文化特质对其自身有利"

(1976：200)。这是一个有别于传统方法的思考观念的全新方法。和基因一样，模因的基本原则是，复制不一定是为了某些事物或人的利益，不论什么原因，有利于复制的复制因子会大量增加。丹尼特指出，从模因本身的"适应度"看，在模因的复制力和模因对人的适应度的贡献（无论我们用什么标准来判断）之间不一定有联系（1995：363），这和传统的观点是不一致的。因此，要说明类比推理出的模因原理是否正确，仅逻辑论证是不够的，经验证据是最有力的证明，从这个意义上来说，模因需要有它自己的孟德尔、沃森（Watson）和克里克（Crick）。

人类的创造力来自人类存储、改变和选择模因的能力，而不是来自意识的能动性。这个新颖的观点似乎表明人不能掌握自己的意识并控制自己的思想。按我们的理解，模因论者实际上并没有否认意识的存在，而是按照模因论的观点阐述意识和模因的关系。我们来看布莱克摩尔对意识和自我的论述："意识是个幻觉；换言之，意识存在，但不是我们习惯的那种意识。自我是具有大量经验的、自觉的个体幻觉，是模因竞争、人类宿主复制时形成的。一些模因作为个人信念、愿望、观点或变成个人的所有物生存下来，形成模因复合体（memeplex）或自我复合体（selfplex）。任何能够复制的机器都能够获得这类幻觉，这就是意识"（Blackmore，2003：19-30）。仔细理解这段话及关于意识和自我的其他论述，可以看出，模因论者认为意识是幻觉，其实是指观念通过垂直和平行传播，形成代代传承的认知模式的无数经验，积淀在心灵最深处，构成下意识的认识、判断、衡量和接受观念的标准和范式，被群体的社会结构不断强化，其自身不断积累，在历史长河中变成了一种根深蒂固的看待问题和接受观念的方法。如果我们新接触的观念与心灵中已有的标准和范式相一致，我们就会下意识地接受，如果不一致，我们会抵制或者不接受。因此意识是一种幻觉，这种幻觉使符合大脑标准和范式的模因的传播与复制速度加快，容易生存和成功。这与心理学中的"冰山理论"相似：人的意识构成就像一座冰山，露出水面的只是一小部分（意识），隐藏在水下的绝大部分（无意识）对其余部分产生影响。

丹尼特从传统和历史的角度认为，人类对于观念的常规看法起着规范作用。这种作用体现着我们应该接受、赞赏或者同意的一种准则（1995：363）。这些规范不仅明显，其本质还构成我们思考的规则，表现为心理上表征的一种重言式："人们相信X观念，因为大家认为X观念是真实的"，或者"X模因在人与人之间传播，因为X是个良好的复制因子"，所以，规范在很大程度上是一种传播非常成功的模因产物。心灵是当模因重组大脑，以使大脑成为模因栖息地时所创造的人工器物。观念的输入和输出被沉淀在大脑中的模式和标准无意识地加以塑造，以适合观念形成的大脑环境，从这个意义上理解，把意识视为幻觉也有一定的道理。

布罗迪从模因和病毒的类比中获得灵感，认为模因是心灵的病毒，人的意识和病毒传播表现出相同的规律（2009：XIV-XVII）。病毒一旦形成，就会独立于创造者而获得生命，并且快速进化，感染尽可能多的人。随着人类的发展，心灵病毒一直在进化，并且是在种群中传播的、被感染文化的组成部分。自从有文字记载的历史以来，它就一直伴随着人类的认知，并且不断地进化，用古老或者先进的方式感染我们：教育、宗教、意识形态、影视作品、流行歌曲、因特网以及父母对子女的影响，因此，思想并不是自己独有的观念，而是直接从其他人那里感染观念，或者间接被观念所感染。人的意识体现在传播自己认为重要的观念，这表现为意识和心灵病毒的斗争，意识随之体现在为了一定的目的而有意选择和传播某些观念（模因），不是无意识地由心灵病毒操纵。如果用心灵病毒解释批评模因论的观点，模因论则体现了心灵科学的范式转换。理解和接受模因范式涉及人们思考文化和心灵方式的转换，与任何范式转换一样，模因论还没有成为我们研究文化、理解世界的主流方式。学习新范式需要把现有的范式搁置在一边，而不是把新知识纳入现有的模式。

作为一门新理论，模因论的发展和成熟需要时间。由于模因论的本体概念尚需证实，人们对模因类比还存在疑问，模因论者没有研究形成模因传播的整体理论所需的协调、合理、充足的系统，所以，人们怀疑是否有一个既足够普遍，包括文化变化的所有形式，又能提供足够的知识，给人以启发的理论。博伊德和理查森（2005）这样描述新兴学科的特点："前沿科学常常具有一种规律性不太强（anarchic），并且令人难以接受的特点（nervy flavor），因为它必须处理多重不确定性。"因此，我们需要跟踪了解模因论的最新发展。从当下来看，表情包和小黄人（emoticons 和 emoji 等）视觉模因的表现形式就是在 Web 2.0技术下模因的新型表现形式，是近来科学技术发展中出现的新型模因，这些模因的表现形式是复制的产物，也是对最初模因设想的证实。

第四节
模因论的深层问题

模因论（memetics）尝试用一种新型的规范模式，把文化遗传的作用整合到进化更标准的生物模式中。模因论假设文化要素由模因（meme）构成，文化变化的本质是模因经常和持续的变化。模因是通过社会传播的离散信息，模仿是模因传播的方式，模仿和传播是由复制因子实现的复制过程。模因论者以独特的视角对文化进化思考，提出文化进化的基本框架和理论，这深刻启发了人们，使人们从另一种视角认识文化的发展规律，即文化的创造力来自人类存储和选择模因的能力，文化有自身的传播规律，人类只不过是文化变化的一部分，人类经历变化，而不是促进变化，文化是"自私的"复制因子感染、模仿、复制和传播的结果。这是社会科学和人文科学不曾注意到的视角，具有颠覆性价值，因此，模因论得到了广泛应用，吸引了学术界的注意力。但是，西方学者仍然在探讨模因论的基础和解释力，这是新理论走向完善的重要过程，因此，我们应该重视这种有益的探讨，并跟踪模因论的最新发展成果。在这场讨论中，我们可以看出模因论在发展中存在的几个深层次问题。

一、模因概念的价值

首先，鉴于学术界对模因还没有形成相对一致的认识，模因概念自身的概括性很强，似乎对文化和文化的相关内容无所不包，因此，威廉·威姆塞特认为，模因是说明文化实体传播的方法，这一方法主要说明文化通过水平方式传播的一些特征，模因概念容易使人产生联想，但是模因概念尚未成熟，因为文化仅仅通过水平方式传播的事实和结果还不能提供文化进化和变化的强有力的理论基础（2010：274）。其次，模因论目前的解释性价值以心理学研究的传统成果为基础，如果个体偏好随着时间的推移产生变化，那么就可能不会有任何全面和真正的文化进化理论。如果如此的话，我们就不得不研究变化着的偏好的局部性解释。最后，模因论目前只能说明观念如何通过种群传播的方式传播，一些观念比另一些观念传播得快，而且传播范围更广泛。但是，模因论没有解释是什么原因或者规律使得一些观念比另外一些观念更具有适应性，而且传播得更快。因此，一些学者不能接受模因论是理解文化传播规律的新型科学理论，反而认为模因论可能会沦落为传统的个体叙事文化史。人们对模因论的这种看法具有一定的合理性，而这种合理性又从根本上影响着模因论自身的价值和解释力，这是模因论发展中亟待解决的问题之一。

二、文化在群体层面进化的规律

文化的概念和内容庞大且复杂，文化是不同民族经过几千年的进化，发展到今天的文明史，因此，文化遗传涉及文化不同方面的密切联系和相互影响，而模因论目前只反映了观念在个体层面上的传播方式，它尚未揭示观念在群体层面传播的基本规律。在生物进化过程中，需要对局部环境状况、具体物种的生理机制和结构等进行详细的解释，才能使我们明白是什么原因使得一个有机变体比另外一个有机变体更适应。同样，在文化领域中，我们需要研究群体的局部心理倾向，才能解释一些观念比另一些观念更可能传播的原因和规律。单一复制因子的复制只能说明单一的文化现象或文化事件，而现实世界是一个密切联系的整体系统。如果要探索在特定社会和文化网络体系中个体模因的传播规律，那么就必须满足传播或获得这个模因所需要的理解、动机和机会的大量关系及其特征，因为非基因文化（模因）的传播方式是真实、丰富、复杂和多样的。正是由于上述原因，威廉·威姆塞特指出，模因论"目前的满足条件太少"（2010：274），还不能提供具有科学根据的关于文化进化的解释性和预测性的理论基础。

三、与生物进化理论的有机关联

类比提供理论上和预测上的解释力，这是模因和基因等类比的优势。但是，正如威廉·威姆塞特指出，在模因论中，如果这些类比中的任何一个能够成立，那么它就能够具有这种力量。如果找不到这种力量，就必须寻找另外的理论结构或构建一个新的理论结构，或者承认模因论的用途非常有限（Wimsatt，2010：276）。正如上文所述，在模因和基因的类比上，威廉·威姆塞特坚持要在生物科学中找到符合文化进化的实证性理论根据，这对于社会科学和人文科学而言，似乎是一种苛求。但是，类比是模因论基础的根本问题。而实际情况正如马特奥·马梅莱（Mateo Mamaly）指出，模因论者似乎没有兴趣，也可能是不能提出一个以经验为依据的理论，因此难以判断模因论的绝对假设是否正确。总之，文化进化理论应该如何与生物进化的传统理论关联起来，从而赋予类比有效的理论基础，使模因论具有充分的解释力，这是模因论迫切需要解决的问题。

模因论发展很快，在人文和社会科学学科得到了不同程度的应用（Sterelny，2006；Aunger，2008；Heylighen、Chielens，2009）。例如，在翻译研究领域，切斯特曼（1997，2000，2009）认为，翻译理论是研究在特定环境中模因和模因传播的方法，译者是模因进化的中介，因此，可以把翻译视为观念从一个文化传播到另一个文化中的方法，翻译是影响其他文化传播的途径之一。根据翻译模因的集合，翻译研究者可以分析翻译理论和翻译历史，解释翻译理论产生和发展的现象，以描写的方式阐述翻译活动和翻译理论研究的规律，利用个体发生和种系发生的相似性来强化翻译教学，使学习者有一种亲身参与翻译历史进程的体验。在国内，何自然等学者（何自然、何雪林，2003；何自然，2005；陈琳霞、何自然，2006）引进了模因论，推动了国内语言学界对模因论的应用。目前，国内学者应用模因论进行了一定数量的研究工作，据钟玲俐（2011）统计，从1999年至2010年，国内以模因为主题的文章有461篇，相关省级以上立项课题有10个以上。研究涉及模因本体和应用，但是模因论在语言学、语用学领域的研究最多，占国内所有相关研究数量的70%左右。这些数据和笔者查阅的相关文献说明，国内对模因论自身的全面分析和研究相对较少。因此，本文将全面深入地说明模因论的基础内容，分析讨论其所反映的深层次问题，展示其最新发展现状，以期更客观全面地了解并应用模因论的相关理论。

第五节
针对模因论的讨论

模因是与基因的类比，模因论者认为文化传播的方式类似于基因的传递规律。一些学者认为模因论新颖简洁，富有启发力；而怀疑者认为模因和基因等其他生物现象的类比具有局限性，因此，在生物哲学界，围绕模因概念和模因的类比等问题一直进行着讨论。2010年威立-布莱克韦尔（Wiley-Blackwell）公司出版的《生物哲学中的当代讨论》一书，收集了当代生物哲学中十个最重要的讨论，其中之一是针对模因论的讨论。每个讨论主题的两个代表学者以肯定和批评的角度，总结了相关领域中持续发展的基本问题和前景，以向相关领域的学者提供最新的学术现状和发展动向。结合笔者研读的其他文献，首先向读者简要综述围绕模因论的讨论，以了解模因论的发展现状。

一、针对模因概念

作为模因论最重要的概念，一些学者怀疑是否存在模因，或者是否有模因存在的直接证据（Aunger，2000：7；McGrath，2005：121）。马特奥·马梅莱（2005）指出，在生物进化中，基因是传播的重要特征，但不是进化体系的本质特征，因此，即使没有模因概念，文化也可以按照达尔文的进化体系来理解，这就提出了模因概念的合法性问题。而苏珊·布莱克摩尔指出，模因是一种思考方式，是编码在物质或能量中能够复制的信息。模因的核心概念是"被模仿物"或"被复制物"。无论什么被复制，"被复制物"就是模因。基于这一观点，她提出人们不应该关注模因是否存在的问题，而应该关注模因论能否带来理论或实践上的进步（Blackmore，2010）。

二、针对模因表现形式

从文献中看，模因是被模仿、复制、传播的事物（Dawkins，2006：192；Dawkins，1982：109；Dawkins，1993：12；Dennett，1995：344；Wimsatt，2010：261）。因此，词汇、概念、技术或故事都是模因。但是，生物哲学家威廉·威姆塞特指出，这种说法过于简单，没有系统性，模因没有体现人类社会进化出的复杂的知识框架，如果我们不理解新模因如何与个体的认知发生互相作用，模因通过社会、文化机构或组织如何有选择地传播，而只简单地以模仿来定义模因，这不足以说明文化习得的复杂复制过程（2010：281）。从实际情况看，模因论者在这方面的论述的确很少，难以找到有说服力的说明来解释威廉·威姆塞特指出的这一问题。

三、针对模因单位

讨论的第一个主题是模因单位的问题。模因被定义为"文化传播的单位，或模仿的单位"（Midgley，2000：206；Blackmore，1999：6）。怀疑者认为不能给模因划分单位，因为无论人的思想还是文化进化都不可能被原子化，文化不能以片段信息或明确的界限来传承（Midgley，2000：67；Jablonka，2005：212；Richardson & Boyd，2005：60）。苏珊·布莱克摩尔认为模因应该有单位，讨论实际存在的物质比讨论抽象的"被模仿物"更容易理解模因，否则人们恐怕难以理解模因论，更谈不上运用这一理论了（2010：259）。哲学家和认知科学家丹尼特（1995）把模因的单位定义为"可靠而大量地复制自身的最小元素"，这一定义在一定程度上有助于解决模因单位的定义问题，但是，威廉·威姆塞特认为什么是有意义的文化组成部分，有意义的文化组成部分如何传播，这些问题都是由模因所在的更大的认知和文化体系决定的，所以，威廉·威姆塞特认为最小的模因单位没有特别的知识性价值（2010：280）。从总体来看，怀疑者从文化的本质出发，认为给文化分配单位是错误的，而模因论者从方便应用的实用角度，主张模因应该有单位。

讨论的第二个主题是模因与基因等概念的类比问题。模因在文化进化和生物进化之间形成类比，这使模因通俗易懂，富有吸引力。而在进化的生物标准模式中，基因复制自身使子代和亲代相似。如果模因是文化复制因子，那么文化像生物遗传一样也是进化的。西方学术界对这个类比进行了三方面的讨论。

（1）模因与基因类比的科学性

模因与基因类比是模因最常见和最重要的类比。但是，怀疑者认为这个类比不准确（Bechtel，2007：121；Distin，2005：60），因为基因是DNA构成的真正物理实体，而模因没有相似的物理实体。根据生物学原理，威廉·威姆塞特认为基因和模因有两点不同之处（2010：276-277），因此，这一类比没有科学性。

第一点，遗传学并没有从基因是自我复制的事实中得到强大的理论力量。普遍达尔文主义在发展中并没有解释基因复制的规律，基因遗传的规律能对个体繁殖和种群中的基因选择进行可检验的、在理论上富有成效的预测。而模因论没有说明模因的类似结构模式，也没有说明模因是否具有相似预测力的其他结构模式。

第二点，以基因复制的具体原理比照模因，威廉·威姆塞特认为这一类比也不准确，原因有以下三个方面。

首先，基因和模因遗传的模式不同。物种遗传模式是专性无性或两性繁殖，物种的遗传分布相同。而文化遗传可能有一个到数个"亲代"，"亲代"对个体发育不同阶段的规模和影响都有作用，亲代的数量和作用的程度在每一个文化传播案例中都不一样，在每一代中也不一样。而且基因型模式的参数是固定的，从其模式中可以预测行为，而文化遗传不具备这种性质。

其次，与基因连锁图谱不同，文化遗传没有遗传预测的类似性质。基因在繁殖种群中可以找到不同的等位基因变体，基因因其距离的不断增大而衰减的特征能够遗传，这是连锁图谱的基础，从而能够确定染色体中所有基因的相对位置，并预测关联基因的新频率。而对于文化来说，在个体和种群中，遗传预测的染色体来源之间没有任何相似性。在不是由功能性共同适应所产生的文化因素之间，没有任何系统的连锁。

最后，文化遗传没有像基因组所具有的特征性大小和排列相类似的约束因素。物种的基因组具有特征大小和排列顺序，如果严重偏离基因组的特征和排列顺序，在与繁殖种群中的其他成员杂交时，就有可能导致基因的丧失和不育，因此，物种之间的基因转移相对很少。而对于文化实体而言，没有任何这类相似的制约因素，而且文化遗传在特征大小和排列顺序上不受任何限制。

威廉·威姆塞特基于以上生物科学中的事实和规律，认为模因论旨在研究共同遗传或复杂组织发展与进化的规律，因此，没有可靠的理论基础。

（2）模因和病毒类比的科学性

也有一些学者把模因类比为病毒（Lynch，1996：18；Dawkins，2003：128；Brodie，2009：XIV），但是威廉·威姆塞特以流行病学的原理说明，虽然这个类比有支持模因论的许多特征，但是不完整，理由有以下三点（2010：277-279）。

第一点，流行病学过程处理的离散元素的数量与文化传播过程处理的文化元素的数量不同。疾病传播的流行病学模式包括一个或两个疾病（每个寄生物有一个等式，还有关于宿主易感性的一些简单假设），而且流行病学模式之间一般不互相影响，而模因具有感染性，模因会在文化元素的主体和主体特征之间产生大量的互相影响。从模因的感染特征来看，人一生从文化的无数模因类似物中可能会"感染"大约5万个模因。这是威廉·威姆塞特提出的一个估计数量，这个估计参照了研究记忆的科学家赫伯特·西蒙和威廉·蔡斯（Herbert Simon & William Chase，1973）对个体所掌握的词汇数量，以及国际象棋棋手所识别的棋格的数量为基础提出的，目前学术界尚不清楚如何确定一个人能够获得的模因数量。而问题恰恰就在于，模因论没有解释人为什么能够获得这么多的模因，也没有解释模因在感染性主体特征之间大量的互相影响的方式。

第二点，模因类似物的感染在个体之间和在群体内部具有相当稳定的内在秩序。很多模因类似物以先来后到的发展秩序被习得。在模因库中，后来习得的模因必须能被宿主理解，不同时间习得的模因应该彼此有关联，模因对宿主有益或有吸引力。模因只有具有这些特点，或者具有类似于这些特点的特征，才能寄生在宿主的大脑中。所以，模因之间必须有一定的依赖关系或者因果关系，已经寄生在宿主上的模因影响宿主不愿意让其寄生的模因，或者已经寄生的模因调节后来模因寄生的方式。但是，病毒没有这么复杂的结构。

第三点需要从两个方面来说明。首先，流行病学有系统性，其传播有自身的结构和规律，而模因没有类似的系统性，模因传播也没有类似的结构和规律。如果把知识的学习和文化的发展作为宏观实例，这两者的学习和发展模式都涉及个体认知过程、社会认知过程、社会其他因素和不同学习者的种种复杂因素。但是，模因论的整体结构没有包含这样的关系，模因论也没有系统阐述模因的获得方式和模因的行为，模因论更没有说明模因如何形成系统结构的任何方法。其次，流行病学的发病特点与环境有密切的关系，而模因论没有说明在模因传播过程中表现为结构因素的环境因素。文化所塑造的社会角色和具有具体规律的种群结构调整模因的获得，维持模因的结构，并使模因或模因库的结构不断复杂化。但是，模因论没有论述文化传播和流行病传染中相似的种群结构类比的详细内容。模因的传播模式显然比病毒传染的模式复杂，因为文化传播渠道的结构比病毒传染方式的结构复杂得多。模因论没有这样一个思考并且构建这些事实的理论框架。从认知和社会结构上看，人类社会有系统性，到目前为止，模因论没有阐述这些结构的文化习得或变化的系统规律。

在这个问题中，我们注意到，威廉·威姆塞特并没有要求模因的病毒类比应该具有生物进化的实证性证据，而是按照病毒的规律分析模因和病毒类比的科学性。也就是说，威廉·威姆塞特是在分析模因论的理论根据的可靠性，他并没有否定模因和病毒的类比。

（3）模因和神经学中的概念类比的科学性

还有学者提出模因和朊毒体（prion）复制因子的类比（Aunger，2002：189）。朊毒体是一类不含核酸而仅由蛋白质构成的可自我复制的因子，这种因子具有感染性，但是，目前人类对它的具体活动和复制机制还不是很清楚，生物学界认为它们是引起某些传染性神经疾病的原因。威廉·威姆塞特援引哲学和科学学教授威廉·贝克特尔（William Bechtel，2007）的观点，认为和朊毒体的类比没有科学根据。威廉·贝克特尔的学术团队研究哲学、心理学和神经科学的跨学科联系。借助于威廉·贝克特尔的研究结果，威廉·威姆塞特（2010：278）认为，以神经学原理研究文化传播现象，首先必须涉及神经机制的研究；其次就像在认知神经科学方面的其他研究一样，应该在概念和认知层面进行详细的研究。如果以神经机制途径研究模因的获得方式，那么首先需要理解在新模因和已经习得的模因补充物之间的关系，才能理解在神经层面应该寻找哪些种类的相互影响因素。但是，这里有两个困难：一是内科病理学和免疫学没有任何相似的寄生物之间相互影响的原始资料，对于模因而言，需要研究的内容正是寄生物之间的相互影响。二是模因传播是与神经病理原理不同且常见的自发行为，需要研究一整套其他认知模式和社会的相互影响模式，还需要对相关神经回路原理进行详细研究，而且这些研究要与整体的研究相协调，才能理解模因的传播方式和规律，因此，威廉·威姆塞特认为不能和朊毒体进行类比。

　　威廉·威姆塞特对模因论现状的分析以现有生物科学既定理论为基础，其理论说服力和科学解释力似乎不容置疑。那么，模因论者如何看待这些类比呢？他们也认识到这些类比存在问题，因而提出了自己的解释。凯特·迪斯廷（Kate Distin）认为，"严格地说，模因不是基因的类比，但是，既然模因和基因都是复制因子，在一定程度上模因就是基因实体的相同类型的不同表征"（2005：12）。理查德·道金斯认为，"达尔文主义理论体系博大精深，不应该局限于基因的有限范围之内。基因作为一个类比进入我的论点，仅此而已"（2006：192）。而苏珊·布莱克摩尔据此认为理查德·道金斯应用的是普遍达尔文主义，是把文化信息视为基因之外的第二个复制因子。基于这一点，她的解释理由是，基因和模因的类比不是特别重要的概念，要谨慎对待这种类比。但是，她同时指出类比是有益的，因为把模因类比为人们熟知的其他客体有助于理解模因的原理和特性（2010：258）。尽管苏珊·布莱克摩尔希望这是一个松散的类比，但是，这还是表明模因的理论基础是生物学规律。类比的本质是给模因论提供基础架构，而且是给模因论提供具有预测力和解释力的最基本的根据。因此，模因论事实上不能摆脱这些类比。这也是威廉·威姆塞特认为，苏珊·布莱克摩尔不让别人使用模因与生物学概念的类比，她也不应该使用这些类比的原因（2010：276）。客观地说，威廉·威姆塞特一针见血地指出了模因论的基本问题，因为这是模因论存在的主要问题之一。

第六节
模因论的理论价值

库恩指出，在革命性的科学中，科学家放弃现有模式，采用另外一种模式作为理解现象的新方法。模因论探讨的问题是观念如何获得人的心灵或大脑，这与研究人如何获得观念的传统方法截然相反，林奇（Lynch，1996：17-18）认为模因论正好体现了一种模式转换。传统社会科学研究个体与群体交流的规律，而模因论研究信息如何交流与传播，因此，模因论和传统社会科学互相补充，是解释、预测信息和知识发展规律的一个新的工具。从目前的理论探讨和应用研究来看，模因论可以应用在以下几个方面。

第一，人们长期以来致力于研究人类的行为，模因论则解释人类为什么会具有这些行为。因此，模因论在解释人类的文化、社会和交际行为方面是传统学科的方法论（如社会学、心理学或历史学）常常忽略的方面。一些学者通过观察和案例研究，以定性或定量的方法研究特定文化行为的传播。例如，古迪纳夫（Goodenough，2002：23-24）和道金斯从模因论视角研究连锁信这种社会行为。模因论为研究营销提供了灵感，马斯登和科比（Marsden & Kirby，2002：307-312）研究如何通过很多人知道且常常模仿的核心个体进行产品营销。

第二，对于主要取决于观念和行为传播的重要社会问题，模因论具有良好的应用前景，其中一个应用领域是公共教育。例如，如果政府规劝人们力行低碳方式的运动，根据模因原理设计这个运动会取得良好的效果。这些原理包括考虑信息本身是否简洁和清楚，宣传的信息和目标受众已经相信的信念是否一致，信息是否新颖以吸引受众的注意力，以及在人们认为值得信任的媒介上传播这个模因等。模因论不但有助于传播一个有益的模因，也可以预防或抑制有害的模因。例如，如何帮助人们不受虚假谣言传播的影响，如何避免可能造成社会恐慌信息的传播，如何克服危险的迷信思想或行为。道金斯研究如何应用模因论的基本原理教育公众，从而使社会大众获得"免疫力"，不至于被貌似真实的，而实际上使人误入歧途的宗教崇拜、迷信和谣言等所迷惑和煽动（1993：12-27）。更好地理解模因论的动力有助于我们理解这些思想病毒如何产生和传播，并应用于社会管理和助力于人民生活水平的提高。

第三，模因论可以用来解释人类的创造力和创造物，例如语言、技术、音乐和文学作品等。模因论也可以用来解构人类的创造物，发现组成创造物的不同组成部分。这样，我们可以最终理解为什么一些模因能够彼此吸引，在模因复合体中共同生存，我们也可以理解一些模因何以成为好的复制因子。例如，简（Jan，2007）把模因论应用于音乐理论的系统研究中，认为曲调是音乐中自私的复制因子，并使用这一概念研究音乐和音乐史，阐述了模因论在人性和音乐文化中相互影响的广泛意义。塞林格洛斯（Salingaros，2002）等认为，达尔文的选择观念可以应用在建筑学上，大部分传统建筑学的目标是设计适用于人的建筑物，但是，一个特定的设计风格是时尚的话，它则会体现被复制的视觉模因。他们还研究了简单病毒模因如何寄生在建筑环境的有秩序的复杂性上的问题。因此，模因论给我们提供了理解人的心理和思想、技术、器物及艺术进化的方法。由于研究组成模因的各种成分，从而理解和预测一个思想或欣赏一件艺术品。如果这种解释力和预测力进一步完善的话，模因论将完全可能成为对人的行为研究的推动力。

第四，模因论目前在我国外语界的应用研究呈现方兴未艾的势头。何自然教授认为模因和语言是互为依存的关系，语言模因揭示了语言传播的规律，形成人和语言的互动模式，从中可以研究语言的变化与发展规律。研究语言中模因的复制与传播对语言和翻译教学等产生一定的影响，也有助于观察语言自身的发展，发现语言发展和进化的规律，还有助于研究如何在社会文化的交流中学习语言（何自然，2005）。还有学者认为语言模因论揭示了语言发展的规律，为研究语言、交际和文化之间的互动进化提供了新视角，为我们探讨语言的进化问题提供了一条新的研究思路；语言模因论对语言中的许多现象具有独特的解释力（陈琳霞、何自然，2006）。

第五，模因论在很大程度上是建立在心理学现有成果上的理论，因此，它可以加强对心理学的研究。心理学家通过研究模因以发现某些心理特征的来源，通过研究限定自我意识的两种或两种以上竞争的模因复合体，也许可以解释多重人格障碍等现象。根据模因论，大脑基础结构是模因构成物。当合适的模因组合生存在大脑时，这些模因便构成一个大脑，自我复合体（selfplex）便发展起来。像非生理性抑郁或上瘾等异常行为，能够用影响自我复合体行为的模因病毒来解释（Blackmore，1999：231-246）。从这种发展趋势看，模因论将为心理学增加更多的方法，可能会解决目前心理学难以解决的问题。

模因论的长远前景表现在它能够研究未来模因结构的行为和进化。未来的模因研究者能够使用模因知识，预测当人们处于某些模因组合时可能会产生什么行为。如果能够做这样的预测，就可能发现哪些模因组合会导致发生犯罪等行为，然后采取措施把某些模因从模因库中过滤掉。当然，这是一个复杂和敏感的问题。例如，卡伦（Cullen，1999）研究了宗教崇拜这类模因寄生物，宗教灌输教徒要使尽可能多的人皈依，同时隔绝这些人，使他们接受不到其他来源的信息，所以教徒常常形成一种扭曲的甚至是病态的现实观。类似这样的信息常常传播得很快，却没有任何权威来源或真实证据。因此，模因论的研究和应用对社会的正常发展和安定有巨大的潜在意义。

第七节
模因论的发展现状

一些学者认为模因概念需要实证根据，还有学者对模因类比存在疑问，更有学者提出模因论没有研究"以形成模因传播的整体理论所需要的协调、合理、充足的许多其他系统"（Wimsatt，2010：279），所以学术界怀疑是否有一个既足够普遍，包括文化变化的所有形式，又能提供足够的知识，给人以启发的理论。对此，苏珊·布莱克摩尔说，"模因论并未得到相应的发展……没有蓬勃发展的模因论科学，也没有专业杂志和会议。也许模因论是完全错误的，也许目前难以检验模因论的预测，也许模因论隐含的意义会引起人们的恐慌，或者模因论没有吸引力，人们不接受"（Blackmore，2010：254），这表明模因论者自身也有一些困惑。《生物哲学中的当代讨论》的主编弗朗西斯科·阿亚拉（Francisco Ayala）和罗伯特·阿普（Robert Arp）在总结围绕模因论讨论的现状时指出，"还没有蓬勃发展的模因论科学"（2010：254），这应该是对模因论发展现状的一个客观的阶段性总结，由此看来，这场讨论还会进行下去。

　　针对模因的学术讨论毫无疑问能够促进模因论的发展。在人文和社会科学领域，主体面对自身和客体世界及其两者之间的互动，其复杂、变化、主动和被动的诸多特点决定了人们对客体世界和主体心理的认识是长期的过程，对模因及其类比的讨论和认识将随着人类对主客体世界认识的不断深化而深化。进化论在发展中经过一个多世纪的怀疑、批评、讨论以及应用，才发展成为一门完整的科学体系，被广泛应用于包括社会科学在内的许多领域。虽然模因论还有待于完善，但是理论体系的进步和科学的进步密切相关，理论体系在很大程度上可能是科学的开端，是为科学发展搭建的一个新平台，模因论也不例外。例如，威廉·威姆塞特指出的bemes和meme trackers等基于模因的新现象，而苏珊·布莱克摩尔也指出基于技术的模因"teme"和"teme machines"的新概念，这都说明模因现象已经在当今的科学技术中表现了出来，模因论有待于科学的证实和检验。模因论能否成为一门经验科学有待于时间的检验，同时我们也要看到模因论发展和应用的现实。所以，应该以发展的观点看待上述讨论，了解模因论的发展现状能使我们客观、全面地进行相应理论及应用的研究。

第八节
模因论的发展潜力

模因概念于20世纪70年代中期提出，迄今50年左右，目前的研究基本上是分散的，学者各自为政，由于这种情况，赫尔指出："跨学科研究的一个问题是，任何一位研究者可能比其他研究者更精通于一个领域。遗传学家对于遗传学的复杂性比社会科学家了解得多得多，而人类学家和社会学家则精通于社会科学知识。对他们来说，遗传学看起来很简单……所以，模因和基因可能有能够进行比较的复杂结构。"（2000：45）赫尔指出的这个问题是影响模因论研究的重要问题之一。除上文讨论的问题之外，学者还从多角度思考或建构模因论。威姆塞特从文化进化的认知、社会、感知，包括语言学习的教育过程等宏观角度，认为模因论主要说明文化水平传播的事实和结果，而这种事实和结果不能提供文化进化和变化所需要的强有力的理论基础。他认为文化元素（模因）有系统性，要研究文化元素传播中的结构环境、个体发展结构和更广泛的种群结构以及连接性，才能说明和理解模因的主要特征如何传播和获取，什么使模因能够被理解并能够吸引人，这就需要进一步说明丰富的种群结构、环境依赖性以及一些模因和我们已经拥有并使其值得同化（以及有时值得掌握并再次传播）的其他模因的相关性，这样才能形成模因传播的整体理论所需要的协调、合理、充足的其他系统（2010：277-284）。发展和完善需要一个过程是理论发展的必然之路。自然选择学说发展到现在经过了170多年，其理论体系被质疑、挑战和反对，从而得到了深入的探讨，时间证明达尔文学说是解释生物进化的科学理论。所以，以发展的眼光看待模因论，目前存在的问题和讨论是促进其理论发展和完善的必要过程，也是检验其理论是否有解释力的过程。了解模因论的基本构架和发展现状有助于我们更好地把握这一理论，全面进行相关领域的理论及应用研究。

第九节
小结

　　模因视人类社会或文化实体为复制因子，模因具有决定文化实体的特征、生存和行为方式的信息，模因的传播方式是决定文化传播方式的机制，因此，研究模因的传播规律实际上是研究文化的传播规律。但是，本书开头已经说明，国内对模因论的研究以应用为主，对其介绍和评述也是围绕外语教学展开，对模因论自身和发展中存在的问题关注不多，这实际上并不利于模因论的应用研究。本章回溯模因概念，概述世纪之交到2010年期间西方理论界对模因论的最新认识和讨论，论述模因的三个类比及其局限性，全面评述了模因论的主要观点——人类所特有的模仿能力使人类产生和发展了文化，最后说明模因论的最新发展现状和趋势，从而使国内学术界能够全面了解模因论的国外最新研究动态。

第三章

模因论和语言的
变化与进化

　　模因机制以广义进化论研究语言变化
的规律。语言具有生物性，变化的因果性
在于语言能力的变化，变化表现于文本和
语言行为。语言进化是复杂的适应系统，
模因是具有认知神经机制的复制因子，进
化具有基因、模因和社会压力，为了适应
压力，复制因子形成具有集体动力的群
体。在音系学和形态学范畴研究语言进
化，能够解释传统语言学难以说明的英语
元音变化、元音数量和音步长度、CVC 单
音节词和词形韵律等的进化规律。以实证
研究和进化学说为方法和理论基础，语言
习得和变化不是人类支配语言发展的结
果，变化有利于交际的既定概念不是语言
进化的动机，语言为自身的发展和生存而
进化。模因机制是研究历史语言学的新方
法论。

　　索绪尔观察到时间因素使语言发生变
化，提出语言研究的"历时"和"共时"
层面。历时语言学研究不是同一个集体意

识所感觉到的各项相连续要素之间的关系，这些要素一个代替另一个，彼此之间不构成系统。在索绪尔看来，语言历史对任何时期的语言状态和性质都没有影响，忽略语言史可以更好地理解语言，从而把语言学家的注意力从语言的历史问题上引开了。

人类早就观察到语言变化和生物进化的密切关系，达尔文（Darwin，1871，1981：60-61）指出，"在生存斗争中，人类喜欢使用的某些词汇的生存或保持是自然选择"。这在一定意义上说明语言具有进化史，而历史语言学一直在研究语言历史和语言变化的因果关系等问题（Nettle，2007：484）。达尔文进化理论在生物学领域取得的成就改变了人类对世界的传统看法，也改变了人类对自身在世界中的作用的传统看法，进化理论从而应用到生物学以外的其他领域，其研究核心已经深入到认知科学、社会学、经济学、哲学和科学史中。学术界普遍认识到，生物复制系统可能是更一般的系统类型之一，在其他领域也可以找到这种类型的变异，语言就是这样的一种系统类型，从而启发语言学界应用进化论研究语言变化。与此同时，认知科学、哲学和生物学等相关领域近年来对语言进化研究也做出了贡献。

第一节
语言进化研究的模因机制

语言从其祖先语"继承"特性，并将其特性传递给"子语言"，西奥多·毕布利安德尔（Theodor Bibliander，1548）和康拉德·格斯纳（Conrad Gessner，1555）等学者在16世纪就提出这一概念。威廉·琼斯在1793年观察到印欧语言的相似性可能来源于"共同的祖先语"。赫尔曼·保罗（Hermann Paul）指出，"个人言语"是由"概念群"构成的"心理有机物"（1880：27），是由交际者的个人言语施加影响获得的特性，上述概念在理论渊源上是语言复制的早期研究。20世纪中后期，波普尔、福尔迈（Gehard Vollmer）以及坎贝尔等哲学家以生物进化原理研究人的认识能力、结构和心智发展，其研究成果成为包括乔姆斯基等语言学家研究语言进化的哲学依据。梅纳德-史密斯（Maynard-Smith）分析包括道金斯的模因观在内的上述观点（Ritt，1995：44），这些哲学思考激发了语言学家的想象力。此后，乔姆斯基应用生物语言学方法研究I-语言，认为人类语言具有生物属性，语言研究是生物学的分支，从而明确了生物语言学的学科地位（Boeckx，2011：454）。

在这一学术背景下，维也纳大学历史语言学教授尼古拉斯·里特认为新语法学派研究语言变化的方法有缺陷，与此同时，他寻求完善自己对中古英语元音变化的早期研究（1994），从而突破了语言研究的既定方法，解决了传统理论中的一些问题，建立了应用模因论研究语言变化的新模式（2004），以语言能力建模的连接主义方法，把语言模因视为神经网络在语言习得期间获得的图式（2014），对语言进化研究具有方法论意义。下面我们剖析其基本原理、解决的问题和创新特色。

一、语言变化是语言能力的变化

语言是一个实体，"文本"和"行为"是语言的物质表现形式。"文本"是以声音或文字为媒介的物理图式，"语言行为"是神经和其他生理过程生成文本，再由文本引起神经和生理反应的过程。语言能力是神经和生理过程表现的认知系统，因此，神经和生理过程是语言能力的生物基础。"语言能力"贯穿并制约交际行为，交际行为反过来决定语言能力，因为理解和表达取决于知识，知识是个体学习和积累的经验体系。语言能力表现为大脑状态，语言行为涉及神经和其他生理过程，显然，语言能力和语言行为既决定于生物因素，又受到生物因素的制约。因此，语言能力和语言行为的生物基础可以统称为"人类的语言能力"。

能力—行为—文本是循环交替的过程。在文本、行为或认知的任何一个单一层面都不能描写或解释语言变化现象。如果没有另外两个层面，在不同时间段的文本、言语行为和个体能力之间就没有因果关系。只有研究语言相互作用的这三种表现形式，才能够形成语言变化的因果关系。在语言层面解释文本则生成新文本。解释和生成是语言行为，也是语言能力的前提，文本通过语言行为和语言能力生成。文本输出得到感知、解释和响应，语言行为也生成语言行为，两种表现方式在一个层面上的因果关系通过另外两个层面确立。语言能力使说话人生成的文本被其他说话人接受和理解，并改变其语言能力时，语言能力则彼此影响。语言能力在因果关系上彼此间接联系，表现为语言表现自身的其他两个方面。因此，要描写联系两个语言阶段的实际变化过程，就必须研究语言表现自身的这三个层面。

语言能力、行为和文本相互作用是语言变化的因果关系。首先，解释生成新文本，解释和生成是语言行为，也是语言能力的前提。其次，语言能力和语言行为生成文本，文本输出的感知、解释和响应使语言行为生成语言行为。最后，文本被其他说话人接受，语言能力彼此影响。这种间接因果关系内在于语言表现自身的文本和行为层面，是描写语言变化的前提。

语言变化是语言能力的变化。能力的结构对应比行为或文本的结构对应密切，语言能力的异同反映语言变化的联系程度，语言能力是生成和解释语句的知识体系，是产出符合语法的文本输出，因此能力层面比文本和行为层面更具有可比性，语言变化是连续的语言能力之间形成差异的一组事件，变化发生在行为和文本层面。

语言能力是产出、辨识和解释符合语法的语句的知识体系，是能够在一门语言中生成符合语法的所有文本输出，因此，语言能力层面比文本和语言行为层面更具有可比性。语言变化是在时间上连续的语言能力之间产生差异的一组事件，变化发生在语言行为和文本层面（Ritt，2004：31）。

语言进化是特性复制，语言变化是变体代替成分特性的过程。语言的复制特性使我们可以解释任何历史阶段的语言。历史语言学家拉斯认为语言是"一个复制的信息系统"（1997：113），他认为语言"必须复制自身才能生存，语言具有历史"，语言史是它"不断努力复制自身的历史"（1997：111）。语言学是跟复制系统相关的学科之一，拉斯指出研究语言的复制"应该尽可能使用相同的术语，以表明本体基础相同或相似"（1997：113）。

语言的复制和变化遵循基于普遍达尔文主义的模因进化原理，基因是自私的复制因子，其主要目的是复制载体所表现的基因，"自私的基因"具有非生物复制对应物——模因，模因在模因库中传播，传播的方式是"通过广义上的模仿过程，从一个大脑跳跃到另一个大脑"（Dawkins，1989：192）。

语言进化是复杂适应系统。我们可以解释任何历史阶段的语言，因为语言进化是特性复制，变化是变体代替语言特性的过程。复制和变化遵循普遍达尔文主义的模因原理（樊林洲，2015a：147），语言进化是复杂适应系统（Gell-Mann，1995，2005；Ritt，2004，2014），是语言特性、系统、认知和环境彼此作用的动态复杂系统，"时时刻刻适应周围环境"（王士元，2006a：6），在环境影响下结构趋于稳定。

复杂适应系统具有学习行为，因为图式在特定条件下的展开效应反馈到系统中，在不同的竞争系统状态或图式中选择，状态或者图式是系统环境的编码信息。系统反映过去的经验，预测行为展开时出现的反馈，复杂适应系统不断自动生成状态，系统展开的环境反馈稳定状态，从而使系统在适应自身的环境条件中生存。

复杂适应系统是具有环境信息的图式，图式"展开"生成表现型行为时，出现系统和环境的相互作用。复杂系统的"行为"指其"结果或效应"，在语言进化研究中，"行为"指语言能力生成的结果或效应，"展开结果生成影响图式或相关图式生存的现实世界的事件"（Gell-Mann，1992：11）。复杂系统具有"学习"行为，因为展开效应反馈到系统中，在不同竞争图式中选择，图式是环境信息的编码，系统反映过去的经验，预测行为展开时出现的反馈不断生成图式，环境反馈使图式稳定，使系统在适应自身的环境中生存。研究语言的变化，首先要理解文本包含环境信息的方式；其次文本表现信息的方式和语言模因的关系表现在语言的个体习得和群体传播层面。杰尔-曼

（Gell-Mann）指出，"对于个体的学习和思考来说，图式是创造性观念和解释世界的方法的思考模式。这些观念或模式在特定环境下生成行为的结果，会影响其他类似观念和图式竞争的方式"（1992：10f）。因此，复杂系统图式能够解释生命和语言的变化。

二、语言习得是个体心智图式的展开过程

复杂适应系统具有丰富的环境信息，用模因理论研究语言的变化，就是理解"文本"，即语言行为的实例，以何种方式包含这些信息，文本表现这些信息的方式如何影响语言模因的生存，这需要从个体和群体两个层面来研究。从个体层面来说，个体说话人习得、调整或者扩展其语言能力，从群体层面来说，语言在代代群体说话人中传播时，出现进化或者学习过程。

乔姆斯基认为，语言是大脑状态所具体化的知识体系。那么，语言如何通过大脑具体化，或者说语言如何习得，复杂适应系统似乎可以解释语言习得过程。在具体语言环境中，个体通过感官和其他认知模块输入语言信息，认知效应积累到一定程度时，说话人以口头或者书面方式表达思想，展开语言能力状态表现的图式，产生文本输出或解释行为，从而产生新语言行为。话语生成或解释行为给心智/大脑反馈"评价"，评价影响心智/大脑的语言能力，积极反馈会强化最初的能力状态，消极反馈则影响或者破坏最初语言能力的稳定性。

能力状态是图式展开的基础，相似的状态彼此竞争，图式从话语生成和解释展开的反馈中遭遇"选择压力"，为了适应压力，竞争图式生成更复杂的结构，使系统达到相对稳定的状态，语言图式"成熟"的稳定状态就是有意义的语句。

能力状态对环境敏感，心智/大脑负责语言能力的区域（乔姆斯基的通用语法、平克的语言器官、进化论者的语言生物程序）适应语言宿主的身体、心智/大脑的概念内容和外部环境，尤其适应宿主生存的社会环境和交际方式，语言能力最终进化为这些方面的图式表征。

语言变化是群体能力的环境影响过程。以相同方式展开的语言能力图式，其结构一般相同。能力图式相互作用具有以下表征：心智寄生竞争的能力状态组，环境反馈在展开过程中选择。具体来说，如果甲的能力状态展开生成语句，该语句激发乙的能力状态，乙的解释行为对甲乙的后续交际行为和认知状态形成效应，影响其行为、社会关系和评估环境的方式。这些效应也反馈到其他说话人的心智/大脑的能力状态中，说话人以表达和解释的成本"评估"这些效应，若评估结果良好，则强化自身的能力状态，反之，则强化竞争的能力状态，这是个体语言能力施加"选择压力"的过程。

语言习得过程是进化过程，心智一般选择积极反馈的能力状态，从而在言语社区形成相似的语言能力。能力图式的展开不仅反馈个体心智的竞争状态组，也反馈其他个体心智中的可比较状态组，这种方式类似于个体基因组的展开结果影响基因组类型的整体分布方式。"选择压力""奖励"相似性，并"惩罚"差异，反馈到言语社区的交际行为影响能力状态的整体分布，积极反馈的能力状态在言语社区不断传播，数量不断增多，而消极反馈的状态不断减少，数量越来越少。因此，语言变化是复杂适应系统，能够学习和进化。

三、语言进化的模因机制

语言在代代说话人的心智/大脑之间复制，长期保持其"特征"的图式系统，变化由言语行为和文本展开引起，由环境对语言能力特性的竞争系统的反馈而形成。要理解语言进化的模因机制，就需要研究从语言行为和文本输出中推知的语言能力特性是否可以作为语言复制因子，语言能力特性的复制方式和决定语言能力特性稳定性的因素，决定着能力特性的稳定性和复制的环境因素。模因是在文化上传承并经历达尔文进化的信息图式：图式以不完善的形式变化、重组或者传播时，在模因类型之间形成变异，一旦稳定和容易传播的模因变体驱逐不太稳定或不容易传播的竞争者时，就产生了选择（Ritt，2014：476）。严格的进化观要求把语言系统成分概念化成进化和选择的单位，把说话人理解为语言环境，语言成分被复制，说话人对语言环境的敏感程度具有选择性（Ritt，2010）。理解语言进化的模因机制，就需要研究语言能力特性成为复制因子的条件和复制的方式，以及决定能力特性的稳定性和复制的环境因素。

语言能力特性是语言复制因子。模因具有复制保真度，是"能够从一个大脑传递到另一个大脑的实体"（Dawkins，1989：196），也是"可靠和多产地复制自身的最小单位"（Dennett，1990：128），正如DNA图式的相互作用复制物种一样，语言实体的相互作用复制语言。

复制因子具有稳定性、保真性和多产性，能够积极创造识别和复制自身的机会（Dawkins，1989：17）。作为认知、语言和神经复制因子，其信息单位在大脑中具有能够处理的形式结构，根据这些物质基础，模因可定义为"神经中枢处理语言成分的网络节点集合，具有确定的内部结构，在更大的网络构型中具有可识别的位置，能够作为复制因子复制"（Ritt，2004：169）。

语言模因。从语言行为和文本角度，在音系学和形态学范围内，语言具有音素（串）、音节、超音段认知成分（声母、韵体、韵核和韵尾）、词素、音步和规则等模因。"每一个模因都具有离散的、能够详细说明的、互不影响的和可变的神经基础，能够从个体的心智或者语言能力复制到另外一个个体的心智或者语言能力上"（Nettle，2007：484）。语言模因当然不是神经和生物结构的现实表征，而是说明模因是神经成分的概念"在原则上符合物理世界的弹子球因果关系，而不是由生物学隐喻包装起来的神秘学说"（Pinker，1994：317）。

给语言模因赋予具体结构可以使大脑/心智具有可描述的物质基础，而且能够在认知功能图式和神经结构认知图式之间假设一种同构关系。同构指语言形式与结构和有机物的形式与结构相似，虽然模因比基因更难以观察和描述，但是模因是具有特定功能、表达方式的神经结构，这使模因在物质上具有与构成基因复制因子的核苷酸相似的图式，语言模因是研究语言进化的基本成分。

四、语言模因的选择

广义进化理论认为，语言成分是能够传播的结构，在传播中有变化，变化受与环境相关的选择的制约，选择支持更易传播的语言成分，选择也使更易传播的语言成分更稳定（Ritt，2010）。语言复制因子是模因的特殊类型，是研究认知和行为的神经结构，在其他人的大脑中形成具有保真度的复制品。道金斯指出，复制因子是达尔文进化理论的重要条件。我们已经指出，历史上连续的语言能力成分足够相似，是彼此的复制品。这还不够，如果要形成达尔文理论上的进化，需要满足复制过程机制的条件。拉斯（1997：112）指出，"变异，即不完善的复制，一定是可能的；而且一定有一个选择过程（什么类型的选择过程并不重要），选择过程倾向于选择某些特定变体"。变体的涌现是语言进化的物质基础，并使语言具有历史，涌现是复杂系统研究的核心概念，指系统成分相互作用，最终发生结构变化。选择以牺牲其他成分为代价，选择过程决定选择的内容，选择可能出现两种典型形式。

首先，尽管有地域差异，复制因子群体遭受的外部选择压力可能相对稳定。因此，复制因子主动复制，形成不同类型的变体，区域性亚群体复制因子逐步以不同的优化方式找到适合该区域的环境条件。复制因子库进化为复制成分对这些环境因素敏感的、在认知图式上的压缩表征或模型。由于在稳定的环境背景下选择，复制因子的进化是更适应的变体驱逐不太适应的竞争者的过程。这是新达尔文主义的选择在大多数情况下应该具有的选择方式。

其次，如果复制因子群体进化的环境因素不稳定，选择压力经常改变方向。在这种情况下，应该是环境进行选择。尽管分布在复制因子库中的变体努力适应环境的变化，在某种程度上适应了复制因素的特性和外部选择压力，但是，这种适应不够好，适应效果也不明显。在极端情况下，急剧变化的环境可能使复制因子无法适应，因为复制因子在现有的变体中选择，更适应的新变体才有形成的机会。即使在变化不太剧烈的环境中，复制因子之间的选择也有很多不稳定的因素。为了解释复制因子群体的历史，复制因子群体必须响应环境的变化。那么，我们就要研究复制因子群体如何响应环境的变化。

这两种可能性都存在，并不彼此排斥。很明显，复制因子群体的进化在一定程度上由内部因素驱动，即复制因子的累积性选择使复制因子库和其环境之间不断适应，进化也在某种程度上由外部因素驱动，即环境变化重新规定了更适应的复制因子应该具有的成分。内部和外部因素的区别并不总是容易区分的，复制因子库中的复制因子是彼此的环境因素。尽管内部和外部因素的区别不是黑白分明的，而是具有很大的模糊性，但是导致进化的内部和外部因素之间的区别很重要。这一区别的本质在于，如果要理解复制因子群体的进化史，而不是描写复制因子群体的进化史，导致产生选择的过程，尤其是选择的稳定程度，就显得非常重要。因此，仅仅认为语言能力的构成成分是合格的复制因子，其复制不完善，需要经过选择，这不能使我们理解进化的本质。我们需要理解复制产生的方式，以及影响复制的具体因素。

新达尔文主义理论认为，进化变化由内部因素和外部因素导致。达尔文理论的核心是，选择过程的基本原理是复制因子自身在复制中能够发挥积极的作用。在大部分情况下，选择压力及其导致的进化方向似乎反映了以下的情形：出现新复制因子变体，在稳定的环境中，新复制因子变体最终比其他复制因子更适应。在这样的环境条件下，进化是累积的，具有适应性，在复制因子群体和环境之间形成越来越复杂的和良好的变体。因此，道金斯指出，达尔文的生物进化可以隐喻为缓慢地攀登一个"适应度山峰"的顶端。一般是复制和变异的基因在攀登，美丽的山峰等待人们完全重新塑造风景"地震"的现象似乎非常少。

语言进化以选择的标准适应环境的变化，这种变化只是环境发展结果的非常缓慢的附带现象。语言不是复制和选择的变体系统。语言是积极的复制因子谱系系统，能够快速地产生变异，从而引导语言选择适应环境的方向。只有这样，语言历史是由新达尔文原则驱动的才有意义。

语言模因的复制。语言复制因子是语言行为表达方式的神经结构。他人会观察语言表达行为及其物质产品。观察者的心智由基因预定的程序引导，本能地注意他者的行为及其结果，并且在知觉上敏感于他者的行为及其结果。由基因预定的心智程序辨识出观察行为的特性和目的，并且感觉良好时，便生成这一行为。如果观察者无法辨识、不能理解或者感觉不良时，由基因预定的心智程序便感觉不好。由此看来，个体的心智能够自动检查模因是否具有所观察行为或产物的结构。这一过程可能是有意识的，也可能是一种直觉感知，但一定是对神经结构的激活，以处理所观察的行为或产物。

语言能力的构成成分能够以足够的保真性传播，作为合格的复制因子，能够形成按照达尔文原则进化的系统，因为语言能力成分具有发音和区别音素语音的指令，具有生成和辨识词汇化的形态配列的单位，即词素形式的指令，还具有生成和辨识诸如韵律音步的节奏构型的指令（Ritt，2013）。语言能力成分的成功复制和进化稳定性说明，任何一个语言能力的构成成分都不能脱离其他语言能力构成成分而单独表达。模因是以特定方式组织的离散单位，能够以数字方式复制，指令的自我常规化和语符的纠错能力表明，认知指令具有保证复制保真度的特定方法（Dawkins，1999：X-XII）。

复制因子是言语行为表达的神经结构，说话人观察言语行为及其结果。心智由基因程序引导，本能地注意言语行为，并解释其特性和目的，如果心智感觉良好，便模仿言语行为；如果无法辨识、不能理解或者感觉不良，心智便感觉不好。感知激发神经结构，处理观察到的言语行为，引起情感反馈，加强并稳定被激发的模因构型之间的联系，最终寄生观察到的言语行为模因。

如果心智没有识别出言语行为，神经结构可能产生不安、担心或焦虑等消极情绪，使心智处于运动状态，再次组织自身以生成不同的构型，"寻找"对言语行为的合理假设。在寻找过程中，如果心智认为言语行为的某些特性是宿主的指令结构中的表达方式，心智得以引导，给言语行为假设新结构，进而检验假设的构型，通过衡量成本和利益以评估结果，结果以积极或消极情感的方式反馈到心智中，如果心智满意，便稳定此结果，否则，心智将继续检验能够带来积极情感的结构，从而获得言语行为的模因结构。如果虚拟评估的成本大，阻止再次试评估，复制因子便停止复制。心智以离散成分，即以数字方式储存信息，新习得的构型不仅认可观察到的行为，同时复制这一构型。由此看来，模因复制方式比基因复制间接，语言模因复制表达语言行为或者生成文本，并借此改变环境，帮助新的心智复制模因，心智尝试模因的不同形式，最终确定最适应的构型。

这是模因复制的一般方式，大脑通过适应度的自我不断组织能够学习，大脑还能以离散单位存储和处理信息，所以复制主要取决于大脑。特定社会的结构对复制也有决定作用，因为有机物（和其基因组）以劳动分工和合作方式彼此作用而受益。复制也取决于群体成员通过社会从众行为在其中赢得利益，以及非从众行为受到损失的社会结构。个体在这种社会结构中遭遇本能产生的压力，彼此观察，以理解并模仿对方的行为，模因复制利用模仿的这些本能，在很大程度上依赖于外部环境。

语言在本体论上是受时空限制的物质现象，在历史上是个体大脑中的认知和神经结构，具体表现语言的心智图式能否生存取决于复制。心智是神经细胞组合的网络的观点，给语言的复制神经成分建构物质形态提供了一个尝试性的基础结构。

模因论认为语言是人类心智图式（模因）的集合，模因引导人类的复制行为，文本和语句依赖于复制，是模因的外在表现形式。语言具有自身的存在方式，人类只不过是语言的环境因素，具体来说，是语言的"宿主"或者"生存机器"，语言的生存和复制受环境因素制约，而不是由环境因素完全决定。语言模因对人类构成的环境敏感，是因为环境因素是基因组及其基因组所寄生的身体、大脑和模因群体的构成特性。首先，语言进化作用于语言复制因子，语言的、进化的、以复制因子为基础的方法能够填补语言是个体拥有的认知系统和语言是社会制度之间的概念空白，因为个体说话人的言语能力和言语社区是群体或库，言语能力是言语社区的子集而已。子集不断充实和丰富群体或者库，言语能力和言语社区之间的竞争导致选择和变异，选择和变异的结果导致语言进化。

其次，语言进化方法在本体论上一以贯之，以单一语言实体解释语言特性，在原则上以物理层面和主体之间能够证实的表达方式描写语言进化现象和语言进化的一般规律，进化模式在语言能力、交际行为和文本产物之间建立了因果关系链，以解释语言特性不需要在"语言系统"和"语言使用"之间转换。"语言系统"在结构上是在说话人心智中完成的神经网络的特性，而"语言使用"可以理解为神经网络中的成分节点的子集在特定环境条件下的激活和表达。复制因子视角把结构主义的二元视角整合为一元视角，没有任何空白和"奇迹"（Cxiko，1995）。这在方法论上表现为一种相对整体的研究方式。

五、模因进化的选择压力

选择压力是引导模因选择的长期环境因素，模因谱系积极适应环境，变体相互竞争使语言变化，变化形成于相对稳定的环境。语言复制方法必须把"语言符号"和"完整的语言"等高层次的语言成分视为导出单位，而不能视为语言理论的基本内容，那么它们如何形成呢？复制因子理论认为，"音位""形态系统"和"语言"等高层次语言实体是复制因子群体，是有利于基本语言成分的复制因子，所以才出现涌现现象。音位能够生存，因为它们是相对关联的系统，其构成成分，例如音位模因、连缀类型模因、音节构型模因和音步类模因等，彼此合作比单独复制的成功概率大，群体成员合作则彼此受益。在生物进化中，基因编码的高度依赖性使有机体具有很高的关联性，"音位模因"之间的彼此依赖性给"音位系统"赋予某种程度的一致性，和不是特别依赖于音位模因特性的"模因群体"相区别。这一原理也适用于语言能力的其他成分和语言的彼此相关性。复制因子群体规模越大，其成分的彼此依赖程度就越小，复制因子群体和其他模因及环境中的模因群体之间的界限就越模糊。这是以复制因子为基础的方法解释存在高层次语言成分的根据，一般认为特定语言的复制是不完善的，但复制仍然具有相关性的根据。从语言历史看，语言是变化的，对于语言变化来说，模因互相施加选择压力，并逐步形成彼此依赖的复制因子的共同适应现象。

首先，复制受基因库特性的制约。复制的表达需要运动系统，感知依赖于感知系统，这两个系统是基因组的表现系统。表达和感知的程度达到运动和感知系统在基因上被决定的程度时，适应这两种系统的模因就适应了相关的基因。复制也受由基因控制的认知组件库的制约，具有预制组件的模因比依赖于需要首先习得语言组件的模因更有可能寄生在宿主的认知系统中。其次，复制依赖于模因库中的相关模因。模因是神经网络，和其他神经网络链接，接收激发并保持稳定的电化学能，以获得自身的特性，和其他模因链接的模因彼此适应，本身就是良好的复制因子。模因也互构，词素模因由音素模因构成，音素模因在模因库中的数量有助于词素模因的复制，语言成分多的模因比语言成分少的模因容易复制。最后，社会因素直接或间接影响复制。模仿的本能使权力、社会地位等因素影响模仿内容和对象，流行的言语行为显然更容易模仿。从模因复制这一角度来看，语言史是语言复制因子变体在言语社区竞争"心智空间"的涌现过程。

复制因子群体具有群体动力。音位、形态系统是有利于基本成分复制的复制因子群体，所以才出现涌现现象。音系是相对关联的系统，其音位、连缀、音节和音步等成分是模因复合体，彼此合作比单独复制的成功率大，群体成员合作则复制良好。复制因子群体规模越大，其成分的彼此依赖程度就越小，复制因子群体和其他模因及环境中的模因群体之间的界限就越模糊。这是基于复制因子的方法解释存在高层次语言成分的根据，也是特定语言不完善的相关性的根据，语言模因互相施加选择压力，逐步形成彼此依赖的共同适应联盟。

语言模因的选择压力与基因压力跟社会压力不同。语言决定其历史模因选择的压力方式与基因压力和社会压力不同。基因和生理压力是普遍存在的压力，社会压力相对容易变化，在模因群体中产生明显的随机变化。模因压力具有一些非普适性的、足够长久的特性，使模因能够适应变化，在个体语言和语系进化的长期发展过程中，模因压力是导致形成特定语言的整体类型学特征的原因。如果特定复制因子及其组合在语言模因群体中能够良好地传播并确立自身，最终进化得比其他复制因子稳定，它就会给其他复制因子施加明显的长期选择压力，这些复制因子就有可能比短期社会压力更持久，与普遍的、基于基因的压力相反，这些复制因子是逐步确立自身的特定模因库的具体复制因子。如果一个复制因子或其效应在其他复制因子的环境中是一个常数因子，它就会明显地"惩罚"其他复制因子，以适应该复制因子能够预测的存在。复制因子不但会提高它自身的进化稳定性，而且还会提高它们已适应的复制因子的进化稳定性，该复制因子会发现，在与它共同复制的环境中，有越来越多的能够良好复制的复制因子，这会给更多的复制因子施加压力，形成适应所有复制因子的稳定联盟，从而从中受益。这一类过程形成的反馈循环在语言群体的初始状态中形成微小的差异，随着时间的推移，差异不断扩大，最终形成显著的差异，从历史视角来看，相关语言的差异性就越来越大。

这种选择压力说明，理解个体语言或其成分随着时间的推移所获得的具体特征，最有希望的研究领域是模因到模因之间的共同适应。尽管语言嵌入了人类的身体、心灵和社会中，语言复制受身心和社会因素的制约，但是语言的具体特性形成的最重要的因素仍需要从语言自身来寻找。语言是复制和进化系统的一个具体亚类型，很多复制和进化系统都是这样的亚类型，研究语言本身和语言为其自身利益而复制具有重要意义。

第二节
语言变化与进化的模因研究模式

英语音系史表明，模因共同适应能解释语音变化的现象，因为复制反映选择压力。研究英语史中音位的发展结果表明，模因共同适应的概念能够得出前后一致的、以历史研究为基础的解释和具有说服力的结论。首先，进化理论能够说明元音数量变化的原因，这一变化长期困扰着英语历史语言学家。在中古英语时期，长元音和短元音音素的分布方式发生了变化，这是因为英语语句的节奏结构模因给元音施加了强大的选择压力，元音模因以适应词形，尤其是作为扬抑格音步的词形表达的变化。与扬抑格大阴谋讨论不相关的其他语音变化现象，反映出与元音数量变化相同的选择压力。案例研究表明，进化方法对语音历史变化现象的解释和结论比传统的解释和结论更有说服力，能够使我们了解英语为何具有现在的一些特性。

一、英语元音的进化规律

语言学界公认英语音系的历史变化改变了长、短元音的分布规律。由说话人的需求和动机支配的传统理论无法解释这些变化。新语法学派的语音规则把不能解释的很多现象勉强归结为例外现象（Ritt，2004：243）。方言融合认为，变异受到规则的、具有范畴的语音变化的影响，变体和尚未变化的其他变体相融合；类推抹平（analogical leveling）把语音规则的例外和元音长化现象解释为符合假定规则的、从形态形式中出现的"偶然"现象。但是，因为这两种方法能够无一例外地解释历史长河中出现的所有变化现象，从实际上来看，这两种方法都没有解释力。

卡尔·路易克（Karl Luick）提出开音节使短元音长化的三个原则：开音节不是高音，是主重音，位置在倒数第二个开音节上，路易克本人当时就指出此规则有例外（1914，2014：397-409），have即为一例。另一传统看法认为have是助动词，作为实义动词意义相对模糊，不重读，也不是音步头，但是这一解释与倒数第二个开音节上/a/的结构位置应该具有的长化效果不一致。根据模因原理，环境因素给元音变化施加选择压力，模因在不同结构的词素模因中竞争"位置"。have没有长化，因为它适应重轻（Sw）交替节奏，Sw模因是扬抑格语句段构型，也是音步模因构型的核心和英语语句的长期特性，具有进化的内在稳定性，因为双拍步结构模因适应度高（Dziubalska，1995：58-60）。have一般位于轻音节的位置，其进化稳定性使/a/模因在节奏结构中能够更好地适应have作为助动词的语法作用。

　　模因的进化稳定性也能够解释开音节中的元音长化现象。长元音单词发挥不同的节奏作用，经常表达在重读位置，其音段具有增强的发音力量，在Sw节奏中复制效果更好，双开音节的元音长化是对节奏结构的模因构型的适应现象。

　　元音数量和音步长度的进化规律。重音计时语言有向音步等时长发展的趋势，复制成功率高。Sw模因比SS、Sww、Swww等模因常见，重音峰一般形成于时间规则的音程中，重音峰是音节的核心成分，具有相对的高度和紧度，音程指两个音的高低关系。适应这种规则音程的模因复制自身的概率大，因此它"奖励"其节拍能够适应的音步模因，从而使相关模因加强彼此的共生关系，结盟成为稳定的音步模因构型。

　　中古英语的首重音固定，单、双音节在单词长度和音步长度之间具有统计学上的因果关系，长度指音系的音段长度，长单词中的词素模因比短单词的词素模因更常出现在音段长的音步中，词素模因谱系"学习"其成员表达为轻、重音节的相对概率，也"学习"音步的相对平均时长，因此适应相应的结构特性。

　　元音变化是对音步模因计时压力的适应度响应。长元音语音能更好地复制长元音模因，却不能更好地复制短元音模因，反之亦然。如果词素模因越经常和长元音语音共同表达，长元音模因就越有可能和词素模因结盟，变异复制进化效果最好的词素模因变体也适用于三音节的短化现象。

左边固定重音和等时长的节奏规律给音系结构施加选择压力，使中古英语双音节和三音节形成元音长化与短化现象。模因复合体施加到词素模因群体的压力在have等助动词中选择短元音，形成弱节奏音节。在相对短的音步中，词素模因常常表达为长元音，形成强节奏音节，音步相对长的词素模因选择短元音。词素模因的长度和音步的长度相互依存，在短词素模因中长元音更适应，而在长词素模因中短元音更适应，元音数量是模因群体的模因之间的共同适应现象，词汇的音系复制因子和词素复制因子适应制约语句节奏的模因构型。

CVC单音节中短元音的进化稳定性。路易克指出CVC单音节词没有长化现象（1914，2014），具有进化稳定性。但是，赫斯豪森（Holthausen）的《古英语词源词典》收录有69个CVC单音节词进化到现代英语，其中36个单词由长元音变体代替，只有33个单词是最初的短元音（Ritt，2004：277）。模因机制认为，和所有词素模因一样，单音节词也同样需要经受选择压力。在相对短的音步语句中，单音节词的元音音长在表达时被延长，因此更容易复制长元音模因，短元音模因因而在CVC词素模因中丧失位置，被长元音模因所取代。音步模因复合体施加给元音模因和词素模因的关联压力是语言进化的普遍规律。

音步和节奏模因是稳定的复制因子，元音表达需要复制它们，其进化稳定性使与它们共同表达的词素模因具有适应压力。但是进化稳定性并不说明所有词素模因都应该适应实际变化的压力，have、warrant和man等词素模因已经适应实际变化的压力。简言之，给模因施加选择压力的因素不只形成一种变化，而且个体变化不仅仅反映单一环境因素的影响，语言变化是模因到模因的适应现象。

英语音步在英语历史中非常稳定，英语复制因子群体的其他模因具有适应音步模因强大的、持久的压力。因为英语变成了音节计时语言，其中主要类别的词素模因的首音节很可能作为音步头来表达，因此，英语的音步模因很可能使很多词素模因谱系进化成在其环境中能够良好复制的变体。英语进化中应该有反映音步结构和节奏模因适应现象的很多变化形式。如果是这样的话,这说明英语可能具有很多特性,因为其构成成分在适应方式上响应了构成英语话语节奏的模因。这是一个准确的视角,因为它提供了一个方法,这种方法能够具体说明英语具有很多特点的普遍直觉,例如大量的单音节词,几乎不存在的屈折变化,甚至其句法排序原则都源于日耳曼词汇重音逐步固定在词根词素的首音节上。语言进化的达尔文视角可能有助于我们理解这些现象形成的原因。

二、英语词形的韵律进化规律

当代英语的很多特征源于一个事实,在英语的祖先语日耳曼语中,单词重音逐步固定在词根的第一个音节,即最左边的音节上。这种重音固定的直接后果是,单词的最后一个音节,即最右边的音节,首先在语音上被背景化了,接着缩短了,然后在历史的发展中消失了。从而使当代英语的核心词汇具有大量的单音节词,而且使屈折变化消失,从而使英语从屈折型转变为分析型的语言类型。因此,这可能也是SVO词序固定的间接原因,因为词序固定必然使形态学上的格标记完全丧失,如果没有格标记,主语和宾语等句法功能就不能够被清楚地标识出来。

语言学界公认词首固定重音在英语进化中具有重要作用,但是重音固定如何施加影响却没有得到真正的研究,原因之一是方法论上的困难,因为很难把语言在历史上获得的单一具体特性在因果关系上与这一语言的一个子语言的长期类型发展联系起来,而且这一特性是在将近1500年的历史中展开的。模因机制给出了合理的解释:词素模因的首音节一般和音步模因复合体的S节点共同表达,即词素模因和音步模因结盟。扬抑格被公认为音步的最佳语句类型,词素模因作为扬抑格表达,容易从良好复制的音系结构中复制,音步模因给词素模因施加压力,以选择扬抑格,或者至少选择音长与重音结构跟扬抑格相似的音步。

首先，这说明不管其他因素（最省力原则、弱音节减少和重音节长化）是否支持个别语音的变化现象，重音计时语言偏好扬抑格是进化的单独因素，模因机制能说明词首固定重音的长期效应，也可以分析其因果关系，因而能够找到进化的实例。其次，当其他因素使词素模因变体进入模因库，却不能适应音步模因的压力时，应该有补偿性变化，因为模因复合体不是影响词素模因谱系进化的唯一因素。模因复合体联合其他压力，或者抵抗其他压力，引起或阻止变化。模因之间具有共同适应性，如果新变体遭遇音步模因的压力，音步模因会选择和其他压力共存的变体，或选择能够更好地适应音步压力的变体。换言之，每当变化生成不如其祖先语的扬抑格的词素模因时，就有可能出现补偿性变化。

假设中古英语是重音节奏，音步在实际发音中具有相同的长度，这表明音步会遭遇在节奏上使其彼此相似的压力，从而出现一个标准音步，此音步首先在语音上同化其他音步，最终在历史上同化其他音步。实证观察和语言学界公认所有语言中最偏好的音步是扬抑格，那么唯一合理的假设是，如果音步具有逐步一致的压力，扬抑格是其他模因类型进化的目标。词汇结构的进化反映音步结构的进化，很多中古英语的词形变成了扬抑格词形，或者至少越来越相似于扬抑格词形，词素模因在适应音步模因的影响中经受了长期的选择压力。

英语词形从日耳曼语到中古英语后期的语音变化，以及这些变化影响不同词素模因类型的音步结构和韵律音重的研究（Ritt，2004：294-303）表明，词素模因谱系在变化前后的变体表达为扬抑格时都具有良好的效果，除过非重读央元音的删除之外，所有变化都从变化所影响的词素模因中形成扬抑格，没有任何变化使词素模因成为更差的扬抑格，几乎所有变化都增加了作为扬抑格良好复制的数量。不管语音变化怎样影响词素模因的韵律音重，它们都使词素模因能够更好地复制扬抑格。模因机制既没有假设扬抑格是完美的音步，也没有假设扬抑格强迫词素向其相像的方向发展，而得出了符合语言规则的解释。

第三节
语言变化与进化研究的模因应用

学者早就注意到语言变化和生物进化的密切关系。达尔文认为，"在生存斗争中，某些人喜欢使用的词汇的生存或保持是自然选择"（1871，1981：60-61）。按照进化论，语言不仅具有进化史，而且在不断变化的语言生态环境中，一些词汇具有更高的"适应度"，在竞争中能够复制自身。历史语言学事实上一直在研究语言历史和语言变化的因果关系等问题（Nettle，2007）。但是，结构主义研究方法注重语言的共时分析，索绪尔把语言视为不变的实体，把语言结构特性视为语言的本质，把语言和语言的使用分开，从而难以从变化和异质的角度分析语言，结果使语言的共时研究在语言学领域占据主导地位。在20世纪90年代，随着结构主义理论的日渐式微，语言学界重新出现了对进化模式的兴趣，到20世纪末和21世纪初，在语言和翻译领域出现了应用进化理论研究语言现象的一些重要成果。下文将介绍和评述应用模因理论研究语言与翻译的三个重要模式。

进化生物学家和动物行为学家道金斯（1976）提出，模因及其原理是文化信息传播的进化模式的方法。模因是人的大脑中的认知实体，是信息的单位，寄生在人的大脑中，是人类文化进化的变异复制因子，道金斯认为文化也产生复制行为。模因是影响其周围的一种模式，具有因果作用，能够传播。模因是可复制的，具有遗传结构的文化单位，概念是复制因子，个体的心智或大脑是载体。道金斯使用寄生物-宿主模式来说明模因/概念与宿主的心智/大脑之间的关系：模因是使用宿主的大脑作为其复制载体的寄生物。模因"寄生"在个体的大脑中，能够从一个大脑复制到另一个大脑。如果一个个体影响另外一个个体采纳某个信念，这在模因论中被视为观念复制因子将其复制到新的宿主上。因此，模因理论是一种心理内容理论。

模因是和基因的类比，模因理论一般被称为广义进化变化理论，其核心观点是复制产生的变化引起进化过程，在进化过程中，一些实体被复制，复制的大部分结构或全部结构与原来的结构相同。复制过程是不断累积和重复的，能够产生谱系。进化变化的过程具有两个步骤：复制过程产生变异，变体通过一些机制进行选择。拉斯（1997：109-111）认为，在语言变化中，这些特征有助于把语言作为历史实体来理解，语言变化就可以按照普遍达尔文原则来分析，人是语言的使用者，而不是语言的创造者，人使用的语言系统是在历史中进化的结果。因此，拉斯不强调个体或者群体在语言发展中的作用，而把语言看作一个充满变体的集合在时间中运动。

一、音位的历史变化

里特是一位音位学家，他应用模因规律对语言变化进行了深入分析，在其专著《自私的语音和语言进化》（2004）中，里特提出语言模因是大脑中的概念，尤其是可复制的大脑结构的某种类型。音素、词素、音位结构模式、节奏和音位规则，或者更准确地说，它们的概念表征都是模因。在这本专著中，他使用了大量的篇幅（2004：122-239）构建了一个人类语言能力的体系，把语言视为一个神经链接（neural link）系统，包括交际行为的原理指令，这些指令相当于模因理论中的大脑或文化复制因子，能够忠实传播。

里特不是把语言变化视为生物进化，而是认为语言变化是达尔文式进化的一个实例（2004：110-111，119-21）。他强调指出，"这些复制因子是真正的大脑实体，宿主在大脑中复制的相同复制因子类型是同形的"（2004：157）。研究行为和认知的知名学者丹尼尔·内特尔（Daniel Nettle）支持这一观点。内特尔的理由是，"达尔文的进化理论是一种循序渐进解决问题的过程的规则系统，每当复制、变异和竞争的基本条件得到满足时，就会出现这一类过程。在实体能够复制变异的任何系统中，只要复制因子能够实现复制过程，这种系统就是进化过程。所以，语言不是与达尔文进化相似的现象，而是按照达尔文的规律本身进化的实体"（2007：483）。

在研究词汇和语音的共时变化过程中，里特认为词汇和语音操纵人（模因的载体）以达到使自身复制的"自私"目的。说话人自身只是文化和语言变化的一部分，说话人经历变化，而不是促进变化。因此，普遍达尔文主义理论能够使我们放弃传统语言学中全能的说话人的概念，就像生物进化理论使我们放弃在万物的生命后面存在有目的的智能设计者的概念一样。里特发现语言历史上的很多现象无法用既定的描写或说明模式来进行令人满意的解释，而模因理论却提供了令人满意的解释（2004：240）。因此，在语言变化中，说话人不是中心，人的行为特征也不是具有自由意志的主体的意图和目的，语言实际上可能控制着表达语言的人。

二、语音是"自私的"复制因子

语言由词汇和语音构成，从进化视角看，如果把节奏视为一个环境恒量，词汇和语音必须生存和复制。因为节奏长期施加环境压力，英语单词的语音形式会逐渐发生变化，在表达和传播过程中，只有更好地适应具有某种节奏结构的语句，最终才能生存和传播。在这种有方向的进化现象中，说话人没有发挥任何核心作用。随着漫长的进程，不断变化的模式在节奏和语音的相互作用下逐步表现出来。从这个角度看，说话人仅仅提供了"自私的"语音机器以复制自身，他并没有主动地推动这种进化。

英语语言中的节奏模式也一直在进化。在英语语言中，节奏变化明显具有方向性，随着时间的推移表现出来，这种变化是漫长的过程，因此，个体说话人不可能观察出来。这些现象在语言学中被称为"漂移"。这种漂移的例子似乎影响了英语单词（更准确地说是词汇的词素，即承载意义的最小语言单位）的语音形式。例如，语言学家公认在公元900—1300年之间，英语语音的变化完全改变了长元音和短元音的分布。在下文的例（1）中，①中所有单词是以元音作为重音的双元音，在语言学界，这被公认为是从单纯短元音③中衍生的，②中的单元音是历史过渡中的中间形式（Ritt，2004：240）。

（1）元音趋长

①当代英语：make，acorn，beaver；child，hould；whale，bead，coal。

②晚期中古英语：māken，ākorn，bēver；cīld，hūnd；hwāl，bēd，cōl。

③晚期古英语/早期中古英语：makien，akern，befor；cild，hund；hwæl，bed，col。

在下文例（2）中，①中的单词都是短元音，历史语言学公认这是从长单元音②中衍生的形式。

（2）元音趋短

①当代英语：kept，dust；errand，southern。

②古英语：kēpte，dūst，rēnde，sūperne。

这种变化始于700多年以前。语言变化由说话人的需求、目标和动机所驱动的传统理论无法解释类似现象，而进化方法反而提出了具有说服力的解释。英语元音音长的变化是一个适应过程。选择压力给英语语素模因施加压力，而且英语词汇中的语素模因毫无例外都会受到这些选择压力的影响。因为英语音步的结构和节奏（timing）模因是非常稳定和成功的复制因子，这便产生了选择压力，这说明音步的表达和传播必须很好地复制语素模因（Ritt，2004：285）。进化理论也能够解释像古英语中的 God 或 whale 等单音节词在当代英语中元音长度的分布现象，因此解决了一个长期以来用"方言混合"（dialect mixture）或者"类推抹平"（analogical levelling）等概念解释的局限性（Ritt，2004：286）。因此，促使这种长期变化的因果机制不是来自个体说话人的意图和目的，而是进化理论提出的有力的解释，即语言变化是一个适应过程，选择压力发挥着重要作用。

在语言节奏和词汇的形态配列学之间具有共同适应关系。语言成分是可理解的实体，能够忠实地作为复制因子复制和传播，因为语言成分具有发出并区别有音位差异的语音的结构，也具有能够产生并辨识词汇化的形态配列学的单位的结构，如词素形式，同时还具有形成与辨识节奏单位的节奏配置的结构，因此能够建立按照达尔文的原则进化的系统。这些可辨识的语言成分的成功复制和进化稳定性都不可能独立于其他语言成分，因为它们的传播依赖于成功的共同表达，因此，它们彼此实施共同适应压力就是一个很可能的事实，这样便形成了语言节奏和词汇的共生关系。里特认为，这种类型的共同适应压力无法表现为共同的生理限制因素，因为生理限制因素的影响不是特定语言所具有的，也无法表现为历史上的偶然因素，因为偶然因素的影响要受地域和时间的限制，那么，合理的结论应该是，适应关系是在个体言语的漫长历史发展中形成的。语音变化的大量真实样品证明，这个结论是可信的，这些语音变化出现在最近 1000 年的英语史中（Ritt，2005）。

用模因理论解释上述语言现象有以下优点：第一，它完整一致地解释了英语元音在古英语晚期和中古英语早期之间形成的音质变化。第二，无须使用像自然类推抹平和随机类推抹平等特别方法来解释英语元音的统计特性。第三，无须使用强求一致的过度简化的方法，在缺少经验证据的情况下，就能说明一个单一的音长调整过程的变化。第四，进化方法清楚地揭示了英语元音变化的机制，同时以一种原则性、系统性的方式清楚地说明了语言能力的构成要素（competence constituents）和制约语言运用的因素的相互作用。第五，这是彻底的非本质主义，至少在原则上能够以物质上的、在主体间能够证实的语言世界的能指进行实证性解释。以上例证和论述表明，进化方法是研究语言和语言历史进化的重要理论框架，这一方法不但能够解释用传统方法不能解释的语言历史现象，而且还能加深我们对在本质上推动语言历史发展的理解。

那么，语言和语言变化的达尔文方法的主要优点是什么？

首先，语言进化的达尔文方法把语言的历史视角和我们了解的语言的其他方面完全结合起来了。例如，它把语言系统的历史和说话人的历史非常自然地结合在一起，无须视角的转换。所以，我们从语言能力成分视角描写早期英语元音数量的变化，无须考虑英语在代代说话人传递的过程中涉及的相关社会因素。我们虽然没有过多地讨论彼此竞争的元音数量在最近几百年中在构成英语说话人社团的各种亚群体的威望上的差异，但这并不说明我们没有讨论应该讨论的语言的一个本质成分。相反，不可否认的事实是，尽管语言复制因子群体会遭遇很多不同的社会压力，但是我们的观点可以解释这样一个事实，即我们认为更长期的进化发展的结果可能没有解释这些压力出现的原因，它们反而解释了不同复制因子在系统内部给彼此施加压力的原因。原因在于，从本质上来看，成功的复制因子比一些具体社会因素生存得更长久，因此能够比这些社会因素施加更长久的压力。这一解释能够完善地说明一个令人困惑的事实，即大部分语言历史是有意义的，我们不仅要分析语言自身的系统特征，同时还要分析语言服务于社会的目的，因此，语文复制一定具有适应社会目的的压力。与此同时，基于复制因子的达尔文的语言观点并不排除社会压力也在发挥其作用。完全相反，语言复制在很大程度上依赖于顺从和表达群体内部权力关系的本能，社会压力比其他很多短期压力更大。在确定特定复制因子群体的长期进化路径中，在语言复制选择其他复制因子必须适应的具体复制因子的过程中，社会压力发挥着重要作用。

所以，更具体地说，这一方法详细说明了在语言进化的系统内部和系统外部因素之间没有任何重要的质性差异，即语言复制因子本身的视角。从复制因子视角看，压力仅仅是压力，复制因子响应压力的唯一方法是复制成功。所以，语言的进化方法比其他大多数语言理论具有更大的优势，它能够把语言作为"系统"的研究和把语言作为社会现象的研究结合起来。

其次，语言的进化方法也能够把语言的生理局限因素与语言能力或语法结构特性之间的研究结合起来。语言的生理局限因素的确限制复制因子群体进化的设计空间，但是生理局限因素在近10万年以来基本上没有变化，所有语言在不同程度上都良好地适应了生理局限因素。因此，不可能使用生理局限因素解释有历史记录的任何语言的具体变化。但是，因为生理机能必然一直给语言复制施加压力，它可能只需要稍微施加一些额外的压力，不论最初是社会或是模因压力，都可能使语言产生变化。这可能就是我们不能把语言变化视为对语言的生理限制因素和其复制的适应度响应的原因。从某种意义上说，语言变化都会"自然地"响应生理上的制约因素，但是生理制约因素不是唯一的动机，也不是最重要的语言变化的动机。

同理，社会原因可能使复制因子稳定地确立自身，而生理压力则可使复制因子更容易地被良好适应的变体在复制中超越。在这种情况下，进化方法还可以把语言的"系统内部"特性和生理局限因素整合起来，从个体复制因子的角度看，语言系统、语言赖以寄生的身体以及语言在其中复制的社会都是相同类型的因素：语言复制环境的组成部分。

所以，语言基于复制因子的达尔文方法并不局限于"内在语言"（I-language），而且也不需要排除"外在语言"（E-language），这是乔姆斯基理论规定的内容。尽管语言基于复制因子的达尔文方法把在物质层面完成的语言复制因子的认知层面作为主要内容来说明，这一方法也详细说明了语言复制因子的认知层面、语言使用、话语及其文本产物相联系的原则性方法。这是语言复制因子一致的表现型表达现象，复制因子取决于这种一致的表现型表达，才能复制和生存。复制因子群体是复杂适应图式，复制因子表达方式的效应信息以压缩的形式贮存在这些图式中。复制因子敏感的、响应的以及能够"学习的"效应不是对人类宿主产生的效应，而是对复制因子自身复制的表现形式产生的反馈效应。

语言基于复制因子的进化方法对语言变化现象能够提供这样一个一致的视角，其中一个主要原因是，很多概念没有任何本质的状态，而在传统上却是大部分语言理论的原始理论。这首先表现在"说话人"的概念上。这一概念不但有矛盾，而且定义不清晰，因此引起的问题常常比它声称解决的问题多。说话人有时似乎仅仅是具有语言器官的身体，身体规定语言能力结构的共同制约因素，说话人有时是具有自由意志和创造力的语言的拥有者和使用者，因此能够控制其表达、思考和学习。但是，从语言复制因子的角度看，则根本没有必要进行这种范畴上的区别。语言复制因子赖以寄生的心灵-身体是一个单一环境类型，其中一些环境因素是恒量，其他一些环境因素没有规律而且容易变化，只能从统计和概率方法上"假设"这些环境因素。

如果我们重申对说话人—语言这两者之间的关系的理解，基于复制因子的方法能够解释语言学家为什么难以解释诸如"语言""方言""变体""文体（style）"等简单明了的概念（Mazzon，2000）。这一方法认为，"语言"是涌现的高层次实体，起源于语言进化中真正的单位，即复制因子自身之间复杂的相互作用。这清楚地解释了不可能界定这些术语的原因，除非用模糊的说法。和所有复杂复制因子系统一样，语言是动态和开放的系统。语言是非常稳定的，它是由更小的成分良好组织的群体，虽然如此，语言群体中的成员来去自由，而不会使整个群体崩溃。因此，语言的进化方法不研究语言（变体/方言等）是什么，而研究复制因子如何自己逐步组成群体，并表现出哪些特性。语言基于复制因子的方法在这一方面提供了一个解释视角，能够解释那些在传统上没有理论根据的和完全模糊的概念。

语言基于复制因子的方法的另外一个优点是，它完全是唯物主义的，从心理学角度看，是语言的现实模式。因此所使用的概念符合波普尔对第一世界构成要素的解释。尽管这一方法不能改变人们对知识的物质基础理解得很不够的事实，但是这一方法始终强调心灵-身体的一元论态度，并且把这一态度作为语言和认知发展模式的坚实基础，这一基础至少在原则上是以心理学和神经生物学为依据的，并且按照心理学和神经生物学的知识发展。

最后，语言的进化方法和研究其他非常复杂的经验领域所应用的相似模式完全一致，从而能够促进这些学科之间的概念和方法论的共同发展，尤其有助于发展语言和语言进化的模式，从而使这些模式能够比既定的语言学理论更容易量化。

三、应用模因论研究克里奥尔语

穆夫温是芝加哥大学的语言学教授，近年来主要研究环大西洋地区的克里奥尔语和语言进化问题。他在 21 世纪初出版了两本研究语言进化的专著：《语言进化的生态》（2001）和《语言进化：接触，竞争和变化》（2008）。书名中的"进化"指通过自然选择产生的逐步变化，"生态"指语言社区生存的整个环境，当然也包括社会和经济环境。穆夫温应用模因论从两个方面研究语言的变化：第一，语言形成社团的方式和物种形成种群的方式相同；第二，生态环境促使语言变化和选择。

语言形成和物种形成的方式相似，选择在语言进化中发挥着作用。以这个观点为根据，我们假设语言是一种拉马克式的物种，是由承认使用相同的言语编码彼此交际的个体所说的个人言语中进行推断的概念。首先，穆夫温把语言视为物种，尤其是在说话人的大脑中存在的语言结构的群体。语言处于变化之中，语言变化、传播和消亡的频率不是由语言系统本身所决定的，而是取决于说话人的种群。进化变化是由复制产生的变化（Hull，1988：410），复制因子是被选择的单位（Dawkins，1976：）。穆夫温认为语言中的选择单位是语言特征（2008：20），语言是物种，他把物种定义为个人言语的群体（2008：14），每一个说话人在语言习得中形成的语言"系统"和生物学中有机物的种群形成的物种相似，因此可以用进化原理解释语言。语言和病毒相似，因为它们不能独立于其宿主（说话人）而生存（Mufwene，2008：26-27）。所以，其理论框架是模因理论：模因是文化复制因子，同时是存在于人类大脑中的病毒。

穆夫温采纳寄生物-宿主模式说明语言和其说话人的关系。模因论者认为语言概念（寄生物）使用说话人（宿主）复制自身，而穆夫温认为语言的存在、传播或消亡取决于其宿主说话人的生存、传播和消亡。这就是说，他没有采用自私的基因或模因进行复制的模式，而认为说话人复制了语言现象中的语言特征。穆夫温使用了三个类比：语言变化的单位和原则是语言特征，这些特征和基因模式相似，但是他同时指出这种模式不能完全等同于生物学中的基因模式（2001：2）。共同语言是生物物种，是个人言语的集合，语言是复杂的进化系统（2001：14）。语言寄生于不同的宿主（说话人），语言的生存取决于宿主（说话人）的生命和活力，以及说话人生存于其中的社会和文化（2001：16）。

在语言"习得"的任何情况中都没有任何完全的复制，"习得"实际上是个重新创造的过程，其中学习者从与他们相互影响的不同个体话语被选择的特征中得出系统。在某种程度上与生物学中的基因重组相似，每一个学习者逐渐地、有选择地把在此过程中经常修改的特征重新组合进新系统。语言是一个复杂的适应系统，因为语言的结构是由多重模块构成的。几乎在每一个模块单位（即语音、语素、词和惯用语）和使用原则（产出和组合原则）中，这些单位彼此竞争和选择，至少在一些使用的环境中竞争和选择。

在语言接触的环境中，变异在语言"习得"的重新创造方面引起竞争和选择。因为变异也常常存在于同一种语言之内，存在于不同的方言或个人言语所提供的其他选择之间（例如，在表语形容词的例子中，一个孩子生活在受过教育的英语和黑人英语环境当中），在自然环境中"习得"一门语言的每个人都会感受到某种竞争和选择（Mufwene，2001）。

如果我们把语言视为一个物种，而且语言是一个复杂适应系统，选择便是可能的。语言是个物种，因为语言仅作为相似但是不同的个人习语中的推断物而存在，就像生物物种是从个体有机物的存在中得出的一个推断物一样。在群体层面，一些不同个人习语选项的一致性常常足够强大，能够使语言进化到新公共系统。假定语言"传播"具有混合性，混合性是多倍体的，因为每一个个人语言的特征不仅来源于各种各样竞争着的个人语言，而且可能也来源于所接触的不同的方言或语言。

语言的竞争和基因竞争相似。语言特征的竞争方式和基因竞争的方式在很大程度上是相同的。语言进化中说话人的作用以及说话人在其语言选择中无意识逐步趋同的现象，使我们联想到生物进化中选择的累积效应，个体层面选择的累积效应最终影响到整个言语社团。竞争是语言特征库中的下位层语言（substrates，即影响第二语言但被第二语言取代的语言）和上位层语言（superstrates）共同参与的结果。以克里奥尔语为例，目标语言的新使用者（appropriators）曾经操过的下位层语言的特征也有助于形成特征库。特征库中新增加的这些外来语言特征改变了本土语言变体力量的平衡，就有可能选择克里奥尔语的特征，而不是选择非克里奥尔语变体的特征（Mufwene，2008：118）。语言在特征库中如何竞争？彼此竞争的语言变体可能词汇不同（选择此词而不选择彼词），而且在语音、形态、句法和意义上都可能不同。学习者之间具有相互作用的不同生态环境，这使他们把不同语言更小范围的变体选择到自己的个人言语中（Mufwene，2008：117）。在竞争中，最初的源语言很有可能制约新出现的语言体系的特征。在群体的克里奥尔语和非克里奥尔语的发展之间，接触条件有差异，不论群体之间有无接触。一致性支持接触中的语言之间的共同特征，自身就是一种选择形式，因为一些不一致的变体常常被淘汰，尤其在语法和语音体系层面上，如果从出生以来就不说目标语言的群体在社会组织上成为一个整体时，这就变得很明显。在任何情况下，无论是否有广泛的一致性，欧洲语言的每一个新群体变体（克里奥尔语或非克里奥尔语）都是通过一个特征库相同的竞争–选择语言进化机制的接触为基础的。

生态环境促使语言变化和选择。语言和语言赖以生存的说话人生存于共同的环境中，尤其生存在特定的社会和文化环境中，而且也生存于社会内部环境中，以及在这种内部环境中能够发现的语言变体中。人类语言的进化不仅与语言赖以生存的生态环境有关，而且受语言个体发展特征的影响，这些特征使语言有别于生物物种。

穆夫温分析了克里奥尔语（creole）的发展，也分析了克里奥尔语和"正常"语言传播的关系。克里奥尔语不是皮钦语（pidgin）"本土化"（nativization）的结果，而是由于说话人的非标准变体的输入，加上欧洲和非欧洲殖民者的语言转移，形成于殖民地化早期阶段的语言变体（2008：29-58）。例如，以欧洲语言为基础的克里奥尔语是从欧洲语言的非标准变体逐渐发展而来，克里奥尔语也来自操非本族语的欧洲说话人（英语的爱尔兰非本族语说话人、法语的布列塔尼非本族语说话人）、非洲裔的非本族语说话人（美洲种植园中的奴隶）和太平洋地区土著非本族语说话人。克里奥尔语是早期殖民地的社会和经济生态决定的，是通过自然选择形成的语言结构，它在形态上和"正常"的语言变化只是程度的差异，没有其他不同变化形式。其语法的特殊性开始于非标准形式，然后不断地持续偏离，进入低势语化（basilectalization）过程，即形成由不同社会层次所操的语言的变化过程。这种语言变体的社会威望非常低，与标准语言形式基本上没有关系，但是具有克里奥尔语的大多数特征，在部分程度上，这是操第二语言者大量移民而带来的变化（2008：136-148）。穆夫温把克里奥尔语称为没有父母语的语言，只是来自某一特定语言中皮钦语的词汇（lexifier），从本质上来看，这种低势语化是竞争形成克里奥尔语的英语、法语和其他欧洲语言中的非白人语言变体的权力上升的结果（2008：193），其不同特征产生于接触和生态环境的不同历史。穆夫温研究认为，传统语言谱系图中表示的"正常"语言的变化，也是移民和殖民化的结果，而且也是操不同方言或语言的群体的不断融合，形成新的"子语言"言语社团的结果。英语的所有变体，例如澳大利亚英语的殖民变体、圭亚那克里奥尔语的"克里奥尔语"变体和新加坡英语的本地化变体，都是英国英语变体的衍生语言，尽管衍生于不同的社会生态环境。

穆夫温研究了语言特征库和语言之间的竞争。他用经济学概念"看不见的手"说明"个体言语模式传播到群体范围的模式"（2008：119），即个人言语变体在言语社团中如何得到选择与传播，语言特征从个体传播到整个言语社团的方式。凯勒最早把此概念引入语言理论，指个体说话人在语言使用过程中进行语言选择，个体选择的累积效应在群体层面产生语言变化，因为每个个体功能选择的累积效应是语言习得的常规路径，而且这一路径是语言习得的最近距离（1994：64-74）。穆夫温引用此概念说明"核心是个体和团体行为中模仿的作用"（2008：61）。显然，穆夫温在此利用的是模因论中模仿的概念和作用。语言使用是模仿行为：说话人在其交际过程中复制语言形式，语言传播和变化的本质是复制过程。穆夫温巧妙地把"看不见的手"的概念和进化理论联系起来，说明累积效应是常规现象，累积过程是模仿和复制过程，不是独立于个体之间的单独行为。

穆夫温的研究使我们理解了言语社团制约语言选择、选择形成特定语言的社会机制的重要作用。研究语言变化的竞争和选择方式反映出社会机制才是现存语言变体产生的根源。语言特征产生于特定的生态环境，语言特征在其生态环境中互相竞争，从而使一些语言特征得到选择，而其他语言特征被抛弃。了解产生这些现象的诸种因素加深了我们对语言变化规律的认识。

四、模因是观念在翻译理论中的传播

切斯特曼出版了一部专著《翻译模因论：翻译理论中的思想传播》（1997）和系列论文（2000a，2000b，2009），创立并阐述翻译模因是观念在翻译理论中传播的思想。其理论框架是广义达尔文主义，其主要内容是翻译中的模因是翻译观念，它们彼此依赖，形成模因复合体、模因库（模因集合）和超级模因（常规模因）。模因通过翻译在文化之间传播，"翻译是模因的生存机器"（1997：7）。

切斯特曼认为，翻译学是模因论的一个分支。很显然，切斯特曼以模因论为基本理论框架，分析翻译的作用和进化过程。更具体地说，这是一个解释性假设：翻译学能够通过模因进化的方式来解释，而且这是一个有用的解释，因为这一解释提供了一个理解翻译的新颖和有益的方法。在任何特定的时间，我们能够把文化状态描述为一组模因——一个模因库，我们也能够把这种文化的一部分状态用这种方式来描述，即科学领域的状态。

翻译具有5个超级模因：源语–目标语、对等、不可译性、意译–直译、写作。超级模因是在翻译理论形成和进化过程中产生的。在翻译史中，它们经过译者的实践和讨论，具有累积效应，囊括了翻译的基本问题，是翻译的常规模因。如果我们把翻译自身视为模因的活动，那么我们可以注意到这些超级模因出现的情况。这意味着我们把翻译视为不等同的关系，不是转移的关系，而是基于复制的关系，一种添加关系：

Not：A = A'　（equative）　　不是：A = A'（等同）

Nor：A → B　（transfer）　　也不是：A → B（转移）

But：A → A + A'　（additive）　而是：A → A + A'（添加）

正是这种添加关系最接近于翻译行为的本质内容。随着时间的推移有动态变化，但是这种动态变化不是从源语到目标语，不是把某物从一个地方带到另一个地方的变化，因为"某物"在翻译过程完成之后仍然保持在源语中——仅仅因为被翻译过，但是源语文本或信息并没有消失。出现的情况是，在时间1我们有一个文本或信息（A），然后在时间2我们有两个文本或信息：一个源语文本（A）和一个复制品（A'）。所以，文本或信息A的模因进一步传播了。它们在源语文化中没有停止传播，所以，它们的范围扩大了。

切斯特曼认为对等不可能包括源语和目标语中形成的各种关系。受模因的感染、复制和传播特征具有相似性的启发，他提出翻译的最佳相似性和相关相似性原则，相似性是共生模因，在相同的两个文本之间可能存在不止一种相似性，文本是否相似取决于翻译目的（2000i）。他借用波普尔三个世界的概念，力图给翻译理论和实践找到一条联系途径。翻译模因存在于波普尔的第三世界，是思想的客观内容，属于概念世界。第一世界是客观物质世界；第二世界是主观世界，包括意识、心智状态和行为倾向（Chesterman，1997：14-15）。模因起源于人的大脑，即源自第二世界，用语言符号表达就进入第三世界，第三世界是第一世界和第二世界相互作用的产物，反过来影响第二世界，继而影响第一世界。翻译理论通过影响译者的思维方式和翻译理念来指导译者的翻译行为，随着第三世界对第二世界和第一世界产生"可塑性支配"，"翻译模因，即翻译理论和具体翻译观念，会影响译者的思考和翻译活动"（Chesterman，1997：16）。翻译模因作为理性知识必须符合波普尔的科学知识的获取过程，即P1→TT→EE→P2。翻译模因的进化是一个从提出问题（P1）到力图解决问题（TT），排除错误（EE）再到发现新问题（P2）的反复过程，这一过程不断接近翻译的真实性。翻译和所有交际一样，总是相对的，而不是绝对的，因此，可译性不是个问题（Chesterman，2009）。

翻译是一个工具箱技能，而不是一个算法技能。在算法技能的情况下，只能具有一个答案，具有一个规则：你只有学习这一规则才能得到正确的答案，这和学习如何使用一个新文字处理程序一样。在工具箱技能的情况下，你在背包中需要几个工具，而且你需要知道如何选择完成特定任务的正确的工具。译者训练实际上涉及学习使用两种工具，这两种工具都应该在教学大纲中给予足够的空间。一些工具是技术性的，例如计算机程序；另外一些工具是概念的，这些概念工具是模因，而且能够完全作为模因来学习。按照这种方法，概念工具传播得更久远。模因论首先应用于译者培训是基于模因是概念工具这一事实。在目前的模因库中，关于翻译的模因在翻译活动自身中是有用的，而且在教授翻译的活动中也是有用的。因为如果没有概念工具的话，我们根本不能思考。新译者需要知道他们在做什么，而且要知道职业译者在做什么。为了得到这种意识，他们需要思考翻译活动的方式，分析翻译活动的方法，他们也需要相关的概念。翻译的一些模因传播广泛，但是其他一些翻译模因则更多地限定于职业译者范围。所有职业译者都获得了大量的关于翻译的概念。这些共有的概念——我们将其称为职业翻译模因——是他们从业的概念工具。职业译者一方面从经验中获得这些概念工具，另一方面从他们的培训中获得。因此，翻译培训者的任务是传播关于翻译的模因——有用的模因。

翻译是一种模因活动。假定在培训课开始之初就提出这个翻译观念。它强调了翻译的很多有价值的方面，这些方面经常可能被忽略。

例如，译者是观念传播的中介，不只是文本的复制者。翻译由于添加新文本从而改变了世界的状态。翻译活动是文化发展的核心，是观念进化的核心。因为模因复制几乎总是有变异的，我们没有必要把注意力集中在保留一些种类的特征一致性的不可能性上；而我们能够把注意力集中在文本在翻译时变化的方式上，并且探究这种变化的性质和动机，这是一个更现实的方法，而且这个方法能够赋予译者更多责任的自由和更多创造性的范围。

什么是策略模因？策略模因是最有用的一套职业翻译模因。从非常明显的意义上看，这些模因是译者职业的实质性概念工具。在这里，"策略"的意义是解决翻译问题的任何已为译界接受的方法。这些策略被广泛使用，而且在翻译职业中也广为人知，当然不一定在同一个名称下。判断职业译者和业余译者的方法是，职业译者能够很快地确定应该使用哪种策略。职业译者能够这样做，一则他们在训练期间明确地学习了这些策略，二则他们从自身的经验中发现了这些策略，三则他们从同行那里学习到这些策略。与其说职业译者总是有意识地使用这些策略，不如说这些策略成了例行的、自动的响应。但是在译者生涯的早期阶段，这些策略可能是有意识使用的，而且在接受训练中，这些策略被明确地加以学习。

规范模因。另外一组有用的模因涉及翻译规范。作为不可或缺的模因，这些模因也需要被明确地教授。翻译规范在更广泛的层面指导译者的决策，翻译规范是译者自由选择的限制因素，翻译规范也是提醒译者应该如何行为、文本应该像什么的规约所制约的职业环境的一致看法。这样，它们能够加强译者的职业认同感。再者，如果你知道规范是什么，你就能够更自由地在规范所限定的范围内发挥你的创造力和想象力，就像孩子在父母所限定的范围内自由、有信心和负责任一样。如果你知道规范是什么，你就没有必要担心你能够知道在多大幅度的自由程度上进行翻译。虽然规范不是法律。译者当然可以不遵守规范，并提出更好的规范。译者每遵守一次规范，就传播了一次规范的模因，规范就变得更强大。但是，如果每当有人打破规范，规范就有点弱了。有人用很多方法对翻译规范进行了分析和归类。一些规范制约源语文本和目标语文本之间的关系;另外一些规范和目标语文本的形式、和风格的目标语言传统等有关;还一些规范和有效的交际过程有关。这些规范在职业内部表明了基本的行为准则,也表明了翻译职业和整个社会相对而言的责任。规范模因携带着译者应该做什么的观念,战略模因携带着译者能做什么的观念。

共生模因是"相关的相似性"。这似乎是把源语和目标语视为等值关系的一个更积极和更现实的方法。共生模因也是一种更灵活的观点:在相同的两个文本之间可能存在不止一种相似性,这取决于相关的内容,即取决于观点,也取决于翻译目的,等等。思考这种观点如何影响译者思考翻译过程的方式:现在的目的是形成一个相关相似性,而不是一个不可能的同一性。所以,哪一种相似性是最相关的相似性呢?相似性的程度有多大呢?这些问题迫使译者思考翻译的功能,并且思考各种不同的可能相似性,再选择最适合的相似性,决定如何实现这一相似性。这的确是一个对翻译职业有益的观点,因为它能产生好的译品,且能使顾客满意。

模因论是文化理论,尤其是文化传播、文化进化和文化相似性的理论。其重要的研究问题之一是:我们如何才能解释文化相似性的事实,无论在文化内部还是在跨文化之间?原则上,这个问题能够用至少三个方法来解释:相似环境中相似基因发育的结果,即常规生物进化的一部分(遗传);相似环境中个体学习的结果(非遗传);文化传播的结果——模因方法。

因此,在翻译中,模因论似乎能够应用在两个方面:把翻译本身视为模因过程,并且提出按照关于翻译模因(所得到的观念)的聚集来分析翻译理论和历史。模因传播的其中一个方法当然是翻译。事实上,这的确是整个翻译工作的内容:把模因从一个地方传播到另一个地方,保证模因能够安全地跨越语言障碍。所以,翻译学是研究在特定环境下模因和模因传播的一个方法。译者是模因进化的中介。

为了把翻译历史中各种理论与方法吸收和统一起来,创建一个整体翻译框架，切斯特曼吸收了达尔文进化论的一个最具挑战性的观点：个体发生平行于种系发生，并把这一观点应用到翻译能力的习得中。译者的个体发生过程应该遵循翻译理论的种系发生过程，也就是说，译者的观点、态度变化过程可能映射出整个翻译理论的发展过程。因此，我们可以利用个体发生与种系发生的相似性来强化翻译过程教学，使他们有一种亲身参与历史进程的体验（Chesterman，1997：159-165）。

通过梳理翻译理论发展史，切斯特曼归纳了八个超级模因：词、神谕、修辞、逻各斯、语言科学、交际、多元系统和认知。每一个超级模因具有一个相应的阶段，但是这不是严格规定的阶段，也不是以严格的连续形式发展的历史阶段，而是相对不同的累积过程阶段，并假设这一种系的发生过程与译者的个体发生过程相一致，其中每一个阶段都是翻译学习者理论发展的必经阶段，因此，翻译教学就应该按照这一过程来实施。

重要的文化模因被某一社团广泛接受，便成了该社团文化中的规范。同理，一个翻译模因在某一时期处于支配地位，它就逐步成为翻译规范，其他翻译模因就处于被支配地位。遵循规范的翻译被视为正统，而违反规范的翻译则被视为错误的或不好的翻译，或根本就不会被承认为"翻译"。因此，生存下来的翻译模因成为翻译规范，承担规范功能的模因对翻译理论和实践具有指导和制约作用。

翻译技能模因的成熟具有一定的规律。参照德雷福斯（Dreyfus）兄弟（1986）提出的技能习得的现象学，切斯特曼认为翻译作为一种行为方式可以纳入行为理论的框架之下，翻译行为是一个多层面的层级过程，具有五个阶段：初学者阶段、高级学习者阶段、能力形成阶段、熟练阶段和专业技能阶段，翻译技能的成熟是一个从行动行为到操作行为的过程（2000：77-89）。成熟的专业译者主要依赖直觉，形成了一套自动的行为程序，只有遇到异常情景时，才会调动意识理性，操作行为就会暂时回到行动行为，实施大脑的有意识监控。毫无疑问，翻译技能模因的成熟规律对翻译教学和翻译培训具有借鉴和启示作用。

翻译策略模因是翻译行业的标准概念性工具。按照德雷福斯兄弟的模式，在翻译的初期阶段，译者无意识地理解和使用模因；随着译者技能的培养和形成，翻译模因会沉积到意识的感觉系统，需要时通过有意识的思考而获得。因此，模因在四个方面和翻译能力相关：新手和初学者首先学习翻译基本理论和技巧；在翻译能力形成与精通阶段，译者需要解释或说明选择的正确性；专家型译者需要微调其假设性的、出于直觉的翻译方法和策略；翻译教师、评论者和评估者应该具有评判、评估翻译技能正确与好坏的能力。翻译策略模因代代相传，形成策略模因库。策略模因库不是固定不变的，而是处于不断的变化和适应之中。

翻译中的超级模因是整个翻译能力的基本坐标系。历史模因能够使译者在历史语境中理解自己的社会角色，而且能够清楚地认识到对待这一角色的态度。翻译规范模因确立了译者的"支配性观念"（regulative ideas），这些观念指导译者的行为。常见的策略模因能够使译者自动地经常使用约定俗成的规则性程序。总之，模因的陈述性知识毫无疑问是训练有素的翻译专业技能的组成部分，这种知识一旦获得，就将永远成为意识深处翻译专业知识的一部分。

切斯特曼把翻译历史视为文化进化的一部分，把翻译过程视为模因的传播过程，提出按照翻译模因（翻译使观念得以传播）的集合分析翻译理论和翻译历史。翻译学是研究在特定环境下模因和模因传播的一个方法，译者是模因进化的中介。这些概念给我们提供了一种看待翻译与关联文化进化和基因进化的方法的新见解，这些见解反过来可能会带来能够用经验来检验的不同种类的假设，把一些似乎难以融合的观点统一到了翻译模因的视角中，对于我们理解进化视角下的翻译行为、翻译理论、翻译技巧和翻译教学提出了建设性的方法和启迪。

第四节
语言模因变化和进化的生态机制

1964 年，神经生物学家和语言学家埃里克·勒纳伯格（Eric Lenneberg）指出，人类语言具有独特的生物特性。1970 年，语言学家艾纳·豪根（Einar Haugen）认为，语言与环境的相互作用关系和动植物与其生存环境之间的生态关系相似。1990 年，韩礼德（Halliday）强调语言与生存环境和物种形成之间的关系，语言研究的生态范式基本形成。进入 21 世纪，语言学家运用生态学理论，研究影响语言生存的种种因素，考察语言生存与发育的生态环境，萨里可可·穆夫温应用语言发生学、宏观生态学和人口发生学的成果，研究克里奥尔语和其他语言的发育，分析生态在语言竞争和选择中发挥的作用，形成一个相对完整的语言进化生态体系。

一、语言和物种

语言形成社团的方式与物种形成种群的方式相同。我们之所以把语言视为物种，尤其是在言语社团说话人的大脑中存在的语言结构的群体，因为语言发生变化，语言的传播、消亡和变化的频率取决于说话人的种群，而不是取决于语言体系本身。变化是由复制形成的变化，复制因子是被选择的单位，选择单位是语言特性。

语言是物种，具体表现为物种是个人言语（idiolects）的集合，说话人在语言习得中形成的语言"系统"与生物学中有机物的种群形成的物种相似，因此可以用进化原理解释语言的变化。

语言和病毒相似，语言的生存取决于其宿主（说话人）的生存。语言和病毒都具有寄生性，两者都必须依赖于宿主的活动与表现方式。语言和病毒的区别在于病毒的基因重组具有完整性，而语言是说话人学习并产出的复杂语句的集合，这些语句在原有语句的基础上复制而成。语言与病毒的相似性表明，语言研究可以采用生物学方法。

不难看出，语言变化的理论基础是道金斯的模因理论。模因论认为模因是文化复制因子，模因是人类大脑中的病毒，寄生物/宿主模式说明语言和说话人之间的关系符合模因论的基本原理。但是，穆氏赋予宿主的作用和模因论者不同。模因论者认为语言概念（寄生物）使用说话人（宿主）复制自身，而穆夫温认为语言的存在、传播或者消亡取决于说话人的生存、传播和消亡，说话人复制语言特性。

二、竞争和选择

与生物学中的原理相同，竞争指说话人评估语言变体和共存的语言变体的不同方式，决定选择哪一个语言变体而不选择与之竞争的语言变体，选择是竞争的结果。因此，只有理解竞争和选择的方式，才能解释语言的进化。

说话人从共有语言中选择素材来满足不同的交际需要，竞争与选择是语言进化的固有属性。语言是一种杂交体，无论个体习语（idiolect）还是共有语言，都是说话人从语言特性库中选择语言单位和语用原则形成的新语言体系，在同其他语言的接触中形成结构特性。语言特性竞争的方式与基因竞争的方式基本相同。语言进化中说话人的作用，说话人在其语言选择中无意识地逐步趋同，与生物进化中选择的累积作用相同：一些基因被接受，其他基因被抛弃，个体层面的选择累积效应最终影响到整个言语社团。因此，在种群遗传学和语言进化之间具有相似性。

竞争是语言特性库中的底层语（substrates）和表层语（superstrates）相互作用的结果。以克里奥尔语为例，目标语言的新使用者（appropriators）曾经操过的底层语的特性有助于形成特性库。特性库中新增加的外来语言特性改变了本土语言变体的力量之间的平衡，这时就有可能选择克里奥尔语的特性，而不是选择非克里奥尔语变体的特性（2008：118）。

在特性库中，互相竞争的语言变体可能词汇不同，选择此词而不选择彼词，且在语音、形态、句法和意义上都可能不同，学习者之间具有相互作用的不同生态环境，使他们把不同语言变体更小范围的变体选择到自己的个人言语中（2008：117）。在这种竞争中，从某种程度上来说，最初的源语言制约新出现的语言体系的特性。

言语社团有助于我们理解制约语言选择的社会机制和选择如何形成独特的语言结果。语言变化的竞争和选择方式反映出社会机制是现存语言变体的本源，语言特性产生于其生态环境，语言特性在其生态环境中互相竞争制约某些语言特性被选择，而其他语言特性被抛弃。

三、语言生态环境

语言进化是语言及其变体的长期变化，是说话人的个体习语之间竞争和选择的结果。早期学者认为语言具有生命，语言在隐喻意义上被视为"生物体"，这一隐喻不能说明语言内部变异的特性，因此不能说明语言变异现象，不能解释语言变化的不同进程，也不能解释语言的不同生命力。生态机制认为语言与共生物种和寄生物种相似，语言取决于说话人，就像寄生物依附于宿主一样，生态环境促使语言变化和选择。语言和语言赖以生存的说话人共存于社会环境。语言的进化还受语言个体发育特性的影响，影响语言的生态因素是文化、权力和地位等。语言接触、进化和消亡是生态因素作用的结果，语言进化是个人言语之间彼此竞争的自然选择过程。

语言是寄生于宿主的共生物种，语言的寄生性说明语言系统具有渗透性，一种语言或其变体的经常使用，其实是这一语言适应新生态环境，在新的生态环境中竞争和选择的结果，人类的文化、社会经济的融合与分离、相关语言及其结构等因素影响语言进化。语言变化的大量实证研究揭示了语言的结构、功能和活力，相似的生态环境在语言进化的所有现象中发挥着相同的作用。语言的生态性表现在以下方面：语言的使用群体消亡，则导致这一语言消亡，语言使用的社会习惯决定语言的兴衰，如果生态环境要求说话人使用新语言，原有语言则消亡，就像寄生物影响宿主的行为并适应宿主的行为一样，语言反过来也影响并适应着使用者。

语言进化的生态机制吸收语言形成、宏观生态学和群体遗传学理论，形成研究克里奥尔语和其他新语言进化过程的一个普遍方法。殖民者开拓殖民地时，不同方言彼此接触，殖民地社会经济历史的变化是语言重组的生态环境，新大陆、印度洋克里奥尔语的发育是欧洲殖民者各种语言变体重组的结果，是各特征变体竞争选择的结果。像物种遗传学中的基因库一样，各语言变体的特征在语言接触时在说话人大脑中形成"特征库"，共存的各种特征互相竞争，形成克里奥尔语进化的生态因素。语言特征竞争和选择的主体是说话人，说话人的心理是语言特征优胜劣汰的场所。个体说话人的选择如果与其他说话人彼此适应，就形成相同的言语习惯，某一言语特征就形成了。

克里奥尔语形成于殖民地化早期阶段的语言变体。例如，以欧洲语言为基础的克里奥尔语首先形成于欧洲语言的非标准变体，其次形成于操非本族语的欧洲说话人，包括操英语的爱尔兰非本族语说话人、操法语的布列塔尼非本族语说话人、在美洲奴隶种植园的非洲裔非本族语说话人以及太平洋地区的土著非本族语说话人。不断出现的克里奥尔语由早期殖民地的社会和经济等生态因素所决定，是语言结构进行自然选择的结果。克里奥尔语的不同特性产生于接触和生态环境的不同历史，具有丰富的语料，是研究遗传语言学的平台。

因此，克里奥尔语不是源于皮钦语的"母语化"（nativization）的结果，而是由于非标准变体的说话人的输入，加上欧洲和非欧洲殖民者的语言转移而出现的殖民变体，其语法的特殊性是从非标准形式开始，不断地持续偏离，进入下层方言（basilectalization）的过程，即形成由不同社会层次所操的一种语言变化过程，这种语言变体的社会威望非常低，与标准语言形式基本上没有关系，但是具有克里奥尔语的大多数特性。这在部分程度上是由于第二语言的说话人大量移民而带来的变化。克里奥尔语是没有父母语的语言，仅仅是来自某一特定语言中皮钦语的词源语言（lexifier），从本质上来看，这种下层方言化是竞争形成克里奥尔语的英语、法语和其他欧洲语言中的非白人语言变

体权力的结果。英语的所有变体，例如澳大利亚英语的殖民变体、圭
亚那克里奥尔语的变体和新加坡英语的本地化变体都是英国英语变体
的衍生语言，尽管衍生于不同的社会生态环境。

四、新语言的形成

语言是复杂适应系统，因为语言是由认知、使用和环境因素相互
作用而经历不断变化的动态过程。

在语言进化的生态模式中，语言的复杂适应性表现在个体说话人
和言语社区的语言维度上。首先，个体说话人内化的语言体系具有复
杂适应性，共有语言是个人言语外推的结果，共有语言在经历个人言
语的进化适应过程中选择性地反映个人言语及其特性。其次，共有语
言的生存取决于言语社区的个体说话人，共有语言在本质上不是一个
整体结构，而是充满无数变量的结构。由于环境因素的影响，共有语
言在传播和习得过程中不断产生变异，目标语和互相接触的其他语言
都有助于形成特性库，语言学习者从语言特性库中形成自己特有的个
人言语，这一过程自然是一个复杂适应过程。

语言进化的生态模式是与生物进化的类比。复制过程中的语言机
制和/或语用原则的重组类似于遗传重组过程，都会产生变体。生态模
式把语言视为拉马克物种和寄生物种，那么类比和理论之间的差别在
哪里？类比说明一个领域和另一个领域在实体、特性和过程之间具有
相似性，能够激发具有洞察力的见解和观点，而理论是把一个现象领
域形成的系统结论用于解释另一个领域的现象。

语言进化的生态机制吸收语言形成、宏观生态学和群体遗传学理
论，形成了一个普遍方法，用以研究克里奥尔语和其他新语言的进化
过程。在殖民开始之后，不同方言彼此接触，不同的社会、经济和历
史变化形成语言重组的生态环境，新语言是各种特性变体竞争和选择
的结果。像物种遗传学中的基因库一样，在语言接触中，各种语言变
体的特性在说话人的大脑中形成特性库，各种特性互相竞争，形成克
里奥尔语和其他新语言进化的生态因素。语言特性竞争和选择的主体

是说话人，说话人的心理是语言特性竞争的场所，如果个体说话人的选择与其他说话人彼此适应，就形成相同的语言特性。

克里奥尔语是一种混合语，形成于早期殖民阶段，是语言结构自然选择的结果，其不同特性产生于接触和生态环境的不同历史阶段。克里奥尔语形成的语言因素是非标准变体的输入，以及殖民者的语言转移，而政治和经济因素是某种语言的说话人对另一种语言或另外各种相关语言的说话人具有支配地位。从本质上来看，英语、法语和其他欧洲语言中的非白人语言变体的权力不断变化，在竞争中形成克里奥尔语。英语的所有变体，例如澳大利亚英语和新加坡英语的本地化变体，都是英国英语变体的衍生语言。

五、语言变化的"无形之手"

语言进化的生态机制吸收经济学"无形之手"的经典概念，说明语言特性的选择和传播模式，即语言特性从个体说话人传播到整个言语社团。

说话人首先接触语言变化，语言变化影响言语行为中的言语选择，这种选择可能是有意识的，但在大部分情形中可能是无意识的，这就是影响语言进化轨迹的"无形之手"。语言累积行为既是个体的行为，又是群体的模仿行为，个体说话人的累积行为和群体的模仿行为导致变化。说话人采纳由其他说话人形成的创新或者偏差，就出现新结构或者新语用模式，一旦形成与最初的创新越来越多的相似语言行为，言语社区就会出现新语言行为，这些新语言行为是和语言早期阶段相关的变化。说话人语言行为不断趋同，或者一些说话人模仿其他说话人的创新或者偏差，从而形成规范，就像一条小路，走的人多了，就成了大路。言语社区的说话人以不同方式累积语言行为，最终形成的语言规范就是进化，进化是在物种或群体的行为或特性中能够观察到的长期变化。

个体的言语行为作用于个体的语言生态环境，最终影响整个言语社区的说话人，这是"无形之手"的动力。说话人需要相互适应，而且说话人为了满足新的交际需求，需要调整其言语行为，因此，说话人无意识地充当了语言进化的媒介。说话人相互作用的言语特性进入特性库，同时说话人在特性库中选择特性，从而影响语言进化的轨迹。

模因机制的方法论特点。语言是一个复杂适应系统，这种复杂适应度表现在个体说话人和言语社区的语言两个维度上。首先，个体说话人内化的语言体系具有复杂适应度，共有语言是个人方言外推的结果，共有语言在经历个人方言的进化适应过程中，有选择地反映个人方言及其特性。其次，共有语言的生存取决于言语社区的个体说话人，共有语言是充满无数变量的结构，由于环境因素的影响，共有语言在传播和习得的过程中不断产生变异，目标语和互相接触的其他语言都有助于形成特性库，个体说话人从语言特性库中形成自己特有的个人方言，这一过程显然是一个复杂适应过程。

语言进化的生态模式是与生物进化原理的类比。复制过程中的语言机制的重组，以及语用原则的重组，都类似于遗传重组过程，会产生变体，而且生态模式把语言类比为拉马克物种和寄生物种。那么类比有什么意义呢？类比说明一个领域和另一个领域在实体、特性和过程之间具有相似性，从而能够激发具有洞察力的见解和观点，而理论是把一个现象领域形成的系统结论用于解释另一个领域的现象。

第五节
语言模因进化的选择和复制

20世纪中叶之后，科学界逐渐认识到进化理论也可以应用到其他研究领域，生物生命的复制系统可能是一般系统类型的范例，在很多领域也可以找到这种类型的变异，语言可能是这种系统类型之一。在这一学术潮流中，语言学家应用模因论研究语言的变化现象，其中历史语言学家里特应用模因原理对语言变化进行了非常深入的研究，建立了应用模因论研究语言变化的新模式，以语言能力建模的连接主义方法，把语言模因视为神经网络在语言习得期间获得的图式，对语言进化研究具有方法论意义。

一、语言进化的模因心智过程

语言变化指语言在语音、形态、语义、句法和其他特征上的变化；语言进化指语言经过漫长的历史变化，个体言语在不断竞争中经历自然选择的变化（Jenkins，2000）。我们可以解释任何历史阶段的语言，因为语言进化是特性复制，变化是变体代替语言特性的过程。历史语言学家拉斯认为语言是"一个复制的信息系统"，语言"必须复制自身才能生存，语言具有历史"，语言史是"不断努力复制自身的历史"（1997：111-113），复制和变化遵循普遍达尔文主义的模因原理（樊林洲，2015a：147），语言进化是复杂适应系统（Gell - Mann，1995，2005；Ritt，2004，2014），语言特性、系统、认知和环境彼此作用，"时时刻刻适应周围环境"（王士元，2006a：6），在环境影响下结构趋于稳定。

模因是在文化上传承并经历达尔文进化的信息图式。图式以不完善的形式变化、重组或者传播时，在模因类型之间形成变异，一旦稳定和容易传播的模因变体驱逐不太稳定的或者不容易传播的竞争者时，就会产生选择（Ritt，2014：476）。进化观要求把语言系统成分概念化成进化和选择的单位，把说话人理解为语言环境，语言成分被复制，说话人对语言环境的敏感程度具有选择性（Ritt，2010）。语言进化的模因机制需要研究语言能力特性成为复制因子的条件，复制的方式决定能力特性的稳定性和复制的环境因素。

语言能力特性是语言复制因子。模因是"能够从一个大脑传递到另一个大脑的实体"（Dawkins，1989：196），也是"可靠和多产地复制自身的最小单位"（Dennett，1990：128），因此具有复制保真度，正如DNA图式的相互作用复制物种一样，语言实体的相互作用复制语言。模因也具有稳定性和多产性，能够积极创造识别和复制自身的机会（Dawkins，1989）。模因作为认知、语言和神经复制因子，其信息单位在大脑中具有能够处理的形式结构，根据这些物质基础，我们把模因定义为"神经中枢处理语言成分的网络节点集合，具有确定的内部结构，在更大的网络构型中具有可识别的位置，能够作为复制因子复制"（Ritt，2004：169）。

从语言行为和文本角度，在音系学和形态学范围内，语言具有音素（串）、音节、超音段认知成分（声母、韵体、韵核和韵尾）、词素、音步和规则等模因。"每一个模因都具有离散的、能详细说明的、互不影响的和可变的神经基础，能够从个体的心智或者语言能力复制到另外一个心智或者语言能力中"（Nettle，2007：484）。语言模因不是神经和生物结构的现实表征，而是说明模因是神经成分的概念"在原则上符合物理世界的弹子球因果关系，而不是由生物学隐喻包装起来的神秘学说"（Pinker，1994：317）。给语言模因赋予具体结构，从而使大脑/心智具有可描述的物质基础，在认知功能图式和神经结构认知图式之间能够假设一种同构关系，同构指语言的形式与结构和有机物的形式与结构相似，模因是具有特定功能和表达方式的神经结构，这使模因在物质上具有和构成基因复制因子的核苷酸相似的图式，因此，语言模因是研究语言进化的基本成分。

二、语言模因具有选择性

广义进化理论认为语言成分是能够传播的结构，在传播中有变化，选择制约变化，选择支持能够良好传播的语言成分，选择也使良好传播的语言成分更稳定（Ritt，2010）。语言复制因子是神经结构，连续的语言能力成分是复制的产物，具有相似性。"变异是不完善复制，选择过程常常选择某些特定变体"（Lass，1997：112）。变体的涌现是语言进化的物质基础，涌现是复杂系统研究的核心概念，指系统成分相互作用，最终发生结构变化。选择可能出现以下两种基本形式。

第一，外部选择压力相对稳定，复制因子主动复制，形成不同类型的变异，变异表现为多种形式，区域性亚群体的复制因子以不同的优化方式寻找适合该区域的环境条件，复制成分对环境因素敏感，复制因子库进化到环境因素在图式上的表征或模型，这是选择经常表现的方式。第二，如果环境不稳定，选择压力会改变方向，于是环境承担选择的职能。尽管变体努力适应环境的变化，可能在某种程度上适应了复制因素的特性和外部选择压力，但是适应效果不明显。在极端情况下，环境急剧变化，使复制因子无法复制，因为复制因子在已有变体中选择，没有机会生成更适应的新变体。复制因子群体需要适应环境变化。

累积性选择使复制因子库和环境之间不断适应，适应的复制因子可能具有不同成分，因为复制因子是彼此的环境因素，积极发挥复制的作用。新复制因子在稳定的环境中比其他复制因子更适应，在复制因子群体和环境之间形成复杂的变体，选择和复制是缓慢的适应过程，道金斯（1996）把这一过程隐喻为缓慢地攀登一个"适应度景观"山峰，语言变化是环境变化的非常缓慢的附带现象。

模因复制是广义模仿行为，复制因子是心智的认知单位。语言复制是模仿和学习语言能力，认知单位是语言行为和文本复制效应的指令，具有自我常规化和纠错能力。语言能力的构成成分能够以足够的保真度传播，因为语言能力成分具有发音的指令和区别音素语音的指令，具有生成和辨识词汇化的形态配列的单位，即词素形式的指令，还具有生成和辨识韵律音步的节奏构型的指令（Ritt，2013）。语言能力成分的复制和进化稳定性说明，任何一个语言能力构成成分都不能脱离其他语言能力构成成分而单独表达，因为模因是以特定方式组织的离散单位，以数字方式复制，指令的自我常规化和语符的纠错能力表明，认知指令具有保证复制保真度的特定方法（Dawkins，1999）。

复制因子是言语行为表达的神经结构，说话人观察彼此的言语行为。心智由基因程序引导，本能地注意言语行为，并解释其特性和目的，如果心智感觉良好，便模仿言语行为；如果无法辨识或不能理解，心智便感觉不好。感知激发神经结构，处理观察到的言语行为，引起情感反馈，加强并稳定激发的模因构型之间的联系，最终寄生观察到的言语行为模因。

如果心智没有识别出言语行为，神经结构可能产生不安、担心或焦虑等情绪，使心智处于运动状态，重新组织自身以生成不同的构型，"寻找"对言语行为的合理假设。如果心智认为言语行为的某些特性是宿主指令结构中的表达方式，心智得到引导，给言语行为假设新结构，进而检验假设的构型并评估结果，结果反馈到心智中，如果心智满意，便稳定此结果，否则便继续检验能够带来积极情感的结构，最终获得言语行为的模因结构。心智以离散成分，即以数字方式存储信息，新习得的构型不仅认可观察到的行为，同时复制这一构型。语言模因复制语言行为或者生成文本，并借此改变环境，帮助心智复制新模因，心智尝试模因的不同形式，最终确定最适应的构型，这是模因复制的基本方式。社会机制和心理结构也有助于复制，群体成员通过从众行为获得利益，非从众行为受到损失，个体的社会和心理结构遭遇本能的压力，观察并利用模仿的本能在外部环境因素引导下复制。

三、模因进化具有选择压力

选择压力是引导选择的长期环境因素，模因谱系适应环境，变体相互竞争导致语言变化，变化形成于相对稳定的环境中。首先，复制受基因库特性的制约，因为表达需要运动系统，感知依赖于感知系统，这两个系统是基因组的表现系统。表达和感知达到在基因上被决定的程度时，适应这两个系统的模因适应相关的基因。复制也受由基因控制的认知组件库的制约，具有预制组件的模因比依赖于需要首先习得语言组件的模因更可能寄生在宿主的认知系统中。其次，复制依赖于模因库中的相关模因。模因是神经网络，和其他神经网络链接，接收激发并保持稳定的电化学能以获得自身的特性，和其他模因链接的模因彼此适应，是良好的复制因子。模因也互构，词素模因由音素模因构成，模因库中的音素模因数量有助于词素模因的复制，语言成分多的模因比语言成分少的模因容易复制。最后，社会因素直接或间接影响复制，模仿的本能使权力和社会地位等因素影响模仿的内容和对象，流行的言语行为显然容易被模仿。

复制因子群体具有群体动力。音位和形态系统涌现，因为它们是有利于基本成分复制的复制因子群体。音系是相对关联的系统，其音位、连缀、音节和音步等成分是模因复合体，彼此合作比单独复制的成功率高，群体成员合作就能够良好复制。复制因子群体规模越大，其成分的彼此依赖程度就越小，复制因子群体与其他模因以及与环境中的模因群体之间的界限就越模糊，这是特定语言不完善的根据，语言模因互相施加选择压力，形成彼此依赖的共同适应"联盟"。

语言模因的选择压力不同于基因压力和社会压力。基因压力具有普遍性，社会压力容易形成随机变化，而模因压力具有恒久性，使模因适应变化，如果复制因子及其组合能够良好传播，稳定地进化，它就给其他复制因子施加长期选择压力，使它们比社会压力更持久，最后形成自身的模因库。如果复制因子及其效应在相关环境中是常数因子，它就会"惩罚"其他复制因子，使其适应该复制因子的生存方式。如果有很多良好的复制因子，这会给越来越多的复制因子施加压力，形成适应所有复制因子的稳定联盟，从而不断提高复制率。

四、模因心智过程对语言进化现象的解释

英语音系的发展史表明，模因共同适应能够得出基于语言历史的解释。笔者简单说明应用模因机制解释英语音系进化的三种现象：元音的进化规律、CVC单音节中短元音的进化稳定性和词形韵律的进化规律。

英语元音长化和短化的进化规律。语言学界公认英语音系的历史变化改变了长元音和短元音的分布规律。但是变化由说话人的需求和动机支配的传统理论不能解释这些变化现象，因为新语法学派的语音规则把不能解释的很多现象勉强归结为例外现象（Ritt，2004）。方言融合认为变异受到规则的和具有范畴的语音变化的影响，变体和尚未变化的其他变体相融合；类推抹平（analogical levelling）把语音规则的例外和元音长化现象解释为符合假定规则的、从形态形式中出现的"偶然"现象，但是因为它们能够无一例外地解释所有这些变化现象，

所以这两种方法实际上并没有解释力。

语言学家卡尔·路易克（1914，2014）提出开音节中短元音长化的三个原则：开音节不是高音，是主重音，位置在倒数第二个开音节上，路易克本人当时就指出此规则有例外，have就是例外之一。另一观点指出have是助动词，作为实义动词意义相对模糊，不重读，也不是音步头，这一解释有道理，但是不完整，因为这一解释和在倒数第二个开音节上/a/的结构位置应该具有的长化效果不一致。模因机制对这一现象提出了具有说服力的解释：环境因素给元音变化施加选择压力，模因在不同结构的词素模因中竞争"位置"。have没有长化，因为它适应重轻（Sw）交替节奏，Sw模因是扬抑格语句段构型，也是音步模因构型的核心和英语语句的长期特性，具有进化的内在稳定性，因为双拍步结构模因适应度高（Dziubalska，1995）。have一般位于轻音节的位置，其进化稳定性使/a/模因在节奏结构中能够更好地适应have作为助动词的语法作用。

CVC单音节中短元音具有进化稳定性。路易克（1914，2014）指出CVC单音节词没有长化现象，具有进化稳定性。但是，赫斯豪森的《古英语词源词典》收录有69个CVC单音节词进化到现代英语，其中36个单词由长元音变体代替，只有33个单词是最初的短元音（Ritt，2004）。这说明路易克的结论不完整。模因机制认为，和所有词素模因一样，单音节词也要经受选择压力，在相对短的音步语句中，单音节词的元音音长在表达时被延长，因此更容易复制长元音模因，短元音模因因而在CVC词素模因中丧失位置，被长元音模因取代。音步模因复合体施加给元音模因和词素模因的关联压力是语言进化的普遍规律。

音步和节奏模因是稳定的复制因子，元音表达需要复制它们，其进化稳定性使与它们共同表达的词素模因具有适应压力。但是进化稳定性并不说明所有词素模因都应该适应实际变化的压力，have、warrant和man等词素模因已经适应了实际变化的压力。简言之，给模因施加选择压力的因素不只形成一种变化，而且个体变化不仅仅反映单一环境因素的影响，语言变化是模因到模因的适应现象。

英语的词形韵律具有进化规律。语言学界公认词首固定重音在英语进化中具有重要作用，但是，重音固定究竟如何施加影响却没有得到真正的研究，原因之一是方法论上的困难，因为很难把语言在历史上获得的单一具体特性在因果关系上和这一语言的一个子语言的长期类型发展联系起来，而且这一特性是在将近1500年的历史中展开的。模因机制提出以下有说服力的解释：词素模因的首音节一般和音步模因复合体的S节点共同表达，即词素模因和音步模因"结盟"。扬抑格公认是音步的最佳语句类型，词素模因作为扬抑格表达，容易从良好复制的音系结构中复制，音步模因给词素模因施加压力以选择扬抑格，或者至少选择音长与重音结构和扬抑格相似的音步。

首先，这说明不管其他因素（最省力原则、弱音节减少和重音节长化）是否支持个别语音变化现象，重音计时语言偏好扬抑格是进化的单独因素，模因机制能说明词首固定重音的长期效应，也可以分析其因果关系，因而能够找到进化的实例。其次，如果其他因素使词素模因变体进入模因库，却不能适应音步模因的压力时，应该有补偿性变化，因为模因复合体不是影响词素模因谱系进化的唯一因素。模因复合体联合其他压力，或者抵抗其他压力，以引起或阻止变化。模因和模因共同适应，如果新变体遭遇音步模因的压力，音步模因会选择与其他压力共存的变体，也选择能更好地适应音步压力的变体。换言之，每当变化生成不如其祖先语的扬抑格的词素模因时，就有可能出现补偿性变化。

假设中古英语是重音节奏，音步在实际发音中具有相同长度，这表明音步会遭遇在节奏上使其彼此相似的压力，从而出现一个标准音步，此音步首先在语音上，最终在历史上同化其他音步。语言学界公认所有语言中最偏好的音步是扬抑格，那么唯一合理的假设是，如果音步具有逐步一致的压力，扬抑格是其他模因类型进化的目标。词汇结构的进化反映音步结构的进化，很多中古英语的词形变成了扬抑格词形，或者至少越来越相似于扬抑格词形，词素模因在适应音步模因的影响中经受了长期选择压力。

英语词形从日耳曼语到中古英语后期的语音变化，以及这些变化影响不同词素模因类型的音步结构和韵律音重的研究表明，词素模因谱系在变化前后的变体表达为扬抑格时都具有良好效果，除过非重读央元音的删除之外，所有变化，包括日耳曼语的高元音删除、词中省音、古英语辅音串前的短化、古英语三音节的短化、同部位音的长化、中古英语辅音串前的短化、中古英语三音节的短化、中古英语开音节的短化和中古英语的中断，都从变化所影响的词素模因中形成扬抑格，没有任何变化使词素模因成为更差的扬抑格，几乎所有变化都增加了作为扬抑格良好复制的数量（Ritt，2004：294-303）。不管语音变化如何影响词素模因的韵律音重，它们都使词素模因能够更好地复制扬抑格。模因机制既没有假设扬抑格是完美的音步，也没有假设扬抑格强迫词素向其相像的方向发展，而得出了符合语言规则的解释。

模因机制对语言进化现象解释的理论创新。语言变化具有自身的规律，语言变化并不反映说话人的意志。模因观把人视为生理结构上复杂的，但却是相对被动的宿主。彼此模仿的本能使人成为模因的载体，因而对模因的获得、表达和传递的控制程度有限（Ritt，2014）。心身是语言能力的环境条件，能力图式和环境相互作用，进化形成于简单实体的相互作用。语言功能观认为语言变化反映说话人的理性，变化使语言效率不断提高，这暗示语言最终会进化到"理想"状态，但是语言变化只是局部变化，而且在某些方面会"退化"，语言的整体功能实际上是恒常的。功能论者也认为语言的社会功能之一是区别言语社区内部和外部的交际者，但是说话人如何决定哪些具体特性能够把不同社区的言语区别开？说话人如何采取措施使其语言"理想化"？如果这些决定是任意的，那就没有可能理解语言的变化；如果这些决定不是任意的，而是由语言特性决定的，那么说话人就没有使其语言理想化的自主性，这样看来，说话人是自主的语言行为者，语言是使用对象等观点难以成立。

不以人是语言的支配者为前提来描述语言特性，生物进化和语言变化的相似性是显而易见的。和物种一样，竞争图式的环境反馈使语言变化，反馈使能力状态稳定或者选择能力状态。语言能力是图式，即使其物质底层被代替，图式依旧存在，这是语言复制的根据。语言变化在复制图式库中生成变体而进化，言语社区是特性库，语言变化是能力特性在特性库的差异复制，语言在代际说话人的心智/大脑之间复制，语言是长期保持其特性的图式系统。朱丽叶特·贝尔文斯（Juliette Blevins）（2004）等的研究表明，现有音系系统和其构成成分在说话人一生和代代说话人之间传播。

语言进化不是生物进化的类比，也不是达尔文理论的隐喻，语言变化是达尔文进化理论的实例之一。研究心理、大脑和行为关系的知名科学家丹尼尔·内特尔（2007：483）指出，"达尔文进化纯粹是一个算法，是满足复制、变异和竞争的基本条件时就会出现的一类过程。只要一些实体复制时产生变异，并且基于差异复制的任何系统，就是达尔文过程"。

模因机制整合语言历史和语言环境，从单一视角研究语言系统和说话人的历史，从能力视角描写早期英语元音数量的变化，而不必完全考虑语言传播的社会因素，威望差异是语言变化的因素之一，但是进化结果可能是复制因子在系统内部的主要压力，因为成功的复制因子比社会因素能更持久地施加选择压力。语言复制也依赖于顺从和表达权力关系的本能，通过选择其他复制因子必须适应的复制因子，社会压力具有重要作用。

第六节
语言模因变化的模因理论创新

模因是在文化上传承并经历达尔文进化的信息图式：图式以不完善的形式变化、重组或者传播时，在模因类型之间形成变异，一旦更稳定的、更容易传播的模因变体逐步驱逐不太适应的，即不太稳定的或者不容易传播的竞争者时，就产生选择。就模因的材料实现而言，一般认为模因是人类知识的构成成分，存在于大脑。人类的行为或人工产物是否应该视为模因的外部表现形式，或者视为模因信息实现的其他方法，目前仍有争议，尽管前一个观点似乎得到多数学者的承认。

进化生物学家道金斯（1976：192）认为达尔文进化并不局限于生物领域，而是一种算法处理过程，这一算法处理过程影响足够稳定、以足够数量和足够保真度复制的任何图式。在物种的进化中，这些图式是基因，而人类文化的历史发展可能反映模因的进化。

人类文化是一个达尔文系统，在选择发挥作用的因素层面能够得到最好的理解，模因的概念和这一观念相联系。文化的模因观视人类为生理结构上复杂的，但却相对被动的模因宿主。人类彼此模仿的本能倾向使人类成为模因的载体，因而对模因的获得、在行为上的表达或者向其他人传递的控制程度有限。当然，模因复制在很大程度上取决于其宿主的生理结构、福祉和需求，给人类载体招致明显损害的模因不可能成功复制。达尔文复制因子生存的最终原因是其能够首先复制自身，然后才衰变。所以，人类行为的模因方法挑战诠释学观点，诠释学观从具有意图的行为者的无法简化的主体视角探究人类的行为。

在语言学上，达尔文思想在语言研究上的越来越多的能产性证明基于模因的方法的合理性，从而启发了解释语言进化的新型研究成果和以达尔文理论理解语言的历史发展（Croft，2001）。尽管达尔文的进化算法取决于复制单位，但是语言基于模因的方法仍具有巨大的探索潜力。

语言模因理论需要解决至少三个问题。首先，语言模因或者语言能力的复制成分需要在概念上形成可靠的物质图式，具有确定的、在实证中能够找到的结构。其次，需要确定模因复制的机制。最后，需要辨识决定模因变体的差异复制的因素。

里特（2004）严格按照道金斯的最初理论研究语言的进化。他根据语言能力建模的连接主义方法，把语言模因视为神经网络在语言习得期间获得的图式。英语有24个辅音音素，英语中sip中的s和zip中的

z为两个不同的音素，run-s含有两个词素，un-like-ly含有三个词素。因此，模因是音素，包括连接到基本发音动作的构型、连接到具体听觉印象所刺激的区域、连接到与音素模因相关的区别于词素的表征。因此，音素模因既具有确定的内部结构（即在听觉构型和发音构型之间的链接），又在实施语言能力更大的网络之中具有确定的位置。表现音位配列规则、韵律构型、词素、句法范畴和意义的模因成分都是以相似的方式建构的。

语言模因的复制涉及交际、习得和适应。因为说话人的交际行为受语言能力的制约，所以语句自动表达由语句引起激活的模因构成成分。然后，接受者的心智/大脑，尤其是儿童的心智/大脑，会努力假设他们听到的、能够模仿的语句行为的结构，借此形成在语句中所表达的模因的复制物。

在决定模因变体的差异复制的可能因素中，应该区别三种类型。首先，模因复制肯定受到宿主的生理特性的制约。所以，在发音中容易表达，表达形式容易感知的模因变体普遍比表达和感知成本高的变体更适应。其次，模因对诸如群体内外的权力关系等社会因素敏感。个体或群体越有权力或越有威望，其行为越有可能被复制。最后，任何模因的复制都取决于系统中的其他模因。因为语句总是同时表达模因的很多构成成分，稳定的语言包括彼此共同适应的模因，它们共同表达彼此的表现形式，从而使变形的可能性最小。

尽管从模因复制的生理和社会制约因素中得出的预测和从语言使用者的需求中得出的语言特性的预测相同，模因之间的共同适应压力使语言变化的长期共谋的新解释成为可能，或者存在类型上的类别。所以，改变韵律音重或者词位音节结构的中古英语中的大多数语音变化而形成的输出形式比其输入形式更像扬抑格类型。从模因视角看，这可以解释为词位适应表现音步的等音长规则的形态配列现象。

语言的严格的模因方法仍然是一个少数人在进行的研究。尽管支持者把模因视为语言的达尔文理论不可或缺的方法，即使明确使用达尔文理论的一些语言学家（如Croft，2001）更愿意把选择视为在语句构成成分上的行为，并且认为说话人是变化的执行者，说话人具有更加积极的作用。质疑者（Aunger，2001）也强调需要使模因论正式化，但是没有神经复制因子的证据，而且缺乏实证研究来说明这一方法具有解释潜力。

一、语言变化不一定反映说话人的意志

模因观视人类为生理结构上复杂的，但却是相对被动的模因宿主。人类彼此模仿的本能倾向使其成为模因的载体，因而对模因的获得、表达和传递的控制程度有限（Ritt，2014：476）。心身是语言能力的环境条件，能力图式和环境相互作用，进化产生于简单实体的相互作用。语言功能观认为语言变化反映说话人的理性，变化使语言效率不断提高，这暗示语言最终会进化到"理想"状态，但是语言变化只是局部变化，而且在某些方面会"退化"，语言的整体功能实际上是恒常的。功能论者也认为语言的社会功能之一是区别言语社区内外部的交际者，但是说话人如何决定哪些具体特性能够把不同社区的言语区别开？说话人如何采取措施使其语言"理想化"？如果这些决定是任意的，那就没有可能理解语言的变化；如果这些决定不是任意的，由语言特性决定，那么说话人就没有使其语言理想化的自主性。不难看出，说话人是自主的语言行为者，语言是使用对象等观点不成立。

不以人是语言的支配者为前提来描述语言特性，生物进化和语言变化的相似性就很明显。和物种一样，竞争图式的环境反馈使语言变化，反馈稳定形成选择能力状态。语言能力是图式，即使其物质底层被代替，图式依旧存在，这是语言复制的根据。语言变化在复制图式库中生成变体而进化，言语社区是特性库，语言变化是能力特性在特性库的差异复制，语言是在代际说话人的心智/大脑之间复制，长期保持其特性的图式系统。布莱文斯（Blevins，2004）等研究表明，现有音系系统和其构成成分在说话人一生和代代说话人之间传播。

语言是心智图式的集合。模因机制认为语言是心智图式，即模因的集合，文本和语句是模因的表现形式，在心智传递意义，模因对环境因素敏感，因为环境是基因组及其寄生的身心和模因群体的构成特性，语言不受使用者的影响，模因机制从而能够填补语言是个体认知系统和语言是社会制度之间的概念空白，因为从复制因子视角看，语言能力和言语社区是群体或库，个体的语言能力是言语社区的子集，从"语言系统"和"语言使用"视角理解语言特性，前者可视为在说话人的心智中完成的神经网络的特性，后者可视为神经网络成分节点的子集在特定环境中的激发和表达。对中古英语早期元音变化的解释，不但说明了传统理论无法解释的语言现象，而且能使我们理解推动语言历史的机制。

二、研究语言历史的新方法

模因机制"探讨观念如何获得人的心智/大脑，这与研究人如何获得观念的传统方法不同，模因论预示研究范式的转换，是新型的分析和解释性工具，解释和预测信息与知识传播的规律"（樊林洲，2015b：80）。传统认为语言史是个体变化在时间上的积累，描写语言历史一般描述变化了的语言成分，变化成为整体事件时，才研究变化之间的关系。模因机制认为语言变化是模因到模因的适应现象，音步的进化稳定性使复制因子群体具有适应音步模因的长期压力，重音计时特点使词素模因的首音节可能是音步中心，音步模因可能使词素模因谱系进化成良好复制的变体，英语的很多特性，例如多单音节词汇、少屈折变化以及句法排序规律等，可能是日耳曼词汇重音逐步固定在词根语素的首音节上的结果，也是其成分适应节奏模因的现象。

语言进化不是生物进化的类比，也不是把达尔文理论作为一个隐喻，里特正确地指出语言变化是达尔文进化理论的一个实例，并严格按照这一理论解释语言的进化规律。研究心理、大脑和行为关系的著名科学家内特尔指出，"达尔文进化纯粹是一个算法，是满足复制、变异和竞争的基本条件时就会出现的一类过程。只要一些实体复制时产生变异，并且基于差异复制的任何系统，就是达尔文过程"（2007：483）。

　　模因机制整合语言历史和语言环境，从单一视角研究语言系统和说话人的历史，从能力视角描写早期英语元音数量的变化，不必完全考虑语言传播的社会因素。威望差异是语言变化的因素之一，但是进化结果可能是复制因子在系统内部的主要压力，因为成功的复制因子比社会因素能更持久地施加选择压力。语言复制也依赖于顺从并且表达权力关系的本能，通过选择其他复制因子必须适应的复制因子，社会压力具有重要作用。

　　语言变化和变化的因果关系具有错综复杂的联系，"在选择和变异的机制上，语言进化和生物进化之间有着明显的相似之处。前者是重要的文化成分，在决定进化的速度和方向上起关键的作用"（王士元，2006b：30），文化的传播使语言在精密性和适应度上具有巨大的潜力（王士元，2006b：14）。我们应该认识这项工作的艰巨性和重要性（王士元，2006b：31）。例如，在语言变化方面，语言和有机体表现在网状进化（自发的自然杂交）发生的程度不同，这种通过接触或传播的变化在语言中是普遍现象，语言形式在群体中能够快速传播，似乎不受"适应度"的影响，里特没有讨论由接触引起的变化。

第七节
小结

　　模因机制整合语言历史和语言环境，无须转换视角即可研究语言系统和说话人的历史，从能力视角描写早期英语元音数量的变化，而无须考虑在代际说话人中传播的社会因素。虽然威望差异是语言变化的本质之一，但是进化结果可能是复制因子在系统内部的主要压力，因为成功的复制因子比社会因素更长久，因此施加长期压力。语言复制在很大程度上也依赖于顺从和表达权力关系的本能，通过选择其他复制因子必须适应的具体复制因子，社会压力具有重要作用。

　　模因复制既不局限于乔姆斯基的I-语言，也不排除E-语言。这一机制主要说明了复制因子在物质层面的认知方式，它同时也说明了认知方式和语言使用、话语和文本相联系的表现型规律。复制因子群体是复杂适应图式，其表现型信息以压缩形式贮存在这些图式中，语言复制因子的"学习"效应不是针对人类宿主的效应，而是针对复制因子自身复制的表现型的反馈效应。

语言进化方法需要解决进化的同义反复问题。特定形式的持久性由其生存和能产优势来解释，但是这些能产优势的证据包括该形式的持久性，所以在进化解释中有某种程度的循环因素，不管怎样变化，都很可能出现这种循环，从而导致进化理论因为"假设如此"而具有不足，里特在研究英语语言的经验证据上没有指出此问题。避免同义反复的方法可以从研究结构和功能的生物学、生物力学、能量学等理论中获得不同来源的证据以预测持续性（Nettle，1999），还可以使用进化建模或者进化模拟以生成能够针对实际记录的预测，也可以使用比较证据，因为在不同的谱系中反复出现的变化可能具有本质的功能优势。另外，三角定位、心理语言学、神经网络分析、观察和比较其他动物的行为等方法可能使研究结果更加全面可靠。

第四章

模因理论和语际翻译及其实践

本章首先讨论模因论与翻译的内在关系和发展。从文化与翻译都是模因论的解释对象这一本质视角来分析，翻译就是处理模因的变异、选择和保持的基本文化基因特征，文化和翻译呈互补印证关系。由于主体的主观能动性，主体对语言文化解码认知反映了模因的基本特征，主体应把翻译视为一种模因复制的动态行为，主体的社会性认知体现为模因是概念性工具，主体的创造性表现在模因的变异和选择上。最后，笔者讨论了翻译策略的模因观。

第一节
模因论观照下的翻译视野

一、模因与翻译

模因论属于社会生物学的范畴，是新

达尔文主义与其他学科结合，分析社会行为的进化优势，以试图解释所有物种的行为的一门学科。社会生物学认为基因在人类行为中扮演了中心角色，而模因是基因的文化对等物。道金斯认为模因"能表达作为一种文化传播或模仿单位的术语"，"正是我们人类这一物种才真正表现了文化进化的规律，语言只是很多例子当中的一个例子"，"模因应被视为一种有生命力的结构，这不仅仅是隐喻的说法，而是有学术上的意义。当你把一个有创造力的模因灌输到我的思想中，你就把这个模因寄生在我的大脑中，使之成为传播这一模因的工具，就像病毒寄生于一个宿主细胞的遗传机制一样"（1976：190-192）。道金斯在研究基因的特性时受到启发，认为人类进化的规律和基因相似，借鉴希腊语造了一个新词"模因"（meme），从而使人们联想到"gene"，以说明文化现象的进化。他认为文化是一个逐渐发展的进化过程，模因是文化的复制因子，和基因在生物学的作用相似。

布莱克摩尔（1999）以模因论来解释语言和人类大脑的起源、因特网和人的本性等诸多问题。按照她的看法，模因论比基因论可以更简单透彻地解释这些领域的现象。凯特·迪斯延（Kate Distin，2005）进一步发展了道金斯的理论，首次全面阐述了文化DNA的概念，她认为文化的发展可被视为模因进化和人类活动的结果，模因的进化和人类有意识、有智慧的观点并不矛盾。

从以上三个主要论者的观点来看，模因论以达尔文的进化论为理论基础，参照基因进化规律来探讨和阐述文化进化规律。模因论从生物学的视角出发，分析人类通过模仿生成模因，促使文化不断传播，模因又通过选择和变异增强了人的大脑的进化，大脑又使模因不断复制，从而使人类的文化（包括语言）形成、进化并不断发展，语言的形成又促进了模因的复制、变异和保持。因此，模因具有文化的基因特征，是一种复制因子，它对文化进化规律有很强的系统解释力，能够比较全面地解释人类文化和语言领域迄今为止难以解释的现象，顾嘉祖（2007）评价模因论是"20世纪末文化学与语言学理论体系的重大突破"。

　　自道金斯提出模因论之后，西方还有一些学者认同并阐述模因的意义和规律，哲学家丹尼尔·丹尼特运用模因观来阐释心理发展的机制，研究心理理论（theory of the mind）。理查德·布罗迪、阿伦·林奇（Aaron Lynch）等学者也相继研究模因理论。对模因理论的讨论引起了学术界的极大兴趣，出现了相关网页和学术期刊（夏家驷、时汶，2003：133）。国内最早运用模因理论探讨语言现象的是何自然教授（2003），随后，运用模因论探讨语言现象的国内学者在不断增多。

　　把模因论应用于翻译学研究的是切斯特曼。他在《翻译模因论：翻译理论中的思想传播》（1997）中首次使用了模因的概念。切斯特曼（2000）宣称，"翻译理论是模因学的一个分支。这是一个断言，一个假设。更具体地说，它是一个解释性假设：我认为翻译研究能够用模因理论来解释，而且这样做是有益的，因为它提供了理解翻译的新的、有益的方法"。

　　翻译研究作为跨学科理论，借鉴了语言学、文化学、符号学等学科的理论框架和内容。因为模因论是解释文化进化规律的理论，它力图从历时和共时两个方面对文化的普遍联系、传承和进化的规律进行解释，这就使翻译学和模因论建立了必然的联系，模因传播在时空两个维度上表现为双向传播，翻译也具有同样的特点，不同语言、文化和思想观念的传播是通过翻译实现的。按照模因论的观点，文化的传播、进化和翻译都是通过模因的模仿而实现的。而且由于翻译学到目前为止还没有建立起相对完整的理论框架，借鉴模因论解释翻译规律和现象也是翻译理论者的探索之一。

　　结合模因论研究翻译，在国外，切斯特曼的专著和相关论文有比较系统的论述，在国内，张莹（2003）、王斌（2004）、何自然（2005）、马萧（2005）、尹丕安（2006）、魏向清和张柏然（2008）等学者对模因在翻译中的作用及具体运用从宏观和微观方面进行了不同视角的阐述，使译界对模因和翻译的关系有了较好的了解。本文以下内容首先探讨模因论视角下的文化翻译现象；然后以模因观为线索探讨主体在翻译中的作用和主要翻译方法。

二、文化与翻译都是模因论的解释对象

文化是人类思想和知识发展的孕育地，语言是文化发展的媒介，是思想和文化成果的外衣。文化通过语言传承，文化与翻译相辅相成。翻译是模因的一种传播行为，翻译用另一种语言反映着世界，是文化传承和思想发展的主要活动形式之一。威尔逊认为，模因是一个"语义记忆的节点（a node of semantic memory），而不是情境记忆（episodic memory），模因在大脑活动中互相影响，互相依存"。也就是说，模因不但是一个观念，而且是一套相应的"按层次组织的语义记忆组件，通过离散神经回路（discrete neural circuit）来解码"（1998：149）。这种观点表明模因不仅存在于波普尔划分的关于主观世界的第二世界和用思想表达客观观念的第三世界中，也存在于关于客观物质世界的第一世界中。这三个世界相互作用，彼此依存。依此看来，翻译的模因论通过影响主体的思维方式和翻译观念解释翻译现象，不仅影响主体的翻译行为，也能够指导主体的翻译实践。

文化与翻译的结合发端于20世纪90年代，翻译研究的文化转向表明翻译研究已经超越了形式主义阶段，开始考虑有关语境、历史、意识形态和传统等更广泛的问题。文化翻译研究特定文化中语言或其他文化的变化过程，文化翻译的概念是把语言翻译作为一个工具或隐喻，以分析文化的变化规律，所以文化与翻译互补印证，翻译研究和模因研究的方向是一致的，只是范围有所不同，模因论研究整体文化的进化和发展规律，文化翻译研究解释和翻译相关的文化规律。模因论对翻译有方法论作用，所以，切斯特曼认为翻译理论是模因论的一个分支学科。模因和翻译的关系可从以下几个方面理解：

翻译就是处理模因的变异、选择和保持的基本文化基因特征。布莱克摩尔认为，"任何一种事物要构成一种复制因子，那么它就必须能够支持以变异、选择和保持（或遗传）为基础的规则系统"（2001：25）。翻译作为文化传播的基础与前提，有着明显的模因规定性，即模仿、选择和保持的特点。以语言与民族血缘关系的本质差异性而言，

不同文化在本质上互为异质，对方都是自己的非我因素，异质文化是语言异质性的本质，表现为文化渊源、文化沉淀和文化传承，不同语言结构不同思维方式和、不同文化信息表现为各个民族语言中的文化模因。尽管文化支配并规定着翻译的条件和环境，但是，由于模因的内在特征，主体会选择不同的翻译方法，在复制中保持模因的高保真度，翻译就是不同文化因子复制、传递和进化的过程。

布莱克摩尔《谜米机器》的主题之一就是模因的进化，以及模因进化对大脑进化的影响。她认为，大脑和语言的发展实际上就是为了传播模因，事实上，文化和人的神经系统的发展在某种程度上都是由模因驱动的（Chesterman，2002）。由于模因的本质在于模仿，模因就是人类通过模仿习得的一切，这种模仿在复制过程中常常会变异。人类的客观世界和改造客观世界的手段有相同和不同之处，对知识、经验和价值观的复制与传递受客观世界、主观实践以及传统思维的制约，在文化翻译中出现模因的变异是人的文化传统和认知习惯使然。从语言、文化和历史的哲学关系来看，"语言是从一个人的过去到一个人的现在的表达。它是与过去的紧密相连的感觉在现在的再现，因此过去的经验在现在仍然清晰。这种清晰性得之于非常确定的感觉材料。这样，清晰的记忆是语言所赋予的，而语言被看作是从一个人的过去到一个人的现在的表达"（Whitehead，2006：31）。这体现在模因的保持或遗传性上，就形成不同文化的认知机制，而认知机制认为人在任何时候都只是按意愿接收符合预定动因的信息，这种意愿就是文化在传统思维方式上的体现。斯科瓦尔佐娃认为，"建立在这种知觉机制上的对世界的任何认知都注定不会完整。我们排除那些不合意愿的信息，是为了维持自己错觉的完整性而以符合自己意愿的元素取而代之。对世界认知的失误常常是下意识的"（2003：14）。模因的模仿和复制都存在着由于认知和思维方式而导致的变异。

因此，从模因论的角度看，广义翻译理论就是历史、文化、传统相结合的沉淀和不同文化中认知模式相结合的翻译模式，这种模式既要对语言本身的内在规律进行逻辑推理，又要靠主体的传统文化直觉来感知，在推理和感知过程中必然会出现语言和文化模因的变异、选择和保持的问题。翻译作为人类生存基础的永恒因素之一，个体和群体的生存都有赖于对各种庞杂信息的准确解读、理解和对不同群体语言的翻译。在理解和翻译的过程中，代代相传的文化内核和民族群体特有的认知机制是不同文化中的核心模因。对不同文化中核心模因的翻译就呈现为文化和翻译的互补印证关系。

三、模因论下的文化和翻译呈互补印证关系

模因通过模仿表现与传递，像基因一样通过复制来传播，但常常会变异（Chesterman，2000：Ⅰ）。在模因的传播中，翻译是模因的一种特殊的、更进一步的复制和选择过程。翻译作为模因的传播活动和结果体现着模因的复制，于是文化在翻译活动中体现出来，只有把新文本包括在文化之中，人们才能感知文化的特征和存在。在翻译的文化转向研究中，文化研究和翻译研究的界限似乎越来越模糊了，同时也出现了一种明显的文化和翻译的互补性。翻译界越来越重视对翻译文本文化价值的理解，尤其是在接受文化特征的翻译方面。韦努蒂（Venuti）把翻译特征形成能力称为翻译参与能力，这种能力既能保证文化的凝聚力和异质性，又能使文化按其独特方式发展，也可以使文化进行自身更新（1998：68）。从模因论的视角来看，这则体现了模因复制过程中的变异、选择和保持（或遗传）的特征。

但是，目前尚没有能把文化研究系统联系起来的全面的、概括性的文化理论，因为文化研究目标给文化提供的定义太多，文化系统理论的形成就难以实现。但是在翻译研究领域，定义学科目标可能性的范围就相对窄一些，如果把翻译领域和文化领域进行比较，尤其把翻译研究的发展置于文化研究之上则能较好地解决这一问题，尽管翻译研究的文化问题范围较小，但翻译研究试图解决文化研究所面临的问题。因此，文化和翻译呈现互补性关系，翻译是解释文化机制的活动之一。

主体除对语言模因进行逻辑推理和分析之外，还要用尽可能令读

者满意的方法来解决文化模因的翻译限度，在模因的复制中要判断和恰当地运用模因的变异、选择和传递的规律，这可使主体学会对待文化差异和文化翻译限度的方法。而翻译研究理论成果的迅速发展使我们对文化差异性有了更深的理解。因此，翻译有助于主体把从语言、语言学和文化中得到的信息和方法结合起来，运用到翻译过程中去。翻译学科的中介功能使主体把从多学科的不同视角积累的知识在不同文化之间建立一座桥梁。同时，通过对比文化模因的差异，通过分析把文本从一种文化置换成另一种文化的理解和实践技巧，主体可以真正了解文化模因的异质性，而异质文化的互补、互证、互识体现在不同语言的翻译中，这不仅决定着文化交流的质量，而且译作本身也形成了独特的文化内容体系，"一种文化对他种文化的吸收总是通过自己的文化眼光和文化框架来进行的，很少会全盘照搬，多半是取其所需"（乐黛云，2002：8）。传统和习惯对于不同文化模因认知模式的影响是根深蒂固的，正如斯特纳（Steiner）所言，"我们的文明在很大程度上是固定情感模式的产物"（2001：486）。对此主体要有清醒的意识。由于翻译就是处理语言文化的异质性模因，翻译与文化互补，那么探究主体的认知模因就显得很有必要。

四、模因论观照下主体主观能动性的发挥

主体是模因的复制和传递者，阿弗烈·诺斯·怀特海（Alfred North Whitehead）认为"人类的精神活动和其语言彼此创造"（2006：39）。对主体认知模因的分析是认识翻译规律的基础之一。

主体对语言文化解码的认知反映了模因的基本特征。模因论认为，人是传播模因便捷的而且非常有效的机器，因为模因以达尔文式的竞争在争取空间和生存（Chesterman，2000）。翻译模因通过认知和复制在读者的大脑中传播，翻译的本质表现为把模因从一个时空传播到另一个时空，并且要保证不同模因能够跨越文化界限，所以翻译研究就是研究模因的一种传播方式。

认知心理学认为，主体理解简单的信息也需要大量的共有知识，

知识在大脑中有效储存，在理解中被主体有序组织和提取，知识可能是以预先储存的形式组织的。主体习得的知识和经验可被视为个体模因库，主体通过个体模因库进行不同语言文化之间的复制，复制反映模因的感染特性，主体的人文知识储存是模因感染的来源，因为模因之间在相互竞争着，自私地、不顾一切地要进入另一个人的大脑、另一本书、另一个对象之中，这最终决定了我们的文化以及心理结构（陈琳霞等，2006：109）。模因作为主体大脑中的信息单位和认知模式，其模仿、认知和传输具有历史性和文化性，因此，历史文化是主体了解、阐释和形成自我认同，以及形成主体所属群体之外的其他认同的手段。人类知识的模因共核尽管有不同程度的差异，但有相似之处，相似模因储存在主体的个体模因库中。

认知语言学认为，主体通过短期记忆和语言解码来理解相关文本的语言文化信息。语素、单词作为简单模因被赋予了词语层面上的意义，主体根据更为复杂的模因——词序和句法等表层结构来理解句子的结构和意义。解码和表达在自然语言中受语言文化规律制约，但是主体在解构、理解单词和句子意义时利用句法和语义信息，或者激活已有的语言知识、语境信息和文化知识，对语言和文化进行选择和复制。也就是说，在任何时候，我们都能把文化的状态描述成一系列模因，也就是一个模因库（Chesterman，2001：Ⅰ）。通过模因库，人类不仅赋予文本以意义，而且还赋予表层形式以言语行为或其他语境功效。不同主体对世界的感知和理解受个体长期形成的认知模因库的制约，诚如斯特纳所言，"我们的文明在很大程度上是固定情感模式的产物，但西方文化把我们的感知认识能力程式化了，因此我们常常对传统的存在浑然不察"（2001：486），这种程式化就是模因的表现。怀特海从哲学角度认为，"在所有这些表达思维的方式中，语言无疑是最重要的。人们甚至认为语言就是思维，思维就是语言。例如句子就是思维。许多学术著作都默认了这一理论。有不少学术著作清晰地阐述了这一理论"（2006：32）。主体对语言文化模因的解码是翻译的基本过程，除此之外，在模因论视角下，翻译是一种动态行为。

五、主体应把翻译视为一种模因复制的动态行为

把翻译视为模因的动态复制行为，语境和情景模式等因素可被视为"超级模因（supermemes）"。这就意味着翻译不仅仅是语义等值的转换，而是一种包括了语境和情景模式的复制行为，可表示为A→A+A'，从此处可看出翻译是动态的语际复制过程。认知心理学中的语境不仅指上下文和交际时的社交环境，它还是一组可以用来解释交际者意图的假设，蕴含交际双方的信念、设想、期待和记忆等。主体在翻译中传达交际情景中的相关信息，这些信息以情景模式再现。已有情景模式体现主体早期的语言文化交流的积累，相似交际模式在理解和翻译过程中通过语境被激活、更新，提供源语中缺失而需由主体补充的具体语言文化语境等超级模因。翻译是以个人经验、知识或实地感知为依据的，语言行为发生的交际语境和文化情景等超级模因是理解这些行为的组成部分，渗透着语用连贯一致因素。怀特海认为个人存在着根据自身的经验对于新事物的渗透，而对于细节的选择则服从于个人认识事物的因果关系（2006：47）。用模因论来解释，主体复制的是源文本A，主体不断地添加译文等读者理解时所需要的模因，最后形成的是译文本A+A'。模因的这种复制和传递过程反映了主体看待自身和世界的方式，这种方式表现为主体的社会性认知。

主体的社会性认知体现为模因是概念性认知工具。切斯特曼提出模因是概念性工具，翻译起了一个工具箱的作用。工具箱的意义在于主体需要知道选择合适的工具去做具体的工作。如果没有概念性工具，人类就不能思考（2000）。主体需要相关的概念才能复制出目标语读者接受的译文，因为人类把自然界绝大部分现象人性化了，表现在人类给自然界融入了信念和评价等概念，并通过主体的创造赋予自然界以意义，这些意义和概念以语言形式表现出来，并以世代相传的继承形式维系着一种理想概念的现实，然后以语言符号进行象征性表达。主体是概念传播的中介，翻译是概念进化的核心途径之一。因为模因的复制总会产生变异，主体需要从交际情景等超级模因中推出普遍性的

概念。而普遍性概念是从长期记忆框架、知识结构或约定俗成的社会性概念中抽象出来的，成为长期记忆或约定俗成的概念模因库，储存在"语义记忆"或"社会记忆"中。大脑的记忆内容除语义模因外，还有更注重形式的普遍性和常识性概念模因，语义记忆在语际复制中容易受主体概念模因的制约，因此主体在翻译中要转换文化意象，使源语中的概念模因在目标语中也符合相应的概念模因。社会性概念模因是译文被读者接受的基础，与此同时，主体在模因复制中还表现出其创造性。

六、主体的创造性表现为模因的变异和选择

模因是文化传播的母体，是文化传播和嬗变的基本单位，模因由传播者携带，因此传播又被解释为复制：一个模因被复制到另一个个体的记忆中，使这个个体成为模因的携带者，这一自我复制的过程壮大着模因携带者群体，从而使模因像基因那样成为复制因子（王斌，2004）。人类最初在认识和改造世界中的模因数量不多，对文化的翻译使人类对世界的认识越来越丰富，表达思想情感的手段和方式多种多样，模因的不断选择和变异正是主体创造性的表现。创造性体现在主体的阅历、知识结构、价值观等不同上，不同的主体会采取不同的翻译策略和概念；主体的阅历不同，掌握或运用知识的模式也可能不同，因此个体认知模因以不同的方式控制着语言复制过程。个体对同一交际情景或知识的了解、看法和观点也可能不同，不同主体可能关注同一文本中不同类型的信息，赋予文本或局部文本不同的意义。所以，模因的复制与个人认知和翻译目标相关，不同译文反映主体复制的主观创造性。原认知模式是模因变异和选择的基础，原认知模式加上主体发挥主观创造性新获得的认知模式就是模因的变异和选择。主体根据其个体模因库里的概念和程式，在既定目标和意图的指导下选择和复制，创造性地调整已有认知模式以适应复制的具体要求。

翻译策略的模因观。翻译策略就是翻译的实质性概念工具，是在翻译界广泛使用和众所周知的翻译方式与方法。在翻译实践中，需要

从两个角度理解策略模因：首先，译者需要熟悉翻译策略；其次，译者需要学习如何在不同的条件下使用不同的翻译策略（Chesterman：2001：Ⅰ）。何自然（2005）认为，翻译模因库有等值、等效、意译等多种策略模因。称职的译者会在他的翻译概念工具箱中直接选择最适合语境的工具，他也可以利用以前的翻译经验，找到解决相关或类似问题的方法。目前，围绕模因论讨论的具体翻译方法有归化和异化两种。持归化法者认为，翻译的过程就是模因的传播过程，模因的本质是模仿，模仿经常会发生变异。因此，主体可在本族语中寻找相似的表达模因，以复制模因的核心意义，这是模因论视角下归化翻译的依据。但是，从模因传播的规律来看，有些学者（张莹，2003；尹丕安，2006）提出归化翻译是模因传播初期的必要阶段，译语读者能够解码异域模因以受到模因的感染，使异域模因能够不断复制和传播；而异化翻译是模因传播的要求和趋势，因为在模因的复制过程中，通过归化的方法由译语的相似模因替代源语模因，模因失去了复制的高保真度而会"死亡"；随着文化的传播，读者会越来越熟悉异域文化模因，并有能力解码源语的其他文化模因，异化翻译就成为模因传播的必然要求和发展趋势。因此，主体的翻译方式应根据翻译目的、意图和读者的接受度来灵活决定翻译策略，正如切斯特曼（2000）所言，"以模因论指导的专业译者，应该是一个能够辨识普通问题、考虑相关语境意义、选择恰当策略的合格译者"。

第二节
模因论推动翻译问题研究

从进化视角研究语言是 20 世纪人类认识和应用进化理论的产物。语言学界采用进化理论，力图用生物进化模式解决研究中的困难，或者纠正传统理论中不完善或不正确的观点，提高学科自身的自足性。

一、翻译进化具有理论根据

模因论是心理内容理论，心理内容是心理过程反映的结果，模因论的基础是与达尔文进化论的类比，模因论以进化模式研究文化信息的传递方式。文化进化包括知识的进化，可以用内在于生物进化的变异和选择的相同原理建模，基因是生物信息的复制单位，模因是文化信息的复制单位。模因是储存在个体记忆库中的信息模式，可以复制到另一个个体的记忆库中。模因原理是文化信息传播的进化模式，模因是人类大脑中的认知实体，是文化进化的变异复制因子，文化产生复制行为。模因是具有遗传结构的文化单位，可以复制，概念是复制因子，个体的心智/大脑是载体。模因/概念和宿主的心智/大脑之间是寄生与被寄生的关系：模因使用宿主的大脑成为复制载体的寄生物。一个个体为使另外一个个体认可一个信念而使用某种方法或者采纳某种行为，这是观念复制因子将其复制到新的宿主的过程。

翻译中的常规模因。翻译中的模因是观念，观念彼此依存和传播，形成模因复合体、模因库和常规模因。模因通过翻译在文化之间传播，因此，翻译是模因的生存机器。

源语−目标语、对等、不可译性、意译−直译、写作是翻译的5个常规模因。源语−目标语常规模因是把信息从一种语言传播到另一种语言的概念，这说明翻译不仅是语言的转换，而且传播和复制信息。对等模因一般强调译文和原文的完全对等，但是在后现代主义理论看来，这种对等永远不可能实现，因此，这一模因面临挑战，需要再认识。不可译性模因是翻译史上一个永恒的概念，它认为原作的意义是神圣的，不应该擅自改变，伟大的作品永远不可能用另一门外语来复制。意译−直译模因围绕译者在何种程度上直译或意译原文，也一直是翻译话语中的另一个显性模因。写作是翻译常规模因打破语言之间的翻译和同一语言中意义表达之间的界限。解构主义理论把所有文本视为对其他文本的翻译：从来就没有原文本，没有逻各斯，人类一直在翻译。在翻译史中，这5个常规模因经过译者的学习和实践，具有累积效应，囊括了翻译中的基本问题，是翻译的超级模因。模因的感染、复制和传播具有相似性，因此，翻译也具有最佳相似性和相关相似性原则，相似性是共生模因，在相同的两个文本之间可能存在不止一种相似性，文本是否相似取决于翻译目的。

二、翻译模因的进化

从翻译史看，常规模因反映翻译理论的进化过程。早期翻译理论首先强调原义（literalness），即词义（the Word）的重要性，翻译意味着译者在擅自篡改上帝的福音，这是对权威的蔑视。杰罗姆（Jerome）把《圣经》由希伯来文首先译成拉丁文，他认为非宗教文本可以意译，从而强调了修辞模因。16和17世纪形成翻译的隐喻，强调译者不应该盲目崇拜源文本，而应该考虑读者的感受，翻译理论从"不忠实的美人"发展到蒲柏对荷马史诗的再创造性翻译，这种翻译被第一部英语词典的编纂者约翰逊博士（Dr. Johnson）誉为"世界上前所未见的高贵的诗译作"。

施莱尔马赫（Schleiermacher）、歌德（Goethe）和德国前浪漫主义者强调形式效果的重要性。翻译应该以原文为养料，滋养目标语，从而有助于塑造新近形成的德国民族语言。语言是逻各斯，是表达和启蒙的创造性力量。到20世纪，逻各斯模因的批判性力量成为德里达（Derrida）等的解构主义的核心，没有任何源文本，源文本只不过是另一个文本的译本而已，翻译不可能在目标语中表达任何符合逻辑的意义，翻译一向彼此滋养，彼此丰富，从而使翻译具有无穷的生命和活力，翻译从来不能表达真正的本质意义。

在乔姆斯基的影响下，20世纪60至70年代，语言科学成为翻译的重要内容。探索一种语言通过数学–逻辑方法翻译成另外一种语言的可能性，语言学式的翻译模因开始流行起来，从而启动了大量的机器翻译项目，产生了很大的影响。

在同一时期，形成翻译是信息交际的概念模因。奈达强调翻译的动态功能，如果要交际信息，就有可能改变形式。诺斯（North）和弗米尔（Vermeer）等的文本目的理论注重翻译的效果，认为翻译旨在实现其目的，即翻译的意图，从而进一步强调了翻译是信息交际的模因。

描写翻译理论不规定应该如何翻译，而注重目标语的产出，描写源语作品在目标语中的表现形式和产生不同表现形式的因果关系。描写翻译模因不同于上述的规范模因，它注重现实性和实用性，认为翻译是文学系统的重要组成部分，文学系统具有巨大的操纵力量。翻译的这一文化重要性成为这一时期翻译著作的核心内容。

当代学者开始研究翻译的认知因素，研究译者翻译时的大脑运作机制、翻译经验及译者的决策机制，并且用协议（protocol）进行上述机制的实证研究。

翻译模因在学术共同体中获得威望，这些模因就成为翻译规范。翻译规范是特定学术共同体的特定实践，调节翻译行为。译者遵循翻译共同体的规范。图里（Toury）和切斯特曼都提到初始规范和操作规范，切斯特曼提出期待规范，这些规范包括以下因素：委托人委托翻译的责任，翻译达到最优交际的义务，在源文本和目标文本之间需要形成适当的关系。

三、翻译模因的生存和作用

翻译模因存在于波普尔的第三世界，是思想的客观内容，属于概念世界。模因起源于人的大脑，源自第二世界，用语言符号表示就进入第三世界，波普尔的第三世界是第一世界和第二世界相互作用的产物，反过来又影响第二世界，继而影响第一世界。翻译理论通过影响译者的思维方式和翻译理念，反过来指导译者的翻译行为，随着第三世界对第二世界和第一世界产生"可塑性支配"，翻译模因，即翻译理论和具体翻译观念，影响着译者的思考和翻译活动。翻译模因作为理性知识符合波普尔的科学知识获取过程，即P1→TT→EE→P2。具体来说，翻译模因的进化是一个从提出问题（P1）到力图解决问题（TT），从排除错误（EE）再到发现新问题（P2）的反复过程，这一过程不断接近翻译的真实性。卡尔·波普尔的图式"P1 > TT > EE > P2"用以描写科学方法的学习和理性知识的获得过程，这一过程也适用于解释翻译问题。最初的问题，P1是如何翻译一个文本或者一个具体的词句，TT是尝试性方法，这个尝试性方法具有纠错（EE）的过程，再产生新问题，这一过程从而往复循环。在实际翻译实践中和翻译实验研究中都可以使用这一实验性程序，以逐步提炼翻译选择，或者使用数据库分析源语和目标语，安东尼·皮姆也提出根据翻译的不同版本，根据交际情形选择最恰当的翻译。

翻译模因库的累积。我们可以用进化论中的个体发生平行于种系发生的观点来解释翻译能力的习得。译者的个体发生过程遵循翻译理论的种系发生过程，换言之，译者的观点、态度变化过程可能反映翻译理论的发展过程。因此，我们可以利用个体发生与种系发生的相似性来强化翻译过程教学，使翻译学习者有一种亲身参与翻译历史进程的体验。

在翻译的初期阶段，译者无意识地理解和使用翻译策略模因；随着技能的培养和形成，翻译模因会沉积到译者的意识系统。因此，模因在四个方面和翻译能力相关：新手和初学者首先学习翻译基本理论和技巧；在翻译能力形成和精通阶段，译者需要解释或说明选择与决策的正确性；专家型译者需要微调其假设性的、出于直觉的翻译方法和策略；翻译教师、评论者和评估者应该具有评判、评估翻译技能正确与好坏的能力。翻译能力要求译者理解和掌握翻译模因库、翻译的概念工具和译者的策略模因。专家型职业译者应该掌握翻译共同体中影响译者作用的历史模因，指导翻译行为的常规观念和在常规翻译工作中无意识运用的日常策略。对于职业译者来说，这些意识非常重要。

四、翻译是模因的传播

翻译使文化和观念得以传播，我们可以应用翻译模因的集合分析翻译历史和翻译理论，把翻译历史视为文化进化的一部分，翻译过程是模因的传播过程。翻译学是研究在特定环境中模因和模因传播的方法，译者是模因进化的中介，翻译的广义进化框架把一些似乎难以整合的观点统一到了翻译模因的视角中。

如果梳理翻译理论发展史，我们可以归纳出八个翻译模因复合体：词、神谕、修辞、逻各斯、语言科学、交际、多元系统和认知。如果某个翻译模因在某一时期处于支配地位，它就逐步成为翻译规范，承担规范功能的模因对翻译理论和实践具有指导和制约作用。

翻译理论体系庞杂，各个翻译学派引用相关学科的理论作为解释或描写翻译现象的基础，这导致翻译在其学科的形成过程中内容庞杂，学派众多，理论繁芜，理论的阐释和教学都显得头绪繁多，不好把握。因此，把翻译科学的主要理论要素统一在模因论的框架之下，能够在翻译理论和实践之间建立一种紧密的联系，建构在模因论的框架下囊括翻译理论、策略和实践的一个统一连贯的整体。翻译研究说明翻译模因的形成和传播规律能够把各种不同的翻译观念联系起来，建构一个翻译模因理论框架，从文化、知识和技能进化的角度，说明翻译理论的形成规律以及翻译理论与翻译实践之间的关系。

翻译策略模因。翻译策略作为翻译实践的基本方法，是翻译的方法模因，法国翻译理论家维奈和达贝尔内（Vinay & Darbelnet）比较系统地论述了这些翻译策略模因，一般包括意译、借用、仿造、转换、单位转换、重新措辞（rephrase）、子句和句子、结构变化、衔接变化（cohesion change）、层级和图式转换（level and scheme shift）等。翻译策略模因是翻译行业的标准概念性工具。翻译策略模因世代相传，形成翻译策略模因库，策略模因库处于变化和适应之中。

如果把认知中的学习和交际策略作为理论背景，把认知模因作为翻译策略的理论形态，我们就可以以行为理论解释翻译的认知模因策略，并借此建立起翻译策略模因的架构和不同级阶的具体分类，在应用层面对翻译模因策略进行理论描述。认知模因翻译策略包括概念范畴、模因分类和策略性质。翻译策略由译者使用，同时被翻译界公认为翻译标准的概念性工具，这些工具具有累积性效应，过去、当下和未来可预见到的其他翻译活动对翻译策略形成增量影响，从而形成一个策略模因库。把翻译策略视为认知模因，这是对翻译策略性质的本质性认识，翻译策略的认知过程是对翻译方法的加工整合，而认知结果形成指导翻译认知过程的系统性体系，表现为策略模因库的不断扩大。

在翻译模因策略的实际应用层面，模因理论有助于形成对翻译策略理论的一致性解释。首先，认知模因是翻译策略研究的理论形态，包括语言、风格、交际和主体性认知等方面；其次，如果对翻译策略的系统性分类进行描述，我们可以从翻译模因策略、过程和迁移视角理解翻译理论，从模因视角看，认知模因翻译策略之间的竞争、选择和更新由不同历史时期的翻译语境和特定社会的文化所决定，表现为策略模因库的策略多元化。过程视角具有层级、局部和整体策略，包括理解和生产策略，是翻译策略模因形成过程中的不同阶段。迁移表现在句法/语法、语义和语用三个方面，由此我们可以把策略分为三十多个级阶，从而使其翻译策略理论不仅具有理论的系统性和可操作性，而且其翻译策略理论也可以成为翻译评价的具体标准。对翻译模因策略的这一分类具有系统性，是对现有翻译策略的整合、突破和创新。翻译策略的分类继承了传统的文本对比和策略分析法，而其突破和创新表现在把比较方法和描写方法整合起来，因此对翻译理论研究、翻译实践和翻译教学具有指导作用。

研究翻译认知的策略模因应该关注译者的真实翻译经验、自我意识、决策过程、翻译规范和翻译伦理，所有这一切都与政治、文化、社会压力和意识形态等环境因素有密切的关系，并影响翻译策略的形成和选择。所以，翻译策略的形成和选择过程也是一个复杂的系统，这一系统要适应特定翻译语境的要求。

五、翻译伦理的进化

翻译伦理是指导译者行为的历史模因，安托瓦纳·贝尔曼（Antoine Berman）认为翻译伦理是忠实于原文和趋向于科学的翻译。安德鲁·切斯特曼认为翻译伦理是透明、真实、信任和理解，这些伦理原则反过来调节四种主要翻译规范：期待规范说明翻译应该透明；关系规范说明翻译和原文之间应该真实；在译者和翻译的委托人之间应该具有责任和信任；相互理解才能实现交际。

皮姆认为翻译伦理是做出正确选择所遵循的原则。他指出，人们开始对翻译伦理进行关注的最直接的原因就是对等、忠实等观念的消解。

翻译伦理是特定社会认可的译者行为规范，具有传统伦理的继承性。忠实伦理进入翻译领域，表现为"忠"和"信"的翻译标准，东晋时期的高僧道安的"因本顺旨"和鲁迅的"宁信而不顺"都反映了对待原文的忠实态度，诠释模式促使韦努蒂进行伦理反思，实现了由存异伦理向创新伦理的转变。韦努蒂早先提出展现源文本的异质性，尊重文化他者是存异伦理的核心论题，因此，他借鉴贝尔曼的观点，把"坏"的翻译定义为对外国文化采取一种种族中心主义的归化态度，否定外语文本的陌生性，而"好"的翻译力图限制这种种族中心主义的否定，迫使本土语言和文化释放源文本的异质性（Venuti，1998：81），以强调翻译及译文的阅读和评价应该更加尊重语言文化差异。而在创新伦理中，鉴于翻译必然改变源文本这一事实，韦努蒂质疑贝尔曼的伦理观，吸收阿兰·巴迪欧（Alain Badiou）"基于真理的伦理"观，不再把"坏"的翻译定义为"对他者的不尊重"，而认为"坏"的翻译是"不计代价去命名的冲动，推行试图在认知上掌控一切并否认与之具有不同特性的文化准则，同时排除其他能构成不同翻译和解释的解释项"（Venuti，2013：185）。而"好"的翻译也不再是用译入语来展现源文本中的异质性，而是"能够引发一个事件，从而在体制中引进语言和文化差异，通过对源文本的解释触发新的思考方式"（Venuti，2013：4）。韦努蒂创新翻译伦理的价值判断取决于翻译是否挑战了已经赢得制度权力的风格、体裁和话语，是否引起创新的思想、研究和创作。可见创新伦理不仅强调了翻译为接受语境带来的启示和变革，也正视了翻译对原作的偏离和超越，其核心在于利用外语文本质疑译入语文化中的既定模式，间接彰显差异，促进变革。而存异伦理的问题在于一面号召尊重文化差异，纠正不平等的文化交流模式，一面又挪用外国文本为本土文化利益服务，因此被识者指为稍加掩饰的"本土文化利益至上主义"（刘亚猛，2005：41）。创新伦理揭穿了这层掩饰，承认翻译服务于接受语境的立场和翻译无法还原源文本异质性的事实，承认其最终目标就是为接受语境带来变化，鼓励文化创新。因此，创新伦理对存异伦理的修正和发展彰明较著，它把差异观念重新定义为"文化创新"，直接质疑和颠覆接受语境中的语言文化价值等级秩序。

异化翻译和存异伦理未能明确认识翻译的诠释性本质，被认为过分强调对源文本异质性的复制或再现，引起了不少争议。正是这些争议促使韦努蒂从翻译的解释性本质重新思考"尊重伦理"，指出"翻译表现尊重的最重要的方式是使源文本成为译入语文化创新的基础"（2013：8），这是对"异"的表现方式的最新表达，充分体现了翻译必然改变源文本这一事实，因而具有更强有力的理论解释力和说服力。

第三节
学术模因翻译的变异和对策

本节尝试分析学术模因在跨语际复制中导致变异的历史和文化因素，这是比等值研究更深入的研究，在方法论上具有普遍性意义。本文提出学术模因跨语际复制的平等原则。平等原则使不同语言文化中学术模因之间的差异失去区分概念和表述的传统力量，这能解决模因之间彼此感染的本质。以平等原则处理复制变异的倾向，能为学术模因复制提供理性的指导原则和方法。

安托瓦纳·贝尔曼提出文学翻译是对"异"的考验，适当地对翻译行为的道德目标进行反思是有必要的（2008：116）。在对学术模因的翻译和使用中发现，在学术模因复制中主体也有可能操纵能指，把"异"的成分本土化的现象表现为学术模因译名的变异。本文根据模因论分析学术模因在复制中变异的一些倾向，并探讨变异倾向的历史文化根源与对策。

一、学术模因复制的变异倾向分析

学术模因译名是跨语际复制的产物，由于自身历史文化所产生的认知差异，主体在复制中使译名出现变异，模因论可以解释变异的原因。从模因论视角可以深入地研究学术模因复制的历史和文化制约性。学术模因译名是模因宿主——复制主体在自我历史文化语境下跨语际复制的产物，其中人文因素的干扰会使译名出现不同于原学术模因意义的变异，这种变异源于主体的认知差异，而模因规律可以充分地解释这种差异，因为模因是与复制过程相关的最基本的社会文化信息单位，通过非遗传的方式，特别是模仿而得到传播。魏向清和张柏然（2008：85）认为学术模因具备模因学（模因论）所描述的鲜明的文化基因特征，是学术模因，因为学术模因作为学术研究工作最重要的基础与前提，有着明显的模因规定性，即模仿与传递。在被模仿和传递的过程中，学术模因受到主体的历史和文化观念的影响，被融入阐释的内容，从而导致学术模因变异，因为模因是存在于大脑中的复制因子，它能够从一个人的记忆中复制到另一个人的记忆中去（何自然、何雪林，2003：202）。所以文化、心理和思维因素通过主体的复制反映在学术模因译名上而引起变异。由于主体的历史文化和认知图式的影响，学术模因被融入阐释的成分而产生变异。模因是大脑中的复制因子，"能够从一个人的记忆中复制到另一个人的记忆中去"（何自然等，2003：202）。变异在本文指学术模因在复制和传递过程中与源语意义的差异。差异源自主体的历史文化语境，存在于模因的同化、记忆、表达和传递的整个生命周期。变异是主体的历史倾向和文化力量作用的结果，是无意识的行为。因此，通过模因论可以探究学术模因复制中变异的一些规律，这种研究在本质上是历史性的，有助于了解学术模因复制的更多共性规律和本质，并依此提出复制主体可采取的对策。这也是比学术模因复制等值研究更深入的研究，在学术模因研究的方法论上具有普遍性意义。

笔者对学术模因变异的分析受贝尔曼的启发，以笔者使用学术模因的经验为基础而形成。这种分析也是对贝尔曼提出的变异在非文学复制中的一种补充，因为他对变异的考察集中在文学复制上，他认为若要将这种考察系统化，还须其他领域复制主体的补充（2008：117）。这也是本节写作的初步依据。

变异是模因的文化基因特征之一，本节中的变异指学术模因在被复制和传递过程中出现的与原学术模因意义的差异。它源自复制主体的历史文化语境和哲学观，存在于模因的整个生命周期——同化、记忆、表达和传递阶段。在很大程度上变异是主体无意识的行为，是导致学术模因偏离原学术模因意义的历史倾向和文化力量作用的，分析这些因素就是发现学术模因变异的根源。学术模因变异的本质是种族中心主义的历史文化和思维模式，种族中心主义表现为所有民族都通过其文化透镜看待世界，自我群体是判断和衡量一切事物的中心。种族中心主义是学术模因变异的最强大的因素，因为它是2000多年的文化和思维传统在主体大脑中内化了的结构。分析这种结构可以看出人文因素和传统思维对主体的束缚。这是学术模因变异的最强大的因素，因为它是特定民族的文化和思维传统在主体大脑中内化了的结构。分析这种结构可以看出文化和思维传统对主体的束缚。以下是学术模因变异的一些表现形式。

合理化。由于传统观念的影响，主体没有以学术模因的词汇意义和定义来复制学术模因，而以他认为合理的方式复制之。例如，external labour market 和 internal labour market 被复制为"国际劳动力市场"和"国内劳动力市场"。主体如果注意此学术模因的词汇意义和定义中一个组织内部的概念（The system by which recruitment for senior appointments in an organization is mainly by open competition），则应复制为"外部劳动力市场"和"内部劳动力市场"。复制中的变异是大一统历史观念的表现，语言作为文化载体，"是与过去紧密相连的感觉在现在的再现，因此过去的经验在现在仍然清晰……每一种语言都记载了一种历史传统"（怀特海，2006：31-32）。历史传统是模因的传递内容之一，由于模因的竞争性质，合理化在主体的潜意识中是一种历史的必然。合理化则导致明晰化。

明晰化。合理化的结果必然是过于关注译名的明晰化。学术模因指相似的一类意义，反映一种现象中的多个方面，而明晰化却使这一类意义清晰化或具体化。例如，perquisites 被复制为"小费，额外津贴"，其实是以实物形式体现的报酬类型（Payments in kind attaching to jobs）。明晰化导致学术模因的译名和定义不符合，而且也不符合常识：公司管理者不会有"小费"，汉语中的津贴是指工资以外以金钱体现的补助费。这是主体在模糊思维作用下以直观经验复制的结果，"语言表现为思维在习惯上的结果和思维在习惯上的显现"（怀特海，2006：34）。明晰化倾向是目标语传统思维在语言中习惯化了的表现形式。合理化和明晰化的结果则是信息的强化或冗余。

信息强化或冗余。这种倾向表现为增添了学术模因本来没有的意义，或扩充了其词汇意义，是对学术模因意义的过载复制。例如，Know-How Fund 被复制为"经济转轨技术援助基金"，应为"技术基金"，因为学术模因复制是"语义对应词的阐释"（德里达，2008：344）。过载复制是主体以其知识或现在经验来复制学术模因，是以自我为中心的意向型思维方式。

质量受损。用学术模因的词汇意义之一或与定义无关的概念来复制，使源语的能指在目标语中是不对应的所指，从而篡改了学术模因的意义。例如，underwriting 被复制为"承保（保险）认购"，而其定义是 The provision by merchant banks of a guaranteed market for a new issue of shares，应为"承销"。质量受损还表现在用历时语境中的旧概念来表示经济发展到新阶段的规律，如 balance of trade 被复制为"外贸差额"而不是"贸易差额"；或是出于复制主体的主观理解，如 exchange rate bands 被复制为"联合汇率"而不是"汇率浮动幅度"。这是以直观经验加上联想为特征的类比思维模式，主体通过比较不同学术模因的相似之处得出或然性的判断。而实用语言的符号特征"直接使能指指向所指"（吕俊等，2001：93）。怀特海（2006：47）认为，"对于有限的个人来说，存在着根据其本身的经验对于新事物的渗透，而对于细节的选择则服从于个人由以诞生的因果关系"。

数量缺失。没有完整地复制学术模因的全部所指，所指的部分概念或意义在复制中被丢失了。例如，international competitiveness 被复制为"国际竞争"。该学术模因的后缀和定义使抽象意义具体化为"国际竞争力"。数量缺失在于没有关注西语中词缀和屈折变化等形式表达的意义，再如 tradables 被复制为"可交换的"而不是"可交换的商品"。拼音语言的词缀和屈折变化表达意义，并体现其逻辑分析关系。

对学术模因结构的破坏。对学术模因结构的破坏表现为对学术模因原顺序的复制混乱或复制错误，例如，under-funded pension scheme 被复制为"个人养老金计划基金不足"，应复制为"资金不足的养老金计划"。再如，tax-based income policy 被复制为"收入基本税政策"，其意思应是"基于税收的收入政策"。由于历史经验的局限性和模因的感染特性，主体易受目标语的影响。而拼音语言是用理性规则人为规定的符号，它以语法规则、思维程式和逻辑分析得出语言的信号化和逻辑化，不同于汉语的悟性特点。

通俗化。主体用目标语中的传统或通俗观念复制学术模因的专业意义。例如，abstinence 被复制为"节欲"。在经济学语境中应是"节流"或"节省"。再如，foreign direct investment 被复制为"外商直接投资"，应该是"外国直接投资"。通俗化的根源是东方思维模式的求同性、收敛性和封闭性特点。

非逻辑化。复制不符合逻辑，未反映学术模因所表达的客观规律或内在本质。例如，unofficial economy 被复制为"非正当经济"。而这是指没有通过法定注册机构进行的、没有向税务和社会保障部门报告的经济活动，应为"非正式经济"。非逻辑化是主体从意向出发对历史经验和内心体悟进行总结和归纳的结果。这种认知机制表现为"按意愿接收符合预定动因的信息"（斯科瓦尔佐娃，2003：14）。怀特海认为，"人类的精神活动和其语言彼此创造"（2006：39），基于这种创造机制的认知都不会完整。瑞恰慈（Richards）指出，"在语言的科学用法中，不仅指称必须正确才能获得成功，而且指称之间的联系和关系也必须属于我们称之为合乎逻辑的那一类”（1992：244）。

非约定性。主体按其偏好或思维定式，不顾学术模因定名的延续性和约定性原则，导致学术模因复制不规范或不一致。例如，"Freedman，Milton"被复制为“佛里德曼，米尔顿”，而“弗里德曼，米尔顿”已被学术界接受；Internal Revenue Service 被复制为“国内税务局”，应该为“国内收入署”。非约定性是主体以自我为中心而忽视其他存在，个体视域决定了主体的封闭性和排他性。

学术模因的复制应反映其准确性的区别特征和科学性内涵。但是，上述译例明显反映出模因的感染特性而导致译名变异。主体的历史文化因素是学术模因变异的根源，因为“模因之间在相互竞争着，自私地、不顾一切地要进入另一个人的大脑、另一本书、另一个对象之中，这最终决定了我们的文化以及心理结构”（陈琳霞等，2006：109）。作为信息单位和认知模式，模因的模仿、认知和传输具有历史文化性，而历史文化是主体形成自我认同和所属群体之外的其他认同的手段。如果把历史文化作为镜子，从中可以看到本民族的镜像以及思维模式的轨迹，学术模因复制的变异倾向和民族历史文化密切相关。

主体受目标语特点和思维模式的制约，学术模因被同化而变异。当主体以其知识图式、经验结构和指向性复制学术模因时，便融入了他的态度、观念和判断。主体复制学术模因时，由于种族中心主义表现出的文化排斥性，目标语文化在潜意识中支配着主体的思考和表达，主体在复制中无意识地认为不同文化是分离的，而没有自觉地意识到文化之间的联系和整合。文化的自我相关性是认知的起点，表现为个体和群体的主体性，克服这种主体性的途径是树立语言文化平等的原则，这能使学术模因之间的差异失去区分概念和表达的传统力量，从而使模因丧失竞争力，从根本上解决模因彼此感染的本质。

平等原则使模因之间丧失竞争力，不彼此感染，主体就有可能克服自身的历史和现在的经验以及思维定式来复制学术模因，从而不断努力摆脱自身语言文化的困囿。在这种历史发展观指导下，当不同语言和文化发生冲突时，主体自身的文化和传统思维就会被有意识地回避，主体可在一个不断摆脱自我历史传统的思维空间从事学术模因复制。

主体的解码和编码使学术模因进入目标语的学科体系而得以传播。主体在此过程中以平等的态度对待异文化，并有意识地平衡不同思维方式的差异，这在逻辑上就表现为接受他者和相关差异的原则，这是坚持平等原则的基础。而平等原则就成为主体在复制中实现平衡的指导原则，因为对他者平等概念的培养本身就是一种价值判断的形成过程，其结果就是主体语言文化转换能力成熟的标志。

一旦认识到模因变异的特点，就要有相应的指导政策和方法抑制这种变异，以保证学术模因复制的高保真度。因此，主体要研究源语和目标语语言文化的特点和思维模式，积累复制中需要注意的问题，总结在源语思维模式的潜意识作用下复制的失误。这就要求主体要有历史思维意识，把学术模因复制的历史经验结合到复制实践中，在处理语言文化的偶然现象时，这会促使主体不断地接受不同于源语的思维和表达方式。这样，主体在历史意识中不断强化对他者的认识，探讨可能未曾重视的一些复制规律，并探索新的复制规律，把平等原则始终贯穿于学术模因的复制中，就有可能逐步摆脱自身语言文化的束缚。

学术模因的复制变异是因为思维模式具有历史上的连续性，这种历时性支配着如何对待不同思维模式的历史观念。因此，主体要有历史发展观来对待这种连续性。掌握他者的思维模式有助于复制能力的提高，这种提高是在思考历史的过程中，在掌握和内化他者思维模式的历史性中获得的。主体把复制的得失放到不同历史文化中比较和分析，不断把握自己的复制现状，并预期、修正复制方法，这种历史比照法会强化经验中的偶然性、体悟和方法，并研究复制变异的原因，从而可以认识到根据历史经验形成的复制方法和体系的不足。这是不断提高复制能力，保证学术模因复制高保真度的途径之一。

虽然主体在目标语历史文化中形成的认知结构会使学术模因被同

化而变异，但是，在历史发展观的指导下，目标语认知模式将不再被视为固有的和唯一的模式，主体保持主动和积极的心态去学习和吸收源语中的认知模式，复制中被认为不可避免的一些问题自然就失去了存在的必然性，这就为主体把握历史和现实的关系提供了思考和实践的空间，从而使学术模因复制的高保真度不断提高。

种族中心主义体现在学术模因的复制模式上是目标语视角和目标语中心，在复制中可能使自身的语言文化模因便捷而高效地传播。这就要求主体培养多视角和多中心的思维模式，以二维甚至多维语言文化视角和中心复制学术模因。这种基于多维视角和中心的思维方法能够使主体克服目标语的定式思维，超越目标语文化背景的单一中心性，培养文化转换的能力，以协调和综合不同视域的思维方法，摆脱传统思维模式的羁绊，寻求复制的普适性方法。

相同的物质世界和观念会产生普适性的学术模因复制方法，这些方法是对历史和现实规律的真理性认知，体现了不同历史和传统思维在方法论上的合理性，并跨越了不同文化的差异，因为主体都遵循了一些普遍原则，如知识的继承性、经验的相关性、复制技巧的普适性和逻辑上的连贯性。而且不同的文化和思维模式是平等的，是人类知识的历史积累，是互补互益的，这有助于主体认同和接受差异。借此，相关历史文化和思维模式就成为学术模因复制中的潜在力量，能赋予主体以灵感和方向，从而可能使主体的大脑和语言的发展以平等模因来驱动，并且使学术模因的复制以平等原则在大脑之间传染而传播，这有助于形成理性的并容纳不同思维方式的系统方法，并在实践中不断检验这些方法在多维视角和中心中的普适性。

二、解决学术模因复制变异倾向的方法

语言中的模因表现在教育和知识的传授、语言的运用和信息的交流上（何自然，2005：54）。要把平等原则、多视角和多中心的方法应用到学术模因的复制中，主体首先要思考在这三方面形成历史意识的那些逻辑或模式，反思传统复制观念和方法，在语言文化平等原则下理性地分析那些既定的复制原则和方法，并评判复制质量的传统标准和尺度。语言哲学和跨文化交际理论应当成为主体指导其复制实践的重要组成部分，这样，主体才能意识到种族中心主义在学术模因复制中的存在。这种意识有助于对复制方法做出正本清源的批评，在对复制方法持辩证的批评和不断反思的过程中，主体应不断地提醒自己是否以排他性的思维方式在进行学术模因复制，自我反思能使主体深刻认识到不同的语言和文化是平等的，把差异看成客观存在的事实，是在不同语言文化中的合理存在，这样才能自觉地、平等地对待差异，接受差异就是一种摆脱种族中心主义的有意识的行为。

模因有利于语言的发展，而模因也依靠语言复制和传播。不同语言的发展和传播是客观存在的，有其必然性，而平等原则会使主体接受这种必然性。主体在遵循已有复制方法的过程中，以平等原则不断检验、总结和修正所遵循的方法，平等原则就会内化在主体的大脑中，主体在复制学术模因时就会自觉遵循多视角和多中心的原则，并能够有意识地跨越自我与他者的界线，从而使平等原则始终指导主体的复制实践。

要内化平等原则，主体应当分析和表述他的历史视域、指导原则和方法，并参照与学术模因复制相关的那些历史视域和方法，用系统的方法分析与判断自己的理解视域和复制方法，这是行之有效的相互验证，因为这在方法论上被理性化了，而且把对语言文化和传统的移情作用置于主体的复制实践中了，从而在方法论上保证了复制的高保真度。

对于文化进化系统而言，都存在着复制单元的盲目变异和对其中某些变异的选择性保持及对另一些变异的选择性淘汰，这是模因的选择在驱动着观念的进化，而观念的进化必须有利于模因的自我复制（Blackmore，1999：17）。对学术模因进行跨文化比较有助于主体随时意识到模因的变异特性，并进行平等原则指导下的选择。在比较中，主体首先要不断地总结和积累比较的参数，以人类学概念上所有文化都适用的普遍有效性作为原则，建立适当的抽象类型进行语言文化的比较，通过比较可以看出变异不是深植于某种语言文化的根本特质，而是不同语言文化中的不同组合的表达差异而已；其次，主体要在比较中不断地选择适应于学术模因复制的原则和方法，摒弃不利于复制的原则和方法。这样，主体观念的进化必然有利于学术模因的复制。

第四节
学术模因定名的认知和解释

我们提出对等的相对原则，侧重描写性方法，应用概念合成相关认知理论，描写学术模因译名出现的对等不一致、对等不准确和对等错误的认知过程，指出译者的不同认知方式，已有知识的调停性质和经验建构的直觉模式等因素是产生这三种翻译问题的主要原因。要解决这些问题，译者必须调整其认知方式，而译者重构的认知模式应该正确反映学术模因翻译所要求的能改变现有学术模因翻译实践方式的根本性变化。

经济类文献翻译，学术模因居于核心。《牛津英汉双解经济学词典》（以下简称《经济》，2006）、《牛津英汉双解金融与银行词典》（以下简称《金融》，2007）和《牛津英汉双解商务词典》（以下简称《商务》，2007）当属经济类学术模因的集大成者，其隐喻性学术模因译名亦有问题出现。

学术模因的翻译研究多属规定性研究，大多集中于技巧、标准和译名的优劣评鉴。本文应用描写性方法，力图摆脱主观评断的窠臼，应用概念合成理论等认知原理，描写译名出现问题的原因和解决方法。

一、学术模因翻译的基本原则和认知方法

在翻译实践中，对等被公认为学术模因翻译的最佳原则，对等也被公认为隐喻翻译的最佳原则。但是，传统的对等意义含糊而且绝对，在具体翻译实践中难以把握，因为目标语充其量是精心翻译的，最接近于原语的一些明显特征的对应词。鉴于这种情况，应避免以绝对对等原则把在本质上不同的原语和目标语中相同的方面翻译到最大限度却无法处理，或无视有差异的方面。因此，笔者提出对等的相对原则，即尽可能把原语和目标语中明显不同的差异减少到最低程度，使原语和目标语达到最大程度的契合，并以此相对对等原则作为处理学术模因翻译问题的基本原则。

如果采用这种相对翻译原则，以概念合成理论（Conceptual Blending Theory）作为认知理论依据，学术模因翻译就是译者在认知框架制约下的选择过程。学术模因译名是原语文化与目标语文化及其表现形式在第三个概念域中的合成，翻译就可以被界定为概念合成结构。概念合成是人类基本的心智运作方式，是即时意义构建和心智信息的整合，多重心智空间映射的动态网络模型是概念合成的认知运作框架。意义建构的核心是心理空间的映射，心理空间是人们在进行思考或交谈时，为了达到局部理解与行动目的而构建的小概念包（Fauconnier & Turner，1996：113）。概念合成是人们进行思维活动，特别是进行创造性思维活动的一种认知机制和过程。合成是科学、文学和艺术的思维形式，意义是相对于各种环境的认知和经验，经由心智把多重心理模式整合而成的合成体。

概念合成理论的具体认知过程是，原学术模因及其文化认知图式是输入空间 I，待译名及其文化认知图式是输入空间 II，它们共同映射至第三空间——合成空间，在类属空间的作用下，合成为新生结构（合成空间中的方框），从而建构认知和推理，推理的最佳关联使两个输入空间映射的各种认知因子相互作用，产生动态认知，生成新的映射关系。概念合成理论的认知过程如图4-1所示，图中的圆圈表示心理空间，圆圈内的点代表各元素，元素之间的联系用线来表示，两个输入空间必须首先形成跨空间映射，两输入空间的对应元素之间的映射关系用实线来表示，映射反映认知空间的关系。合成空间中元素之间的映射关系用虚线表示。

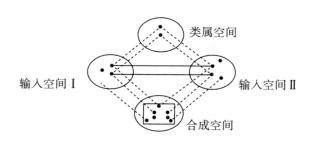

图4-1　概念合成模型

二、学术模因翻译的概念合成认知过程

下面应用概念合成理论，以具体译例来描写学术模因翻译中出现的三种不对等现象和具体问题，分析形成不对等现象的原因和认知理论对这些问题的解释。

对等不一致。由于知识结构、认知差异和翻译方法等因素，不同译者的认知方式可能不同，从而使同一概念形成不同的映射，产生不同的合成结果，此谓对等不一致。

例1，学术模因shark repellent存在输入空间Ⅰ：源域空间（动物界贪婪的鲨鱼）和输入空间Ⅱ：目标域空间（经济界的企业兼并现象）。两空间之间的对应成分存在部分映射关系：源域的鲨鱼具有体形硕大、凶猛贪婪、掠食快速，具有潜在危险等特点；目标域中的恶意收购公司对财富贪得无厌、收购速度快，具有发展潜力公司的潜在危险等特点。

类属空间是输入空间Ⅰ和Ⅱ共有的文化心理图式，是译者主观选择的限定心理图式，它包括两个输入空间共有的抽象结构，形成类属图式，是译者选择的参数。两输入空间之间形成的类属空间具有相似的结构和组织，鲨鱼和恶意收购公司都有体积或规模大、贪婪凶猛、进攻速度快、具有潜在危险、需要采取防范对策等特点。从微观上来看，两空间包括共同的意象图式：动物隐喻图式和作用力图式。动物隐喻为"人是动物"的认知图式，由于泛人类的共性因素，在类属空间有独立于语言符号的极其相似的心理过程，映射的特征相同：鲨鱼和恶意收购者企图捕食其他动物或兼并其他公司，而其他动物和公司会想办法阻止被捕食或吞并，这是一种反作用力图式。

输入空间Ⅰ和Ⅱ把相关特征投射到合成空间。合成空间是认知对映射的加工结果，是类属空间的具体化。它包括类属空间的类属结构，还包括两个输入空间选择性投射的具体结构。源域中动物隐喻——鲨鱼的上述相关突显特性和目标域中的上述相关突显特性被一起投射到合成空间。

合成空间的新生结构并不直接来自输入空间，它通过以下三种相互关联的方式产生：

①组合（composition）：组合两输入空间的投射，形成各个输入空间以前均没有的新关系。在此例中，形成了三种新关系、"驱鲨剂"（《商务》，P.774）、"击退恶意收购者"（《金融》，P.517）和"逐客性协议要价"（《经济》，P.612）。这说明相同的认知因子可能同时激活不同的关系结构，原文同时激活不同译者不同的认知模式和表达形式，此学术模因的译名需要合成。

②完善（completion）：背景知识、认知框架和文化模式使合成结构从输入空间投射到合成空间，完善是合成空间中更大的自足结构的一部分，由输入空间和类属空间激活的合成空间的图式完善为新生结构。在完善过程中，需要结合学术模因翻译的规范，例如，学术模因译名与原学术模因概念相对应的单义性；学术模因的字面意义与其实际意义相一致的理据性，从而"正导"学术模因，即字面意义能直接表示或间接暗示出学术模因表示的概念。经济学学术模因中的隐喻是联想关系，以人的主观感受为对象，"正导"的作用显得尤为突出。还有译名只应包括那些能被词所称名的概念、事物或实际现象基本特征的因子的简洁性。学术模因翻译的这些因素，并且不限于这些因素，是学术模因完善过程中应该考虑的问题。

③精细化（elaboration）：合成空间中的结构可以进行精细化处理。这是合成过程的持续，即根据学术模因自身的新生逻辑在合成空间中进行认知过程的处理。学术模因翻译一般采用直译首选的处理原则，

如果采用意译等解释性方法，一般会使学术模因非学术模因化且有失于专业性、科学性和单义性。而且 shark repellent 具有鲜明的意象性，是理解抵制收购方式的隐喻认知途径，因此，按照上述认知过程和解释，在三种不同译名中，"驱鲨剂"（《商务》774）是和原学术模因对等的译名。

以下以相对简化的概念合成理论描写了更多的学术模因译名出现问题的认知过程和原因。

例2，bear hug 具有"熊"和"强制收购"两个输入空间。其对应映射关系是：源域中熊的拥抱是无法抗拒的拥抱。目标域中的股票收购报价很高，股东被这种收购高价所吸引，就像被熊拥抱一样无法拒绝。公司董事必须同意收购，因为管理层要为股东的最大利益着想。类属空间具有相似的结构和组织：熊和收购公司具有强大、处于绝对优势、主动进攻等特点。两个空间的动物隐喻和作用力图式表示收购公司的主动进攻，反作用力图式是目标公司对收购行为的反应。

合成出现"熊抱"（《商务》，P.90）和"强制收购"（《金融》，P.51）两种新生关系。前者体现学术模因翻译的透明性原则，即读者能从译名轻松地辨认出源词，能轻松地回译。后者放任于译者的自我认知和解释方法，没有遵守直译首选的原则。

例3，shark watcher 和例1的 shark repellent 具有相同的认知结构和意象图式：侦察早期敌对收购企图的公司，密切监控股票的交易形势，判断是否有恶意收购者。按照例1的认知与合成过程分析，"观鲨者"（《商务》，P.774）符合理据性和简洁性原则，"鲨鱼看守者"（《金融》，P.517）似乎没有体现这两个原则。

例4，godfather offer 的两个输入空间是教父和经济界的股权收购图式。类属空间中的文化背景是宗教和收购兼并的知识。合成空间中的新生结构：解释性翻译"收购股权的极高报价"（《商务》，P.391）违反直译首选原则，而"教父式报价"（《金融》，P.249）符合直译首选和隐喻认知的对等原则。

例5，raider 的两个输入空间是战争和商业竞争现象。类属空间的共有文化心理是商场如战场的认知图式。在合成空间中，"蓄谋投资者"（《商务》，P.705）和"专事公司收购/兼并者"（《金融》，P.465）是解释性翻译，而直译"袭击者"准确、透明，具隐喻的认知功能。

例6，golden hello 的两个输入空间分别是黄金的珍稀属性和追求个人价值的人性的本质。类属空间的共有文化心理是人追逐利益，使利益最大化的认知图式。"吸引员工就业的报酬"（《商务》，P.392）没有合成出类属空间反映的本质内涵。"黄金问候"（《金融》，P.250）揭示本质内涵并具隐喻的认知功能。

以上译例说明，不同映射可能形成不同的译名，翻译实际上存在很大的可调节性，因为合成过程反映译者的不同认知方式，形成不同的合成结果。因此，学术模因的翻译应遵守相关规范，这有助于使译者的认知结果趋同。译者同时需要根据翻译规范调节翻译过程，否则就不会形成相同的认知与合成方法，导致译名不对等。

在"直译"和"意译"等的方法选择问题上，由于隐喻过程是经济学表达经验世界及其规律的认知过程，隐喻本身就是一种认知图式，激活隐喻图式就能理解经济学中的抽象概念和原理，译者的最大目标是尽可能地在学术模因的概念结构和意义上与原学术模因 "一致"，以取得对等效果，所以，"直译"能给读者带来认知的对等效果。

对等不准确。认知的基本性质是，新知识总是根据已经理解的知识来理解（Greeno，Collins & Resnick，1996：36）。已有知识起调停作用，译者的已有知识和经验影响原学术模因被投射、认知和合成的方式。实际上，译者生成他们所理解的知识，而且译者创造他们所理解的环境，选择解释的线索和信号（Weick，1995：34），概言之，译者在其已有知识的基础上理解新知识。

根据上述认知原理，对等不准确指不同译者以其已有的知识和经验来认知与合成原学术模因，译名没有准确表达学术模因的概念意义和语用信息，没有体现原学术模因的概括性、典型性和普遍性，或者译名没有覆盖原学术模因的整个义位。

例7，conglomerate 的两个输入空间是物质的聚合与公司组织形式的映射。类属空间的背景知识是利用较少的资源以降低成本，使利润多样化，同时缓和同一市场经营的内在风险。新生结构"跨国经营公司"（《商务》，P.196）和"混合联合公司"（《金融》，P.120），都是译者调动其已有的知识，以默认心理图式和"常识"为基础，从而使额外信息，如"跨国经营""混合联合"自动介入，造成语义错误。如果对其进行完善和精细化分析，根据该学术模因的定义："通常由控股公司管理的不同类型的公司，子公司之间没有一体化和交易行为，因为子公司的经济活动和产品之间没有联系"（《商务》，P.196），"联合大企业，集团企业"（《经济》，P.110）意义相对准确。但是，汉语中的已有名称"企业集团"应该是该学术模因的对等译名。

例8，free-rider的两个输入空间是不争取公共利益但却享受公共利益的映射。类属空间是公平、公正和平等的竞争理念。根据该学术模因的定义："从公共产品中受益，但是既没有提供该公共产品，又没有承担共同提供该产品的成本，因此，没有经过自己劳动，而免费利用别人劳动的个人或者组织"（《经济》，P.271），再分析此词的屈折变化形式"-er"，"搭便车"是译者的原有母语知识起调停作用，没有注意到学术模因的定义和屈折变化而合成的结果，正确合成应为"搭便车者"。

例9，private sector的两个输入空间是区域概念和社会分工范畴的映射。类属空间是经济体制的背景知识。"私人部分"（《商务》，P.666）和"私人部门"（《经济》，P.530）均是译者以普通知识，而不是以经济学知识合成的译名。"私营部门"（《金融》，P.445）是与"公营部门"（《商务》，P.691）相对的学术模因，指一个国家内由私营公司而不是由政府拥有和经营的产业与服务业。

例10，market segmentation的两个输入空间是普通区域划分和营销区域划分的映射。类属空间是营销、销售和利润的知识。"市场分割"（《商务》，P.531）是译者被其现有知识制约，以非经济专业语言合成的结果。此学术模因指营销者依据消费者的需求和欲望等差异，把产品市场划分为若干消费者群的市场分类过程，这一过程被称为"市场细分"。

例11，compliance cost 的两个输入空间是守法和守法成本的映射。类属空间是法制、公平和公正的理念。"依附成本"（《经济》，P.106）是译者以其现有的知识生成的不准确理解。该学术模因指"企业遵守法律法规而付出的成本"（《经济》，P.106），目前的常见译名是"合规成本"。

例12，tax haven 的两个输入空间是投资收益、税赋比率和利润高低的映射。类属空间是税收利益和税收秩序的背景知识。"逃税乐园"（《商务》，P.831）、"避税场所"（《经济》，P.663）和"避税港"（《金融》，P.555）存在语用信息错误、不简洁或不准确的问题，避税不等于逃税，而且其所在地不一定全部在港口国家或城市，译为"避税地"能覆盖原学术模因的整个义位。

翻译过程是对原学术模因的认知、解释和对译名的重构过程，重构旨在再现原学术模因的概念结构和对等意义。然而，对原学术模因的认知和解释可能涉及额外或不相关信息的介入，介入信息是译者的默认心理图式和"常识"，这是译者以其现有知识理解新知识的必然结果。

对等错误。译者在建构概念意义时，力图与原学术模因的概念意义保持一致，使学术模因译名具有原学术模因的相同概念结构。这一过程需要寻找既能在相关认知图式上与原学术模因的概念结构相吻合，又能在隐喻的修辞效果上与原学术模因相一致的译名。但是，认知研究指出，除了正式的知识学习，人们还从其经验中建构直觉模式（Spillane，Reiser & Gomez，2006）。人们在理解知识时，经常依赖表面知识的相似性，忽视不同的或深层次的知识结构（Gentner，Rattermann & Forbus，1993）。如果译者缺乏对经济类学术模因翻译的专业知识，理解可能依赖直觉和表面相似性，从而导致学术模因翻译的错误，此谓对等错误。

例13，tax holiday 的两个输入空间是税收和假期的映射。类属空间是刺激投资、发展和税收的政策。"减税期"（《商务》，P.832；《金融》，P.555）是直觉认知的结果。此学术模因的概念意义是免除公司税和利润税（或仅部分利润纳税），以刺激新兴行业的出口，因此，"免税期"（《经济》，P.663）正确揭示了这一政策的知识结构。

例14，industrial relations 的两个输入空间是关系范畴和雇佣关系的引申范畴的映射。其类属空间是处理劳资双方关系的知识。其认知指向是"管理层和工人之间通过工会谈判达成的关系，包括工资、工作时间与条件、补贴、失业保障、裁员和申诉机制等关系"（《经济》，P.335），因此，"产业关联"（《经济》，P.335）是对表面相似性理解的结果。"劳资关系"（《商务》，P.432）是已被人接受的译名。

例15，lay-offs 的两个输入空间是停止工作和解雇的映射。类属空间是利润最大化的知识。"停工"（《商务》，P.483）是对表面相似性的认知。其语用信息是"暂时或者永远解雇工人，因为没有工作可做"（《商务》，P.483），因此，笔者认为"（临时或长期）解雇"是反映专业内涵的译名。

例16，creative destruction 的两个输入空间是创造和破坏的映射。类属空间是创新、发展和经济结构更替的经济学知识。"精神磨损"（《经济》，P.143）是直觉认知的表现。根据重要概念和特殊领域的核心原则来认知，此学术模因的内涵是竞争带来创新，创新破坏原有的经济结构而创造新型的经济结构，每一次大规模创新都淘汰旧技术和旧生产体系，建立新生产体系，这一过程被熊彼特（Schumpeter）称为"创造性破坏"（Becker，2011：43）。

例17，capital deepening 的两个输入空间是资本和深度的映射。类属空间是资本经营的知识。"资本密集型"（《经济》，P.69）是把新知识理解为已有知识的一些变化而导致的错误。在资本经营中，此学术模因指投资以扩大或加深资本与劳动力的比例，使平均劳动力的资本使用量增加，一般译为"资本深化"。同理，capital widening 译为"资本扩张"（《经济》，P.75）出于相同的认知错误，其基本概念是实际资本的增长率与劳动力的增长率相等，从而总资本和总劳动力的比率保持不变，相应译为"资本广化"。

例18，bounded rationality 的两个输入空间是感性和理性以及决策的映射，类属空间是不同决策方式的知识。"合理范围"（《经济》，P.52）是译者囿于自身知识而合成的错误译名。此学术模因指人的决策不是完全理性的，因为任何人的知识是有限的，决策时既不可能掌握所需要的全部信息，又无法认识决策的所有规律，决策只是处于完全理性和完全非理性之间的一种"有限理性"。

从上述译例可以看出，译者把学术模因反映的新知识错误地理解为熟悉的知识，或者出于直觉，自以为熟悉其实并不熟悉的概念结构，导致翻译错误。从认知原理来看，期待影响认知，并引导对模糊事件的解释（Hayes，2000：476），从而把新的概念结构过度理解为与已经具有的知识相一致的知识，或者依赖于对表面相似性的理解，从而产生认知和翻译的错误。对于这些由认知而产生的对等问题，译者需要调整自身的认知方式，这显然是解决问题的根本途径。

三、学术模因翻译的认知方式调整

上述译例和描写性分析说明，译者需要调整自己的认知方式。首先，认知的自上而下的性质常常会使译者以其已有知识理解新概念，从而注意不到新概念中的新知识。但是，如果具有注意全部细节的动机，译者就会注意到不一致的概念结构，并将其视为不一致的信息来认知，因为不一致的信息会触发解释性推理，以解释不符合期待的原因（Spillane，Reiser & Gomez，2006）。

其次，译者需要长期理解一系列具有问题的概念，制定理解这些概念的明确目标，重新思考已经"理解"了的知识（Spillane，Reiser & Gomez，2006）。常规认知表现在认知新信息时，首先使新信息适应已知信息，而不会首先探究新信息对已知信息的意义，从而形成大量不一致的知识（Smith，diSessa & Roschelle，1993）。因此，在处理新知识时，要改变保存已有知识框架的方式，对跟已有知识不一致的知识予以充分的注意，重新组织现有知识和概念结构，形成符合认知规律的系统认知方式。

再次，现有的理解方式要有深刻而彻底的变化（Spillane，Reiser & Gomez，2006）。正确的认知要求把不熟悉的知识和已有的知识联系起来，掌握解释不熟悉知识的心理认知框架，强化对不熟悉知识的认知力度，避免默认图式的影响，重构的认知模式应该正确反映学术模因翻译所要求的对于现有翻译实践的根本性变化。

最后，只有具备足够的专业知识，才能透过表层相似性理解更深层次的知识。在比较和逻辑推理中，建构复杂的和新型的变化，在学术模因和经验之间建构深层次的结构上的联系，以挖掘学术模因的深层次概念和意义，注意概念上更重要的刺激物，根据概念和相关领域的核心原则观察学术模因，掌握由深层次知识联系的结构。

第五节
学术模因翻译的规范和忠实原则

通过对三部学术模因词典部分词条的分析来探讨经济、金融和商务学术模因的一些汉译问题。文章以规范和忠实原则为线索，对部分学术模因译名进行了讨论，指出三本词典中一些多重译名、不准确译名和错误译名现象及其原因，并对这些译名进行了相应的统一和改译。

由于翻译和教学工作的需要，笔者一直期望能有经济、金融和商务方面的权威性专业英汉工具书，2006年11月到2007年7月，"牛津英汉双解百科分类词典系列"中的《牛津英汉双解经济学词典》（以下简称《经济》，2006）、《牛津英汉双解金融与银行词典》（以下简称《金融》，2007）和《牛津英汉双解商务词典》（以下简称《商务》，2007）出版了，这对相关学科的翻译和教学无疑具有巨大的帮助作用。经济、金融和商务等学科的最新系统理论基本上都是改革开放以来从西方发达国家逐步引进的，在翻译引进过程中，有精通相关专业的理论工作者，有熟悉翻译理论和技巧的翻译工作者，还有大量的专业理论学习者、语言学习者和实务工作者，因此，同一学术模因的翻译常常有多种译法，甚至出现不规范和错误的译名，从客观实际来看这是难以避免的，这类词典的出版对于规范相关学科学术模因的翻译，促进学术模因翻译的准确性、单义性和统一性有很好的作用。

经济、金融和商务活动是彼此包含的，在经济活动中可能会有商务活动，金融活动又是经济活动的一部分，这三本词典在注重收编各自领域的学术模因之外，也从宏观角度着眼，收编了跟各自学科密切相关的其他学科的学术模因，或一些在广义经济领域，即经济、金融和商务方面都通用的学术模因，所以一些学术模因在三本词典中都可以找到，定义或解释相同或基本相同。这三本词典只翻译了学术模因，没有翻译学术模因的定义和解释，笔者认同这种翻译方法，因为译者一般只需要学术模因的译名，如果需要了解学术模因的内涵，译者可以自己阅读，相关专业工作者具有相关专业知识，在查阅时可能也更注重于学术模因的对等翻译。

专业词典所起的规范和引导作用是很重要的，尤其当专业词典成为翻译工作者的案头必备工具时更是如此，它在潜移默化地规范着学术模因的翻译，因此，高质量的工具书是译者不可缺少的翻译工具。笔者把自己近几年来在翻译和教学过程中积累的数百个学术模因进行了核实和确认，目的首先是要验证自己的翻译和从其他渠道积累的翻译是否准确，以便在以后的翻译和教学工作中不致出现谬误；其次是想解决所积累学术模因中的一些问题，从而使用正确、规范的译名。总体说来，这三本工具书起了很好的作用，解决了很多问题。

但是笔者在查阅过程中也发现了一些问题，不但没有解决已有的问题，反而增加了一些困惑，使笔者不知如何取舍。这些问题主要表现在同一学术模因译名不同、译名翻译错误、译名表达不恰当等方面。以下笔者对发现的问题做一些讨论，以求教于译界的专家和学者。

《经济》《金融》和《商务》在注重收录本学科的学术模因之外，也收录了与本学科有联系的相关学科的学术模因，因此，一些学术模因在三本词典中都有收录，释义相同或基本相同。三本词典只翻译了学术模因，没有翻译学术模因的释义。

笔者把在翻译和教学中积累的数百个相关学术模因通过这三本词典进行了核实，以确认自己的翻译和平时积累的学术模因译名是否正确，但在核实过程中发现这三本词典中的一些学术模因译名存在问题，这些问题主要表现在三个方面：一是表示同一概念的学术模因译名不同，二是译名翻译表述不恰当，三是译名翻译错误。笔者认为，这些问题的出现与专业学术模因词典的词条翻译指导原则和方法有一定的关系。

一、学术模因词典翻译的规范性

在学术模因翻译中，翻译规范起着重要作用，如果在前言或凡例中说明词典翻译的规范问题，不仅有利于读者了解词典译者或出版者所考虑的因素，也可使读者将其作为参考和把握学术模因的尺度，从而对词典的使用起到指导作用。如果不加以说明，读者在使用词典的过程中遇到问题，就会按照相关规范对译文进行评判，因为规范是目标语和社会对译者的期待及制约翻译过程中可接受的方法与策略（Chesterman，1997：2），翻译规范存在于翻译过程和翻译作品之中。巴奇（Bartsch）认为规范是"正确性概念在现实社会中的反映"（1987：XX）。概念有其自身的规范性。"翻译是受规范制约的行为"（Toury，1995：56）。规范在翻译行为和翻译过程中处于中心地位。翻译过程中的所有决策受规范支配。翻译规范可以说是译者在两种不同语言当中取舍的产物。我们判断译者是否遵守翻译规范，判断结果是对受一定规范制约下的翻译行为和产品的观察与研究而得到的。图里的规范概念主要是针对文本翻译而言的。但是笔者认为这一概念对工具书翻译也有借鉴价值。图里把规范分为几个层次，其中包括初始规范，预备规范和操作规范（Ibid：56-58）。初始规范指译者对翻译大致策略的选择，其基本内容是译者在倾向于忠实于原文或倾向于忠实于译文的语言和文化规范之间进行选择，预备规范分为翻译政策和操作规范，预备规范是译者决定翻译内容和翻译表达的直接程度，即从原文直接翻译还是从其他语言译本进行转译，而操作规范指翻译中所做的实际决定。

翻译规范决定翻译产品的规范性程度。规范功能在专业学术模因翻译行为和翻译过程中处于中心地位，"规范不仅在各种翻译中发挥作用，而且在翻译行为的每个阶段也发挥作用，因此在翻译作品的每个层次都能表现出来"（Toury，1995：58），规范起着制约翻译行为的作用。吉迪恩·图里认为规范包括译者的翻译基本策略，具体翻译方法及其性质，指导翻译行为的具体决策等内容（刘青、黄昭厚，2003）。翻译规范决定翻译作品的规范性程度，规范在"受规范指导的译例中可观察出来"（吴文子，2003），规范表现为规范行为指导下的作品。可见，翻译规范包括翻译原则和具体翻译方法的决策，是翻译的重要指导原则问题，翻译作品的质量好坏是研究和检验是否遵守翻译规范的途径。翻译规范是思考翻译现象、合理解释翻译现象的基础，是指导翻译实践的理论之一。

学术模因是专业知识的凝聚和浓缩，具有丰富和固定的专业含义，一般没有文化色彩，意义相对集中，指涉范围确定，是学科规律的高度概括和重要组成部分，是某一理论领域的标识和重要组成部分。专业学术模因工具书对于普通译者和相关学科的学习者有规范学术模因理解和使用的重要作用。因此，专业学术模因词典应该起到规范学术模因理解和使用的作用，学术模因翻译遵守翻译规范具有理论和实践意义。

诺德（Nord）的目的论认为，"决定翻译过程的最主要因素是整体翻译行为的目的"（张美芳、王克非，2005：34-35）。目的论认为翻译领域可能存在三种目的：翻译过程中译者的基本目的，目标语环境中译文的交际目的，以及使用特定翻译策略或翻译程序的目的（Ibid：35）。我们可以认为，把这三种目的综合起来，工具书类词典的翻译目的应该是准确反映学术模因的概念和内涵，使读者准确恰当地使用这些学术模因。因此，学术模因翻译的基本指导原则是忠实于学术模因概念和内涵的表达，寻找原文与译文的功能对等，学术模因译名应能使读者联想到其词源，即可从其组成部分明白其构成的意义，并能与其他派生词组成新的学术模因，学术模因的功能对等应该是最重要的，同时注意译名的简洁性、易记性和统一性。

这三本专业词典在正文之后都附有《汉英学术模因对照表》，则说明翻译只是对学术模因的翻译，但在译者之后却注明是"编译"。笔者的疑惑是专业学术模因能否编译？《辞海》（语词分册）给学术模因下的定义是"各门学科中的专门用语。每一学术模因都有严格规定的意义"（1988：1126）。《现代汉语词典》认为学术模因是"某门学科中的专门用语"。上述两个定义都强调了学术模因是专业学科的专门用语，《词海》强调学术模因的意义有"严格规定"，这是因为学术模因是表示某门学科领域内部概念或关系的词语，有其自身的语言特色、命名原则和规律，学术模因翻译应该特别注意学术模因的准确性、科学性、约定俗成性、单义性和统一性等原则。

我们再来讨论"编译"原则。Mona Baker 认为，"Adaptation may be understood as a set of translative operations which result in a text that is not accepted as a translation but is nevertheless recognized as representing a source text of about the same length. As such， the term may embrace numerous vague notions such as imitation，rewriting，and so on."（2004：5）（可以把编译理解为一套翻译操作方法，这套方法产生了不能作为译文的一篇文本，尽管如此，这一文本可以被看作体现了同样长度的源文本。这样理解的话，编译可以包括很多模糊概念，诸如仿译、改写等。）（笔者译）Mona Baker认为编译是翻译方法，但编译文本不能算是翻译文本，编译所使用的仿译和改写等方法具有模糊性。

沙托沃斯与科维（Shuttleworth & Cowie）认为，"A term traditionally used to refer to any TT in which a particular FREE translation strategy has been adopted. The term usually implies that considerable changes have been made in order to make the text more suitable for a specific audience （e.g. children） or for the particular purpose behind the translation. However， the phenomenon has frequently been approached from a prescriptive point of view，and many comments have been pejorative."（2004：3）［从传统来

看，这是用来说明任何目标文本的学术模因，在目标文本中使用了特定的意译翻译策略。这一学术模因经常暗示（对原文）进行了大量的改写，以便使目标文本更适合于特定读者（如儿童），或以更适合于翻译背后的某种特定动机。但是这一现象经常被从规定性角度来处理，而且很多评论都是贬义的。]沙托沃斯与科维认为编译的主要方法是意译，在意译过程中有大量的改写，改写的目的是迎合特定读者或出于某种翻译动机，因此是规定性翻译方法，编译并不受翻译理论界的欢迎。

综合上述定义或说明可以看出，编译的基础是文本，编译使用的方法是仿译、改写、意译等。也就是说，编译是针对文本，有特定目标的一种翻译方法，并没有强调忠实于原文。而《经济》等三本词典虽然是"英汉双解"，但仅仅是针对每一个学术模因的"双解"，并没有把对该学术模因的定义或解释说明翻译出来。换言之，这三本词典只翻译了学术模因，并未翻译对学术模因进行说明的文本。学术模因翻译的第一要素是其准确性和忠诚性，但编译法并不注重翻译的准确性和忠诚性，而是暗含着编译实际上是一种操纵性翻译的意思，而且不适用于词组的翻译。至此，这三本词典的翻译指导原则有待于商榷。也许正由于词典的整体翻译指导原则选择不当，才出现了上述问题。

翻译规范不一致导致学术模因译名表述不一致。"科技学术模因具有单义性的特点，即要求一个学术模因只表达一个概念，反过来讲，一个概念也只有一个学术模因与其对应。"（陈原，2003：16）。学术模因的单一性表现为每个专业学术模因只表示一个具体学科概念，其意义和概念因具体情况而定，其他任何词语都不能代替。在学术模因翻译中，理解是单一的，但表达应该是一致的，因为"科技学术模因具有单一性的特点，即要求一个学术模因只表达一个概念，反过来讲，一个概念也只有一个学术模因与其对应"（姜望琪，2005）。学术模因的意义和概念范围因具体情况而定，表述一种唯一的规律或现象，其他任何词语都不能代替学术模因的正确译名，而且，"同一词语重复出现的话，译文的意思不应当有任何差别"（张锦文，2002）。经济、金融和商务领域有些常见学术模因已经形成比较固定、统一的译名，在恪守忠实原则的前提下，应该遵守约定性原则，即使一个学术模因有不同的译名，但也应该首先尊重被普遍接受、广泛使用的译名。人们对学术模因内涵了解的不断深入，将会促使学术模因译名向科学性逐步过渡。理解与表达是翻译实践中永恒的主题，处理好理解与表达的关系是译者永远的课题。翻译的基础就是对原文做最透彻的理解，然后综合各种因素考虑语言的表达形式。在学术模因翻译中，理解是单一的，表达要考虑学科的科学性与约定俗成。

经济、金融和商务领域一些重要或常见的专业学术模因、概念和名称的译名已经形成了比较固定、统一的表述，翻译时就应该遵守约定俗成的译法，即使有不同的表达方式，工具书的翻译也应该选择被普遍接受和得到广泛使用的译法。如果有不同的译法，且这些译法都普遍适用的话，也应该逐一列出，"同一词语重复出现的话，译文的意思不应当有任何差别"（吴文子，2003：74），但是在这三本词典中出现的问题是同一概念的学术模因，三本词典翻译的译名表述却不一样，也就是说，它们没有使用相同的翻译方法，不同译者按自己的理解或翻译方法来翻译同一学术模因，使查阅者出现难以适从的现象。在《经济》《金融》和《商务》三本词典中，有些相同概念的学术模因，译名却不一样。例如：

① "Lady Macbeth strategy"，《商务》译为"麦克贝思夫人策略"（P.477），《金融》译为"麦克贝思夫人战略"（P.310）。《现代汉语词典》（第1版）把"策略"解释为"根据形势发展而制定的行动方针和斗争方式"，"战略"是"隐喻决定全局的策略"，二者有具体和概括之区别。此外，"Macbeth"在我国已约定俗成为"麦克佩斯"或"麦克白"，该学术模因指一种具体的收购方法，因此，可译为"麦克佩斯（或麦克白）夫人策略"。

② "bear hug"，《商务》直译为"熊抱"（P.90），《金融》译为"强制收购"（P.51）。按照透明性原则，"译名的透明性是指读者能从译名轻松地辨认出源词，能轻松地回译"（张锦文，2002），该学术模因可

译为"熊拥抱"。

③ "shark repellent"是公司抵抗敌对收购意图的方法之一,《商务》将其译为"驱鲨剂"(P.774),而《金融》译为"击退恶意收购者"(P.517),《经济》译为"逐客性协议要价"(P.612)。前者使用了透明性原则,后两者是对释义的意译,应采用透明性译名。

④ "porcupine provision",《商务》译为"'豪猪'条款"(P.650),而《金融》译为"箭猪条款"(P.435)。"豪猪"又名"箭猪",这是由豪猪的防御特点隐喻一种反收购方法,"'豪猪'条款"使用引号说明是隐喻意义,更可取。

⑤ "shark watcher",《商务》译为"观鲨者"(P.774),而《金融》译为"鲨鱼看守者"(P.517),前一译名简练形象,应予肯定。

⑥ "scorched earth policy",《商务》译为"焦土政策"(P.755),忠实于原义,而《金融》译为"焦土保单"(P.503),违反了准确性原则。

⑦ "godfather offer",《商务》译为"收购股权的极高报价"(P.391),是对释义的意译,《金融》译为"教父式报价"(P.249),体现了透明性原则。

⑧ "raider",《商务》译为"蓄谋投资者"(P.705),《金融》译为"专事公司收购/兼并者"(P.465)。译为"恶意收购公司者"意义更准确。

⑨ "corporate raider",《商务》译为"公司袭击者"(P.218),可以回译,《金融》译为"公司股权收购者"(P.130),未体现其完整意义,此学术模因指公司间的恶意突击收购。

⑩ "golden hello",《商务》译为"吸引员工就业的报酬"(P.392),是对释义的意译,而《金融》译为"黄金问候"(P.250),体现了透明性原则。

可以看出,译名不一致的原因是未遵守翻译规范,没有使用同一翻译指导原则和翻译方法,如《商务》②③④⑤⑥⑨采用透明原则,而《金融》②③⑧⑨则是对释义的意译。即使在同一词典中也没有采用相同的翻译原则,如《商务》②③④⑤⑥⑨采用透明翻译原则,而

⑧⑩则采用解释性翻译方法，"用解释性方法翻译学术模因，结果通常使学术模因非学术模因化且有失于专业性、科学性和单义性"（章宜华，2003）。确定翻译规范，制定翻译原则和翻译方法是避免此类问题出现的有效途径，否则难免出现学术模因翻译不一致的现象。其他常见学术模因的译名不一致问题见表4-1。

表4-1　常见学术模因不一致译名对比表

学术模因	《商务》译名	《金融》译名	《经济》译名	参考译名
crown jewel option	冠珠购买权（P.233）	皇冠珠宝式期权（P.141）		冠珠购买权
severance payment/pay	退职费（P.769）	离职金,解雇费（P.512）		解雇费
big bang	"大爆炸"改革（P.94）	大震动（P.54）	大震动（P.46）	"大爆炸"改革
fringe benefits	职工福利待遇（P.374）	职工福利待遇（P.237）	额外福利（P.274）	附加福利
leverage/gearing	1.资产与负债比率;2.融资的杠杆作用（P.489）	1.举债经营率2.杠杆作用（P.316）	杠杆（P.385）	1.举债经营;2.杠杆作用
debt restructuring	债务重组（P.249）	债务调整（P.150）		债务重组
market capitalization	市场资本化（P.525）	资本总价值（P.344）	市场资本化（P.415）	市值
private placing	私募发行（P.666）	私下交易（P.445）		私募
flotation	首次发行证券（P.359）	发行证券（P.228）	筹资开办（P.263）	发行股票
reverse takeover	反向企业收购（P.736）	反向接管/反向收购（P.491）		反向收购
back door	后门（P.70）	后门法（P.36）	后门（P.28）	后门法
underwriting	认购（P.866）		承保(保险)认购（P.683）	(股票)承销

续表4-1

学术模因	《商务》译名	《金融》译名	《经济》译名	参考译名
vertical integration	纵向整合（P.881）	垂直联合/纵向联合（P.589）	纵向联合（P.712）	垂直一体化/纵向联合
franchise	特许证书（P.368）		特许权（P.268）	特许经营权
management buy-outs	管理层收购（P.518）	内部管理层接管（P.340）	管理层收购（P.407）	管理层收购
placement/placing	股票配售（P.645）	募集资金（P.432）	发行新股票（P.509）	股票配售
golden handshake	黄金控制（P.392）	黄金握别（P.250）	大笔退休金（P.288）	黄金握别
golden parachute	金保护伞（P.392）	黄金降落伞条款（P.250）		黄金降落伞
seed capital	创始资本（P.760）	种子资金（P.508）		种子资本
creative accounting	伪造账目（P.229）	创造性会计（P.136）	创造性会计（P.143）	创造性会计方法
break-up value	资产清理价值（P.112）	拆卖价值（P.65）	财产残值（P.56）	资产清理价值
creeping takeover	爬行式收购（P.232）	潜行收购（P.139）		爬行式收购
dawn raid	生手购入（P.245）	拂晓突袭（P.146）	抢购股份（P.156）	拂晓突袭

二、学术模因翻译的忠实性和科学性

忠实性和科学性应该是专业学术模因词典翻译的主要原则。目的论认为，"决定翻译过程的最主要因素是整体翻译行为的目的"（Nord，2005：34）。目的论认为翻译领域可能存在三种目的：翻译过程中译者的基本目的，目标语环境中译文的交际目的，使用特定翻译策略或翻译程序的目的（Nord，2005：35）。以这三种目的为指导原则，学术模因类词典的翻译目的应该是忠实科学地反映学术模因的概念和内涵，使读者正确理解和使用学术模因。诺德认为，"工具型翻译所产生的译文可以取得和原文相同的功能"（2005：65），其翻译形式是等效翻译，翻译目的是使目标语受众获得原文功能，翻译的关注点是原文的功能单位（2005：66）。学术模因翻译的指导原则应是忠实于学术模因概念和内涵的准确表达，寻找原文与译文的功能对等，译名应能使读者联想到其词源，可从其组成部分明白其构成意义，并能与其他派生词组成新的学术模因。

《经济》等三本词典中的有些学术模因翻译不准确，没有体现出学术模因译名的忠实性和科学性。经济金融等学科的学术模因的翻译规范也表现在其科学性上，科学性要求严谨、准确地表达学术模因的内容，"词目词的释义是从许多具体话语抽象而来的。译语对等词也要体现词目词的概括性、典型性和普遍性，译义的覆盖面要能覆盖源语的整个义位"（章宜华，2003）。译者应"在尊重已经约定的译名的基础上，使学术模因译名努力向科学性靠拢"（张沉香、张治英，2007）。准确性是科学性的内涵之一，"作为词典，哪怕是在细微的地方也应尽量做到十分完整"（吴文子，2003）。经济类学术模因反映经济规律，词义确定、单一，翻译时"要采用其通用译法或权威性较高的专业书刊的译法"（张勤、吴颖，2003）。但是，在这三本词典中，有些学术模因的意义或专业含义表达不准确。例如：

① "Baby Bells"，《商务》译为"小贝尔"（P.70）。Bell 是姓，加"s"有特定含义。这是美国拆分 AT&T 后对分拆公司的泛称，应译为"小贝尔公司"。再如"Baby Bills"是模仿"Baby Bells"的一个新词，指 21 世纪初，美国司法部打算拆分微软公司后成立的小公司，也宜译为"小比尔公司"。

② "conglomerate"，《商务》译为"跨国经营公司"（P.196），此词没有"跨国经营"之义，《金融》译为"混合联合公司"（P.120），语义重复且含糊，《经济》译为"联合大企业，集团企业"（P.110）。其定义是"A diverse group of companies，usually managed by a holding company.

There is usually little integration and few transactions between each of the subsidies，often because their activities and products are unrelated."根据定义，译为"集团企业"是正确的。

③ "free-rider"，《经济》译为"搭便车"（P.271）。根据构词法和释义应译为"搭便车者"。

④ "private sector"，《商务》译为"私人部分"（P.666），《经济》译为"私人部门"（P.530）均欠准确。《金融》译为"私营部门"（P.445）较准确。

⑤ "public limited company"，《商务》译为"股票上市公司"（P.690），《金融》译为"公共有限公司"（P.456），《经济》译为"公众有限责任公司，股票上市公司"（P.545）。英国公司法规定，有限公司分公众有限公司（public limited company）即上市公司和私人有限公司（private limited company）即非上市公司，因此应译为"公众有限公司"或"股票上市公司"。

⑥ "market segmentation"，《商务》译为"市场分割"（P.531）不准确，此为营销学学术模因，应为"市场细分"。因此，"segmented market"在《经济》中译为"分割的市场"（P.419）也欠妥，应为"细分的市场"。

⑦ "performance-related pay"，《经济》译为"与业绩挂钩的报酬"（P.501）欠简练，可译为"绩效工资"或"业绩工资"。

⑧ "performance appraisal"，《商务》译为"成绩评价"（P.633），一般译为"绩效评估"或"业绩评估"。

⑨ "compliance cost"，《经济》译为"依附成本"（P.106）语义不当，该学术模因指公司遵守市场监管法规所付出的成本，一般译为"遵从成本"或"合规成本"。

⑩ "tax haven"，《经济》译为"避税场所"（P.663），《商务》译为"逃税乐园"（P.831），《金融》译为"避税港"（P.555），比较常见的译名是"避税地"。其他类似问题见表4-2。

表4-2　常见学术模因正误译名对比表

学术模因	不准确及不一致的译名	准确或约定译名参考（包括简单说明）
test-marketing	试销（《商务》P.839）	试营销（销售和营销是不同的概念）
market access	市场进入（《经济》P.414）	市场准入（约定性）
atomistic competition	微小单位的竞争（《经济》P.23）	原子状竞争/小企业竞争（据释义译）
autarchy/autarky	自给自足（《经济》P.24）	自给自足经济/自给自足政策（据释义译）
balance of trade	外贸差额（《经济》P.32）	贸易差额（外贸不准确且过于狭义）
bank regulation	银行规则（《经济》P.37）	银行监管/银行管制（据释义及约定性）
bounded rationality	合理范围（《经济》P.52）	有限理性（经济学原理）
brand loyalty	商标信誉（《经济》P.55）/品牌忠诚度（《商务》P.109）	品牌忠诚度（从顾客视角而言）
bubble	泡沫经济（《经济》P.57）	经济泡沫（经济有泡沫,非整体经济是泡沫经济）
capital inflow	资本运动（《经济》P.70）/资本流入（《金融》P.82）	资本流入（据词义及约定性）
competitiveness	具有竞争能力（《经济》P.104）	竞争力（简洁性和约定性）
consumer credit	消费信贷（《经济》P.116）/消费者信贷（《商务》P.202,《金融》P.123）	消费信贷（其目的是促进消费）
creeping inflation	爬行的通货膨胀（《经济》P.147）	轻度通货膨胀/爬行式通货膨胀/温和型通货膨胀
dependency culture	依附文化（《经济》P.169）	依赖文化（指依赖政府救济）

学术模因	不准确及不一致的译名	准确或约定译名参考 （包括简单说明）
East Asian tigers	东亚四小虎（《经济》P.195）	东亚四小龙（文化翻译，约定性）
easy fiscal policy	放松的财政政策（《经济》P.195）	宽松货币（或财政）政策（约定性）
foreign aid	国外援助（《经济》P.265）	对外援助/外援（简称）（约定性）
outsourcing	外部采办（《商务》P.613）	外购（约定性）
bargaining power	谈判能力（《经济》P.38）	谈判实力（学术模因的概念内涵）
brand equity	品牌净值（《商务》P.109）	品牌价值/品牌资本（约定性）

　　学术模因翻译表达错误，没有反映学术模因的正确意义。这三本词典在每条学术模因下面有比较详细的解释和说明，那为什么还会有翻译错误呢？依笔者之见，学术模因翻译错误主要是对学术模因理解不深入造成的，由于理解不透彻或凭印象翻译，结果造成学术模因翻译错误。正确理解一个学术模因等于理解了某门学科的相关理论或相关理论的一个方面，学术模因是理论体系或理论概念的高度浓缩，专业理论工作者通过学术模因可以确定相关学科体系或某个方面的内容，初学者或对相关学科感兴趣的人可以通过学术模因更深入地了解或学习相关学科的知识，因此，学术模因翻译的第一原则是准确性和科学性。严复认为，"今夫名词者，译事之权舆也，而亦为之归宿。言之必有物也，术之必有涂也，非是且靡所托始焉，故曰权舆。识之其必有兆也，指之必有椠也，否则随以亡焉，故曰归宿"（转引自姜望琪，2005）。"一个译名只有能准确传递原文的意思，才是好译名"（姜望琪，2005：80）。学术模因翻译是专业知识翻译的基础，没有正确的学术模因，就无法反映相关学科的基本知识和系统内容。由于社会发展阶段不同，英语中的一些学术模因在我国还没有相对应的表达方式。在实际翻译中，如果按字面意思翻译，会造成学术模因功能不对等或

不符合学术模因实际意义的现象。行内人士要创造有意义、简洁且符合译入语表达习惯的译名，管理机构要及时公布规范的学术模因，林业科技翻译者应该把使用规范学术模因作为己任。政府管理部门可以借鉴国外的成功经验，设立权威的字典，定期公布新学术模因及其规范的译名。

下面分析一些错误译名。

① "tax holiday"，《商务》（P.832）和《金融》（P.555）均错译为"减税期"。其定义是："A period during which a company, in certain countries is excused from paying corporation tax or profits tax（or pays them on only part of its profits）as an export incentive to start up a new industry."《经济》（P.663）译为"免税期"正确。

② "industrial relations"，《经济》错译为"产业关联"（P.335），《商务》（P.432）译为"劳资关系"是已被接受了的译名。

③ "self-employed taxpayers"，《商务》译为"自费纳税人"（P.760）是基本概念错误，而《金融》译为"自营业纳税人"（P.508）是对的。根据我国实际，也可译为"个体纳税人"。据此，"self-employment tax"可译为"自营业税"或"个体营业税"。

④ "lay-offs"，《商务》错译为"停工"（P.483）。其定义是："Suspending or terminating the employment of workers because there is no work for them to do. If the laying off involves a permanent termination of employment, redundancy payments will be involved." 应译为"（临时或长期）解雇"。据此，"lay-off pay"译为"临时解雇补助金"（《商务》P.483）也不对，应是"解雇补偿金"。

⑤ "creative destruction"，《经济》错译为"精神磨损"（P.143）。经济学家熊彼特认为竞争带来创新，创新破坏原有经济结构，进而创造新型的经济结构，每一次大规模创新都会淘汰旧技术和旧的生产体系，建立新的生产体系，这一过程被熊彼特称为"创造性破坏"。

⑥ "bonus"，《经济》错译为"额外补贴红利"（P.50）。其定义是："A payment to a firm's employees additional to their normal pay. Bonus may be linked to performance，either of the whole firm，a specified section of it，or the individual recipient. Bonuses provide incentives to employees …" 应译为"奖金"。

⑦ "break-even"，《经济》错译为"不盈不亏的"（P.56）。该词是名词，其定义是："The ratio of output to capacity just sufficient to allow a business to cover its costs." 应译为"盈亏平衡（点）"。

⑧ "bull"，《金融》译为"牛派"（P.70），尽管不常用，但还可以接受，而《商务》译为"买空"（P.121）、《经济》译为"牛市"（P.61）均属概念错误。其定义是："A trader who expects process to rise. A trader on a stock or commodity market who believes that process are more likely to rise than to fall will buy shares，in the hope of selling them at a profit when the price has risen …"《英汉大词典》将其译为"买进证券（或商品）投机图利者，多头；对前景（尤其行情）乐观的人"（P.244）。同理，"bear"《金融》译为"熊派"（P.50）还可以接受，而《商务》（P.121）和《经济》（P. 41）错译为"卖空"。《英汉大词典》（P.152）译为"（在证券或商品投机买卖中的）卖空者，做空头者；（对行情）看跌的人"。

⑨ "capital deepening"，《经济》错译为"资本密集型"（P.69），其含义是投资用来扩大或加深资本与劳动力的比例，使平均劳动力的资本使用量增加，一般译为"资本深化"。同理，"capital widening" 译为"资本扩张"（《经济》P.75）也不对，其概念是实际资本的增长率与劳动力的增长率相等，从而使总资本和总劳动力的比率得以保持不变，一般译为"资本广化"。

⑩ "credible threat"，《经济》错译为"信用危机"（P. 143）。"credible" 是形容词，意为"capable of being believed；plausible"。其定义是："A threat that the maker is expected to carry out." 可译为"可信威胁"或"切实存在的威胁"。笔者遇到的其他常见学术模因的错误译名见表4-3。

表4-3　常见学术模因的错误译名表

学术模因	学术模因的错误翻译	准确或约定译名参考(包括简单解释)
currency exposure	通货暴露(《商务》P.234)	外汇风险(《金融》P.142)
efficiency wage	效益工资(《经济》P.201)	效率工资(据释义和词义)
embodied technical progress	包含技术进步(《经济》P.207)	物化性技术进步/物化(在劳动工具中)的技术进步(据释义)
entitlement program	政府补贴计划(《经济》P.212)	应得权益计划(据释义和词义)
entry	报关,报关单(《经济》P.213)	市场准入(据释义和约定性)
exchange rate bands	联合汇率(《经济》P.228)	汇率变化幅度(据释义和词义)
Free On Board(F.O.B)	离岸价(《经济》P.271)	船上交货价(据释义)
grant-in aid	补助金(《经济》P.292)	财政补贴(《商务》P.395、《金融》P.253)
company taxation	公司税(《经济》P.100)	公司税收(体系)(据释义和词义)
active partner	积极合伙人(《商务》P.18)/普通股东(任职合伙人)(《金融》P.9)	现有合伙人(据释义和词义)
industrial action	产业行为(《经济》P.332)/工业行动(《商务》P.430)	劳工行动(据释义和词义)
industrial dispute	工业纠纷(《商务》P.431)	劳资争端(《经济》P.333)/劳资纠纷(约定性)
business expansion scheme	企业扬长计划(《商务》P.125)/企业扩展计划(《金融》P.71)	企业扩张计划(《经济》P.63)/企业发展计划(约定性)
consistency concept	一贯性观念(《商务》P.198)	一致性概念(会计学学术模因)
defined benefit scheme	固定养老金计划(《商务》P.257)/养老金的固定收益计划(《金融》P.71)	固定收益养老金计划(据释义和词义)
demarketing	折利销售(《商务》P.260)	逆营销(据释义和构词法)
demerger	中止合并关系(《商务》P.260)/企业分解(《经济》P.158)	(企业)分拆(据释义和构词法)

学术模因	学术模因的错误翻译	准确或约定译名参考(包括简单解释)
Department of Trade and Industry	工贸部(《商务》P.262)	英国贸易与工业部/英国贸工部(简称)
depletion	亏损(《商务》P.262)	耗减/耗竭(据释义和词义)
depth of product line	生产线深度(《商务》P.264)	产品线深度/产品系列深度(营销学学术模因)
deregulation	反调节(《商务》P.264)	解除管制/取消管制(据释义和约定性)
dogs	劣质货(《商务》P.286)	滞销品(据释义和词义)

　　学术模因是学科概念和理论体系的出发点，学科发展依赖于学术模因的精密性和准确性，"对所有的学术模因（尤其是经过翻译而来的学术模因）进行甄别、校正"（辜正坤，1998），既有利于学科发展和学术研究，又是翻译事业健康发展的前提。词典翻译要发挥个人的力量和才能，也需要综合型和专科型人才互相配合，相互补充，把个人力量和集体智慧有机结合起来，以提高译名的准确性。译者进行专业学科翻译时，不仅需要翻译理论知识，还需要足够的专业学科知识，要把规范性和忠实性作为学术模因翻译的目标和原则。国家相关机构应根据学科发展实际，适时提出学术模因翻译的建议性规范，适时公布新学术模因译名，指导学术模因译名不断规范统一。因此，学术模因翻译不仅是翻译界的工作，而且也是社会相关部门都应参与和协作的工作。

第六节
学术模因翻译的仿造翻译法

　　仿造翻译方法是新学术模因和新概念在语际转换中常用的翻译方

法，但是，由于英汉语言之间的差异，对这一转换方法的研究并不多。从语义、形态、句法和指称层面分析仿造翻译法在英汉翻译中的局限性和可译性，探索仿造翻译法在翻译新学术模因和新概念中的具体应用，能够相对系统和全面地研究仿造翻译法，并有针对性地提出更加具体和实用的仿造翻译法，指出相关注意问题，从而有针对性地指导新学术模因和新概念的仿造翻译实践，以填补目标语的语义和文化空缺，丰富目标语文化。

在当前全球化的语境下，文化交流日益增多，外来新概念层出不穷，催生了汉语中大量的新词汇和新学术模因。准确恰当地翻译这些新词汇和新学术模因，对新概念的传播和普及具有重要的意义。新词汇和新学术模因的译名应与汉语原有的词汇系统具有较高的相容性和协调性，在满足需要的同时，又便于受众对新词汇和新学术模因的学习记忆和储存处理（吴泽球，2012）。新词汇和新学术模因的翻译方法众多，其中仿造翻译法的使用尤为常见。仿造（calque）翻译法是把源语词项的单个成分直译成目标语对等成分的一种翻译方法，其英语释义是："A loan translation, esp. one resulting from bilingual interference in which the internal structure of a borrowed word or phrase is maintained but its morphemes are replaced by those of the native language."（一种仿造翻译法，尤其是由双语干扰所生成的仿造翻译法，其中所仿造的单词或短语的内部结构不变，但是，所仿造的词或者短语的词素被目标语的词素所代替）（Stein，2005）。法国翻译理论家维奈和达贝尔内（Vinay，1958：47）首先把这一翻译方法和其他翻译方法系统化，提出一种翻译方法论，仿造成为翻译的源语言。仿造能够以目标语文化所认可和接受的方式，在目标语中引介新学术模因和新概念，从而传播科学技术，沟通不同文化，填补目标语语言存在的空缺，并丰富目标语文化。仿造之所以对学术模因翻译重要，是因为仿造法模仿源语言表达式的结构，能够在最大程度上表现源语言的结构和意义，而且所翻译的学术模因自然、地道。换言之，好的仿造能够调适源语言结构，符合目标语的语法和结构。仿造翻译法在本质上是文化借用的一种形式，但是仿造不是逐词翻译源语言的结构，而只是借用源语言的语法结构。仿造翻译在表达学术模因意义的同时，还具有某种程度的异域色彩，给目标语文化引入源语文化的异质性和新奇感，有利于文化的沟通和交流。

不过，作为一种翻译方法，仿造翻译法在英汉新学术模因的翻译中没有得到足够的关注，研究一般只局限于汉语语言之内，并没有拓展到英汉翻译中（王振昆，1999；刘兰民，2001，2007）。虽然有学者有针对性地分析了英语科技学术模因的构词模式，并列举了英汉翻译中常用的一些仿造翻译方法（郭爱萍，2007；章宜华，2004），但目前没有学者研究严格意义上的仿造翻译法在英汉翻译中所具有的可译性的程度大小和相关局限性，如何利用不同程度的可译性并规避相关局限性，以及在英汉新学术模因翻译中应用仿造的具体翻译方法等。鉴于上述研究现状，我们在本文中首先明确仿造翻译法的概念，对比仿造翻译法相关的另一个翻译方法"借用"（borrowing）翻译法，以准确理解仿造翻译法及其应用范围。其次，我们会讨论仿造翻译法在英汉新学术模因翻译中不同层面上的可译性和局限性，再根据语言的结构和层次，把常见的仿造翻译法分类，提出适用于英汉新学术模因翻译的具体仿造方法，并说明使用这些方法时需要注意的问题。

一、仿造和借用的联系与区别

维奈与达贝尔内通过对法语和英语的比较研究，提出了两种翻译策略，总结了七种翻译方法。这两种翻译策略是直接翻译（direct translation）和间接翻译（oblique translation），其中仿造和借用属于直接翻译的范畴。直接翻译指源语与目标语之间具有平行范畴（parallel categories）或平行概念（parallel concepts）时，把源语文本中的成分一一对应移植到目标语中。间接翻译与本文的研究无关，此处不议。

仿造和借用的联系在于，仿造是一种特殊形式的借用。要想理解仿造，就需要先理解借用。借用是把源语词汇不做任何改变地转换到目标语中，用源语成分平行替代目标语成分（Vinay & Darbelnet，1995：

31）。很多科技学术模因的汉译都采用了这种方法，如"比特"（计算机的最小信息单位）就借自英语单词"bit"，而我们在日常生活中将调制解调器简称为"猫"，其实就是借用了英语"modem"一词的第一个词素的发音。对于相同或相近语系的两种语言，借用能够保留源语的形式、语音和结构，而对于不同语系的两种语言，一般难以保留源语文字的书面形式和结构，只能用目标语文字尽可能地模仿源语词的语音形式，英汉翻译属于后一种情形。借用能够快速、简单地将源语词汇所表达的新概念引入目标语文化中，在政治、新闻和科技等文体的翻译中使用比较多。但是，这一方式创造出的新学术模因往往在目标语文化中缺少语言和文化上的关联性，读者不太容易接受。另外，借用也受到了很多语言纯洁论者的反对。他们认为借用词污染了目标语，破坏了民族文化。为此，有学者提倡营造更加宽松的语言环境，因为开放性的语言是无法规范化的，而宽松的语言环境能够让多样的语言文化共同发展、互补双赢（钱乃荣，2005）。我们认为，在当今世界，科学技术日新月异，社会变化的速度不断加快，借用法不失为技术交流和信息互动的一个必要的方法。

仿造和借用的区别表现在，仿造是一种特殊的借用形式，是把源语的各个成分以直译的方式借用到目标语中。仿造既可以按照目标语的句法结构引介新的表达形式，实现词汇仿造（lexical calque），又可以依照源语言的句法结构，引介新的语言结构形式，实现结构仿造（structural calque）。例如，2021年《联合国气候变化框架公约》第26次缔约方大会提出了"carbon peak"这一节能减排学术模因，汉语就将"peak"处理为表示动作的词汇"达峰"，仿造了"碳达峰"一词，这就属于词汇仿造。而物理学学术模因"超光速"则仿造了源语词汇"fast-than-light velocity"的句法结构模式，将源语言的句法结构与汉语一一对应，属于结构仿造。

比较而言，借用直接引用了源语的语音或词形，而仿造则根据目标语的语音、形式、句法结构和指称等因素，将源语词汇转换成目标语等读者更容易接受的表达形式，与目标语和目标文化具有更密切的关联性，能够使新概念在目标语文化中传播。例如，英语中"UFO"一词是"unidentified flying object"的缩写，该学术模因最初由美国空军在1954年提出，引入汉语时，香港和台湾的很多报道中音译为"幽浮"，直接模仿源语缩略词的语音，而未做任何其他转换，这便属于借用。而官方所给的规范译名为"不明飞行物"（天文学名词审定委员会，1998：19），直译源语词的全部意义，这是仿造翻译法。相比较而言，"不明飞行物"一词通俗易懂，直接仿造出源语词各个词汇的含义，如此仿造所得的新学术模因便于大众理解和接受，推动了新概念在目标语文化中的传播。

二、仿造的可译性和局限性

仿造是通过英法比较研究总结出来的一种翻译方法，如果要在英汉翻译中应用仿造这一方法，就需要研究这一方法在英汉转换中的可译性程度和局限性。英语和法语属于印欧语系，而汉语和英语属于不同的语系。一般而言，相同语系的语言亲缘关系较近，在语音、形态、语法等语言构成层面上相似度较高，翻译转换的可能性更大一些，而不同语系之间语言的差异性比较大，在转换过程中可能具有不同程度的困难。因此，我们首先研究仿造在英汉新学术模因翻译中的可译性程度和局限性。

按照语言学的基本层次，我们从语音、语义、形态和语法四个维度来分析仿造在英汉之间语际转换的可译性程度大小，是否具有局限性。我们在上文指出，在语际转换过程中，如果只涉及用目标语文字再现源语词的语音形式，而不涉及其他形式的转换，则属于借用的范畴。因此，在分析英汉翻译中仿造的可译性和局限性时，我们从语义、形态和句法三个维度来讨论。

语义层面。在语义层面上，仿造的困难在于源语词在联想意义上的不可译性。语言的意义不仅与概念意义本身和使用者有关，也与语言的情景语境和更大的文化语境有关。Leech把语言符号的意义划分为七种，包括概念意义、内涵意义、社会意义、情感意义、反映意义、搭配意义和主题意义，其中后六种统称为联想意义（Leech，1974：9）。目标语之所以仿造，就是因为在该语言文化中缺少与源语词相对应的概念，也就是说，引入新的概念意义是仿造新学术模因的目的之一。然而，源语学术模因的联想意义与社会、历史文化有着不可分割的关系。在语际转换中，由于源语学术模因自身携带了特定的历史文化，在目标语文化中不可避免地会产生认知差异，使源语学术模因的联想意义难以被同时引入目标语文化中。所以，在学术模因的语际转换中，仿造的困难不仅在于概念意义，也表现在语言符号所附带的联想意义上。比如，在美国文化中，"Uncle Sam"这一看似简单的概念代表着诚实可靠、吃苦耐劳的爱国者形象，被美国国会确定为美国民族先驱的象征。在英美战争时期，美国的一家肉类包装商负责为供应军需的牛肉桶盖上"E.A.-U.S."的标记，其中，"E.A."为供应商的名字缩写，"U.S."为美国"United States"的缩写，恰与"Uncle Sam"的缩写相同，被人们亲切地称为"山姆大叔"，"山姆大叔"由此成为美国的象征，被美国人赋予褒义色彩，而"山姆大叔"这一仿造的译名在汉语文化中则无法激起类似的联想意义。不难想象，面对当下备受年轻人追捧的山姆会员商店（Sam's Club）时，同样的名称可能会在美国消费者心中激起更多积极的联想意义。

英汉语言之间的文化差异，往往会造成具有相似概念意义的学术模因语言符号在两种语言使用者的心智中激起不同甚至相反的联想意义，这表现为可译性较低。与汉语相比，英语和法语之间的文化通约性（commensurability）显然要大得多，所以英法对某些词汇所共有的联想意义要比英汉所共有的联想意义多。例如，"flyweight"在英语中指体重在48至52千克之间的特轻量级拳击手，法语据此仿造了"poids mouche"一词，汉语虽然也仿造出了"蝇量级选手"，但因苍蝇在汉语文化中具有贬义色彩，大家更多地会使用"特轻量级选手"一词。再如金融学术模因"godfather offer"，意为"收购股权的极高报价"，涉及对"教父"这一宗教文化喻体的理解。英、法语言地域深受基督教文化的影响，宗教文化的通约性远大于中英之间文化的通约性，对"教父"形象的理解更加深刻，较易理解该学术模因。而汉语直译仿造为"教父式报价"，这就要求目标语读者具有一定的宗教和金融背景知识才能理解并使用该词语。由此看出，不同文化之间联想意义上的差异是仿造的局限之一。

形态层面。鉴于英汉语言文字的差异性，仿造在形态层面上的局限更为明显和直观，可译性较低。形态学主要研究词的内部结构及其构词规则。英语和法语都是字母文字，书写形式相似，而且英语中的部分词素源于法语，所以学术模因在英法之间转换时可以在一定程度上保留相似的形态。而汉字是语素文字，要想用汉字再现英语的文字形式和词汇结构，几乎没有可译性。例如，在法语中引入英语经济学术模因"Euroland"时，有人认为要按照法语习惯译为"zone euro"，另一些人则认为要遵照源语词汇的形态仿造为"L'eurolande"，后者最终得到了大多数人的认可。因为法语本身就有"euro"和"lande"这两个与英语形态相近的词，能够实现这种形态如此相近的仿造。而汉语是表意象形的方块字，文字形态和构词都与英语迥然不同，只能直译语义，仿造出"欧元区"一词。再如，如果英语的复合名词由动词和名词构成，往往会以"宾语+动词"的结构出现，如健美学术模因"bodybuilding"，而汉语更习惯使用"动词+宾语"结构，所以在仿造时需要调整词内动词和宾语的顺序，仿造为"健身"。因此，英汉语言的形态差异可以说是仿造学术模因中会遇到的最为直观的困难。但是，在某些情况下，如果能够巧妙地利用英语字母和词素，反而会提高可译性，相对容易地仿造并理解一些学术模因词汇，关于这一点，我们将在下文具体讨论。

句法层面。英汉语言在句法层面上的差异涉及两种语言在句法范畴和句法结构上是否对应。句法学研究语言中不同成分组成句子的规则，以及句子结构成分之间的相互关系。尽管英语缺少法语的一些语法范畴，如名词的词性，但其差异却比英汉语之间的差异少。在进行词汇层级以上的结构仿造（structural calque）时，英语和汉语的转换常常遇到语法范畴不对等的现象，或者各个句法成分的排列方式不对应

的问题，可译性较低。例如，航天学术模因"obstacle free zone"指
"为保护飞机在跑道上起飞、降落而设定的没有障碍的三维空域"，汉
语仿造时就需要依据汉语句法结构调整"obstacle"与"free"的顺序，
译为"无障碍区"。由此可见，在结构仿造时，语言间句法层面上的差
异就会凸显出来，对翻译学术模因造成一定的局限性。

综上所述，由于仿造是维奈和达贝尔内对比英语和法语这两种语
言所总结的翻译方法，而英语和汉语这两种语言在语义、形态和句法
层次上所具有的差异要比英语和法语大，因此，在英汉学术模因翻译
中，仿造在以上三个层面具有不同程度的局限性。语言之间的差异性
是语言不同内在特征的表现，对比分析源语言与目标语间的对应关系
能够帮助我们把握源语学术模因的概念范畴，综合考虑双语特征（李
晗，2018），从而克服或者规避学术模因语际转换的局限性，提高可译
性。因此，我们认为，仿造在英汉语言的某一层面上的局限性，可以
通过另一层面上的转换来补偿。以这一原则为指导，我们将进一步研
究仿造在英汉学术模因翻译中的适用性。

三、英汉仿造方法及其适用性

我们继续按照上文的思路，从语义、形态和句法三个层面分析并
归纳适用于英汉学术模因翻译的具体仿造方法。鉴于英汉语言之间存
在的差异，我们提出一些相对灵活的仿造方法，规避不可译性，讨论
这些方法在不同情景下的适用性。需要说明的是，我们在本文中并未
囊括所有的仿造方法，译者可以根据具体语境和交际情境，采取适当
的仿造翻译方法。

1.语义仿造

语义仿造指直译源语词各成分所表达的含义，仿造出新的目标语
表达形式。在仿造过程中，我们既可以只保留源语言所表达的意义，
即纯语义仿造，又可以在保留源语言意义的同时，考虑构词理据、语
音形式等因素，采取具有复合特征的仿造翻译法。我们提出纯语义仿
造和直译仿造两种语义仿造方法。

（1）纯语义仿造

纯语义仿造只仿造源语所表达的意义，把源语词的意义直接移植到目标语已有的表达形式中，即为原有表达形式增加新的意义。例如，2006年的搜索引擎会议上首次提出了"cloud computing"一词，掀起了互联网的第三次革命。汉语就将这一新科技学术模因对应直译，仿造为"云计算"，"云"这一意象也因此增加了"计算资源共享池"的新意义，并延伸出了一系列的新概念和新词汇，如"云存储（cloud storage）""云旅游（cloud travel）"和"云课堂（cloud class）"等，促进了"云"概念的传播普及。

纯语义仿造通过人类共通的隐喻认知思维，一般保留源语词的喻体，在目标语中推衍出新的意义。这一仿造方法能够在普及科学知识或域外见闻的同时，丰富目标语中的文化意象。类似再现源语词喻体的纯语义仿造还出现在虚拟货币产业中，如"挖矿（mine）""矿机（mining machine）"等新的金融学术模因，前者新增了"虚拟货币的生产过程"的意义，后者则对应增加了"用于赚取比特币的电脑"的意义。

（2）直译仿造

直译仿造指依据源语词的构词理据，将各个词素一一对应直译到目标语中，生成新的目标语词汇的方法。这可能是最常用的一种仿造翻译法。如果源语词的构词理据比较明显，而且各个词素在目标语中有常见的对应表达，直译仿造是比较方便的一种方法。和纯语义仿造相比，直译仿造不仅仿造了源语词的意义，还再现了源语词的组合结构中各个词素的构词理据，体现了生成源语词的构成模式，便于读者按照构词理据来理解所仿造的新学术模因。例如，汉语仿造了英语的"cryptocurrency"一词，将源语词中的前缀"crypto-"和词根"-currency"对应直译，得到了新金融学术模因"加密货币"。类似的译例还有"旗舰（flagship）"和"停火（ceasefire）"等。

直译仿造并不仅仅限于根据构词理据直译各个词素，也可以依据源语表达的句法结构直译源语词的各个成分，仿造出新词。所仿造的新词往往以符合目标语句法结构的形式呈现出来。例如，"soft/hard/sharp power" 直译仿造为 "软/硬/锐实力"，"summit meeting" 仿造为 "峰会"，"carbon neutrality" 仿造为 "碳中和"，"carbon peak" 仿造为 "碳达峰"，"block chain" 仿造为 "区块链" 等。

在直译仿造时，我们要考虑目标语中是否已有约定俗成的学术模因表达或者普遍接受的文化意象。例如，英文政治学术模因 "appeasement policy" 在汉语历史文化中已经有了相对应的广泛使用的表达，即 "绥靖政策"。人们往往因文化传统习惯使然，而采用母语文化中已有的表达方式，所以直译仿造出的 "姑息政策" 难以改变人们固有的语言习惯，不易被目标语读者广泛使用。因此，如果目标语文化缺少源语词所对应的新概念，直译仿造则比较容易被目标语所吸收，反之，则应遵守学术模因翻译的约定性原则，优先采取广泛使用的文化意象或语言表达（樊林洲，2017），以提高译文的接受度。

（3）归纳仿造

如果源语词的意义或者结构比较复杂，不太容易用纯语义仿造或直译仿造方法翻译，我们可以采用相对灵活的归纳仿造法，即概括源语词的意义，仿造出更加简洁的目标语形式，从而提高可译性程度。例如，"Ku Klux Klan" 指美国民间的一个排外团体，这一团体奉行白人至上主义，歧视有色族裔。由于该词的指称含义和构词理据较为复杂，在汉语文化中比较陌生，中文便归纳其意义，仿造出 "三K党" 一词，既体现了原词的形态特征，又符合汉语的构词结构，便于读者在理解其背景意义的基础上接受这一仿造的意义。类似的译例还有汉语对 "LGBT" 的翻译。"LGBT" 是对 "Lesbian，Gay，Bisexual，Transgender（女同性恋者、男同性恋者、双性恋者、跨性别恋者）" 的缩写，由于该概念不断发展，后来还包括了酷儿（Queer）、间性人（Intersex）、无性恋（Asexual）等群体，意义愈发庞杂，汉语在引入该词时，便将这些人群统一概括为 "性少数群体"。

归纳仿造的要点在于简洁清晰。一个经典的译例是 "laser" 这一科技学术模因，为 "light amplification by stimulated emission of radiation"

的缩写，意为"通过受激光发射光扩大"，起初音译为"镭射"或"莱塞"，后又被我国科技人员依据全称归纳译为"光受激发射"，然而该译名冗长难解，并不利于科技新概念的传播。在钱学森的建议下，该词被进一步归纳译为"激光"，很快为各学科和社会所接受，实现了译名的统一。再如"card reader"一词，其对应的标准译名为"卡片阅读器"，而我们在日常生活中往往直接使用其简略形式"读卡器"，因为单个汉字"卡"和"读"就足以表达"卡片"和"阅读"的含义。因此，在归纳仿造时，学术模因的表达越是简洁明了，越容易在目标语读者中传播。

（4）音义仿造

音义仿造一般是音译在目标语中无对等成分的源语词素，直译有目标语对等成分的源语词的核心词素，或增补目标语中表示范畴的词素，从而规避了可译性限度。音义仿造词使源语学术模因能够保留其异域语音特征，同时又以目标语文化所熟悉的范畴词明晰仿造学术模因的意义，相比单纯的音译借用，应该具有更高的接受度。音义仿造一般具有两种形式。

第一，音译源语词的部分词素，再直译部分词素。这种方法既能通过音译保留源语的语言特色，或是避开源语难以表达的成分，又能通过直译核心词素，明晰源语词的范畴或指称，能够帮助目标语读者快速理解新学术模因的范畴，推动新学术模因的传播。例如，金融学术模因"比特币"就是对"bitcoin"中的"bit-"音译，对"-coin"直译，避免了对"bit-"的冗长解释，又明确了它是一种货币形式。类似的仿造词还包括同属于虚拟货币的"多吉币（Dogecoin）""莱特币（Litecoin）"，服装业学术模因"泡泡袖（puff sleeve）"等。第二，音译源语词的全部词素，再补充目标语中的范畴、类别、形象或者属性词。这种方法多见于对外来娱乐活动名称的翻译，例如 "博普舞（bop）""嘻哈舞曲（hip hop）"和"波比跳（burpee）"等。因为源语学术模因并无明显的构词理据，也没有直接对应的目标语词汇，因而往往直接音译，保留异域情调，同时又考虑到相关词汇的类别、范畴和属性等词缀。

由以上分析和译例可以看出，如果目标语中缺乏相关概念，出现语义空缺现象，并且源语结构中的意象和文化背景在目标语中具有通约性，语义仿造学术模因容易为目标语文化和读者所接受。但是，如果源语结构的意义在目标语中已有广为接受的表达形式，或者源语结构中的意象、文化背景不太容易引起目标语文化的共鸣，语义仿造学术模因的接受度可能不会太高。因此，在仿造前要留意目标语文化中是否已有现成的语言表达形式，同时要留意源语结构所包括的意象和文化背景是否能够在目标语文化中引起共鸣。

2.形态仿造

形态仿造指根据源语词的文字形态和构词结构，在目标语中引入具有新形态的仿造词。由于英汉之间的文字差异性比较大，不太容易仿造纯粹的形态。但是，有时源语学术模因的部分形态可以生动再现所指的形象，在一定程度上帮助使用者理解，我们就可以保留这一部分，利用这一点提高可译性，仿造其余部分的语义或者语音形式。因此，形态仿造可以延伸出两种仿造法。

（1）形义仿造

形义仿造法保留源语词的部分词素的形态，直译出其他词素的语义。使用这一仿造方法，所保留的文字形态能够形象直观地表示源语词所指的形态特征，而直译的语义部分往往是源语词的核心意义，说明形态结构的本质属性。这一方法多见于科技学术模因翻译中，例如"T-junction"仿造为"T形接头"，"D-ring"仿造为"D形连接环"，源语词中的"T"和"D"得到保留，以字母形状再现词汇所指的形态特征，而"junction"和"ring"作为源语词的核心语义成分，直译为"接头"和"连接环"，表示源语词的核心意义。再如航天航空领域的诸多学术模因："V型保持架"（V-holder），"W型发动机"（W-engine）、"倒V型发动机"（inverted-V engine）和"T型滑动手柄"（T-handle）等形义仿造的范例。

（2）形音仿造

形音仿造对语言之间的相似度要求比较高，在仿造词中再现源语词的形态和语音。当源语学术模因中各组成成分的意义都比较冗长复杂，或在目标语中无语义对等成分时，我们往往以形态仿造的方法仿造其字母形态简单的部分，音译无明显的语义对等成分或意义复杂的部分。例如在引入没有明显构词理据的娱乐学术模因"Karaoke"时，汉语将其仿造为"卡拉OK"，"卡拉"是对"Kara-"的语音仿造，"OK"则是形态仿造。再如"T恤（T-shirt）""维他命A（Vitamin A）"等。当然，上述情况并不多见，通常情况下，源语词的核心词素都能在目标语中找到广泛接受的对等词，这时我们就可以结合语义仿造，这是复合程度更高的形音义仿造。例如"Media Access Control Address"缩略了意义复杂的"Media Access Control"部分，直译核心词"Address"，仿造为"MAC地址"。类似的还有科技学术模因"OSI模型（Open System Interconnection Reference Model）""PUK码（Personal Identification Number Unlock Key）""SIM卡（Subscriber Identity Module Card）"等。

在形态仿造中，所保留的源语学术模因结构成分的形态一般比较生动形象，或者简单清晰，而且可能具有象似性的理据。语言形式反映人类的经验或体验，也反映人类感知和表达客观世界及其规律的方式，因此，如果源语学术模因的语音、形态能够和客观世界的现象或规律具有一定的相似性，或高度浓缩了复杂含义，则具有可译性，便可以采用形态仿造法，便于目标语读者识别、理解和记忆。

3.句法仿造

根据源语表达的具体句法结构，以仿造方法直译各个成分，在目标语中引入新的句法结构，这就是句法仿造法。如航天航空学术模因"polar-orbiting satellite"指"运行轨道倾角近90°，几乎通过地球南北两极的卫星"，汉语依照英语句法结构，一一对应仿造为"极轨卫星"，而非顺应汉语习惯的表达结构仿造为"轨道近极地卫星"。再如"space tracking"指"对运行中的航天器进行跟踪"，汉语同样保留了源语词结构，仿造为"航天跟踪"，而未遵循常见的"动词+宾语"的名词词组结构，译为"跟踪航天器"。类似的译例还包括政治学术模因"零和博弈（zero-sum game）"和机械学术模因"先断后合（break-before-make）"等概念。

在使用句法仿造法时，源语词句法结构越贴近目标语的习常表达，其接受度往往就越高。与上述分析的两个航空航天学术模因的句法仿造译例相比，"unsafe landing"意译为"在复杂气象条件下着陆"，将英语中简单的形容词修饰语转换为汉语中详细的状语条件句，说明了"unsafe"一词涉及的特殊情景，更加有助于大众理解，接受度自然也就更高。

4.指称仿造

指称仿造指依据源语词的所指意义，在目标语中仿造出能够表达该所指意义的新词。使用这种仿造方法时，源语学术模因通常是一个无明显构词理据的简单词，或者是其各个结构成分的含义相加并不等同于实际所指的复合词。例如，尽管"perigee（天体轨道上的近地点）"的前缀"peri-"指"附近"，词根"-gee"指"地球"，但其所指并非"地球附近"之意，因而汉语根据其实际所指仿造出"近地点"一词。类似的译例包括将虚拟货币交易中"pump and dump"这种不良行为译为"低吸高抛"而非"抽取后丢掉"，将航空业学术模因"blocked-off charter"译为"全包航班"而非"阻断性的租赁"，将机械学术模因"ejection seat"译为"弹射座椅"而非"喷射座位"等。

我们从语义、形态和句法层面分析仿造方法，将其分为语义仿造、形态仿造、句法仿造和指称仿造四类，并根据英汉语言的差异，在第一类中提出了更加具体和细化的仿造方法，分析了每一种方法的适用性和相关因素，在实际学术模因翻译中，要根据适用性和相关因素，选择合适的仿造翻译法。

仿造是法国学者提出的基于英法文本的翻译方法，在英汉翻译中具有一定的可译性限度和局限性。我们从语音、形态、句法三个层次，研究了仿造在英汉学术模因翻译中的适用度，并提出了四种仿造翻译法及其更具体的翻译方法，这在一定程度上是对法国学者仿造翻译理论的补充和完善，也是对英汉学术模因翻译中仿造翻译方法的创造性探索。我们认为，仿造是一种常见的学术模因翻译方法，不仅能够创造新的学术模因表达方式，填补目标语的空缺，还能够引入新的概念，丰富目标语文化，促进科学技术传播和文化交流。依据源语学术模因的语音、形态和句法特征，选择合适的仿造翻译法，能够提高仿造新学术模因在目标语文化的接受度，帮助新概念传播和普及。

第七节
《共产党宣言》引言中"spectre"的意义潜势和翻译

作为经典政治文献，《共产党宣言》的中译本对引言中的重要词语"spectre"的翻译历来不同，因而一直是理论界讨论的焦点之一。鉴于"spectre"是西方文化中的一个强势模因，我们根据功能语言学的语篇分析理论，从语言形式衔接、情景语境和文化语境分析"spectre"的文本功能和意义之后，发现"spectre"具有神化性、异质性和隐秘性三重意义潜势。根据这三重意义潜势对比中译本中的七种翻译之后，我们认为中文的"幽灵"具有这三重意义潜势，是符合情景语境和文化语境，使语义连贯、内涵丰富和完整的等值翻译。经典文献的翻译应以原文为中心，辅之以读者取向，为读者呈现原文中重要概念的准确内涵，表达原文中重要概念所具有的各种复杂关系，避免贫瘠化的译文，才能准确地理解经典政治文献的完整意义。

《共产党宣言》（以下简称《宣言》）引言中的"spectre"一词，具有语言、文化和历史蕴含，在源语中是一个核心概念，具有意义潜势。从模因论的视角来看，"spectre"是西方文化中的一个强势模因。此词一共有七种中文翻译，具体见表4-4。

表4-4　《宣言》引言首句"spectre"的七种翻译表

版本	译名
陈望道（1920）、华岗（1930）	怪物
成仿吾、徐冰（1938）	巨影
博古（1943）、中央编译局（1964、1995）	幽灵
陈瘦石（1943）	精灵
乔冠华（1948）、中央编译局（1958）	怪影
成仿吾（1953）	魔影
成仿吾（1978）	魔怪

　　经典文本的语义信息应当翻译得相对一致，尽量避免歧义，而上述翻译反映出译者在理解和表达上的差异，从而成为学术界讨论的焦点。讨论有两类观点，一类认为当前通行的"幽灵"翻译有误，应当选取褒义性强的翻译，如"精灵"或"神灵"（高放，2013：40；李田心，2015：135；2018：160），另一类观点认为上述观点没有考虑到语词的历史语义、当代语用和叙述视角（吴建广，2018：37）。这一讨论尚未达成相对一致的结论。

　　细读相关研究成果，部分研究没有分析原语篇的语言特征，翻译背离了原文的社会文化和历史语境。Halliday指出，语篇具有使用语境，语篇分析不仅能够说明语篇为何及如何表达相应的意义，还能揭示语言处理过程中产生的多种意义和不同解释（2010：F31，F33）。本文以功能语言学为理论依据，以语言形式衔接为线索，结合语篇与语境之间的联系，以源语和作者为取向，根据经典文献文本的文体特征，分析引言赋予"spectre"的语篇和情景意义，探索时代背景和文化特征对语义理解的作用，以翻译尽可能保留原文的意义潜势为基本原则，分析"spectre"的理解和表达。

一、"spectre"在语境中具有意义潜势

分析文本语言自身、文本的情景语境和文化语境相关的要素，才能理解语篇的意义。语篇是交际活动中使用的语义单位（Halliday，1994：xvii），语篇由小句作为语法单位表达意义，作为交际的语言，语篇要与交际环境一致（黄国文，2001：3）。语篇的连贯在交际双方的心理认知中表现为语义的相关性，是语言形式和情景语境相互作用的结果（张德禄，2018：33）。连贯需要语篇中小句及以上单位之间相互关联，语篇与情景语境之间相互联系，这种整体效应在语篇各部分的具体意义之间表现为衔接，在语篇与情景语境之间表现为语域一致性（张德禄，2001：28）。衔接包括话语表达中的语义关系特征，如词汇的复现、搭配或及物性等语法结构（张德禄，2018：21）。语域包括情景语境中的语场、语旨和语式三个变量，连贯由语言形式的衔接和语篇与情景语境之间的语域一致性作用而成。

文化语境有助于语篇在意义上连贯。语篇产生于特定的文化背景，在特定的文化语境中发挥社会功能、表达意义，达到使用目的（黄国文，2001：2）。语言、情景语境和文化语境都是语篇的组成部分（黄国文，2001：3）。在交际活动中，情景语境是语篇传递意义的直接语境，涵盖交际内容、交际双方的关系、时间和地点等因素。这些交际活动都发生在特定的社会文化背景中，反映独特的历史、文化、思维模式和价值观（黄国文，2001：2）。文化语境是言语社团在日常社会活动中形成的抽象化特征，情景语境是文化语境的具体化，支配交际活动中的语义选择（张德禄，2018：21）。交际双方结合情景要素理解语言形式，分析更加宏观的文化因素时，语篇才能传达连贯意义，最终实现交际的目的。在探索语篇的整体意义时，需要分析语言、情景语境和文化语境的共同作用。

笔者从语言、情景语境和文化语境维度分析了《宣言》引言在语篇内的语言形式衔接和语篇与语境之间的关联，以全面研究"spectre"的意义潜势和在目标语中相对准确的翻译。为便于分析，我们引用

《宣言》引言，并对每小句编号。

① A spectre is haunting Europe—the spectre of communism.

② All the powers of old Europe have entered into a holy alliance to exorcise this spectre: Pope and Tsar, Metternich and Guizot, French Radicals and German police-spies.

③ Where is the party in opposition that has not been decried as communistic by its opponents in power?

④ Where is the opposition that has not hurled back the branding reproach of communism, against the more advanced opposition parties, as well as against its reactionary adversaries?

⑤ Two things result from this fact:

⑥ I . Communism is already acknowledged by all European powers to be itself a power.

⑦ II . It is high time that Communists should openly, in the face of the whole world, publish their views, their aims, their tendencies, and meet this nursery tale of the Spectre of communism with a manifesto of the party itself.

⑧To this end, Communists of various nationalities have assembled in London and sketched the following manifesto, to be published in the English, French, German, Italian, Flemish and Danish languages (Karl Marx & Frederick Engels, 1848/2010).

1.语言形式与"spectre"的神化性

意义潜势是词项或语法结构具有的一组属性，作者和读者利用这些属性，表达或理解语境中的事物或概念（Norén & Linell, 2007: 389）。这些属性与具体语境相互作用，作者通过同一语言形式表达多层次的意义，在读者心中生成不同层次的理解。根据"spectre"的语言形式衔接，包括隐喻、词汇的复现与搭配、小句的及物性过程和小句之间的逻辑关系等，我们分析"spectre"的意义潜势。

"spectre"隐喻激活传统文化意象。"spectre"在首句中以隐喻结构出现，能够激活具有多层意义潜势的传统文化意象，表达共产主义观念的独有特征。在引言首句，"spectre"以"the spectre of communism"的隐喻形式出现，把共产主义喻为"spectre"。在交际中，作者可能会采用隐喻表达式，以更好地吸引读者的注意，在读者脑海中激起一个通过其他途径无法获取的文化意象，以传达新概念（克罗夫特、克鲁斯，2022：262）。"spectre"的英文权威词典释义是"A ghost, something widely feared as a possible unpleasant or dangerous occurrence"（幽灵，人们普遍担心可能会发生的令人不快或者充满危险的事情）（Pearsall，2001：1788）。《英汉大词典》对"spectre"的释义是"鬼怪、幽灵、幻想、幻觉、错觉"，隐喻意义是"缠绕心头的恐惧（或忧虑等）、凶兆"（陆谷孙等，2007：1936）。"spectre"不仅具有概念意义和隐喻意义，还具有普遍化使用的内涵意义。"spectre"的隐喻意象具有令人烦恼、不安和惊恐的情感色彩，表达出共产主义给当时的权力结构带来的冲击，也体现了不同力量阶层对共产主义的看法和态度。"spectre"的隐喻意象使读者注意到，共产主义使包括当政者在内的社会阶层形成了复杂的心理反映和行为方式。读者选择隐喻性理解，是因为难以找到具有同等相关度的字面识解，以表现语篇的人际意义，因此具有重要的交际效果，艾柯（2011：167）把这一交际效果描写为"巫师发现自己无法控制已经唤起的地下的力量，马克思以天才的诗意才华创造出令人难忘的隐喻"。正是通过"spectre"的隐喻表达式，马克思激发出读者在思想中对共产主义的多重理解（下文将逐步讨论），为后文要刻画的共产主义的具体特征奠定了基础。

复现与搭配建构共产主义的语义场。在隐喻激活多层意义潜势的同时，通过词汇的复现与搭配，"spectre"建构起语篇的共产主义主题的语义场，帮助读者理解这一意象与语篇相适应的意义特征。"spectre"在句①②⑦中反复出现，生成一条衔接链：

a spectre — the spectre of communism — this spectre —the spectre of communism

这条衔接链构成贯穿引言的语义纽带，使读者持续关注"spectre"

意象，并把其意义特征延续到后续话语中，因此伴随出现了"haunt
［（指鬼魂）经常出没、（观念等）经常浮现于脑海］""exorcise［用
祈祷或魔法驱逐或祛除（鬼魂）］""decry（谴责）"和"hurl back
the branding reproach（回复具有烙痕似的谴责）"等词汇搭配，描写面
对共产主义的颠覆性力量，欧洲政治力量采取的连锁性反应和行为。
这些词汇的复现与搭配构建的语义场，引出引言的话题——共产主义
作为新生力量步入政治舞台，成为变革现实历史的真实力量，引起欧
洲保守势力的恐慌与抵抗，这是欧洲要面对的社会现实。复现是为了
实现《宣言》的目的——与能够阅读《宣言》文本的主体交际（蓝江，
2018：25）。共现的词项搭配方式形成意义关联，编码了大量相同的经
验意义。这些经验意义体现了经常共现的事件、行为或心理反应，形
成读者共同的心理理解图式。每当遇到相似的情景时，读者会根据长
期积累的经验，形成自然的理解和认知过程，期待发生预料中的行为，
并根据心理预设推理出最佳解释（Halliday，2010：383）。通过共有的
心理认知，读者有可能推理出，正是因为共产主义具有"spectre"的特
征，才遭到了联合驱逐。复现与搭配有助于读者在理解语篇、连贯语
义的基础上，凭借共同经验理解"spectre"在特定语义场中的语义
特征。

及物性表征多重叙事视角。思想所反映的主客观世界具有一些过
程，这些过程发生于现实或者心理空间，包括一定的参与者（参与事
件的实体）和环境因子（时间、空间和方式），这些过程就是及物性。
通过及物性的物质过程，首句"spectre"与该词复现的小句②和⑦，表
现了作者动态变化的多重叙事视角，形成连贯的语义和逻辑结构，传
达了语篇完整的意义。"及物性系统把经验世界识解为一组可以操作的
过程类别"（Halliday，2010：118）。经验世界中包含做、变成、感知、
意指等各种事件过程，这些过程作为及物性特征，体现在小句的语法
中。人们通过小句的及物性结构，组织起参与者和环境因子之间的相
互关系，反映自己对于主客观世界发生事件的分析方式（Kress，
1976）。及物性分析有助于理解作者在叙述事件过程时的角度与态度，

具体分析过程见表4-5。

表4-5 句①②⑦的及物性分析表

原句	参与者	物质过程	环境成分
① A spectre is haunting Europe…	a spectre（动作者）Europe（目标）	is haunting	
② All the powers of old Europe have entered into a holy alliance to exorcise this spectre…	all the powers of old Europe（动作者）this spectre（目标）	have entered to exorcise	into a holy alliance（方式）
⑦… Communists should openly … meet this nursery tale of the Spectre of communism with a manifesto of the party itself.	Communists（动作者）this nursery tale of the Spectre of communism（目标）	should openly meet	with a manifesto of the party itself（方式）

　　句②和⑦均叙述了动作者对目标"做"某事，属于物质过程。句②主干部分的概念意义可概括为"旧欧洲的一切势力联合对这个'spectre'进行神圣的驱逐"，动作者为"旧欧洲的一切势力"。因此，这里把"exorcise（驱逐）"称为"holy（神圣）"，因为这一评价出自当权者的保守势力，同小句①一样是作者站在共产主义的反对者的角度叙事。这种反对者视角表现出共产主义作为新兴力量与保守力量之间的矛盾对立关系。

　　句⑦主干部分表达了"共产党人应该公开……用党自己的宣言迎接共产主义是'spectre'的童话"的行为过程，动作者转变为"共产党人"，且使用情态附加语"should"和特征修饰语"openly"等，表达了作者的主观态度和看法。这里把共产主义视为"nursery tale（童话）"，是作者从共产党人的视角，将共产主义的信念比作塑造社会价值观的美好童话，鼓励信仰者追求共产主义，就像儿童在成长期间学习童话一样。这种共产党人的视角搭建起作者与读者之间的言语互动，有助于语篇实现呼吁共产主义者行动的社会功能。

从小句之间的逻辑衔接来看，句①②⑦构成因果关系——共产主义像 "spectre" 一样游荡在欧洲，引起反对势力联合驱逐，促使共产党人公开行动。这种叙事方式使句②中反对势力的视角转变到句⑦中共产党人的视角，使语篇的局部意义形成一个意义整体。这两种视角形成鲜明对比，既客观反映了新兴的共产主义力量与当权力量之间的对峙态势，又构建了作者和读者之间的互动关系。在下文情景语境的语式与语旨的讨论中，我们再深入讨论这两个方面。

"spectre" 的隐喻意象激活了多重意义潜势，在复现与搭配形成的语义场中，作者通过转换叙事视角，引导读者理解引言赋予 "spectre" 的隐喻意义：从作者和读者的互动关系来看，作者呼吁读者投身共产主义，并采取公开行动，把 "spectre" 如童话般的光明未来神圣化；从共产主义者和反对者的关系来看，反对者以反动的态度，将共产主义视为推翻保守力量、带来社会变革的可怕势力，在神化特征上又增添了贬义色彩。因此，我们把语言形式衔接分析所体现出的 "spectre" 的意义潜势概括为 "贬义的神化性"。

2. 情景语境与 "spectre" 的异质性

情景语境指话语生成的当时及前后的各种实际事件，即语言发生的情境，也是在特定时间的特定互动背景下，影响个人行为或经验的所有社会因素。在情景语境中，语篇与语境的联系体现为语域一致性。语域是一种意义构型，居于语言形式和情景语境之间，关联语篇与语境，使语篇在情景语境中行使恰当的功能（张德禄，2018：30）。语域是语场、语旨和语式的有机配置，语场指话语交际所关注的交际内容，语旨说明交际各方的地位和角色，语式是文本的组织形式和修辞模式。若要理解语篇连贯的整体意义，就要结合语言形式的衔接和对应，讨论体现语域的情景语境。本节以语篇的衔接特征，结合情景语境，分析在特定情景下，"spectre" 聚焦的意义潜势和相关特征。

及物性说明相关社会力量的关系。句③和④运用反诘句吸引读者的注意力，指向引言的情景语境。这两句中限定指向的 "the party in opposition"和"the opposition"在上下文中没有明确的所指，需要深入情景语境以获取理解的线索。表4-6的及物性特征分析使我们有两方面的发现。

表4-6　句③④的及物性分析表

原句	参与者	物质过程	环境成分
③ ··· the party in opposition that has not been decried as communistic by its opponents in power?	its opponents in power（动作者） the party in opposition（目标）	has decried	as communistic（方式）
④··· the opposition that has not hurled back the branding reproach of communism, against the more advanced opposition parties, as well as against its reactionary adversaries?	the opposition（动作者） the branding reproach of communism（目标）	has hurled back	against the more advanced opposition parties, as well as against its reactionary adversaries（目的）

　　首先，及物性过程和其动作者说明小句的叙述视角。句③和句④是物质过程，动作者分别为"its opponents in power［反对（共产主义）的当权势力］"和"the opposition［反对（共产主义）者］"，通过物质过程可以看出，"共产主义"被用来指代政治团体中所有的"the party in opposition［反对（当权势力）的政党］""the more advanced opposition parties［更先进的反对（当权势力）的政党］"和"reactionary adversaries［（反对共产主义者的）反动的竞争对手］"，这些是反对共产主义的各方势力对共产主义的反应，他们只顾一味地反对，甚至把同样反对共产主义者、同样反动的竞争对手也视为共产主义，这说明他们并不了解共产主义，只是不加区分地将所有不同于自己、对自己有威胁的力量都视为共产主义，想要尽快驱逐。马克思以反诘的方式叙述反对者的一系列行为。这种物质过程和反对者视角说明，反对共产主义的各方势力对共产主义并没有清晰的认识，只是

把共产主义视为具有威胁性和颠覆性的对立力量。

其次，动作目标的修饰性用词描写反对力量眼中共产主义的特征。被当权者称为共产主义的政治团体，由"in opposition""more advanced"和"adversaries"等修饰语来描写，通过语义关联构成了一条衔接链，说明共产主义在反对者眼中的一系列特征：共产主义反对当权者，比其他政治团体更加具有进步性，被视作竞争对手。这些特征出自反对者的视角，在上文分析中，反对势力将所有对手笼统地斥责为共产主义，这里却模糊地认识到共产主义不仅与自身不同，也与当权力量的其他竞争对手不同，在本质上更加进步。由此看出，反对者已经意识到这个共产主义的"spectre"同自己和其他反动势力都不一样，具有在本质上更加先进的"异质性"。

小句③和④以反诘的形式引导读者联系语篇与情景语境，认识到引言的前四句均以当权者视角刻画共产主义的"spectre"形象，在当权者的认知中，这一形象虽有贬义的"神化性"色彩，却又不像自身一样保守，也不像其他竞争力量一样落后，具有先进的本质，表现出"异质性"。

语域一致性实现语篇的意义连贯。语域一致性指构成语篇的小句属于同一语境，按相同的语场、语旨和语式展开。《宣言》引言的语域要素强化了马克思通过两种对立视角所传达出的"spectre"的意义潜势，"spectre"的复现和搭配使我们能够构建引言的语场，即面对当时的阶级对抗和共产主义的发展态势，共产主义者需要采取公开的行动。"spectre"所在小句的及物性结构分析使读者能够理解作者是在分析共产党和其他的政治力量，尤其是与当政者之间的对立关系：共产主义是新兴力量，处于保守力量的对立面，挑战当权者；共产党作为进步的政党，不同于当权者的其他竞争对手，因为共产党呼唤彻底革命。《宣言》的语式是政治宣告体，向社会宣告共产党人自己的观点、意图和行动路线。

语言形式的及物性特征与情景语境表现语篇的整体意义，帮助读者建构隐喻意象在特定情景下的认知图式，反映出"spectre"在反对者眼中的"异质性"特征：共产党人处于当权者的对立面，如地狱幽冥般挑战权力，时刻准备变革；相对于其他的竞争力量，共产主义摆脱了落后的反动本质，具有先进性。多重视角下的"异质性"诠释了马克思对共产主义先进本质的描写和说明。

3. 文化语境与"spectre"的隐秘性

语篇通过社会功能和使用目的表达意义，产生并作用于特定的文化语境。文化语境指语篇在文化环境中所表达的所有意义，包括特定言语群体的历史、文化、思维模式和价值观念等（黄国文，2001：2）。文化语境指引我们从共产主义的历史背景和欧洲的社会文化背景两方面理解《宣言》的功能与目的。我们进一步分析"spectre"在文化语境中表现出的意义潜势和意义特征。

同盟的发展过程反映隐秘性特征。"spectre"的隐喻意象和共产主义者同盟的组织特征相契合。1832年，德国工人在巴黎成立了德意志人民同盟的秘密组织，1834年重组为流亡者同盟。1836年，一些较激进的同盟成员成立了正义者同盟，同巴黎当时的其他秘密团体一样，正义者同盟奉行"半宣传和半密谋"的宗旨，继续执行早期工人运动的密谋组织原则，使反抗斗争呈现出自发性、分散性的特点（中国人民大学科学社会主义系，1983：85；董德兵，2018：77）。由于革命的失败，同盟成员认识到他们需要科学共产主义的领导，在1847年1月邀请马克思和恩格斯加入同盟。马克思接受邀请，但要求同盟必须"摆脱陈旧的密谋性的传统和形式"（王学东，2011：404）。同年6月，同盟更名为共产主义者同盟，抛弃了秘密活动的行动方式，"以适应一个被迫进行秘密活动，却又不抱任何密谋目的的宣传团体的任务"（Franz Mehring，1965：186）。11月，同盟决定颁布一个宣言形式的纲领，由此催生了《共产党宣言》。从这一发展轨迹看出，共产主义者同盟的前身组织一直以半密谋的方式，被迫进行着自发而分散的隐秘性行动，这与"spectre"意象在欧洲文化中隐秘不定的形象具有相似性。因此，同盟的实际活动具有《宣言》引言中"spectre"的隐秘性特点。

传统文化表现文化精神特征。"spectre"作为西方文化中的普遍化形象，在句⑦复现时使用大写形式"the Spectre of communism"，并且和"this nursery tale"形成共现搭配，这与文化背景建立起衔接关系，在读者思想中唤起共同文化记忆中的"spectre"的文化精神和价值观。

首先，"spectre"表现进取精神，这是西方文化中的普遍化形象。"spectre"的这一文化形象首先形成于18世纪的哥特体小说，描写被主流意识形态所排斥的"异者"，这一"异者"形象挑战既有秩序，又具有颠覆性。"spectre"的主题往往涉及对社会规范的僭越、对传统价值的质疑和否定（陈榕，2012：106）。该形象一直持续到20世纪后期至今的"新维多利亚小说"中历史叙事的"幽灵书写"，形成了由文学作品所传递的文化记忆（汤黎，2017：186）。文化记忆构成个体生活的根据，是实在的意义世界本身，形成黑格尔的"精神"观念（邵泽鹏，2021：18）。"spectre"作为西方文化中的经典形象，其内涵与外延意义在社会精神生活中传递出普遍的文化认知，这种共同的文化记忆积累成为西方文化中普遍化的精神形象，使"spectre"蕴含了挑战权威的精神。因此，马克思使用"spectre"在欧洲文化记忆中具有的积极精神，把共产主义者刻画为挑战当权势力、创造新秩序的颠覆者。

我们认为"spectre"是一种普遍化使用的文化惯习。高放在细读历史文献时，发现这样一封信：

"在布雷斯劳这个地方，共产主义者的秘密活动受到警察的严密监视，在这里，以这种方式存在的共产主义完全是一个幽灵，不过只是对反对者而言，而按照密谋活动的计划，它也同样是一个幽灵……这样的幽灵是一个令人非常讨厌的反对者，是一种看不见摸不着的反对者，这种东西在它作为庞然大物身强力壮地从黑暗走向光明以前，越不被人看清，危险性就越小"（转引自高放，2013：40）。

高放据此推测马克思是受这封信的启发，在《宣言》中将共产主义比作"幽灵"，而我们认为这是"spectre"普遍化使用的一个例证。由于"spectre"蕴含的共同文化记忆，欧洲文化把尚未认识和理解，并且令人怀疑和不信任的事物都称为"spectre"（查阅"spectre"的英文词典和例句，这一点不证自明）。正是在这种文化语境中，马克思自然地采用这一普遍化隐喻，给读者传达共产主义在欧洲文化中的普遍意义。

其次，联系欧洲的宗教文化和信仰实践，句⑦中 "the Spectre of communism" 的大写形式是马克思对共产主义是 "spectre" 形象的颂扬和崇敬。欧洲宗教文化往往出于尊重和热爱，把有关圣灵等神圣的词汇大写，这被称为虔诚的大写（Reverential capitalization），例如 "the Almighty（全能的上帝）" 和 "the Creator（造物主）" 等。句①和②中 "spectre" 并未大写，是因为这两个小句出自反对者视角，主要传递出贬义的 "神化性" 和 "异质性"；而在句⑦中大写，是因为该句是马克思站在共产主义者的立场，应用这一普遍化形象在欧洲文化中的积极精神。"spectre" 的大写和欧洲宗教文化相照应，是马克思对共产主义的肯定性神化描写。

最后，"spectre" 文化意象的社会背景和历史文化所承载的内涵意义与 "nursery tale（童话）" 搭配，表达了马克思对共产主义的美好愿景这一意义潜势。童话具有 "教化" 的社会作用，以通俗易懂的形式，传递最基本的价值观，潜移默化地塑造社会新生成员的认知模式和世界观。马克思在句⑦中呼吁共产主义者 "… meet this nursery tale of the Spectre of Communism"，是希望利用欧洲文化中 "spectre" 形象的文化记忆，在全世界传播共产主义这一新观念，培养新的世界观和价值观。"nursery tale" 以童话的伦理教化作用隐喻《宣言》的价值和意义，作为一种意义潜势，给 "spectre" 赋予了重要的社会价值，号召共产党人把共产主义信念作为自己的童话，在欧洲文化中培养新的价值追求，使共产主义这一新观念如童话般广泛传播、代代传承。

共产主义的历史发展和《宣言》的文化以及社会背景都与引言的语言形式衔接，共同建构 "spectre" 文化意象的连贯性内涵。我们可以把这一内涵概括为两方面的 "隐秘性"：一是 "spectre" 具有的隐秘性特征符合共产主义发展早期的组织活动形式；二是 "spectre" 所具有的隐秘性社会文化价值能够说明共产主义的活力和前景，这也是《宣言》的写作目的之一。

《宣言》引言的语言形式衔接与情景语境和文化语境密切关联，形成了"spectre"的多重意义潜势，我们把这些意义潜势概括为贬义的神化性、辩证的异质性和行动及精神上的隐秘性。其中，贬义的神化性源于当政的反对者，他们试图把共产主义者妖魔化；辩证的异质性指在反对者眼中，和自身以及其他竞争者相比，共产主义具有本质的不同；隐秘性说明了共产主义的组织形式在历史发展中的行动特征，以及在文化语境中的精神本质。

二、以三种特征衡量"spectre"的翻译

经典文献文本的翻译应该以原语为取向，尽可能保留原文语言形式的意义潜势和文体特征，给读者传达原文的意义层次和文化背景，帮助读者形成自己的理解，才能使读者不断深入理解文献的内容和本质。翻译不仅是在另一种语言中找到对应词，更重要的是意义的对应性。读者在阅读译文时，对于重要的术语和命题，不能想当然地以母语去推断其意蕴和指向，要有观照意识和文化意识，要知道自己面对的是翻译的语言，要对自己的思维和判断有清醒而自觉的分析。在诠释马列文献中的重点概念和命题时，必须抛弃简单化的思维方法，全面和历史地把握具体语境中的意义（马建辉，2010：67）。本节根据上文研究所得出的三种语义特征，比较不同译文对"spectre"意义潜势的再现程度，最后提出我们认为最适切的翻译。

"spectre"七种翻译的主要差异表现在"影""幽""魔""怪""巨""精"和"灵"所侧重的不同意象特征上。根据《大辞海》（2009）的相关释义，我们以表4-7分析不同汉字对应的语义特征。

表4-7　七种翻译中相关汉字的汉语释义表

汉字	释义	对应特征
影	隐藏、遮蔽	隐秘性
幽	隐秘、隐微	

续表4-7

汉字	释义	对应特征
魔	扰乱、破坏、障碍	异质性
怪	奇异的、不常见的	
巨	大	
精	传说中的精灵、精怪	神化性
灵	神	

从隐秘性来看，"巨影""怪影"和"魔影"都通过"影"体现了共产主义活动的半密谋方式。其中，"巨影"中"巨"的异质程度相对较弱，"怪影"的"怪"使异质性有所增强，"魔影"中源自佛教词汇的"魔"则不仅增强了字面上的异质性，还带有"扰乱、破坏"的贬义色彩，能够体现异质性所要求的斗争精神。"魔影"略胜一筹，兼具行动的隐秘性与辩证的异质性，呈现了更多的意义潜势，但"魔影"在汉语文化中缺少共通的文化记忆，无法在读者心中唤起"spectre"在欧洲文化中的形象、社会价值和精神特征，不能完整地再现《宣言》引言的意义潜势。

从异质性来看，"怪物"和"魔怪"均通过"怪"强调了异质性。"魔怪"在《大辞海》中还有"妖魔鬼怪，比喻邪恶的人"的独立词条解释，具有贬义的神化性色彩。在汉语文化中，自清代纪晓岚以降，就有"神灵下降，辅佐明时；魔怪群生，纵横杀劫"的说法，这种屠害生灵的形象一直延续到当代，毛泽东在《浣溪沙·和柳亚子先生》中写道，"百年魔怪舞翩跹，人民五亿不团圆"，描写帝国主义入侵使中国人民遭受痛苦。因此，"魔怪"在释义上虽具有异质性与贬义的神化性特点，却在汉语文化记忆中缺少异质性所蕴含的积极斗争精神和先进性本质，并不可取。

"幽灵"和"精灵"都通过"灵"字彰显了神话色彩。在《大辞海》中，二者均为独立词条，分别有着"死者的灵魂，也泛指鬼魂"和"鬼神或神仙"的解释，都能体现不同于寻常之物的异质性。结合文化渊源分析，"精灵"源自北欧神话，在汉语文化中并不多见，现代汉语中常被用来形容人聪明机智。"幽灵"可以追溯到南朝《文心雕龙》中的"祈幽灵以取鉴，指九天以为正"，表现为可供人们祈愿的鬼神形象，能够反映异质性所要求的挑战精神和隐秘性所要求的文化内涵。"幽灵"还通过"幽"字增加了行动上的隐秘性。综合来看，"幽灵"比其他翻译更加能够全面地涵盖原语语篇赋予"spectre"的意义潜势。

图4-2归纳了这七种翻译对三种特征的再现程度。我们把七种翻译排列在大三角形的两个边和平面上，三角形的三个角分别代表三种特征，译文距离某个三角点越近，对该特征的再现程度就越高。"巨影""怪影"和"魔影"侧重隐秘性，放在左边下方；"怪物"和"魔怪"侧重异质性，而"魔怪"在一定程度上又体现了神化性，因而放在右边上方；"幽灵"和"精灵"对三种特征均有体现，而由于"精灵"体现的异质性较弱，在现代汉语中的褒义神化色彩较强，故其位置较"幽灵"而言偏向右下角。

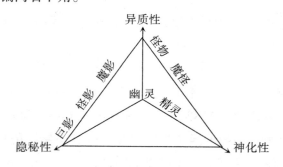

图4-2　不同翻译对三种特征的体现程度图

以"spectre"具有的神化性、异质性和隐秘性作为"spectre"的基本意义潜势，结合原语、目标语和目标语文化语境来分析，我们认为"幽灵"的翻译不仅能够通过文字释义传达出贬义的神化性和行动的隐秘性，还能够通过文化记忆表现出共产主义概念的异质性和文化精神的隐秘性，"幽灵"应该是现有翻译中最能传达原文意义和内涵的翻译。

语言形式衔接和语篇与语境之间的关联形成语义连贯，有助于我们准确理解和表达原文的意义，特别是具有分歧的意义。我们以探求语言内在规律的分析方法，分析《宣言》引言的语言形式衔接和语境中的意义。翻译需要权衡文本的主要功能，在原文和读者之间做出平衡。我们认为经典文献的翻译应以原文为中心，才能保证文献的权威地位和经典作用。本文开头指出，认为"幽灵"翻译有误的研究之所以错误，是因为这些研究过于注重文本的使用功能，只以目标语读者的现实需求来理解和翻译，背离了原文语境，力图在目标语中寻求单一和简化的对等词，而没有从意义潜势的角度分析"spectre"在源语语境中的多层意义式。任何概念，尤其是经典文本的概念，本身都蕴涵着丰富的历史、社会、文化和现实意义，翻译应尽可能地给读者传递这些意义。

第八节
学术模因翻译的识解成本与传播模型
——以"metaverse"为例

"Metaverse"以文学概念诞生，先后应用于科技和商业领域并译介汉语社会，最终以"元宇宙"之名实现跨语言的知识传播。这一学术模因并未再现源语词的内涵和外延，却在与其他模因的竞争中获得了汉语文化的广泛接受。从知识翻译的角度出发，结合知识金字塔模型和传播学理论，分析"metaverse"的发生、传播和接受过程，可以发现学术模因翻译中知识译介时的符号载体与媒介模式对知识传播与转化的效率至关重要，有时甚至以牺牲译名的信息功能为代价，获取目标语社会较高的接受度。

一、"Metaverse"的发生、传播与转化

"Metaverse"这一概念于2021年首次以"元宇宙"之名译介汉语文

化，以其具体所指、抽象内涵和实际应用激起科技、商业、传媒、哲学等领域的热烈讨论（方凌智、沈煌南，2022；陆岷峰，2022；董晓晨、吕丹，2002；江玉琴、李艺敏，2022），其中也不乏对学术模因译名准确性的探讨（刘建明，2022；邓建国，2022），更有学者直接指出"元宇宙"一词背离源语词实际内涵，只是在夺人眼球，毫无意义（刘建明，2022）。然而，"metaverse"确实以这一译名在汉语社会得到广泛传播，如果它并未传达源语词蕴含的信息，为何又能在汉语社会获得公众接受呢？

本节从知识翻译（knowledge translation）的角度出发，引入知识金字塔模型（DIKW）和传播学理论，描写"metaverse"这一学术模因从生产、传播到接受的跨语言知识转化过程，分析"元宇宙"较其他译名在竞争受众接受度时的优势，从符号特征和传播方式两方面对术语翻译提出思考，促进知识概念在目标语文化中的传播与转化。

翻译在跨语言知识转化中扮演着重要角色，涉及知识在源语言的生成、跨语言的传播和在目标语的接受。知识管理领域中的知识金字塔模型系统介绍了数据、信息、知识和智慧之间的关系：数据作为金字塔最底层的原始素材，经过加工处理后成为有逻辑的信息；信息经过组织化生成知识；而知识又通过未来应用形成智慧。语言作为信息的载体，能够帮助信息在特定文化内转化为知识，传播学术模因并自我发展。可以说，语言是知识得以产生并不断增长的介质（卡西尔，2004）。而不同语言符号蕴藏着不同文化的认知方式，在传达文化意义和历史指向时，并不存在唯一普遍的社会行为或集体话题（Santos & Boaventura，2015）。这就需要翻译去解码某一文化中知识形式所蕴含的信息，在另一文化中再编码形成新的知识形态。在这一过程，译者以对源语文本的初始信任（initial trust）为基础，对其中的信息进行来料加工，将信息以某种语言形式引入目标语文化中，以期信息能够经由目标语受众特定的认知模式转化为知识，并进一步升级为智慧。

翻译需要在不同语言文化间建构共享的认知模式，使地方性知识萌发世界性意义。地方文化在自身的认知环境中，积累本土的数据和信息，形成地方性知识。不同文化空间的知识形态映射着不同的认知模式，而翻译的价值就在于向目标语引介新的知识形态，从而激发目标语文化对原有认知模式的重新思考（王晓路，2021）。正是通过翻译，地方性知识得以在不同文化间传播，进而获得跨越文化的普遍性意义。"Metaverse"便是这种跨文化知识转化的典型例子，因此本节从知识的生成、传播与接收三个历时性阶段，跨越源语与目标语，描写这一地方性知识概念获得普遍意义的发展谱系。

二、"Metaverse"在英语文化中的生成

"Metaverse"作为文学想象，萌生于计算机技术跨越式发展所引发的恐慌。20世纪80年代，威廉·吉布森（William Ford Gibson）就以"赛博空间（cyberspace）"在北美科幻界掀起"赛博朋克"狂潮，以悲观论调描绘未来科技奴役人类的反乌托邦世界。90年代，发展愈加迅猛的互联网科技更是激化了人们对这一预言的恐惧：1989年，互联网进入商业运营阶段，但因编写代码极为复杂，只限于部分专业人士使用；短短一年时间，万维网诞生，出现第一个网页浏览器，虽只能显示简单文字，却使互联网开始渗入普通人的生活；两年后，便出现了马赛克浏览器，使网页能够显示出图片。人类生存场景迅速数字化，有关互联网未来发展的文学想象也不再局限于赛博空间。尼尔·斯蒂芬森（Neal Stephenson）在其1992年出版的科幻小说 Snow Crash 中，描绘出一个借助各类增强现实技术、提供逼真"化身"（Avatar）体验的共享虚拟空间，创造了"metaverse"这一概念。

"Metaverse"通过创新构词传达了丰富内涵。该词源自希腊语前缀"meta-"和英文单词"universe"，通过反常规的词缀、词根组合，以有标记的形式达到前景化的阅读效果，借助"meta-"传达了概念的多重意义潜势（meaning potential）。根据《柯林斯英语词典》，"meta"此处的相关含义可归纳为三项义素：出现在时间或空间之后的后发性，事物自身发展变化的流变性，指涉学科自身概念和结果的自涉性。由此看来，作者旨在通过这三条语义线索为目标读者搭建认知这一新创概

念的特殊识解途径："metaverse"诞生于我们当前生存的空间之后，由指涉学科自身概念和结果的自涉性发展变化而来，是基于学科自身概念和结果的自涉性自身所得出的结果。

在"metaverse"自身的意义潜势之外，控制论、信息学等观点赋予该词更多的哲学反思。"Snow Crash"中的"metaverse"是斯蒂芬森（Stephenson）对未来"高端科技和低端生活"敲响的警钟。在此书中，全球经济崩溃，美国在过度商业化的发展中走向没落。联邦政府让位于资本力量，私营企业接管大多数公共事业，特权阶层开始统治社会，中下层劳动人民被迫游走在社会边缘，渴望逃离现实生活，建立一片虚拟之境——"metaverse"。在这个平行世界里，人们可以凭借技术手段、依据自身想象创造化身，获得沉浸式的互动体验，人们甚至愿意永久沉溺于这个虚拟空间，在现实世界中彻底毁容，成为"石像鬼"（Gargoyle）（Stephenson，1992）。在反乌托邦式的社会背景下，斯蒂芬森借用荒诞的赛博朋克式隐喻，揭露人类文明在科技高度发达的表层之下逐渐崩塌的社会结构，以哲学反思警醒人们提防神经机械控制可能会带来的灾难性后果。这种隐喻在数字化社会无所适从的人们心中激发起共同的认知模式，使恐慌焦虑的内心感受具象化，凝结在"metaverse"这一特定的语言符号中。

"Metaverse"的概念并未局限于文学想象，开始向科学领域转化。根据对 *Snow Crash* 所引文献的分析（李杰，2022），其研究价值最早集中体现在计算机科学和通信领域。此后，文献的施引主题随互联网技术发展而演化：在 Web 1.0 时代，相关文献主要聚焦因特网和信息技术；随着 Web 2.0 时代的到来，注意力转向社会网络，主要是计算机游戏和 3D 技术；之后，又逐渐形成热点关注的主题群，包括虚拟世界、第二人生等，并在近期开始强调人工智能和后人类研究。施引主题的这一历时性变化清晰地反映出"metaverse"最初作为文学概念，后逐渐向科学领域渗透的传播路径，在社会上从文学语言编码的信息进化为科技领域探索的知识，同时也体现出这一概念的内涵与外延随着社会文化的发展而不断丰富。

由此可知，"metaverse"这一文学知识概念受到互联网技术高速成长的触发，脱胎于赛博朋克式的反乌托邦隐喻，在源语文化中实现了从文学概念到科技知识的跨学科转化。随着社会发展，这一符号的指称内容和哲学反思在原有内涵的基础上也在不断扩充。

三、"Metaverse"跨语言的传播

斯蒂芬森在英语文化中斩获的诸多荣誉为 *Snow Crash* 译介汉语文化奠定了基础。此书标志着斯蒂芬森创作风格的成熟，对虚拟空间进行了系统详细的描写，以富有感染力的笔调刻画出人类认知底层逻辑遭遇机器人入侵后的灾难后果，一经问世便在英语文化中获得广泛好评，却并未即刻译介到汉语文化。随后，斯蒂芬森凭借1995年的《钻石时代》荣获科幻小说最高奖"雨果奖"，并在2008年携《飞跃修道院》再次入围"雨果奖"决选，积累了足够的符号资本（symbolic capital）。至此，*Snow Crash* 才吸引了汉语读者的注意，于2008年以《溃雪》为名在台湾发行，并在2009年《科幻世界》（译文版）以《雪崩》为名节选刊登，同年又由四川科学技术出版社在大陆发行单行本。

"Metaverse"的多重意义潜势通过各种译名部件在不同译本中得到不同体现。在学术模因的跨语言传播过程中，翻译主体会对术语的概念内涵进行补充式解读，最终在目标语中呈现为特定的"译名部件"（刘润泽、魏向清，2019）。台湾和大陆先后将这一术语译作"魅他域"和"超元域"：台湾译本侧重可译性，采用"音义仿造"的思路，音译在汉语中没有完全语义对应成分的"meta-"，以"魅他"体现出这片虚拟空间的惑人魅力；直译意义较为简单直白的"（uni）verse"，通过范畴词"域"明确概念的空间属性，最终创造"魅他域"一词。大陆译本侧重可读性，基于译者自身理解，限定各词素的具体意义，以"超"体现"meta-"的后发性和流变性；借"元"在汉语文化中"最初；本元"之意修饰"（uni）verse"，明晰为"元域"，通过"语义仿造"得到"超元域"，表示"超越人类最初生存空间的空间"；这一意义组合也体现了自涉性，可以说完整反映了源语词的三重潜势。凭借新词仿

造的不同策略，译者借助不同的译名部件注入各自的解读，为汉语读者搭建了差异化的识解途径。

然而，"metaverse"并未凭借这两种文学译名在汉语文化中萌发普遍意义，而是以商业概念从地方走向世界。2021年，Roblox、Epic Games和Facebook等互联网巨头通过资本注入和商业造势，成功将这一文学概念商业化。与此同时，国内的Meta App、代码乾坤等新创企业也掀起了融资热潮。自此，"metaverse"化身商业概念，再次译介汉语文化。"Meta-"作为词缀在现代英语中常以自涉性的含义与学科名称搭配。台湾和大陆以此为基础，按照各自语用习惯直译为词缀在该语境下的惯常表达，仿造出"后设宇宙"和"元宇宙"的概念。"后设"作为语义仿造的译名部件，通过单字组合体现了"meta"的后发性和自涉性，也可据此联系到事物自身在后期发展变化的流变性，因而可以全面再现源语词的三重内涵；而"元"作为汉语固有成分，只体现出意为"本元"的自涉性，丧失了源语词的后发性和流变性，容易让受众误解为"最原始的宇宙生存空间"之意。尽管如此，在大量资本涌入的情况下，"metaverse"仍以商业概念"元宇宙"的身份获得大众认可与广泛热议。

至此，"metaverse"借助作者在英语文化获得的符号资本打开汉语市场大门，从文学隐喻渗入科技设想，又兴于商业概念，实现了跨学科、跨语言的知识传播与转化，借助商业投资占据汉语文化一席之地。

四、"Metaverse"在汉语文化中的接受

中国社会迅速吸收化身商业科技概念的"元宇宙"，并采取行动做出积极回应。政府层面，工信部首次表态，要培育一批进军"元宇宙"、区块链等新兴领域的创新型中小企业，而上海、浙江、北京等地的地方政府已超前布局，推出发展"元宇宙"的扶持政策。学界层面，首届"元宇宙"中国大会、数博会"元宇宙"论坛等活动引发热烈讨论，各大高校纷纷成立"元宇宙"实验室和研究机构，相关论文、著作大量涌现。商业领域，各互联网巨头竞相开展收购计划和研发行动。

"Metaverse"以"元宇宙"之名在政府、学界和商界得到深度探索。

"元宇宙"的舆情走向体现出社会公众对这一新兴概念的理解认识。截至目前，中国网络"元宇宙"资讯发布占比位居全球第一。网民聚焦与生活紧密相连的时空智能和人工智能等话题展开讨论，而对于元宇宙在经济增值方面的表现则因尚不清楚具体形势而持怀疑态度。尽管舆论的关键词仍是较为泛化的"游戏""体验""智能"和"未来"，但开始涉及 NFT、区块链、VR、AR 等具体应用，说明网民此前对"元宇宙"的单一理解也在逐渐细化。由此可见，目前汉语文化受众是根据相关资讯中可知可行的具体技术，自下而上地建构起"元宇宙"这一抽象的符号信息，填充这一宏观知识概念。

从知识金字塔的模型来看，"metaverse"在汉语文化中不再只是"元宇宙"这样一个符号，而开始从信息跨层次转化为知识，并为进一步升级智慧积累资本。尽管"元宇宙"并未将源语词的识解途径完整呈现给目标语受众，丢失了它的指称内容和哲学反思，却仍在与其他译名的竞争中获得更为广泛的传播。然而，这一缺失的信息功能是学术模因翻译中被反复论及的一项标准，要求译名准确表达原术语的内涵和外延，认为这是使用者理解和接受的决定性因素（杜薇，2021）。"元宇宙"在没有满足信息功能的情况下，是如何实现广泛传播甚至知识转化的呢？

五、"元宇宙"的接受度竞争

从模因传播的视角探讨翻译，有助于突破传统翻译研究的跨语言维度，研究信息在传播中向知识转化时的语内交互维度。"Metaverse"作为知识客体，以"魅他域""超元域""后设宇宙"和"元宇宙"为符号载体进入汉语文化，与作为主体的目标受众展开认知互动，各译名由此卷入接受度的竞争之中。本节从符号特征和传播方式两个方面来分析目标受众与不同符号间的交互感受，探究"元宇宙"获得普遍接受的原因。

从译名自身的符号特征来看，"元宇宙"牺牲了源语词的指称内容和哲学反思。"魅他域"通过创造性音译，体现出译者在原作者意图之外的主体性介入，向受众强调这片新生之地的魅惑力。"超元域"通过阐释性意译，传达出译者以源语词内涵为基础的补充式解读，向受众解释了这一虚拟空间与当前世界的关系，这种关系在一定程度上体现了源语词的三重意义潜势。"后设宇宙"将阐释性意译和直译结合，试图用"后设"为受众再现源语词成分提供的多种识解途径，如直接反映出的后发性和自涉性。"元宇宙"却直接将"meta-"和"（uni）verse"在目标语文化中最常用的义项对应组合，并未体现译者的独到创造或理解阐释。它只凭借目标语文化中潜藏于认知思维惯式下的语用习惯，反映了最为字面意义的自涉性特征。这使作者构造的其他两种识解途径荡然无存，也让源语词在源语文化中扩充的指称内容和哲学反思不见踪影，不可避免地造成了知识转化过程中"文化信息的失落和变形"（张生祥，2016）。

却也正因为如此，"元宇宙"凭借低成本的识解途径获得了传播优势。译名部件"元"和"宇宙"是汉语文化中固有的常用字词，为受众选择性地提供了一种较为简单直接的认知方式，使受众愿意积极发挥主观能动性，快速形成主观的理解。这种"理解"无论正确与否，在地方性文化结构的限制之下，可以在新的语境中获得"合法性"（Meyer，2015）。多样化的"合法理解"又会进一步吸引更多受众参与新知识概念的认知建构，为译名获得广泛认可提供了基础。因此，在认知互动的过程中，知识客体的低识解成本可能会激发认知主体的主观能动性，积极建构自我认知，从而反向助推信息传播，促进信息符号向知识的转化。

从译名的传播方式来看，"元宇宙"借助了社交媒体在知识传播中的强大离心力量。传统的知识传播属于机构模型（institutional model），通过知识在科学家、政府和媒体中的水平流动，将知识从专业人士按层级自上而下地直线传递（transmit）给非专业人士，强调各参与者之间的共性与相互支持（Botsman，2017）。而社交媒体则使知识传播呈现出去中心化和去专业化的态势（Lee & Wang，2022），传播模型也转向网联模型（networked model）（van Dijck & Alinejad，2022）。网联模型以社交媒体为离心力量，将信息传播的动态特征从概念上的"传递"转为"转化（transfer）"，强调转化过程中所体现的差异与协商（Yang，2020）。"魅他域"和"超元域"的传播渠道为科幻小说，传播方式属于机构模型，使作者创造的文学概念以信息形态从译者直线传递给读者。这使不同认知主体之间缺乏互动协商，而信息客体自身无法根据受众对知识的多样化理解进行相应的调整，导致参与者间缺少机构模型赖以维持的共性与支持，降低了信息转化为知识的效率。而"元宇宙"的传播渠道为社交媒体，属于网联模型，让每位非专业的信息消费者都有机会提出差异化的主观理解，在与其他消费者的协商对话中共同建构这一知识概念，提高了知识转化效率。

不仅如此，"元宇宙"传播的网联模型还填补了由官方决策滞后造成的信息空白。"元宇宙"一词在网络平台发源之初，官方尚未及时回应大众对新知识概念的理解诉求，而是需要一定时间才能给出统一的概念解释，帮助社会形成共识。这种情形下，传统机构模型中的专家或业内人士在知识生产（knowledge-making）阶段不再具有"垄断"地位。而社交媒体则允许非专业大众以小微影响者（micro-influencer）的身份出现，搭建起信息鸿沟的桥梁（O'brien，Cadwell & Lokot，2022）。他们通过对外文资讯的翻译、个人观点的分享，为大众普及了"元宇宙"的文化来源和范畴所指，帮助协商大众多样化的理解方式。网联模型增加了信息消费者之间自我与他者的对话，加强了主体间的差异协商，为信息传播增加了动力，也帮助受众对知识概念进行使用和升级转化。

综合上述两方面分析，"metaverse"作为新信息译介汉语，通过"元宇宙"符号自身较低的识解成本，强化了认知主体的主观能动性，并凭借社交媒体传播信息的强大离心力，增强了主体间的协商互动，为信息传播与知识转化提高了效率。

六、学术模因传播的过程思考

"元宇宙"在没有向受众提供完整识解途径的情况下，借助低识解成本和强对话互动，从主体性和主体间性两方面促进了信息的传播与升级，获得大众的理解与认可，最终实现跨语言知识转化。以下从载体与媒介两个方面对这一现象进行思考。

从载体来看，语言符号作为知识的载体，其识解成本对知识在目标语文化的接受与传播效率至关重要。即使目标语符号未能提供源语符号在源语社会的特殊识解途径，但如果其识解成本较低，能够增加受众的主体性认知建构，激发受众在识解过程中发挥主观能动性，从而形成多样化理解，这仍有可能提高源语知识在目标语文化中的接受程度，促进信息向知识转化。

从媒介来看，传播方式作为知识的媒介，其传播模型对源语信息在目标语文化中向知识和智慧的转化举足轻重。社交媒体使大众以个体为中心，发散性传播信息，通过不同主体之间的对话实现信息的平级流动。这种模式提高了受众的主体间性意识，增强了多样性的差异协商，搭建起信息鸿沟的桥梁。这有助于源语知识以目标语编码的信息形态在受众中丰富内涵、达成共识，从而促进信息向知识和智慧升级。

以上思考能够帮助译者从信息传播的视角理解同一学术模因的不同译名间对受众接受度的竞争，在术语翻译时选择合适的语言符号和传播方式，策略性地帮助知识实现跨语言、跨文化的传播。

术语翻译往往强调要满足基本的信息功能，再现源语词的内涵与外延。然而，对"metaverse"由地方性知识萌发世界性意义的发展谱系进行了详细描写，根据该学术模因在源语文化的发生过程，明晰了它的意义潜势以及随社会文化发展而不断扩充的内涵和外延，而后分析了这一知识概念被解码、再编码的过程，比较了不同译名符号在汉语社会的知识转化程度，发现"元宇宙"这一译名在损失信息功能的情况下，却获得了受众的高接受度，颠覆了我们对学术模因翻译标准的传统认知。从知识翻译的角度审视翻译，有助于在跨语言维度之外思考知识依靠翻译传播过程中的语内交互维度，考虑源语文化内部原文本在作者和读者交互中扩充的意义内涵，以及目标语文化内译文在信源和受众互动中获得的接受程度。当前社会要求知识转化具有较高效率，这就需要学术模因翻译获得高接受度。译名可以合理降低识解成本，增强信息客体与认知主体之间以及认知主体本身之间的对话，促进信息的传播，帮助信息进一步转化为知识，最终实现跨语言的知识传播。

第九节
翻译策略模因与翻译的关系

笔者依据切斯特曼的翻译是观念的传播观，描写翻译策略模因，并尝试运用翻译策略模因指导翻译实践。翻译策略模因源于译者和翻译理论家对翻译实践的总结，升华为系统性的理论之后，又发挥着指导翻译实践的作用。因此，翻译策略模因是理性形成的系统翻译知识，能够指导翻译实践和翻译过程，最终产出相对完善的译文。翻译策略模因不仅是译者从事翻译的工具，也是译者衡量和判断译文质量优劣的标准，在翻译过程中具有普遍的方法论意义，在这一意义上来说，译者不仅要从事大量的翻译实践，还要掌握一代又一代译者和翻译理论研究者所积累的翻译理论，以指导翻译实践，提高翻译能力和翻译理论水平。

翻译所传递的内容主要是信息，传递信息的重点在于内容，而非形式，强调信息的真实性、准确性以及规范性是信息传递的主要特点。因此，在翻译转换过程中，译者要注重信息传递的效度，注重读者的理解与反应。莱斯指出，"翻译信息型文本时，应该传递源语指示性或概念性的内容，语言应直白，无冗余，并确保内容和信息在目标语中被完全地再现"（芒迪，2010：107），必要时还需要将原文隐含的内容或结构显性化、明晰化，便于目标语读者更好地理解原文，接受原文所传递的信息。

一、翻译策略模因

翻译具有等值、源语-目标语、直译-意译、翻译即写作等一代又一代译者学习、总结和模仿的翻译认知和策略模因。这些翻译认知和策略模因在历代译者的实践过程中累积，彼此模仿和互相学习，形成解决翻译基本问题的常规认知模因。模因的感染、复制和传播具有相似性，是译者相互学习、不断积累和完善的翻译策略，具有最佳相似性和相关相似性，相似性是共生模因，生成于译者对其翻译策略的学习、总结和完善的过程中。

翻译认知模因又是理性形成的系统翻译知识，能够指导翻译实践和过程。应用翻译策略模因，能够发现翻译中的问题和困难，从而解决这些问题和困难，排除和修改翻译中的错误与问题，再到发现新的问题和困难，这是一个不断反复的过程，最终将得到相对完善的译文。

因此，译者个体的策略和方法是翻译理论体系的基础和素材，在翻译能力习得过程中不断积累和沉淀，反映翻译理论的形成过程。换言之，译者的观点、态度变化和翻译策略的形成过程反映整个翻译理论的发展过程。按照一般的心智信息处理模式，在翻译的初期阶段，译者无意识地学习、理解和使用翻译认知模因；随着技能的培养和形成，翻译策略模因会不断固化在译者的翻译知识系统中，成为指导译者翻译的工具。

翻译认知和策略模因在四个方面与译者的翻译能力相关：初学者首先学习翻译基本理论和技巧；在翻译能力形成和精通阶段，译者能够解释或说明选择与决策方法的正确性；精通翻译策略的译者能够恰当地应用翻译策略、方法和技巧；翻译专业工作者，如教授翻译技能的教师和评估者具有评判和评估翻译正误与好坏的能力（Chesterman，1997：147-148）。因此，翻译策略模因不仅是译者从事翻译的工具，也是译者衡量和判断其译文质量优劣的标准，在翻译过程中具有普遍的方法论意义。

一直以来，译界对翻译策略的定义相对来说比较多。熊兵指出，"翻译策略是翻译活动中，为实现特定的翻译目的所依据的原则和所采取的方案的集合"（2014：83），这一定义强调的是宏观的"原则"和基本的"方案"；韩江洪认为，"翻译策略是从事翻译这种跨文化交际活动的具体手段和方法，约等于翻译方法"（2015：75），这一观点强调的是一种具体的、局部的处理办法；方梦之则认为，"翻译策略是指翻译过程中的思路、途径、方式和程序"（2013：2），他继续指出，翻译策略属于翻译理论研究中的中观理论，是宏观理论（研究翻译的本质问题）和微观理论（研究翻译实践的技巧与具体方法）之间的桥梁，贯穿于整个翻译过程，可由宏观理论自上而下地推衍出来，也可从翻译实践中不断滋生，通过集约化、概念化、范畴化的经验和技巧而获得。笔者所采用的翻译策略概念指解决具体翻译问题的方法与途径，一般来说相当于翻译技巧。

根据翻译策略模因的句法/语法、语义和语用等层面，切斯特曼把策略模因归为三个层面三十多个级阶。三个层面包括句法/语法策略（syntactic strategies）、语义策略（semantic strategies）和语用策略（pragmatic strategies）。语法策略包括但不限于直译、仿译、单位转换、词类转换、改变句子结构等；语义策略包括但不限于使用同义词/反义词、上/下义词、抽象化/具体化、正反译等；语用策略包括但不限于改变清晰度、文化过滤、局部翻译、编译等（Chesterman，1997：94-107）。这些策略模因是一代又一代译者实践的结晶，反过来又指导翻译实践，最后升华为翻译理论的基本方法和技巧，从而系统地指导翻译实践。

基于切斯特曼翻译策略模因理论，笔者在翻译过程中发现，以下翻译策略模因尤其可以指导笔者的翻译实践。这些策略模因包括：主动/被动转换策略模因、否定/肯定转换策略模因、复杂结构转换策略模因、单位转换策略模因、学术模因翻译策略模因、专名命名策略模因、语境择义策略模因、词类转换策略模因、增补/省略策略模因、抽象化/

具体化策略模因、提示策略模因、从属结构的语用策略模因、虚词表语用功能的翻译策略模因、连词表语用功能的翻译策略模因、隐喻修辞的翻译策略模因、标点符号的翻译策略模因等。这些策略模因分别属于语法/句法、语义、语用三个方面，这三个层面基本上包括了一般的翻译策略和技巧。

切斯特曼认为，"句法/语法策略操纵形式，语义策略操纵意义，而语用策略操纵信息本身"（1997：107）。可见，语言形式、意义和信息是互相联系的统一体，在翻译中要彼此关照，全面把握。在下文，笔者根据翻译实践中实例的可得性，有针对性地以翻译过程中出现和使用过的翻译策略模因，从语法/句法、语义、语用三个层面，讨论翻译策略模因对翻译实践的指导作用，以及对翻译理论形成的基础作用。

二、句法/语法策略模因

句法/语法策略是关涉各种句法变化形式的模因，从源语到目标语的句法变化往往比较复杂，种类繁多，大至句子结构、句式结构的变化，小至词组表现形式的变化、单位转化等，往往较大的策略变化涉及较小的策略变化。

在不同文化中，语言表达形式不同，差异多于相同或相似，例如，英汉语分别属于不同的语系，受不同思维方式和不同文化的影响，在遣词造句和语言表达上常常不同。英语惯用包孕式的复合句（complex sentences with embedded clauses）、被动句，汉语常用"散句、松句、紧缩句、省略句、流水句或并列形式的复句"（连淑能，2010：93）。因此，在英汉互译中，采取一定的翻译策略，以确保准确传达源语的信息显得尤为重要。笔者在下文结合具体实例，说明句法/语法策略模因如何指导处理翻译实践中的被动结构、复杂结构、否定结构等句式。这些翻译策略模因包括主动/被动转换策略模因、否定/肯定转换策略模因、复杂结构转换策略模因、单位转换策略模因等。

主动/被动转换策略是英汉互译中很普遍的一种转换方式，其理据在于英汉两种语言表达方式的不同。被动结构是英语中常见的句法现象，在信息型文本中表现得尤为明显，这是由于被动句式在信息传递中能够发挥多种功能。具体说来，被动句式有助于保持信息的客观与简洁、信息的强调与对比、话题确立、语篇连贯以及实现以言行事的目的等功能。相比而言，汉语中被动结构的使用不如英语那么广泛。因此，翻译英语被动句式时，需打破原文句子结构的束缚，依据汉语的造句习惯，灵活处理，以避免译文别扭拗口、晦涩难懂。一般而言，可以采用被动译主动、被动译被动、被动译为汉语判断句或惯译法等翻译策略模因来转化英语被动结构的信息。

例1：The necessity of this was felt, no doubt, by those who attributed so much importance to logic, showing thereby that they were in search of helps for the understanding, and had no confidence in the native and spontaneous process of the mind.

　　毫无疑问，对于认为逻辑非常重要的那些人来说，都能感觉到这样做的必要性，因此，他们寻求理解的方法，并且对心智天然的和自发的过程没有信心。

例2：A meme however, will not be passed on in its original "genotypic" state but will instead be copied in a phenotypic state which will, for the new host, become the genotype of this meme.

　　然而，模因不会以其原始的"基因型"复制传播，相反，以表现型状态复制，对新宿主而言，这一表现型就是该模因的基因型。

例3：In this model the dominant direction of the transmission is indicated by the double arrowheads.

　　在这个模型中，传播的主要方向用双箭头表示。

例4：When a meme is selected and afterward re-propagated by the new host, it has to go through several different phases before reaching the end-goal of replication and redistribution.

　　模因被新宿主选择后再次繁殖时，必须经历几个不同的阶段，才能达到复制和再分配的最终目的。

否定/肯定转换策略模因。翻译过程首先是一个认知过程。一方面，由于人类在认知方式上具有一定的相似性，所以可以将英语的否定之意直接通过汉语的否定结构表达出来，只需在翻译过程中留意一些特殊用法即可，例如否定词前置时，句子倒装和否定转移等问题。另一方面，由于英汉民族思维模式的不同和文化的差异，否定意义的表达手段和方法也不尽相同，例如有些英语句子形式肯定、意义否定，如：He is above blame.（他无可指责）；有些英语句子形式否定、意义肯定，如：I couldn't thank you enough.（我对你万分感激）。这类表达形式是否定表达翻译中的难点，需得仔细甄别、推敲，恰当转化，以忠实地传递原文的深层意义，以达到功能上的对等。具体说来，可使用汉语否定句式转化英语否定表达、使用汉语肯定句式转化英语否定句式等翻译策略模因来翻译英语的否定之意。

例5：While evolutionary theory since Darwin had arrived at a convincing (though perhaps incomplete) algorithm to explain the interaction of organisms with their natural environments in terms of their individual survival and collective biological advancement, this left largely untheorised the relationships between genetic factors and cultural phenomena - involving language, ideas, beliefs, music, etc.

　　自从达尔文以来，尽管进化理论已经得出了一个令人信服（尽管可能还不完善）的运算法则，按照生物进化的个体生存和集体生物发展解释有机体和自然环境的相互作用，但是，在很大程度上，遗传因素和文化现象（包括语言、观念、信仰和音乐等）之间的关系并没有形成理论系统。

例6：Where variations outstrip heredity, the meme fails the test of survival—it loses its identity and becomes the ghost of a meme (and we can no longer plot its evolutionary path).

　　如果变异超出遗传的范围，模因就不能接受生存的检验——模因丧失其特征，变成模因的幽灵（而且我们再无法研究其进化路径）。

例7：This kind of a petition will not have the slightest meaning because of, among other reasons, its exponential spreading factor and the uncontrollability.

由于这一诉求迅速传播，并且不可控制，再加上其他一些原因，诉求的传播会产生广泛的影响。

复杂结构转换策略模因。在本文中，复杂结构转换策略主要围绕从属结构来讨论。从属结构是现代英语的一个显著特征。短语和从句往往可以充当句子的任意组成成分（谓语除外）。从属结构一般环环相扣，短语往往很长，这导致书面语句式结构常常繁杂且冗长，有些句子可长达200个单词。这种异常繁复冗长的结构常见于书面语，尤其是科技论文、公文、政论文等。相比较而言，汉语"常以中短句居多，最佳词组或句子的长度一般为4至12字"（连淑能，2010：93）。汉语一般采用"流水记事法"来造句和表达意义，使用流水句或分句来逐层展示思维活动的过程。另外，汉语的定语修饰语一般前置，句子承载的修饰语数量往往比较有限，这也导致汉语表达结构短小简洁。总体而言，汉语句子不像英语句子可以向后不断扩展延伸，相反，汉语句子呈句首开放、句尾收缩型。鉴于这种句法差异，英语复杂结构的汉译常采用分解、断句和重组等翻译策略模因，采用这些翻译策略模因可以灵活变通，化繁为简；反之，汉语流水式短句则常常要组合成英语从属结构，遵循化简为繁的原则。以下例子在结构的复杂性上都具有代表性，复杂程度从相对复杂到非常复杂不一而足。

例8：The idea that culture is subject to evolutionary process is based partly upon the recognition that when we consider aspects of culture, we cannot reasonably ignore the fact that we are biological beings (and therefore culture doesn't appear independently of evolutionary status); and also the projection that a highly developed civilisation appears to slow down, or even bring to a halt, the processes of biological evolution, but instead exponentially supersedes them in terms of cultural advancement.

文化是进化过程这一观点的部分基础是，我们已经认识到，如果我们分析文化的各个方面，我们就不能忽略我们是生物人这一事实（因此文化似乎不能脱离进化状态的影响）；而且，我们也不能看不到非常发达的文明可能会延缓甚至中断生物进化的过程，但是就文化进化而言，高度发达的文明会迅速取代生物进化过程。

例9：It is tempting to view Dawkins' project as a kind of postmodern parody of the misappropriation of scientific method—the principle element of satire being his self-propelled attempt to identify, willy nilly, a unique and isolable vera causa for patterns of cultural behaviour so complex, embedded, and enduring, that one can hardly conceive of human civilisation independently of them.

我们不由自主地认为，道金斯的假设是一种后现代主义的不恰当的模仿，这种模仿挪用科学方法，其主要问题在于，他自以为是地试图用一种独特的和离散的真实原因，来解释文化行为的模式，而不管这种模式是否符合实际情况，因为文化行为非常复杂，内嵌于其他行为，具有持续性，如果不考虑文化的这些特点，我们则难以设想人类的文明。

例10：The effect of this is to discredit the application of the mind and the intuition in the pursuit of scientific endeavour; but in a way which disregards the fact that scientific minds and methods of direct observation do not actually pre-empt the exercise of intuition a priori in their approach to materials—mental operations do not simply follow perception, as Bacon would have it, but also shape it and provide it with its categories—a point well understood by Kant in his theory of apperception.

这种理解的结果是，在科学研究的过程中，不要相信心智的推理过程，也不要相信直觉；而且，在某种程度上，这种理解的结果没有考虑到科学的心智和直接观察法，事实上，科学的心智和直接观察法并没有预先把直觉作为处理材料的先验的过程——就像培根所说的那样，心智的理解过程完全不依照知觉，而且心智的理解过程也塑造直觉，并为直觉提供范畴——康德在他的统觉理论中对这一点有很深入的洞察。

拆分重组核心句的翻译策略模因是翻译英语复杂结构的一种有效途径，有助于译者在透彻理解原文的基础上，自然贴切地表达译文。

单位转换策略模因。翻译中的"转换"策略模因由卡特福德（J.C. Catford）首次提出。卡特福德认为，由于源语与目标语在语言形式和结构上存在差异，翻译中发生在语言各个层面上的转换成为一种追求自然、贴切表达的必要手段，其中就包括单位转换（unit-shifts）。单位转换指"源语某一级的翻译等值成分转换为译语不同等级的单位，是摆脱形式对应的一种转换"（J.C.Catford，1991：92）。换言之，源语语言单位在目标语中被转化为不同于源语语言单位的语言单位，这种转换方式涉及语素、单词、短语、子句和句子等语言单位之间的转换。笔者认为，在翻译实践中，后四种语言单位之间的转换使用频率一般都比较高，例如把原文的从句、单词和句子分别转化为目标语的独立句、短语，或者把源语的词、短语转译为句子。不管是何种转化，其目的"都是为了降低母语与外语间负向迁移的危险性，有效地减少'翻译腔'现象"（林铃，2009：75）。下面举例说明在翻译转化策略模因指导下，如何恰当地转化原文，以符合目标语的表达习惯，增强译文的可接受性。

例11：Memes are often propagated out of social habits, group membership and ordinary daily routine.

模因的传播经常不受社会习惯、群体身份和一般的日常生活方式的影响。

例12：These messages spread all over the internet thanks to the means of electronic communication.

由于电子通信方式的普及，这类信息在整个互联网中传播。

例13：It has happened before that cults have resulted to mass suicides in name of their religion.

以宗教膜拜之名而导致的大量自杀行为，以前就发生过。

在主动/被动转换策略、否定/肯定转换策略、复杂结构转换策略、单位转换策略等翻译策略模因的指导下，对翻译实践中的被动结构、复杂结构、否定表达等这些英汉翻译中的难点与重点问题，具体问题具体分析，有效处理，努力做到译文既忠实地传达原文意思，又符合目标语的表达习惯。

<h1 style="text-align:center">第十节
语义策略模因</h1>

　　语义策略主要涉及与词汇语义学相关的策略模因，这些策略模因一般聚焦于词汇的翻译方法与技巧。此节将先着重介绍几种常见的语义策略模因，再说明这些策略模因对翻译实践的指导作用。一般把术语（terminology）定义为"专业领域内指称概念的词或词组"（郑述谱，2012：103），是在特定学科领域用来表示概念的称谓的集合，具有科学性、专业性、系统性、单义性、本地性等基本特征。术语翻译历来受到翻译界的重视，在翻译专业文本时，首先要确立与此相关的正确学术模因（术语），否则翻译就无从谈起。有了正确的译名，才能传达能指之所指，构建起该专业学科的知识框架。樊林洲（2013：60）从历史和文化角度提出，要把平等原则、多视角和多中心的方法应用到学术模因翻译中，这一原则强调影响学术模因翻译的意识形态等因素。姜望琪（2005：84）指出："学术模因翻译要尽可能兼顾准确性、可读性和透明性"，也就是说，学术模因译名要能准确传递原词的意义与内涵，便于学术界使用这些术语，读者能从译名辨认出原词，能轻松回译回去。当然，最为重要的当属准确性，准确表达出学术模因的内涵当居首位，这也是学术模因翻译的重中之重，而后两者均不能以牺牲前者为代价。侯国金（2011：96）则提出学术模因翻译的"系统-可辨性"原则，这一原则具体指译者在"同一著述学术模因使用""所有相关研究学术模因使用""成对学术模因使用"以及"同一学术模因使用"时的一致性要求。姜氏标准和侯氏标准分别强调了学术模因本质

属性的不同方面，两者互为补充。前者针对单个学术模因命名确立了学术模因本体的合理理据，这对单个学术模因的具体翻译实践有很强的指导作用。后者则从学术模因的"系统性"基本属性出发，确立的学术模因翻译标准更加关注学术模因及其所表征概念的系统"逻辑相关性"。下文举例说明，在以上翻译策略模因的指导之下，笔者如何恰当地转换翻译文本中的学术模因，以准确再现原文中学术模因指涉的概念。

例14：Memes "propagate themselves in the meme pool by leaping from brain to brain via a process which, in the broad sense, can be called imitation".

模因"通过一个过程，在模因库中自我复制，从一个大脑快速进入另一个大脑，从广义上来说，这一过程可称作模仿"。

例15：A few hoaxes are known to warn about viruses which directly affect humans but most virus hoaxes concentrate on computer viruses which could damage or steal useful information from one's computer.

少数恶作剧病毒提醒人们留意直接影响人的病毒，但是，大多数恶作剧病毒主要是电脑病毒，这些病毒可能损害电脑，或者窃取电脑中的有用信息。

例16：Heylighen describes these four stages and calls them assimilation, retention, expression and transmission.

埃莱描述了这四个阶段，并把这四个阶段称为同化、记忆、表达和传播阶段。

专名命名策略模因。根据杨春华（1986：20）和胡维佳（2006：34）的观点，专有名词（proper noun）也称固有名词或专名，是指原作中的国名、地名、人名、组织名、机构名、影视名、会议名、报纸杂志名、作品名、商品名、公司名、官职名、武器名以及历史事件、文化流派等的专有名称，其首字母一般大写。专有名词并不单纯表示特定的人或物，专有名词也是文化的表现形式，例如用地名表示该地的风俗、文化、物产等特色。一般而言，专名的翻译有约定俗成、音译、加注以及省译等策略模因。约定俗成即沿用为社会公认而普遍使用的翻译，这是专名翻译中最常用的策略；省译，即照搬原文，但往往需要在原词的前面或后面加一些定性词（即增译），以便译文信息传递更加有效；有时因文化差异陷入专名翻译困境时，可在充分了解专名所负载的文化信息的基础上，通过加注的方法补充出必要的背景知识，以增加译文的充分性。

例17：Francis Heylighen describes memes as "an information pattern, held in an individual's memory, which is capable of being copied to another individual's memory".

弗朗西斯·埃莱把模因描述为"存储于个体记忆中的信息模式，能够复制到另一个个体的记忆中"。

例18：Sophos distinguishing features of virus hoaxes can be found in this example：a) the threat of an extremely dangerous virus, as can be seen in paragraph one；b) the pseudo technical language as can be found in the fourth paragraph；c) the reproduction pressure in the last paragraph.

在这一例子中，索福斯辨别出恶作剧病毒的特征：1）极其危险的病毒的威胁，这点在第一段中已经提到；2）使用伪专业语言，这一点可以在第四段中看到；3）最后一段中提到的复制压力。

依据约定俗成、音译、加注以及省译等翻译策略模因来指导专名的翻译，能更为准确地传递专名所负载的信息。

语境择义策略模因。我们需要认识到翻译中的语境的制约作用。这首先体现在上下文对话语结构线索的制约上，即语篇的衔接与连贯方面（吕俊、侯向群，2000：220）。其次表现在交际场景（如时空限制）中，换言之，语境影响和作用于语言的应用和选择。因此，译者在翻译过程中，需依据上下文、词语搭配关系和词的联想关系等，也即依靠"词语与词语之间、词与句之间、句段与句段之间、篇章与篇章之间的交涉"（许钧，2009：93），选择恰当的词义，以准确把握和再现原作意义。

例 19：All three occurrences of MEME are identical copies in their essential features—for the sake of clarity I have not represented the inevitable variations which accompany the meme's reception, because these supposedly do not affect the meme's core properties.

模因的所有三种复制形式在其本质特征上都是相同的复制，为了简洁起见，我没有说明在模因接受的过程中出现的不可避免的变化，因为这些可能的变化并不影响模因的本质特性。

例 20：Linguistics is a truly scientific analysis of language based on models，which foregrounds the historicity of linguistic codes，and the material/textual nature of language.

语言学是以模型为基础的对语言非常科学的分析，语言学强调语言符码的历史性，以及语言的材料/文本的性质。

例 21：Castelfranchi focuses on the social and cultural mechanisms of cultural transmission whereas Heylighen is more interested in the criteria that influence both the memes and the hosts.

克里斯蒂亚诺（Castelfranchi）关注文化传播的社会和文化机制，而埃莱更关注既影响模因又影响宿主的选择标准。

例22：Although this is the smallest hoax of the six hoaxes on which this survey focuses，an example of nearly all the features that Sophos describes is present：the claim of a false virus，the so‐called confirmation of a well‐known company，Microsoft in this case，and the pressure to pass this email to others.

尽管这是本研究着重分析的六个恶作剧病毒中恶作剧程度最轻的一个，但是，这一病毒几乎具有索福斯所描写的恶作剧病毒的所有特征：谎称有一个病毒，一家著名公司认为存在该病毒（该例中微软公司认为有这一病毒），以及把邮件转发给他人的复制压力。

通过上下文、词语搭配关系和词的联想关系等策略模因来确定词的意义，可以避免表达空洞、词不达意，使译文准确生动。

词类转换策略模因。词类转换策略是翻译中经常使用的翻译策略模因，因为"英语倾向于多用名词，因而叙述呈静态；汉语倾向于多用动词，因而叙述呈动态"（连淑能，2010：133）。鉴于中英两种语言的差异和表达方式的不同，在英译汉实践中，词类转换策略模因可以使译文脱离原文语言形式的窠臼，增加译文的恰当性和可接受性，以达到译文读者的期待规范。一般说来，一些词类转译为动词是使用最为频繁的词类转换策略，具体而言有以下四种情况：名词转译为动词，包括具有动作意义或由动词派生的名词、以"-er"结尾的名词以及作为习语主体的名词等；含有动作意味的前置词如by、toward等转译为动词；联系动词后的形容词转译为动词；副词转译为动词。通过使用这些翻译策略模因，译文表达生动、活泼，凸显出汉语表达的灵动性。

例 23: It is, therefore, not the goal of this research to provide a complete view of the importance of different selection criteria but to provide possible explanations for the correlations of the chosen criteria with the degree of fitness of a hoax.

因此，本研究的目的不是全面概括不同选择标准的重要性，而是尝试解释所选标准与恶作剧病毒适应程度的关联性。

例 24： With the results of the study it would be possible to make a limited formula to predict the success rate of a previously unknown hoax by scaling it on the researched criteria.

通过分析研究结果，可以构建一个公式，尽管这一公式具有局限性，这样便可根据本研究中已测评的标准来评估一个新出现的恶作剧病毒，以预测其传播程度。

例 25： In an ideal situation a replicator will have an exponentially increasing number of carriers which are each hosts or vectors of this replicator.

在理想状态下，携带复制因子的每个宿主或载体的数量呈指数式繁殖。

增补/省略策略模因。增补与省略策略是常见的翻译策略模因，因为翻译是一种跨文化的语际转换活动，源语与目标语往往在各个层面表现出显著的差异。增补即在翻译时，按意义上、修辞上以及句法上的需要，增加原文中的省略部分或原文中虽无其词却有其意的词语，以便把原文的思想内容忠实通顺地表达出来。省略指翻译时省译原文中的某些词语，换言之，是"删去一些可有可无，或者有了反嫌累赘或违背译文语言习惯的词"（张培基 2009：88）。当然，省略并不是删去原文的某些思想内容。省略可以从语法角度和修辞角度省略。具体说来，语法角度的省略主要表现在句法结构上，涉及结构词（例如连词、介词等）、重复成分（可由单词、短语、分句等充当）、并列项目中相同成分的省略等；修辞角度的省略关涉语言的修辞功能，为使语言简练，行文紧凑，突出信息，获得强调的效果，往往省略句中的各种成分，这种现象尤见于文学作品、谚语、格言中。翻译中的增补与省略，其目的是使译文意义明确，文字通达，以易于读者理解，所以，在使用这一翻译策略模因时要遵循"增词不增义，减词不减义"的原则。

例 26：The first thing to notice is that minds which are not operating according to the memetic schema must be different kinds of mind from those which are, and so this is represented as a difference in the style of the parentheses.

首先要注意的是，没有根据模因图式运行的心智，一定是与按照模因图式运行的心智不同类型的心智，因此，我们用括号表示这种不同。

例 27：An example of a graphical meme is the symbolic representation of the initials of J.R.R. Tolkien, author of the *Lord of the Rings Trilogy* and creator of the world of Middle Earth.

图形模因的一个例子是约翰·罗纳德·瑞尔·托尔金（J.R.R. Tolkien）用姓名首字母所表达的符号表征，托尔金创作了《魔戒三部曲》，虚构了"中土世界"这一魔幻世界。

例 28：For him culture is made out of the abilities for transmission, memory, reiteration, innovation, selection, symbolic coding and institutions.

他认为，文化由人类所具有的传播、记忆、重复、创新、选择、符号编码和制定制度等能力所构成。

抽象化/具体化策略模因。英语经常使用抽象名词等抽象结构表达具体的概念，而汉语常使用比较具体的方式表达抽象意义。因此，抽象化/具体化策略模因成为翻译中经常使用的翻译策略模因。具体来说，英语中，常使用名词来表达原本属于动词（或形容词）所表达的概念，如用抽象名词来表达行为、动作、变化、状态、品质、情感等。这种抽象表达法尤见于社会科学论著、法律文书、官方文件、商业信件、报刊评论等文体。究其原因，抽象思维可以表达复杂的理性概念，且抽象词语意义模糊，能够实现某种表达的需要。与英语相比，"汉语用词倾向于具体，常常以实的形式表达虚的概念，以生动的形象表达抽象的内容"（连淑能，2010：173）。鉴于英汉的这种差异，英汉转换中常需通过使用范畴词、形象性词语和具体的词语，以及动词取代抽象名词等策略，使抽象概念、抽象意义具体化，将英语"虚""暗""曲""隐""泛"的表达转化为汉语"实""显""形""明""直""象"的表达。这种"实化"（"化虚为实"）的翻译策略模因往往可以使行文通顺流畅，言而有文，增加译文的可读性。

例 29：In this research an attempt will be made to measure memetic selection criteria and to see if the theory can stand up to the mathematical results.

本研究试图测评模因选择标准，同时研究选择标准理论是否与统计分析得到的结果一致。

例 30：Other examples of memes are what Dennett calls "distinct memorable units", with examples such as the alphabet, chess, impressionism, building arches etc.

其他一些模因实例便是丹尼特称为的"各种容易记忆的单位"，例如字母表、国际象棋、印象主义作品和建筑中的拱形结构等。

在这一节中，我们从词汇层面出发，主要分析学术模因翻译策略、专名命名策略、根据语境选择词义的策略、词类转换策略、词汇增补策略、抽象化/具体化策略等翻译策略模因。

第十一节
语用策略模因

语言的使用是一个动态的过程。在交际过程中，话语中每一个成分的意义都处于动态变化之中。涉及两种不同语言间转换的翻译活动，需要考察话语中的种种因素，以保证准确理解原文，恰当表达源语信息。换言之，翻译过程中对语篇各个层面的理解，需要"与特定语言环境结合、与双方的说话意图结合、与说话人对听话人所做的假设结合"（李悦，2007：84），以挖掘语篇中蕴含的说话人的意图和愿望。笔者从提示策略、从属结构的语用策略、虚词表达语用功能的翻译策略、连词表达语用功能的翻译策略、隐喻修辞的翻译策略、标点符号的使用策略等角度出发，探讨在上述策略模因的指导之下，再现原文蕴含的说话人的意图和愿望。

提示策略模因。冯伟年把汉语中的外位语定义为："独立于句外，同时又和句中的某个成分指同一事物或同一概念的成分叫做外位语"（1991：52）。例如，"琴棋书画，这就是古代文人雅士的四好"。这句话中，"琴棋书画"用于句外，与句子主语"这"指同一事物，"琴棋书画"就是外位语。外位语又称为"外位成分"或"提示成分"。"提示策略"更能表现语用策略的功能，故笔者采用提示策略的说法，以突出其语用功能。使用外位语结构可以突出描述的事物或概念，以引起别人的注意；也可以简化繁复的句子结构，使其条理清晰，结构严谨，意义显豁。因此，英汉互译时可以灵活运用这种外位语结构，以达到译文通顺流畅和提示的目的。具体说来，英译汉时，可以把原文的外位语结构译为汉语的外位语结构；或把含有副词、形容词的句子译为外位结构，而把副词、形容词置于带指称代词的句子中；或将名词和名词短语、介词短语译成外位结构；或用外位语结构处理it做先导词的句型；或把同位语从句、限定性定语从句连同先行词译成外位结构等。下面举例说明在提示策略模因的指导之下，笔者对上文提到的某些情况做了相应的处理。

例31：The fact that certain animals, as well as primitive humans, had acquired skills in the use of certain tools, and that this appears to have happened prior to the development of language in humans, suggests (to Susan Blackmore,for instance)that such skills are acquired "memetically".

　　远古人和一些动物逐步掌握了使用某些工具的技能，而且这种技能的掌握似乎出现在人类语言发育之前（例如，对苏珊·布莱克摩尔而言就是如此），这表明这样的技能以"模因方式"习得。

例32：It is interesting that Blackmore's restrictive use of memetics to refer to imitative copying in the acquisition of skills, seems to be in trying to find a positive aspect for the theory—i. e., in distinction to the epidemic propagation of deleterious ideas—as if this might prove to be the saving-grace for what otherwise turns out to be a completely pessimistic and rather toxic theory.

　　布莱克摩尔把模因论限定为技能习得中的模仿复制，这似乎在致力于寻求该理论的积极的一面——即与有害观念的流行性传播区别开来——似乎这就是该理论的可取之处，否则这就会成为一个完全负面的和相当有害的理论，这一点是有意义的。

从属结构的逻辑语用策略模因。逻辑语用策略指一个从属结构在语法分析中，可能表达条件或其他作用，但是根据目标语的表达方式和习惯，应译为原因或其他表达方式，这就是逻辑语用策略。造成这种情况的原因是，英语中的从句，种类繁多，名目繁杂。语法书一般把其归为三类：名词性从句、副词性从句和形容词性从句。一般而言，名词性从句具有解释说明的功能；副词性从句做各种状语，如when、 before等从属性连词常引导时间状语；而形容词性从句，即定语从句，则起修饰限定作用。但是，根据汉语（目标语）的表达习惯，我们需要从逻辑上审视各类从句，以使其翻译符合目标语的表达方式和目标语读者的理解和阅读习惯。笔者首先讨论定语从句的特殊语用翻译策略模因，再讨论when、before引导的副词从句的语用翻译策略。

定语从句翻译中的主要问题是，译者，特别是初学者，往往只从其名称来认识和理解定语从句，鲜少从其深层结构上的语用层面来探究其丰富多样的功能和意义，挖掘其蕴含的确切含义、传达的信息、具有的功能和发挥的作用。因为定语从句这一名称，往往把译者限定在只从这种分句结构的主要句法功能来考察这种从句。

"就英译汉而论，大凡译文之生硬、拗口甚至晦涩，多半都是因没能译好定语从句所致"（曹明伦，2001：23）。这是因为，英语中有大量的定语从句，从语法形式上看是定语从句，而从逻辑上讲却跟主句是状语关系，具有目的、条件、原因、让步等含义。换言之，形式上为定语，实际上发挥状语功能。此外，一些非限制性的定语从句除表示状语从句的意义之外，还可以表示判断性和描写性等意义，是对主句的一些必要的补充或说明，发挥并列分句的作用。因此，对于前者，翻译时须跳出表层结构的桎梏，挖掘出原文的深层逻辑关系和语义，将其译为汉语偏正复句中相应的分句；对于后者，可以处理为并列关系的主句和从句。经过这种转换，译文的意义则会更充分和有效。

例 33：A critic, however, who cannot disprove the truth of the metaphysic creed, can at least raise his voice in protest against its disguising itself in "scientific" plumes.

然而，即使一个评论家不能反对形而上学的信条的真实性，至少他可以大声抗议其披着科学的外衣而伪装科学的行径。

例 34：Despite memes' rather hazardous function in spreading "thought-contagion", there is a perceived healthy aspect to the function of imitation, which is that it explains the acquisition, particularly amongst primates and early humans, of the practices of tool-use.

姑且不论模因在传播"思想传染"中相当危险的功能，大家也认识到模仿功能有益的一面，因为模因解释了尤其在灵长目动物和早期人类之中工具使用方法的习得方式。

when引导的状语从句翻译时应注意其逻辑语用功能。when引导的从句，除常见的引出一个时间状语外，还具有其他语用功能，这也是翻译中的一个难点和重点。在翻译过程中，一般需要根据逻辑关系，掌握when引导的状语从句在句中的特定语用意义，恰当地转换。如以下两例：

例35：While the attribution of selective hereditary causality may have an empirical basis in genetics, how can Dawkins justify its analogous attribution to items of religious faith（ "epidemiology is the root cause" ）, when biology is yet to establish any certainty over the ontology of its objects in this case, i.e., those of memes themselves?

尽管选择性遗传因果机制的属性有遗传学的实证基础，但是，在宗教信仰中，如果生物学要对其客体的本体论建立任何确定性，即模因自身的客体，那么道金斯怎么才能说明选择性因果机制具有与宗教信仰的具体内容的属性（ "流行病学是根本原因" ）？

例36：But this remedy comes too late to do any good, when the mind is already, through the daily intercourse and conversation of life, occupied with unsound doctrines and beset on all sides by vain imaginations.

但是，这一补救方法出现得太晚，于事无补，因为经过生活的日常交往和对话，心智已经充斥着各种不健全的理论，填塞着无用的空想的事物。

翻译before引导的时间状语从句时，也需探究其逻辑语用功能，准确表达其所蕴含的深层意义。before的用法与when的用法类似，除引出一个时间状语外，也还具有其他语用功能。有些情况下，before引导的从句还可表示选择、让步等功能，前者可译为"宁愿……也不"，后者为"……才"。例如：

例37：Memes have to go through several stages before they are actually adopted by their new hosts.

模因必须经历几个阶段，才能真正被新宿主接受。

从属结构的翻译转换须注重其逻辑语用的翻译策略模因，本节以定语从句的翻译和when、before引导的状语从句的翻译为例，分析说明翻译从属结构时，译者不仅要从其语法角度出发，还需探究其深层结构所传达的语用功能。

虚词表语用功能的翻译策略模因。英语语法中，介词一般归类为虚词，虚词不能独立充当句子成分，也没有词形变化。笔者以介词为例，分析说明翻译中挖掘虚词语用功能的重要性。具体说来，一方面，介词表示词与词之间或句子成分与句子成分之间的相互关系，是思想或概念表达的中介或桥梁；另一方面，介词本身也具有一定的表意功能，例如beside、to、against、above等介词具有比较功能。介词（词组）在句中可做状语、表语、定语等句子成分。"大量的介词在翻译时需要从其基本含义出发，密切联系上下文灵活处理"（喻云根、陈定山，1984：22），以确保准确理解并传递其语用功能及意义。

例38：In contrast, memetics, operating by a process assumed to be analogous to natural selection (which involves the involuntary adoption of genotypes), brackets-out the elements of elective adaptation and performative alteration from the process, and will tend therefore to favour relatively stable and consistent memes for its exemplars.

相对而言，一般认为模因论具有以所设想的与自然选择相同的过程（自然选择不能任意采纳基因型），模因论不包括选择过程中的选择性适应和施为性变化的因素，因此往往更需要相对稳定和一致的模因范例。

例39：In its dependence on performance and active imitation, the assumed coherence and stability of the meme's core semantic properties seems to be highly problematic; and ultimately, there is no empirical test which will enable us to distinguish between relative copy-infidelity and meme-diversity.

　　因为模因依赖于行为和主动模仿，模因的核心语义特性所假定的一致性和稳定性似乎具有很大的问题，并且始终没有实证检验使我们能够区别相对的复制–非保真性和模因–多样性。

　　连词表语用功能的翻译策略模因。笔者主要以 and 为例，因为 and 除常见的并列功能之外，还可表达多种语用功能。这说明，在翻译 and 等连词时，不仅要考察连词的语法作用，还要考虑其所承载的语用功能。and 是英语中使用非常频繁的一个并列连词，一方面，and 常用来替代从属连词，表示因果、递进、转折、时间等关系，给读者留出推断并补充出前后两部分之间逻辑关系的空间，以取得表达有力、鲜明、生动的修辞效果；另一方面，and 本身在特定语境下承载着说话人的会话意图、说话人对听话人所做的假设等，又具有一定的语用功能。章振邦（1983：637-640）列出了 and 的六种意义：条件和结果、动作的先后、意义转折或让步、意义增补、评注、对比。通过句法关系和逻辑关系，捕捉 and 的语用意义，领悟其作用，可充分再现原文意义和神韵。确切翻译 and 的语用意义能够使译文表意明确，避免表达含糊，产生歧义。然而，在翻译实践中，译者却很容易忽略这一点。翻译中如果省略 and 的语用意义，将导致译文逻辑语义关系不明确、语义重点与层次模糊、文字结构松散（李悦，2007：87）等问题。因此，翻译过程中，需通过其字面意义，领悟 and 的语用功能，力求恰当表达原文信息。

　　例 40：But the mental operation which follows the act of sense I for the most part reject; and instead of it I open and lay out a new and certain path for the mind to proceed in, starting directly from the simple sensuous perception.

　　我基本上反对依照感觉行为的心智分析；而我提出并设计了心智分析的直接从纯粹的感官直觉开始的新的和确定的路径。

　　例 41：But, if he were better acquainted with the discourses of the human sciences, he might appreciate that science too is but an aspect of culture, and therefore cannot assume an entirely neutral position in analysis of it（as biology might, for instance, towards diverse fauna and flora of the natural world）, without also acknowledging its own historical and theory - bound contingencies.

但是，如果他对人类科学的话语更加熟悉的话，也许他会认为科学仅仅是文化的一个方面，因此，在分析科学话语时，我们不能采取一种完全中立的立场（例如，生物学研究自然世界中各种各样的植物类别和动物种群），道金斯也没有考虑到科学自身的历史偶然性，也没有考虑到局限于理论的偶然性。

例42：In his preface to *The Selfish Gene*, Dawkins declares himself as an ethologist, and that the book's principle concern is with animal behaviour.

在《自私的基因》的前言中，道金斯认为自己是一个动物行为学家，因此该书主要讨论动物行为。

隐喻修辞的翻译策略模因。隐喻和明喻都是隐喻的形式，不仅是语言中最生动形象的表现手法之一，而且是人类普遍的思维方式和认知手段。威尔士（Wales）认为隐喻是"语言和思维体系的有机组成部分"（程同春，2005：36）。

乔治·莱考夫（George Lakoff）和约翰逊指出，"隐喻的本质是以另一件事或经验来理解和经历一件事或经验"，其工作机制是意义从"始源域"到"目标域"的对应性映射，所指的部分原型特征映射于另一所指，映射的对应性形象形成具体的认知图式（樊林洲，2016：107）。隐喻具有"形式上搭配异常，语义上逻辑错置"（程同春，2005：37）的语言特点，隐喻还具有系统性、多重性、语境性、本体和喻体之间喻底的相似性（程琪龙，2002：48）等重要特征。隐喻修辞广泛存在于文学、科技、商务、医学和军事等文体中。

隐喻能够衍生新奇的意义，激发起读者丰富的联想。在翻译过程中，运用隐喻思维模式，独辟蹊径，挖掘灵活多变的形象，可使源语信息的表达更为具象化，增加译文的有效性和审美性。具体说来，可以通过明喻法、直译法、意译法、换喻法、隐喻加注释、译为汉语四字格或成语等策略，在充分了解英汉语言文化异同的基础上，力图充分有效地翻译隐喻这一修辞格。直译法就是直接译出隐喻的喻义，既保留原隐喻的内容，又保留其形式；换喻法就是使用目标语读者熟知的隐喻形象，适当地变换英语隐喻的喻体，以求"神似"；隐喻意译策略指在准确理解隐喻表层结构的基础上，用目标语的惯用表达充分展现出原隐喻的喻义与深层蕴意。

例43：The fulcrum of this analogy is that cultural phenomena, at least those identified as being "transmittable", are with the capacity of self - replication.

　　　　这一类比的基础是文化现象，至少是那些一般认为可以"传播的"文化现象，都具有自我复制的能力。

例44：The idea that memes represent something like "little engines of cultural evolution" (having a function analogous to DNA at the biological level) implies that where a meme has longevity, it will tolerate a certain amount of variation in transmission, and through repeated selection will become honed into its refined, canonical version.

　　　　模因起着类似于"文化进化的小型发动机"的某种作用（在生物层面上与DNA的功能类似）的观点说明，如果模因具有持久性，在传播过程中，模因会承受一定数量的变异，经过反复选择，最终成为完善的和标准的形式。

例45：Dawkins' elaboration of memetics there has been a symptomatic tendency to interpret phenomena of mass - communication and popular belief in terms of epidemiology—so that the corrective panacea of Reason turns into an evangelical crusade against ideas-as-maladies.

　　　　自从道金斯提出模因理论以来，学术界一直表现出这样一种趋势，把大众传播和普通信仰的现象按照流行病学来解释，所以理智的纠正方法变成了反对把观念作为疾病的宗教运动。

不难看出，在直译、意译、换喻等翻译英语隐喻的策略模因的指导之下，上述译例中的译文恰当地表达了翻译文本中的隐喻。

第十二节
标点符号策略模因

标点符号是书面语的重要组成部分，是连接语言单位的有效途径，也是一种重要的语篇连接方式或衔接手段，具有重要的语篇衔接功能，在语篇衔接上与语法、词汇具有同等重要的地位，因此是语言表达模因。标点符号也有着极强的修辞效果和一定的语用功能，能够表达语篇中的逻辑关系，提供一定的语义信息。正确运用标点符号"可以帮助读者分清句子结构，辨明语气，准确理解意义"（梁丽、王舟，2001：26）。故而，翻译中对标点符号的恰当使用，不仅关系到是否准确理解原文，也是翻译质量高低的一种标志。英语标点符号汉译时，一般有三种处理策略，首先是零转换，即照译，对等移植原文的标点符号，如英语的句号仍然译为汉语的句号；其次是改译，如将英文中的句号译为汉语的逗号，分号译为汉语的句号或逗号等，逗号译为汉语的分号、句号、冒号等，例如，The little girl lowered her head and said, "I'm so sorry, it's my fault."（小女孩低着头说："对不起，是我错了"。）最后是译为汉语文字，如将冒号译为"即""也就是说"等词。在以上翻译策略模因的指导之下，笔者对翻译过程中的破折号等符号做了不同的转换。

例 46：But, sensing that the characteristics of genes and their code substrate DNA cannot reasonably be applied to mental phenomena—ideas and beliefs etc. —he devises the concept of a meme (from the Greek word mimesis, meaning "imitation"), which is a discrete unit of thought, so to speak.

但是，他意识到基因和其符码基体DNA的特征不能合理地应用到心智现象——观念和信念中，因此他（从希腊单词"mimesis"，意思是"模仿"）提出了模因的概念，模因是思想的离散单位。

例 47：The idea of "cultural evolution" proposed by memetics is and can only ever be fundamentally ahistorical，because it privileges to accord a higher value or superior position to continuity over discontinuity—the transcendental properties of memes over the transformative potential of praxis.

由模因论者提出的文化进化的概念是历史虚无主义，而且在本质上只能是历史虚无主义，因为它注重连续性，而不注重非连续性——重视模因的先验特性，而不重视实践变化的可能性。

例 48：By virtue of the analogy with biological processes（and only by virtue of this）there is no role left for conscious criticism in the reception and transmission of memes—there are only levels of susceptibility，and degrees of （secondary）variation.

凭借与生物过程的类比（而且仅仅凭借这一点），在模因的接受和传播过程中，有意识的批评没有任何作用——仅仅只有易受感染性的程度以及（二次）变异的程度不同而已。

例 49：In this sense the analogy with gene‐replication also breaks down—genetic replication is not a process of active imitation in this sense，as genes are only ever blind‐copies of one another.

从这个意义来看，和基因复制的类比站不住脚，因为基因仅仅是彼此的盲目复制，从这个意义来说，基因复制并不是主动模仿的过程。

在翻译过程中，不能简单地照搬原文标点，相反，译者需要解构原文的逻辑关系，正确判断其中的语义联系，再根据目标语的行文习惯，运用恰当的翻译策略模因重构源语标点符号。

这一部分主要说明在提示策略模因、从属结构的语用策略模因、虚词表达语用功能的翻译策略模因、连词表语用功能的翻译策略模因、隐喻修辞的翻译策略模因、标点策略模因等翻译策略模因的指导之下，笔者力求在翻译中准确再现隐喻、介词、连词、标点符号等的语用功能，并力图使译文脱离源语的表层结构，构建原句的深层语义，确保达到准确等效地传递源语信息的目的。

翻译策略模因对翻译实践的指导作用。翻译策略是一种概念性工具，一种认知模因。翻译策略的认知过程反映其进化过程的主要阶段，涵盖原文本分析、语言材料处理和目标语文本产出（樊林洲，2016：2），是对原文本的描述和分析方法。

翻译策略模因具有模因的一般属性：复制性、流传性、开放性。翻译新手可以通过自主或专业培训学习这些策略模因，这样策略模因在模因库中能够代代相传。当然，翻译策略模因库并非一成不变，相反模因库是开放的，处在调整、变异和发展中。切斯特曼（1997：91）指出，策略模因存在于波普尔所界定的第三世界，以非正式、经验法则的模式表示，所以可供学习而且"便携"，容易上手使用，是一些为实现特殊目的而"尝试和检验"的步骤。译者彼此学习、相互模仿翻译策略模因的过程遵循模因复制传播的阶段：同化、记忆、表达和传播。在同化阶段，译者发现、理解并接受了这些翻译策略模因；记忆阶段关于策略模因在宿主即译者的记忆中保留的问题，只有那些译者认为重要的策略模因才会被其保留在记忆中；表达阶段即为策略模因从"记忆模式"转变为"可被他人感知的物质外形"（Chielens，2003：27），换言之，译者使用这些保留在记忆中的策略模因来指导自己的翻译实践，在译者的译品中，我们可以观察到译者使用过的策略模因；在最后的传播阶段，策略模因通过"非常稳定，足以传播表达的物质载体或媒介"（Chielens，2003：27）传播，以达到感染其他宿主，即译者的目的。

翻译策略在本质上也表现为一种过程，一种处理语言现象转化的方式，是译者寻求符合目标语规范的翻译方式。翻译策略模因描述篇章和语言行为，是文本操纵的形式。翻译策略模因以目的为导向，指导译者生成符合各种翻译规范的译本；以问题为中心，提供解决各种语际转换问题的方案。依照波普尔的科学认知过程，翻译过程始于问题，可以说在翻译过程中，面对问题的"症结"，译者才会诉诸策略，作为疏通当前梗塞的途径。换言之，作为概念性工具的翻译策略模因有助于人们认识和了解翻译，解决译者面临的具体问题，提高译者的翻译技能。

在切斯特曼看来，波普尔的"三个世界"学说是翻译策略模因作用于翻译行为的理据。存在于第三世界（即思想观念的客观内容）的策略模因，是第一世界（物质世界）和第二世界（个体译者的主观世界）的产物，反过来，第三世界通过影响第二世界而作用于第一世界。因此，翻译策略模因会影响译者的翻译行为，而翻译行为也会影响翻译策略模因，乃至翻译理论的形成。

通过上述译例分析，可以看出翻译策略模因对翻译实践具有指导作用，是翻译理论形成的基础物质材料，因此在翻译实践和翻译理论的形成中具有重要作用，翻译策略模因不仅在翻译实践中发挥着方法论的作用，而且是翻译理论形成的建筑材料——翻译理论的"砖块和水泥"。

第十三节
小结

模因是文化的基本单位，是由一个个体传递给另一个个体的认知或行为模式，它存在于个体的记忆中，体现个人经历和观点，模因的信息观、思想传染观、文化进化观和符号模因观（参阅何自然，《现代外语》2003年第2期，第202-204页）都使我们认识到，模因论研究的基础是从生物学到文化领域的隐喻，模因是记忆、文化遗传、文化进化的单位和符号载体。无论是一个概念还是某个文化的整体概念都可以看作模因、模因复合体（memeplex）或模因库，体现着特定社会的文化观念和态度。翻译活动通过语言的复制和选择引进异域模因，有助于促进目标语文化的开放性、进步性和容纳度。目标语模因传播和复制的高保真度、多产性和寿命周期是译入语模因在新的文化中能否生存的条件。所以，模因既是主体理解和翻译的出发点，同时又是制约主体的因素，体现在模因的变异、选择和保持（或遗传）的特征上。对语言做出充分解释就要不断理解语言的内在结构，同时还要理解语言进化过程中的文化选择机制，即模因进化的规律，从这个角度来看，文化和翻译互相补充，相辅相成。在当今经济全球化和文化传播速度加快的时代，文化多样性和文化之间的平等是不同民族追求精神平等与身份认同的愿望，由是观之，模因论给研究文化和翻译的互补提供了一个良好的视角，能使我们更好地理解文化交流和翻译就是文化接受、认同或文化否定的过程，也是跨越文化障碍、促进文化交流的过程。

翻译模因理论包括解决翻译问题的很多不同方法，能够整合翻译史中主要的理论和策略，有助于创建翻译的整体框架。在翻译研究中采纳模因理论，可以使我们从新视角理解翻译研究，翻译模因和翻译规范把翻译史、翻译理论、翻译技能和翻译伦理有机结合起来，给我们理解翻译的不同学派和翻译理论提供了一个有价值的工具。正如把模因概念引入翻译研究学科，翻译研究必须从其他学科引进概念和方法，才能不断发展。

以模因论视角把握语言文化进化系统，复制将表现学术模因的"异"，而"异"也使主体能够接受不同民族的语言和文化，并在复制中接受并包容这种"异"，从而使学术模因的复制真正反映出其科学性内涵和准确性的区别特征。同时，二元复制方法就失去了意义，复制中的种族中心主义也就逐步消失了。再者，学术模因复制中的历史文化因素是传统研究中的薄弱环节，从模因论的角度，结合历史文化和语言来研究学术模因复制，以平等原则来处理复制变异的倾向和具体表现，能为学术模因复制提供理性的指导原则和方法。

翻译策略模因在指导翻译实践方面的优点是，翻译新手通过学习、模仿翻译实践的前辈从翻译实践中总结的策略模因，反过来可以指导自己的翻译实践，有针对性地解决翻译中的具体问题，从而少走弯路，使自己的翻译水平提高到一定程度，进而提升自己的译文质量。在熟悉并掌握了这些策略之后，可以对自己或他人的译文做出恰当评价与鉴赏，对比不同处理方式的优劣，再将这些认识应用于实践。在这个不断反复的过程中，译者的翻译水平才会日臻完善，译者的能力才能提高。这也符合波普尔有关科学知识累积过程的理论，即 P1→TT→EE →P2，也就是从提出问题（P1）到解决问题（TT），从排除错误（EE）再到发现新问题（P2）的过程（樊林洲，2016：2）。随着翻译学科的不断发展，翻译理论层出不穷，翻译策略模因库也总是处于不断的发展、变化和调整之中，针对翻译实践中的同一个问题，可能有不同的观点和不同的应对之策。这就需要译者加强自身的理论素养，不断提高甄别能力，找准恰当的策略，以解决实践中遇到的问题。

第五章

模因论和隐喻
语言模因的进
化与变化

　　经济学研究人类行为的经验领域，其隐喻认知图式具有泛人类经验的普遍性，体现在经济学理论的概念、证据、模型与推理的认知和说服功能上，因为经济学解决的问题是社会问题，它基于隐喻所表现的公共话语和社会常识。经济学理论的概念、证据、模型都是经济学中的模因，引导经济学的基本知识和原理。以抽象原理证明的经济学规律，需要提出认同和信任的合理性，才能使学术共同体接受，使公众理解，思维的隐喻性和心智的体验性是认同和信任的基础，隐喻模因是理解和接受的方法。经济学家迈克洛斯基（D. McCloskey）指出，"经济学是文学，在人类观念发生作用的领域，无所不在的是说服，而不是严格的证明"（2000：2）。本文研究隐喻模因作为经济学的"眼睛"的认知功能和"嘴巴"的说服功能。

　　经济学家迈克洛斯基提出"经济学是文学"的观点，因为"在人类观念发生作用的领域，无所不在的是说服，而不是严格的证明"（2000：2）。经济学语言的文学性主要表现在隐喻的应用上。根据某种抽象规则证明的经济学观点或原理，只有提出让学术共同体认同的正当理由，以及使其接受和信任的合理性，并在共同话语中不断加强这种接受和信任，才能和同行共同寻找学术共同体可能接受的观点，这种寻找的重要途径之一是具有文学特点的隐喻。心智的体验性和思维的隐喻性是认知、接受和信任的基础。所以说，隐喻是用来说服经济学术共同体相信某种原理或规律的艺术性手段。

第一节
隐喻模因是学术概念的母体

经济学家希望通过著作实现其价值，语言和修辞是经济学家实现其价值的手段，修辞的主要方式之一是隐喻。迈克洛斯基甚至认为隐喻是经济学家"研究如何在无法满足的欲望之间分配稀缺资源的方法"（2000：2）。隐喻为何如此重要？因为隐喻是人类认知和思想的一种内部机制，既反映语言的本质，又反映人类的本质（赵彦春等，2000：151）。隐喻还是人类特有的一种认知能力，是形成、传递和处理意义的手段（Fauconnier，1997：1）。隐喻是意义或概念从"始源域"到"目标域"的对应性映射，所指的部分原型特征映射于另一所指，能指不变。映射的对应性形象固化于语言，形成具体认知图式，激活隐喻图式认知有助于理解抽象概念和原理。莱考夫（1987：271）在《我们赖以生存的隐喻》一书中认为，很多经验领域以表象图式形成隐喻建构，而经济学正是研究人类行为的经验领域之一。德巴廷（Debatin，1999：153）认为隐喻具有加强理解的作用，因为隐喻的生成依赖于生活背景和知识经验，隐喻作为认知图式，它本身能够触发和表达相关知识。隐喻过程是理解经济学家思想和理论系统的经验世界的认知过程。

理解经济学中的隐喻，就是理解经济学家如何说服其学术共同体接受他的观点的过程，这比直接阅读经济学文本，能更好地使人理解其内容。经济学是学术与公共事务领域的语言表述和讨论，这是一种意向性写作。意向性就是选择一种有利的观点，说服同行或专家，使他们接受自己的观点。任何意向性言说都会使用隐喻，隐喻充斥于人类说服者的言说之中，因为隐喻所形成的认知图式具有泛人类的普遍性，奎恩（Quinn，1991：156）认为词汇化的隐喻是经过选择的、嵌入认知结构的文化共享的模型。对隐喻的认同是一种集体无意识。

经济学中的经验方法可能使用循环诠释的技巧，整体观点需要细节支撑，理解细节又需要把握整体观点，例如用经验方法分析国民收入（McCloskey，2000：5）。隐喻能够把观点和细节有机联系起来。由于认知的泛人类共性特征，在隐喻的映射过程中，有相似的心理过程，映射的特征相同，这种映射以具体和形象的方式反映了经济学中的现象和规律。经济学不只是纯粹的推理过程，而是一种体验性推理过程，通过认知的无意识性和思维的隐喻性进行体验性认知推理，从而充分调动人的想象能力。要说明经济发展过程中的竞争规律，那么，反映动物之间竞争现象的细节形象，例如，shark repellent、shark watcher、bear hug，使整体和细节形象有机结合起来。人类的推理是动物推理的一种形式。人的心灵和环境互动，从而为我们日常推理提供了大部分无意识认知的基础（王寅，2002：146）。

隐蔽的间接描写，即代替他人"言说和思想"是一种文学表达方法，经济学中的相应方法是"代表实在"或者"隐蔽的推理和判断"，即不是经济学家自身在断言，而是实在（自己）在言说，只不过通过经济学家在表达而已。隐喻就是一种"隐蔽判断"的形式，这种判断以心理和经验为基础，经由我们的认知建构，隐喻化引起域的范畴化，使用隐喻使"始源域"的范畴转移到"目标域"的范畴，寻求相似性的机制扩展到另外一个范畴，从而使判断和思想"转移"或者"隐蔽"起来，形成某种经济学现象的知识或规律，突出相关的焦点，在心智的认知框架中形成相类似的推理和判断的心理表征，意义在"域"之间流动和变化的这种过程是隐喻具有的系统性的表现，由此形成了概念隐喻。既然是系统的，就具有构想推理规则的内在性或者潜在性，从而无意识地形成推理规则。概念隐喻可以根据概念隐喻模型认知经济学中的抽象系统和规律，人们对战争的概念隐喻，例如 dawn raid、scorched earth policy、Jamestown defense、corporate raider 使经济竞争规律具体化，使规律和社会实在联系起来，从而避免或减少了对经济学家的理论或观点的真实性和可信度的质疑。

隐喻是理解经济学原理的认知途径。隐喻是经济学家"研究如何在人无法满足的欲望之间分配稀缺资源的方法"（McCloskey，2000：2）。隐喻为何如此重要？因为它是人类认知和思想的一种内部机制，既反映语言的本质，又反映人类的本质（赵彦春、黄建华，2000），其机制是意义从"始源域"到"目标域"的对应性映射，所指的部分原型特征映射于另一所指，能指不变。映射的对应性形象形成具体认知图式，激活隐喻图式就能理解抽象的概念和原理。例如：

"移民从涓涓细流将变成湍急的水流，这些人会继续把大量金钱藏匿在国外，除非政府很快修葺其金融大厦。"

此例中的三个隐喻分别指移民数量由少到多，存款被转移到国外和恢复金融秩序，一连串隐喻图式使阿根廷的政治经济乱象直观地浮现在我们面前。

经济学是研究人类行为的经验领域之一，它以很多图式表征形成隐喻结构。例如：

"市场在很大程度上倾听它自己鼓手的鼓点。"

用鼓点的隐喻图式说明市场本身具有规律，隐喻过程是经济学表达其经验世界及其规律的认知过程。

经济学是学术与公共事务领域的讨论和经验表述，是一种意向性写作。所谓意向性，就是选择一种观点，说服同行或专家接受自己的观点。任何意向性言说都会使用隐喻，因为隐喻所形成的认知图式具有泛人类经验的普遍性，是嵌入认知结构的文化共享模型。说明收购与兼并经济行为的大部分学术模因是西方文化中人人熟知的认知模式：

白衣骑士（white knight，善意收购者）、黑衣骑士（black knight，恶意收购者）、灰衣骑士（gray knight，介于善意和恶意收购之间的收购者）、白色邮件（whitemail，防止不理想的收购措施）、绿色邮件（greenmail，目标公司溢价回购被购买的股票）、银行邮件（bankmail，收购者阻止另一收购者融资的银行协议）、丧失价值的收购（busted takeover）等，由于特定文化长期形成的认知经验，对隐喻的认同是一种集体无意识。

经济学中的一些经验方法使用循环诠释的技巧，整体观点需要细节支撑，理解细节又需要把握整体观点，而隐喻的典型性、经验性和惯例性意义能够把观点和细节有机联系起来，同时起到"眼睛"和"嘴巴"的功能。例如：

"……帮助他们在经济上站起来，而无须耗费政府很多预算。"

此例形象地说明了帮助贫困者脱贫和消耗政府预算的关系。

在隐喻的映射过程中，有相似的心理（表现为细节）过程，映射的特征（表现为整体）相同。因此，对经济学原理的认识在很大程度上是一种体验性的认知过程，"主观经验和感觉运动经验的并存连接，同时激活了对应神经元的连通"（王寅，2006）。例如：

"所推荐的很多已有的经济药方很可能使这些国家的经济症状更加严重。"

把经济措施喻为药方，是对经济规律的联想和类比。

经济竞争的残酷性常常以动物的凶残性作为隐喻来认知，以动物的细节特征说明经济的整体特征。例如，驱鲨剂（shark repellent，击退恶意收购者）、观鲨者（shark watcher，监控股票交易，判断是否有恶意收购者）、熊拥抱（bear hug，强制收购）、空头抢风（bear tack，原指航海的抢风调向，喻指股市的变化并适应其变化）、空头陷阱（bear trap，股票下跌时引起大量抛售）等，语言的体验性与隐喻的体验性密切相关，"心灵和环境互动，从而为我们日常推理提供了大部分无意识认知的基础"（王寅，2002）。

经济学中的间接描写手法是"代表实在"的一种写作方法，即不是经济学家自身在说理，而是实在似乎具有"嘴巴"，自己在言说。隐喻就是一种代表实在的"隐蔽说理"形式，这种形式以情感和经验为基础，经过认知建构，隐喻化引起了域的范畴化，使"始源域"的范畴转移到"目标域"的范畴，寻求相似性的机制使认知在很大程度上无意识地"转移"到另外一个范畴。意义在"域"之间流动和变化的过程就是判断和说理的过程，因为隐喻的意义网络具有范畴化和系统性。范畴化导致体验和认知的系统性，商场如战场的认知模式，在经济学中形成了以战争的经验来认识关于收购和兼并的经济现象，例如，凌晨突袭（dawn raid，一开盘即大量购买某公司股票，以购买该公司）、防止收购的长期策略（Jamestown defense，詹姆斯敦防御是英国殖民者抵御美洲人历时最长的防御）、公司袭击者（corporate raider，公司股权收购者）。Bronowski（2011：36）指出，"科学家需要寻求相似的事物用作隐喻。象征和隐喻对科学而言，就像对于诗歌一样必要"，隐喻自然地具有认知力量，因为它增强经济规律的可信度，避免或减少怀疑经济规律的真实性。

一、隐喻模因是经济学中的概念模块

莱考夫和约翰逊（1980：158）认为，"事物映射过程是人类共有的，隐喻是概念性的，形成概念隐喻"，概念隐喻"体现语言的概念（经验）功能，即如何通过表意构建经验"（Halliday，1985，1994：18）。科曼克（Cormac）的隐喻张力理论（1985，1988）认为，隐喻能够诱发激情，传达情绪感受。隐喻的形象性能够激活认知图式。而隐喻的情感因素使新颖的隐喻用法约定俗成，成为人类的共同认知图式。概念隐喻的系统性，使数个隐喻概念组合成对某一事物较为完整的认识，形成具有内在推理规则的概念模块。例如：

"失业沉重地负压在年轻人的后背上……穆斯林和天主教等少数群体的负担最为沉重……这种负担旷日持久。"

此例中三个隐喻说明失业对生活造成负担，以及负担的严重性和长期性。

隐喻的概念性能够激活认知图式，使新颖的隐喻约定俗成，成为人类的共同认知图式和概念。例如：

"股市大跌为什么不能摧残经济？"

用人的残废说明股价下跌对经济的影响程度。由于经验的相似性和共有的认知能力，人类有相似的关于世界的概念隐喻表征，经济学中有很多以黄金的珍稀和货币属性来说明各种雇佣关系的概念隐喻：黄金握别（golden handshake，退职金）、金手铐（golden handcuffs，公司利用期权、红利等预期收入留住高层管理者）、黄金问候（golden hello，从竞争对手处"挖人"的高额奖金）、黄金救生衣（golden life jacket，为留住被收购公司的高级行政人员而提供的优厚待遇）、黄金降落伞（golden parachute，股权变更时对高层管理人员进行的补偿）、金靴（golden boot，让雇员提前"自愿"退休的激励机制和额外退休金制度），同一种隐喻通过扩展，形成系统的概念模块和意义网络。在相对沉闷和抽象的经济学话语中，概念隐喻作为一种认知手段和思维方式，以熟悉的经验领域理解抽象的现象和理论，使经济学话语生动、活跃起来。

概念模块常常是实体隐喻，把行为、思想和情感等抽象事物看作实体或物质，用语言中表示具体概念的简单词汇，根据认知经验来表达抽象概念，例如，免税期（tax holiday）、大繁荣之后紧接着不景气的周期（boom‑and‑bust cycle）、摧毁经济实力更弱小的经济体（sink much weaker economies）、长期经济停滞（a long slumber）、大量援助（outpouring of aid）、高失业率的药方（cures of high unemployment）、救济金（handouts）、达到历史最低水平（at record low levels）。Rossetti（1992：220）指出，"社会科学（包括经济学）的发展是一个社会过程，社会科学不仅是冷静思考的产品，同时也是潜在期望的结果"，经济学文本不一定"再现"经济世界，而可能只是唤起读者心灵中的概念世界而已。经济学家在其言说的过程中，努力对各种经验意义不断加以概括、抽象和转换，把其归纳整合为人类认知中形象和常见的范畴与关系，使读者以最小的认知努力，根据自身的经验，取得最大的理解效果。因此，"科学更需要的是语言资源，而不是未加工处理的感官数据和至高无上的判断逻辑"（McMloskey，2000：21）。隐喻在本质上是说服的形式，接受隐喻实际上是认同相关的事实和逻辑。统计学上的检验和波普尔的可证伪性并不能取代说服手段，只有艺术和科学的思维模式相互渗透，才能取得良好的说服效果。

从说服的角度来看，经济学家最常用的说服手段是隐喻。在经济学中，隐喻被认为是"模型"的同义词（McCloskey，2000：13）。其中最常用的隐喻形式是实体隐喻，即把行为、思想和感情等抽象的事物看作实体或物质的隐喻。1992年诺贝尔经济学奖得主加里·贝克尔（Gary S. Becker）提出很多新颖的隐喻作为其理论的模型，例如，把罪犯比作小型企业家，把家庭隐喻为小型企业，把孩子看作电冰箱之类的耐用物品，把劳动技能的学习隐喻为物质资本投资的"人力资本"。隐喻"以其所知，喻其所不知，而使人知之"（战国·惠施）。"社会科学（包括经济学）的发展是一个社会过程，社会科学不仅是冷静思考的产品，同时也是潜在期望的结果。"（Rossetti，1992：220）文本不一定"再现"世界，而只是唤起读者心灵中的世界而已。隐喻在读者的心灵中进一步固化了某种逼真的长期生活图景，或者再现了一种生命形式的某种鲜明的特征，从而激发或者补充了读者的认知图式，形成经济学家和读者的对话，在经济学家的有意识引导下，填补读者认知空白的过程就是对话过程。这种对话实际上是作者在循序渐进地说服读者，在读者的大脑中形成熟悉的图式结构，唤起读者的认可和共鸣，把文本纳入某种特定的阅读模式，就能建构一个想象的世界。正如小说没有完全模仿现实，而是创造了某种现实一样。经济学的一部分文本也是读者创造的，因为形象但却有些模糊的隐喻文本能调动读者的想象力。因此，"科学更需要的是语言资源，而不是未加工处理的感官数据和至高无上的判断逻辑"（McCloskey，2000：21）。

二、隐喻模因是经济学规律的证据

经济学不仅是科学，它还具有文学的性质。例如，"经济学是科学"暗示可以用数学语言讨论经济现象，可以运用数学知识获得经济学原理，通过实验发现经济规律，因此，经济学知识具有客观性，建构经济理论的学术模因具有一些确定的特征。这种"A是B"的定义方式是一种隐喻，含有明显的说服性暗示，而且定义本身能够产生强大的说服力。

需求规律是文学的表达方式，例如，"如果这项活动成功地说服足够多的人同意在死后把器官用于移植的话，器官的供给则会充分地满足需求"（贝克尔，2011：5）。这种假设条件产生假设结果的判断，说明经济学家是不言自明的语言表演者，科学判断首先是言语行为，经济学家解释经济规律，他是在力图说服读者接受这些规律。说服的方式，第一，可能是诉诸隐喻表现出的常识，例如，租金最高限价政策（rent ceilings）、经济崩溃（economic collapse）、丧失信心（erode confidence）；第二，经济规律的有效性可能出自隐喻的类比性质，即诉诸推理，例如，削弱需求（weaken demand）、股价崩盘（meltdown in stock values）；第三，以市场的传统知识说明经济事件的影响，即诉诸常规，例如，股市暴跌（stock crashes）、严重衰退（serious recessions）、追逐/规避风险（risk-on/risk-off）；第四，使用已确认的经济学知识的隐喻，即诉诸权威，例如，创造性破坏（destructive creation）、游戏改变者（game changer）、新范式（new paradigm）等。因此，理查德·罗蒂（Richard Rorty）（2009：12）指出，"决定我们大多数哲学和经济学信念的是图像而非命题，是隐喻而非陈述"。

隐喻是人类积累的一种无意识的意义结构，这种结构对人类的经验进行概念化，概念化使我们进行无意识推理，推理的基础是经验所积累的"先验性"，先验性自然具有体验性，体验性产生移情作用，移情使人自身具有模仿能力，把经验"转移"到目标域中，移情映射不仅仅针对人，还可以针对动物。人一出生就有模仿别人的能力，逼真地把自己想象成另一个人，做被模仿人的动作，经验他所有过的经验。这种想象映射能力也是一个很重要的认知能力。如果从经验上来说，这种能力是具有"先验性"的。例如，杀人蜂（killer bees，抵制收购的投资银行家）、睡美人（sleeping beauty，处在全盛发展时期而未被收购公司盯上的公司)、麦克白夫人策略（Lady Macbeth strategy，先以善意收购者身份取得信任，然后恶意收购目标公司）、龙虾陷阱（lobster trap，防止恶意收购的策略）、空头轧平（bear squeeze，迫使卖空者以高价补进）等。这些概念隐喻使用西方文化中的典型形象来说服人们相信经济交易中弱肉强食的竞争关系。

隐喻在人类的经验上具有对应性，对应性反过来使人类的经验具有一致性，心理上的一致性容易使人相信并且服从，隐喻因此成为经济学的证据，"把主观经验和判断与感觉运动经验连接起来。我们能够自动地和无意识地获得这些思维隐喻模式，也一定要利用隐喻进行思维"（王寅，2002），例如，焦土政策（scorched earth policy，一种反收购策略，清算资产，承担债务，使收购无利益）、通心面式防御（macaroni defense，发行大量债券，规定被收购时必须以高价赎回，如果收购，赎回价格高而且多，就像一锅通心面一样）、吃豆人（pac-man，以一款经典游戏喻指一种高风险反收购策略）、安全港（safe harbor，目标公司收购一家管理很差的公司，使收购没有吸引力，像进入安全港一样）、自杀毒丸（suicide pill，为避免被恶意收购而采取的措施，如提高公司负债水平）等。把人类经验对应于经济现象，说明经济规律，抽象的经济概念和始源域的概念具有特征上的相似性与可比性，这是理解经济学中抽象概念和现象的一种意义机制。

无意识概念结构就像一只看不见的手，对我们的经验进行概念化。无意识思维这只看不见的手，使用隐喻来定义我们的无意识推理，不仅仅被常人所用，而且哲学家也在用。哲学理论主要是无意识认知这只看不见的手的产物。没有隐喻，对于哲学家来说就不可能进行深奥的推理（王寅，2003：147）。对应性具有一致性，容易使人相信并且盲从，因此具有说服力（如需求定律与供给定律）。从数学角度来看，符合对称性要求的事物具有很高的可信度，因此，把经济学规律对应于动物界的一些现象，例如，scorched earth policy指公司采用的一种反收购策略，被收购公司清算有价值的好资产，或者以非常高的利息贷款，从而使收购公司认为不值得收购。

我们日常经验中的相关性不可避免地会引导我们获得基本隐喻，这样就把主观经验和判断与感觉运动经验连接了起来。我们能够自动地和无意识地获得这些思维隐喻模式，也一定要利用隐喻进行思维。大部分抽象概念是由概念隐喻来定义的。概念隐喻使得大部分抽象思维成为可能，它不仅仅是不可避免的，而且也不应该为之感到遗憾。与之相反，它是我们最伟大的智力之一。隐喻的基本作用是从始源域将推理类型映射到目标域，因此大部分推理是隐喻性的。隐喻性的思维使得抽象的科学论述成为可能。

类比具有说服力。类比是科学的精华所在，需求定律适用于汽油，也适用于食品和其他消费品，这正是类比赋予需求定律以无所不包的普适性。但是，类比毫无疑问也是一种纯粹的文学手法，虽然其基础是先前的研究成果或者实验结果。例如，sink or swim on their own 形象地说明了独自谋生这一概念。

这种隐喻映射将整个哲学家的推理论述限定为几个常见的推理类型。当我们能凭感觉理解哲学理论，主要是理解其深深扎根于我们身体经验中的、无意识的、在一个文化中得到共享的隐喻。正是这些哲学家思维中的核心隐喻，限定了他们思维中深奥的推理。正是每一个从始源域到目标域的映射，将始源域中的本体映射出去，才形成了目标域中相关的本体。这些隐喻都已深深扎根于我们的心智、思维、语言以及文化模式之中。他们认为理念是符号，符号本身是没有意义的，是通过弗雷格的隐喻——符号对应于世界中的事物——来获得意义的。经济学家在说服读者时，他的大多数论据都会依赖于内省，通过批判性思维，鼓励读者诉诸自己的心灵。

隐喻不仅是所有哲学的特征，也是人类所有思维的特征。正是概念隐喻，才使得我们能够正确理解抽象概念；正是概念隐喻，才将我们的知识扩展到了新的领域；正是概念隐喻，才将哲学（经济学中的理论）中的理论连接起来形成了一个完整的理论体系，并赋予其巨大的解释力，使得我们能更好地理解哲学经济学理论。我们可以设想，如果一个人能剔除隐喻性思维，剩下的骨架概念就会太贫瘠，我们就无法进行日常实质性的推理。哲学理论都运用了隐喻性思维，因此隐喻不是哲学研究的障碍物，而是使得哲学理论成为可能的"宝贝"。剔除隐喻就是剔除哲学。没有大量的概念隐喻，哲学就不复存在，我们不管怎么强调隐喻在哲学中所起的普遍的、充分的作用也不为过。可以肯定地说，没有隐喻就没有哲学。

经济学家用了许多手法进行说服。科学具有隐喻特征，因为（经济）科学是社会的、历史的、文化的，没有超越社会文化语境的绝对知识。科学的最终产品，论文或者专著，是一种表演。从认识论来看，它与其他文学表现形式的距离，不会大于田园诗与史诗的距离。认识论在科学中并不是唯一重要的因素，同等重要的因素还有文学思维。（例如，The market to a large extent listens to its own drummer. 市场本身在很大程度上有自己的运行规律。）

任何科学都运用了体验哲学的基本原理，特别是隐喻，人类整个知识系统，包括语言本身，都是建构在隐喻之上的。这确实是发动"一场隐喻革命"的宣言。体验哲学强调概念、范畴、认知、心智、推理等基于身体经验强调身体和大脑的第一性，强调经验和实践的决定作用，是符合唯物主义基本观点的。经济学家必须从某一具体经济发展变化的一些故事开始，从他已经在经验的历时性上理解和默认的经验开始。所谓经验，就是有待于理论化的现象。如果要对经济学进行共时性的研究，必须对经济学先有一个历时性的把握。这是所谓的"心照不宣的知识"，也就是背景知识，某一学术社团所默认的知识。"默认知识存在于我们对它及产生的经验基础的注意之中"（Polanyi，1966：21）。

三、隐喻模因是经济学模型

隐喻是经济学家不可或缺的表现手段，因为陌生的经济学模型依赖于隐喻来表达。经济学家认为供求"曲线"不仅能说明市场的规律，而且能决定市场的价格。"博弈论"（game theory）的隐喻表达了一种经济学模式，把拥有类似、相反或混合利益的关系者之间的相互作用，用对抗性"游戏"的模型来表达。有人批评博弈化的价值时，使用的也是隐喻："博弈论有一个美妙的名称，却是一朵不结果的花"。

由于经济学家习惯于认为生产来自一个"函数"，经济处于"周期性"运动中，隐喻在经济学中无处不在。某些隐喻是有意识使用的，如"看不见的手"，你会感觉到当年亚当·斯密为了说服英国女王放弃对经济的干预时，是多么地绞尽脑汁，使其形象化和具有说服力。经济学的隐喻是文学性的。雅各布·布洛诺夫斯基（Jacob Bronowski，1965）注意到，科学家需要"寻求相似的东西用作隐喻。象征和隐喻对科学而言，就像对于诗歌一样必要"（1965：36）。罗蒂说得更好，"决定我们的大多数哲学和经济学信念的是图像而非命题，是隐喻而非陈述"（Rorty，1979：12）。经济学模型依赖隐喻来表达，"在经济学中，隐喻被认为是'模型'的同义词"（McCloskey，2000：13）。博弈论（Game Theory）是一种经济学模型，把拥有类似、相反或混合利益的关系者之间的相互作用，用对抗性"游戏"的模型来表达，"人类整个知识系统，包括语言本身，都建构在隐喻之上"（王寅，2002）。经济学推理的每一步都是隐喻的，贝克尔把传统的消费概念视为家庭生产模型，家庭是一家小型工厂，由资本、原材料和劳动组合起来，生产对家庭有用的商品。消费者是家庭的消费者和生产者。商品的生产和消费要耗费时间。时间是机会成本，必须和商品的市场价格或者经济决策行为的市场价格共同计算。在这里，经济学中的消费原理的复杂模型则被简化为人人所熟悉的工厂生产模型，家庭生产和消费的成本完全融合在社会生产和消费的常见认知结构中，这是隐喻思考模式的作用，相关的成本计算也相应简化了。无论是读者，还是这一新型消费理论的怀疑者，很快在其大脑中形成一个可把握的生产和消费的一系列具体的形象和图式，可能将不知不觉地认同这种思考和表达模型。

认知心理学认为大脑的功能之一是形成范畴的能力，思维以范畴化构建，范畴是认知工具的组成部分，形成范畴的基础是大脑中长期记忆的概念。以认知角度研究隐喻在经济学中的应用，说明我们是在认知科学的知识范畴中认识经济学模型，隐喻是语言对应于经济学世界的一个中间"认知建构"层，把语言和人类经济行为的现实世界联系起来，这使我们可以认识经济学模型与语言表达形式之间的关联性。

经济学中常用的隐喻模型之一是经济事件与非经济事件之间的比较。哲学家马克斯·布莱克指出，"令人难忘的隐喻，通过语言使一事物成为透视另一事物的透镜，从而在两个不相干的领域建立一种认知和情感上的联系"（Black，1962：236）。诚如布莱克所言，"隐喻性思维是达成洞察的最有效途径，而不是思想的装饰物"（Black，1962：237）。在经济学中，生动隐喻的形象性在读者大脑中形成的认知模式会历久弥新，因为这一认知模式所反映的经济学原理总有某个方面会不断被不同经济学家的理论模式所验证，从而形成约定俗成的认知模式，成为深化经济规律和认识社会现象的强大工具，表现为两种不同思想的能动作用和相互影响，是不同思想间的交流与借用，在文本的上下文中形成一个隐喻意义链，隐喻的意义反过来生成经济规律的结果和对经济现象的解释。例如：

"即使在'9·11'的破坏之前，大苹果似乎已经步入经济困境……它乘着证券的热潮大幅度扩张其开支……这对该城市的经济健康至关重要。"

此句中的五个隐喻，把纽约市政府乱花钱，造成财政窘窘的支出模型隐喻为一个富家浪荡子的生活模式，非经济领域的隐喻模式使经济现象通俗易懂，引人入胜。

隐喻的这种机制，通过语言使一事物成为透视另一事物的透镜，从而在两个无关的领域内建立一种认知和情感上的联系，隐喻性思维是达成洞察的最有效途径，而不是思想的装饰物，而且隐喻的形象性形成的认知模式历久弥新，因为隐喻所反映的经济学原理总有某个方面会不断被不同经济学家的理论模型所验证，成为深化经济规律和认识经济现象的强大工具。

诺奖得主贝克尔以很多新颖的隐喻作为其理论模型。他把家庭隐喻为小型企业（a small business），把传统的消费概念视为家庭生产模型

(home production model)。在这一模型中，消费原理的复杂模型被简化为人们所熟悉的工厂生产模型，家庭生产和消费的模式融合在社会生产和消费的常见认知图式中，读者在其大脑中形成一个能够把握的生产和消费的系列形象与图式，从而不知不觉地认同这种思考和表达模式。

贝克尔的"人力资本"（human capital）隐喻模型，表明两组概念由于互换内涵，从而彼此理解的理论解释力量。"人力资本"把劳动技能投资和物质资本投资进行类比，两个领域的思想都得到了发展，并且被有机结合起来：把培养劳动技能当作一种与其他投资类型具有竞争关系的投资。他的"影子价格"（shadow price）隐喻模型，证明孩子的质量与父母购买其他消费品是类似的模式，以解释人口增长与人力资本投资的互动关系，"一旦我们认为某种现象在他人心中存在的形式就像在我们自己心中存在的形式一样，这种现象很快就变成客观现象了，我们就可以一起思考这一现象，讨论这一现象"（Borel，1983）。

四、隐喻模因是经济学的推理方式

隐喻是一种类比推理的认知方式，是跨越语义范畴的横向推理，从一个具体范畴推及另一个具体范畴，范畴化表现为认知的秩序化，既具有向心性，又具有开放性，形成"比类取象"和"援物比类"的思维方式，最终反映现实规则。类比推理以功用性和家族成员相似性来推知隐喻的知识范畴。换言之，隐喻不是以客观世界中的实在，而是以概念的某种熟悉特征来推理的，表现为思维的"格式塔"：根据身体的体验，把感觉到的信息在大脑中加工成符合自身的经验或者需要，在心中形成完形过程，构成一个整体形象。因此，隐喻在范畴上具有模糊性，利用人们对隐喻的顺应性情感和典型特征的相似性，解释抽象概念或模型。例如，甜蜜交易（sweetheart deal，在兼并协议中，条件非常优厚，没有理由不接受）、皇冠之珠（crown jewels，公司中最有价值的部门或子公司）、放血（bloodletting，投资的重大损失）、肥猫（fat cat，工资高得不合理的公司管理者）。经济学家在使用隐喻时，充分地强调了隐喻的相似性，而相似性以外的其他特征却往往被忽略了。

随着经济的发展，资本的形式不断增多，除传统的资本之外，还类推出了风险资本（venture capital）、种子资本（seed capital），以及很多与投资，尤其与创业性投资有关的隐喻概念：天使投资者（angel investor）、亲情资本（love money）、风险投资协议（term sheet）、系列融资（series a financing）、股份被摊薄的公司创建者（diluted founders）、抵押金（pledge fund）、启动资金（startup）及对创新公司的早期投资（alphabet rounds）等，经济学家把其理论置于那些人们必须运用推理，而且可以感知的领域。

隐喻的推理性质启发认知，把人的常识经验延伸到抽象的或者深奥的经济学领域。贝克尔对人类行为进行经济分析时，把人与人之间的关系视为复杂的利益集合和经济组织形式。例如，婚姻是一份合同（marriage is a contract），约会是了解未来配偶信息的投资，恋爱具有相互帮助的实用功能，婚姻除了感情因素之外，双方的偏好和价值观一致且互补。新颖的隐喻通俗地揭示了社会发展到一定阶段的经济规律。

贝克尔的坏孩子定理（rotten kid theorem），以隐喻推理出这样一种现象：即使在人的本性是自私的前提下，如果有适当的经济激励，人与人之间也会互相帮助，使家庭总收入最大化。家长由于把"坏孩子"的财富与他的兄弟姊妹的财富水平挂钩，从而使"浪子回头"。如果经济学家不在社会事实与反映社会事实的理论之间进行相应的比较和推理，从而在两个不同的领域之间建立认知和情感上的联系，其理论建构的普遍性就可能被怀疑。因此，接受一个隐喻，实际上就是在进行一项推理。"隐喻的基本作用是从始源域将推理类型映射到目标域，因此大部分推理是隐喻性的。隐喻性的思维使得抽象的科学论述成为可能"（王寅，2002）。

科学首先是社会的、历史的和文化的，没有超越社会文化语境的绝对知识。经济学家的普遍信仰和讨论方式植根于他们所生存的社会，他们的思考模式不会脱离他们所生存的社会的思考模式。社会性是任何知识的基础，具有说服性功能的经济学理论尤其与知识的社会性密切相关。人们相信经济学的观点，因为经济学所讨论和解决的问题是社会问题，所有这样的知识都基于公共话语和社会常识。

经济理论是对社会发展规律探索和认识的一部分，经济学家的讨论方式和普遍信仰植根于他们所生存的社会，他们的思考模式不会脱离他们所生存的社会的思考模式。布莱克认为"原型"是扩展的隐喻，"一旦理解了科学模式，确认原型是科学文化的一个重要组成部分时，科学与人文之间的鸿沟也就在部分程度上被填平了"（Black，1962：243）。经济学家需要求助于他们的听众和听众的普遍社会常识，而不是简单地诉诸事实和逻辑，尽管事实和逻辑也必不可少。社会性是任何知识的基础，具有说服性功能的知识理论尤其与知识的社会性密切相关。人们相信经济学论点，因为经济学所讨论和解决的问题是社会事件。所有这样的知识，都基于公共话语和社会常识。

经济学理论是在一个假定的范围内来研究和理解的，语言不会像一些人所想象的那样直接对应于事实，语言需要经过社会的、流行的用法，才能说明事实、反映现实。判断行为的社会性和说服性，是我们日常行为的基础。我们自然而然地寻找着进行判断的某种显性标准，不管是量化标准还是非量化标准，隐喻实际上就是这样一种标准。我们丝毫不否认经济学的科学性和社会性，但是 Armand Borel 说过，"某种东西……我们一旦被说服这一事物在他人心中存在的形式就像在我们自己心中存在的形式一样，这一事物很快就变成客观的了，我们就可以一起思考这一事物，讨论这一事物"（1983：13），所以，从语言和修辞的角度来看，为经济科学提供标准的是语言和修辞，并不是逻辑和推理（McCloskey，2000：135），也不是哲学方法论的规则。

隐喻不直接反映真理，它反映一种与真理相似或相同的关系。换言之，人文主义方法可以用于理解科学方法。对经济学文本中隐喻的正确理解，就是对经济现象、规律和经济学术模因的正确理解，就是一种更广阔、更睿智的经济学思维方式和传统。经济学家认为，他们的研究领域是演绎性的，始于一些公理和定理，以推理的逻辑方式把一系列具有可观察性的推断和结论联系起来，形成一个演绎系统。即使如此，他们需要用隐喻来丰富自己的分析技能，用隐喻使公理和定理具体化、形象化，从而成为合理的现实规则和规律。这种合理性通过隐喻的思考方式来提供理由，通过隐喻使读者接受其观点，而不仅仅是依赖于某种方法论、认识论或逻辑推理，认为它们是通向合理的、真实的理论的唯一途径。

第二节
隐喻模因的复制和传播机制

隐喻语言复制符合复制的生物哲学原理，具有遗传性、变异性和选择性等复制特性，具备模因的保真度、恒久性和多产性等特征，是复制的基因型图式和文化复制因子。隐喻使用者是互动因子，隐喻通过互动因子的意识、因果关系感和相似性想象与推理，传递语言和文化信息，成为表现型语言模因，在因果关系、相似性、复制过程和适应度等方面符合生物复制的进化规律，因此，隐喻就是模因，具有模因复制的机制。社会学习使互动因子模仿彼此的行为，模仿的基础是互动因子心智中的社会化知识、语言结构和隐喻图式意象，社会化知识和隐喻图式意象说明隐喻模因是神经元物质的结构化概念，神经元的复制依据是科学界近年来的研究结果，神经元的复制过程是神经元彼此交际的过程，模因在神经元之间的交际环境中复制，信息处理是神经元的基本活动。从众效应有助于群体成员彼此以模仿形式有效协调行为，模仿是具身模仿，模仿的核心是社会机制。

本节首先研究隐喻以生物哲学方法复制的合法性，其次研究隐喻的复制过程，最后以神经生理学的研究成果说明隐喻复制的理据。隐喻的最新研究趋势之一是生态进化路径，隐喻因历时性而进化，隐喻的概念结构与隐喻图式的概念结构之间相互作用，形成话语隐喻。根据这一研究趋势，笔者以生物哲学复制的基本原则，论证隐喻的生成具有复制的基本规律，其复制和传播表现为语言复制和传播的一般规律。研究隐喻的复制机制，是尝试把隐喻研究回归到语言现象自身的研究，探索隐喻作为语言的表达方式的生成机制，因此，隐喻的复制研究是把隐喻回归到语言现象，探索隐喻语言生成、复制和传播规律的创新性尝试。以生物哲学方法研究隐喻模因的复制机制，是尝试把隐喻研究回归到语言现象的研究。我们研究隐喻和特定文化中思维与认知的关系，研究隐喻作为认知、思维方式和语言的一种特定表达方式的相生相成过程，以解释隐喻作为语言现象的一些生成规律，从而相对深入地了解隐喻这一语言现象生成的历史性和复杂性，以及隐喻的语言表达特征和语言特定表达方式的形成过程和相关规律。因此，隐喻的进化研究是把隐喻作为一种语言文化现象的研究，是语言进化研究的组成部分之一，对语言整体进化研究应该有一定的启示和借鉴作用。

隐喻图式是从表现型行为中归纳的基因型图式，具有普遍性和典型化特征，以复制方式表征社会现实，以客观世界的图式表征人的情感。图式是社会现实的投射，使用清晰鲜明的具体特征，指向人类社会不断复制的普遍结构，形成历久弥新的意象；图式是人和社会彼此建构的结果，形成特定文化的基础认知结构和文化复制因子，在哲学方法上具有可追溯性。例如，"杨柳"是中华文化中社会环境特色和认知形象鲜明的基因型复制因子，重点一般在柳，但常常以杨柳浑统称之，与其变体"柳枝（条、丝、叶、絮）"等作为图式，进化为意象隐喻，表达离别、思念和年华逝迈等情感和认知结构。我们尝试以"杨柳"的复制过程论证隐喻复制具有生物哲学原理。进化论认为进化现象源于先前的存在，模因论作为广义进化论，认为向他人学习的过程是模仿和复制的过程，文化不断累积，社会学习是适应、复制和传播的重要因素，"杨柳"在中华民族文化中具有这些进化特征。

文化进化和隐喻进化。文化是由思维习惯、价值态度和情感构成的框架系统，是指导行为和相互作用的文化语境。在文化语境中，人们无意识地受约定俗成的思维习惯、价值态度和情感支配，这种支配力和支配语言的语法结构一样，是文化进化的内在动力。思维方式、价值观和情感的社会性推动人类相互联系和交际，联系和交际使人类认识到，个体的合作使人类能够获得越来越多的生存优势，于是，思维方式、价值观和情感更加趋于社会化和范畴化，塑造对世界的整体情感表达和认知框架，形成固定的思维方式、认知秩序和情感，以理解世界，调节和适应人与人之间的关系。按照进化论的基本观点，无论生物进化还是文化进化，都是为了最大化地繁衍自身的基因结构和文化系统，人类是"自私的基因"的奴隶，能使基因大规模地自我繁衍，人类也是"自私的文化"的奴隶，文化进化的方向能够使模因最大化地自我繁衍文化系统，使人不断地区别于其他动物，形成人类自身的文化系统。文化进化以基因进化为基础，人类生物结构上的自私性，能使人类自身参与并干预文化进化，逐渐进入一种由自发到有意识组织的社会和认知秩序，文化进化的速度远远快于基因进化，因为文化进化有人类自身的有意识作用和干预。因此，研究文化和语言进化现象，需要分析人的作用、人与自然以及社会的相互作用和相互影响。隐喻作为认知、思维方式和语言的特定表达方式，是伴随文化进化而不断进化的过程，隐喻自身的进化受文化进化过程的制约和影响，是文化进化的产物，隐喻在人类自身的有意识和无意识作用下，形成一种特定的思维、认知和语言现象。因此，在文化进化框架中研究隐喻现象，是一种多向性、历史性和综合性的跨学科研究，既有自然进化的生物哲学理论基础，又有文化进化的动态过程研究，是对隐喻的思维、认知、情感表达和语言应用的多角度研究，而不仅仅是囿于传统隐喻认知层面的研究。

笔者参考英语史研究专家和语言哲学家拉斯（1997）与进化语言学家克罗福特（2000）研究语言变化的路径，采用复制因子和互动因子的概念研究隐喻。道金斯（2006：199）提出复制因子的概念，复制因子连续复制，相对完整地传递其结构，结构在复制过程中具有谱系。赫尔（1980）提出互动因子的概念，互动因子和社会及其环境相互作用，复制可能产生差别，选择是复制的一个过程，互动因子引起复制因子差别复制和传播。互动因子在复制中具有不同的目的，表现不同的结构，而且需要适应其生态环境。互动因子相互作用的程度，以其生成的复制因子的差别复制和传播来衡量。

互动因子是隐喻的模仿、复制和传播者。对人类大脑的多模块认知研究表明，语言文化信息在交际期间经常快速"突变"，生成大量的复制物，复制物符合模块输入条件，越容易受模块化处理影响的文化信息，就越容易被个体习得，在个体之间传播、生存和衍生，而且容易变异，使文化复杂化（Atran，2001）。隐喻具有认知过程，隐喻的复制和传播需要从社会认知和心理认知等视角研究，隐喻需要互动因子以心智图式、语言文化和心理知识认知与选择。图式知识说明隐喻不仅是信息概念，而且是互动因子认知过程中映射的具体事件，在相似的语境中，心智由图式触发，与客观世界相联系，能够有意识联想，而且心智使用逻辑规则，吸收世界知识，根据语言理解知识，以适合内容的特殊规则推断。心智用语言等具体形式表达抽象概念，把观点和词汇延伸，涵盖新范畴时，我们会借鉴具体思想，这些思想表达丰富的生活体验。隐喻的识解需要主体的认知和语符的编码与解码知识，隐喻使用者在文本编码与解码过程中应用语言、文化和情感等心理知识，表现为社会认知，累积为社会经验，互动因子与社会及其文化生态环境相互作用，触发心理感受和体验，生成隐喻的差别复制。

一、隐喻符合复制的生物哲学原理

根据生物哲学原理，复制是源和复制物之间的关系，具有因果关系、相似性、信息传递、变异、复制和适应等特性（Aunger，2002：73-75；Sperber，2000：169）。因果关系表现为概念具有复制性，能够生成一系列相似的概念，复制因子是复制过程的来源，具有遗传性。相似性指复制物生成与复制因子相同或相似的特性，复制有变异，变异是遗传特征不准确的结果，是选择的条件，是进化过程的动力。信息传递是复制因子的信息在复制过程中由源传递到复制物，复制的本质特性是其可重复性，复制使复制因子具体化或者形象化，适应度是复制因子生存、复制和传播的潜能。图5-1说明了隐喻复制的基本关系和过程。

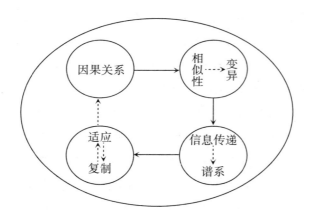

图5-1 隐喻复制的基本关系和过程

笔者以"杨柳"隐喻图式为例,论证隐喻的进化具有复制的哲学原理。

因果链连接心智和客观世界。复制以因果关系生成复制物,因果关系是复制的"适足"(just right)条件,即复制因子在某种意义上诱发复制过程,复制因子不一定是复制的全部条件,复制可能需要其他因素。在因果关系适用的世界中,复制的不同谱系从原始图式进化,随着新形式进化,环境不断适应,观念的文化进化,包括观念所适应的认知和社会环境的变化,似乎都满足进化的需要(Atran,2001)。因果关系源于心智把离散事件联结成因果关系的经验,经验源自体验,体验是思考的基础,互动因子是经验的体验者和解释者,隐喻复制是互动因子的普遍经验与客观环境相互作用的结果,其中复制因子是表征体验和经验的图式,图式化是图式与具体实例之间的关系。例如,风和柳絮之间的图式关系表征人生盛衰的经验图式:"无风才到地,有风还满空。缘渠偏似雪,莫近鬓毛生"(雍裕之《柳絮》)。互动因子以柳絮浮于风中映射人生,以柳絮似雪映射白发,担心早生华发。柳絮图式生成人生漂泊、韶华易逝的意象,图式映射到目标域中,以框架形式固化于互动因子的知识网络中,触发联想,复制因子是联想的触媒。

因果关系是经验完型，经验具有范畴，根据图式和家族相似性分类，人把经验作为完型来体验，形成因果范畴（Lakoff & Johnson，2003：70）。因果关系"具有可分析的特征，并具有不同形式的变体，任何一个变体都具有图式的特点"（Lakoff & Johnson，2003：70-71）。柳的柔弱性形成的被动下垂图式，柳絮飘浮在空中的飘荡图式，这些与悲哀的心理结构类比，生成别离伤情的因果关系，这是互动因子感知到柳的表现性而生成的心理完型，因果关系是心理世界和客观世界的黏合剂。例如，"年华妾自惜，杨柳为君攀。落絮萦衫袖，垂条拂鬓鬟。那堪音信断，流涕望阳关"（崔湜《折杨柳》）。情意缠绵的思念与柔软细长的柳条、袅娜飘拂的柳絮形态形成经验完型，固化为离别、惜别、思念和年华不韶图式，形成以可映射属性为特点的因果关系，映射到人类伤离、惜别和思念的情感领域。从因果关系上看，隐喻在进化中表现为容易记忆和传播的图式，也表现为适合人的思想进化的模块化习惯。这些心智习惯和人类生存环境相互作用，一旦习得，不容易忘记，稳定地保存在文化群体的心智之中，具有恒久性、多产性和保真度。

相似性和变异是进化的动力。复制的基础是相似性，变异是进化的动力。

相似性指复制物在某些方面与复制因子相似，相似指复制因子的特征使复制因子具有复制力，复制物与复制因子相似。由经验感知到的各种相互关系生成隐喻的相似性，互动因子根据概念系统的范畴和各种自然经验理解相似性，复制物在图式表现的性质和范畴上与复制因子相似，图式之间的相似性成为认知的基础，不断固化概念范畴，概念范畴是认知和情感表达的相似性联想。隐喻所建构的图式关系把抽象概念表现为具体意象，杨柳的形状、方向、柔弱性和下垂感传递的图式，与伤离别情、留恋不舍形成相似性，经过联想、推理和类比，柳条柔弱、低垂轻拂被赋予人的情感，仿佛在诉说离愁和思念。"柳丝挽断肠牵断"（温庭筠《杨柳枝》），细长的柳枝映射女子的情丝和离愁，婀娜柳枝与悠长思念之间的相似性，固化为意象隐喻，意象隐喻是"由于隐喻的内在结构，一个传统心理形象可以映射另一个传统心理形象"（Lakoff，1987），一看到与柳相关的物象，互动因子就会自然联想到伤感、离别、依恋和思念。意象隐喻的本质是本体和喻体之间的相似性。

进化论认为，人类天生的性质和范畴划分是与基因相关联的一种特性，心智存在许多相似度空间，分别受不同本能或模块规范，依据这些空间，特定模块能在相应的知识领域——物理世界、生物世界或社会世界——进行合理的归纳（Pinker，2015a：438）。归纳把经验世界纳入相似的框架，因为社会解释具有互相联结、共同进化的特征，在相似的框架内简化经验是人类理解世界的基础。复制因子"杨柳"和复制物"送别、离恨、思念"等情感形成类比关系，柳谐音"留"，祈愿留下来不分离，折柳送别成为送别仪式，柳意象隐喻与别离愁绪类比，两者的相互作用、环境因素及其结果都具有相似性，这种内在相似性"勾勒出整个突显的经验范围与其他经验范围之间的相似特征"（Lakoff & Johnson，2003：152），反映人类经验的相似性，互动因子和社会环境相互作用，复制经验图式，相似性保证复制的保真度，复制因子具有多产性，复制物具有无限的数量，隐喻在进化中具有强大的生产力。隐喻复制是"在从想象到推理的结构中，把一物类比于另一物，把源域的意象特性映射到目标域，或者把源域在特定文化中累积的情感与想象映射到目标域"（Frye，1985：282），尽管源域和目标域是不同的认知和情感范畴，但是想象以相似性为基础，借助不同的范畴体系类比，相似性是隐喻形成的认知基础，是模仿和复制的前提。

杨柳图式在复制过程中有变异，"变异是进化的动力"（Aunger，2002：73）。变异是类比推理生成的映射，表现在意象隐喻的组合和聚合关联上，关联关系按照感官活动和认知秩序的不同，生成意义的不完全复制，形成变异，如"柳条"生成变体"柔条"，"长亭路，年去岁来，应折柔条过千尺"（周邦彦《柳》）。图式的使用频率对变异具有决定作用，随着图式的不断模仿复制，互动因子通过语言的聚合关

联替换图式，触发隐喻的能产性，图式的概括性越来越强，成为特定
文化中的认知图式和复制因子。互动因子用民族特定的理解方式类比
推理，在复制中不断加深体认，表现为复制因子的变异，变异是人与
社会、自然相互作用的过程，这一过程反映互动因子的不同心理感受，
以语言赋予杨柳种种感情色彩，同义类聚，形成能够遗传的变异，变
异所表现的不同特征和感情色彩代代传承，泛化传播，形成文化心理
所塑造的情感定式，绵延不绝，传承至今。

　　就杨柳而言，变异是杨柳的一般性质、心理印象、视觉特征、视
觉感受和心理情感等因素在心智中唤起的认知，这些认知经过约定俗
成，固化为丰富的意象，表现互动因子的种种情感和感受，图5-2列举
"杨柳"的部分变体。

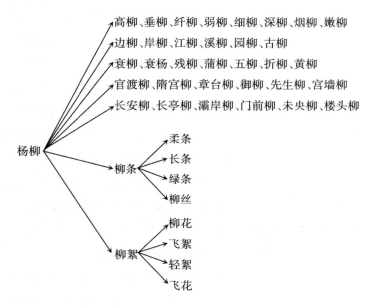

图5-2　杨柳复制因子的表现型变体

　　杨柳的变体是互动因子在多个不同层面抒发情感，表达文化心理
和心理关联域中不同感受和联想的同源性和整体性，表现为隐喻图式
的多产性，具有多层次、多侧面的蕴含，现实社会、心理感受和历史
积淀相互作用，表现互动因子在进化中形成的复杂心理和情感，是传

播与渗透力强大的文化基因，固化为符号化的思维方式和感受能力。人和柳的情感互通、累积与沉淀，形成人与自然的共情，表现隐喻的复制力、多产性和恒久性，成为中华文化中独具魅力的复制因子，作用于民族群体的生活和情感中。

信息传递是具有谱系特征的复制链。信息传递指复制物从复制因子中继承相似的属性，复制物获得与来源相似的信息（Aunger，2002：74）。复制过程是"本地"过程，即以语符为基本单位，从信息的意义上生成语言和文化信息。杨柳意象在中华文化系统中是整体和个体的关系，杨柳隐喻的复制链是不同意象组成的整体，每个意象在整体复制链中才具有意义，复制是横组合和纵聚合的关系，表现为句段关系和联想关系。图式传递到复制物，复制物是复制因子的映射信息，形成具体事件，事件在因果关系上由复制关系所联结，参与复制的所有因素传递信息。例如，"含烟惹雾每依依，万绪千条拂落晖。为报行人休尽折，半留相送半迎归"（李商隐《折杨柳》），信息传递既传递形式（柳枝随风摇摆），又传递意义（行人恋恋不舍），同时在互动因子的心智中唤起"杨柳依依"这一经典图式意向在中华文化中的所有积淀和蕴含，形成离别、留恋和盼归的复制链，这一复制链通过"依依""万绪千条""休折尽""相送""迎归"等状景和写情的意向与文本信息构成，深化社会认知框架和思维图式，感官活动和认知图式强化杨柳意象隐喻的形式、意义和文化之间的规约关系与认知感受，杨柳意象的信息传递从杨柳的整体意象具象化到柳条等个体意象，在"本地"复制，即在这首诗所形成的语言文化语境中复制。

隐喻复制是图式认知和语言表征的适应过程。复制是一个实体生成两个或更多的复制物。复制具有必须重复的意义，复制因子衍生，复制生成复制物及其相似类型的数量不断增多。复制因子和复制物构成各种可选形式的整体，整体由部分组成，部分可追溯到个体。复制使可选择的形式和个体的相对频率在整体和个体中都有变化，变化的相对频率是进化的本质。隐喻复制一般表现为模仿或重复感官活动和言语认知活动，感官活动表现为视觉和心理感受，言语认知以语符解码，以图式映射意象，意象由因果关系、临近性、相似性和范畴化等途径生成，复制的目的包括抒发情感、建立或巩固人际关系和社会网络、满足社交功能等。

模仿复制意象隐喻，但是意义复制则基于语境，不同表现方式的文字和不同视角的意象，累积相似的意义。隐喻概念域的表现方式受认知影响，也受交际意图影响，隐喻表达的语法和词汇之间的约定性，在很大程度上源于语言和意象之间的累积性和适应度，也源于交际方式和概念表达的不断积累，同时适应约定俗成的结构和用法。如果以生物哲学和认知理论来解释复制过程，习得图式的基础是遗传，以特定文化知识解释意象隐喻，用言语表达意象隐喻，这是语言和文化刺激、触发意象隐喻的表现方式的学习机制和能力，这些机制和能力一部分由基因遗传，另一部分由文化传承，具有适应度特征。

复制的映射过程是本体和喻体的联结过程，模仿、推理、类比、联想和想象等多种方式可能触发映射过程，这些方式在心智中可能以某种方式在不同程度上彼此结合，生成意象隐喻，文化传递和复制的方式比生物复制复杂得多，因为文化传递和复制涉及社会、文化、历史、心理和环境等诸多因素。隐喻复制是社会学习行为，通过社会学习所获得的不同文化变体，生存的频率不同，形成文化进化的不同结构。社会学习是互动因子观察和习得复制因子的适应过程，模仿是大脑预设的行为，模仿的目的包括社会学习、文化传递、心理理论的发展和共情（Campbell，1966：186）。综上所述，隐喻在因果关系、相似性、信息传递、复制等方面符合生物复制的基本规律，因此，隐喻具有生物哲学所表征的复制和传播机制。

二、"杨柳"隐喻图式的复制机制

隐喻表现为心智中存储的图式，隐喻图式的生存环境是互动因子的信息环境，大脑是模仿和复制的神经生理环境，信息传递特性表明意象隐喻是复制因子的直接信息链，"大脑中的信息传递路径是因果关系"（Aunger，2002：189）。基于意象隐喻的复制规律和传播特点，笔者提出图5-3所示的隐喻图式的复制传播模型。

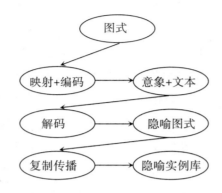

图5-3　隐喻的复制和传播模型

"图式"是心智在客观事件和情感刺激下感知和联想的复制因子及其变体，是长期记忆中经验的认知结构，能够引导、组合和加工新感知的信息。映射和编码过程是"杨柳"隐喻以意象和语言形式形成的过程，意象表达认知和情感，文本表达意义和语用意图，以约定俗成的社会认知，生成语义指称链，映射图式在进化中固化的因果关系，适应记忆、同化、选择和传播的进化过程。互动因子解码，激活图式、文本和意象的语义链，生成隐喻图式，隐喻图式适应不同时空的语境，复制传播，形成数量无穷的语言文化和认知现象——隐喻实例库。

"文本"是隐喻传播的媒介，隐喻图式复制的规则受语言的规则制约。互动因子的认知既指对图式的模仿和复制，又指对文本的编码和解码，意象复制和文本认知不可或缺。笔者用单向箭头表示隐喻图式映射、复制和传播，不断衍生，生成隐喻实例的过程，这些实例是以类比和复制生成的相对固定的语义集合，形成动态隐喻实例库，表现心理的社会现实性。

解码需要根据约定俗成的图式和语符知识，理解语境中与指称、意象和意义的最佳关联，感知视觉和感觉引起的心理感受，并辨识隐喻发挥的社会作用，调节个体言语的社会意义和语用作用，即互动因子在送别等特定交际场合，表达亲情、爱情和友情等人际情感，强化交际者之间的情感和社会联系网络，反映隐喻事件发生的特定语用特征，包括互动因子的社会特征、交际场合、交际行为和目的。人际、社会和语用特征积累适应效应，复制使图式化程度更高，意象更加丰富鲜明，从而使隐喻的传播范围更大，复数数量更多，更具有图式的鲜明特点。隐喻实例库是一个复杂的动态库，具有变异、选择、竞争、固化和淘汰等动态特征，实例库中的隐喻表达式适应语言和交际等生态环境，表达趣味性，寻求仰慕和共情，反映交际场合等社会语境和交际参与者的交际目的等社会语用联系。隐喻实例的生成是适应社会网络、身份认同、从众心理和权威等因素的过程，即适应语言和社会等的内外部生态环境。笔者以张先的《蝶恋花》为例，说明隐喻图式的复制机制。例如：

"移得绿杨栽后院。学舞宫腰，二月青犹短。不比灞陵多送远，残丝乱絮东西岸。几叶小眉寒不展。莫唱阳关，真个肠先断。分付与春休细看，条条尽是离人怨。"

图式"绿杨"栽种后院映射一个歌女脱离攀折飘零之苦，这一隐喻信息链的复制过程以图5-4来说明。

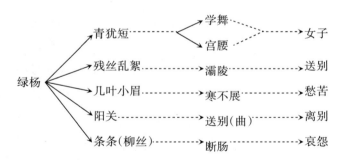

图5-4　隐喻图式的复制过程

"绿杨"和"柳枝、柳叶、柳丝、柳絮"图式经过认知，生成"宫腰""灞陵""柳眉""阳关"和"断肠"等系列意象，映射女子、送别、愁苦、离别和哀怨等意象，经解码遂成隐喻图式，表现互动因子与杨柳相关的共情，表达相爱但不能长久的无能为力感。"心理表征的明显标志是我们对图式概括归纳的方式"（Pinker，2016：87），图式是驱动人类思考现实世界相互关系的引擎，文本的编码和解码之间具有图式的同化作用，同化作用使心物同构，同构生成于心智，"心智把词汇借用为隐喻，还借用整个语法结构，用具体形象表达抽象概念"（Pinker，2015b：358），抽象概念以依存于某类事物的性质和事物之间的关系，具体如"绿杨"和"柳枝、柳叶、柳丝、柳絮"图式及其意象的关系为反映对象，"赋予我们推断物质和社会世界所必需的词语、语言和心智"（Pinker，2015b：272）。图式及其概念是人类意识经验的基质，是语义记忆的原始要素，语义同化的基础是社会与心理关系的相似性、内在对称性和潜移默化的认知秩序。隐喻图式作为词汇和意象建构的字面意义与映射意义的集合，在镜像神经元中复制为大量的隐喻图式，成为隐喻变量的储值。

第三节
隐喻模因的神经生物学理据

格雷戈里·希科克（Gregory Hickok）认为，镜像神经元"能够提供一个统一的框架，来解释迄今为止仍然神秘未解，同时又难以付诸实践验证的众多心理能力，有史以来第一次为复杂社会认知和相互作用提供了看似可信的神经生理学解释"（2016：Ⅰ-Ⅱ），而且"文化和社会进化都'扎根于'镜像神经元，模仿机制对理解人类心理的复杂问题起着至关重要的作用"（Hickok，2016：190）。

一、镜像神经元的复制过程

图式"在神经元之间的交际环境中复制"（Aunger，2002：195），"大脑活动的内容在于神经元之间的联结模式和活动模式"（Hickok，2016：26）。神经元加工感觉信息，联系感觉信息和记忆存储中与当前情境有关的知识，调用感觉运动系统复制（Hickok，2016：164）。最新研究表明，神经元本身就是一个多层网络，是广义的信息处理器

（Gidon，Zolnik，Fidzinski，Bolduan，Papoutsi，Poirazi，Holtkamp，Vida & Larkum，2020）。笔者以 Aunger 提出的神经元复制模型（Aunger，2002：195）尝试说明隐喻图式的复制：神经元节点 1 刺激节点 2，节点 2 获得与节点 1 相同的状态，节点 1 和节点 2 的状态相似，满足因果关系和相似性。节点 2 具有状态 A 的部分信息，因为节点 2 是来自节点 1 的信息，这时节点 1 和节点 2 以谱系关系关联起来，节点 1 的状态得以复制，因为两个节点都同时表现出同一状态，这一过程满足遗传和复制，复制过程表现出真实复制的所有必要特征：因果关系、相似性、遗传、信息传递和复制。笔者试以李商隐的《柳》，说明图式信息在镜像神经元中的复制传递过程。例如：

"曾逐东风拂舞筵，乐游春苑断肠天。如何肯到清秋日，已带斜阳又带蝉。"

互动因子以春日（"断肠天"）之柳类比秋日之柳。在舞筵上，难以分清婀娜多姿的春柳和飘然起舞的舞女，而"清秋""斜阳"和"秋蝉"等传统意象转而表征环境凄凉，反衬秋柳的枯凋，春荣对比秋凋，悲叹年华易逝，青春难再。春日之柳和秋日之柳的不同图式在神经元之间复制，不同意象传递复制因子的不同信息，映射互动因子的心理感受，复制因子既传递"杨柳"的生机和风情，又复制别离、思念和时光流逝，"杨柳"的节点构型在神经元之间传递，图式、意象、语义和社会认知信息在一系列复制链中交换，生成杨柳的多意象隐喻图式。

二、复制的神经生理学理据

镜像神经元说明运动皮层具有动作目标和意义理解等复杂认知能力（叶浩生，2016）。镜像神经元在个体指向特定目标的动作，并在观察其他个体模仿类似动作时被激活（Pitts-Taylor，2013）。颅磁刺激（TMS）和脑磁图（MEG）等生物神经技术研究表明，镜像神经元具有"映射"功能（Schermer，2010），映射的"镜像机制"匹配知觉和动作，以感知的相似性解释动作及其意图的因果关系。例如：

"檐前垂柳丝千尺，只系柔肠不系舟。"（周羽步《赠范洛仙》）

柳枝柔长可挽的物质特性被感知为原因，联想为留系亲人、恋人、柔情、春色，乃至青春年华。镜像神经元处理行动意向、面部识别、体认加工，使主体下意识地理解彼此的意图和情绪，形成社会化情感，这是人类在进化中固有的、无意识的和前语言的神经能力（叶浩生，2016）。镜像机制以种系传递方式成为社会认知的基础，具有自动和反思前的特征（Slane、Lusk、Boomer、Hare、King & Evans，2014）。模仿是以镜像神经元为机制的具身模仿，这是人际认知和社会认知的神经生理学证据（叶浩生，2016）。

模仿具有共情机制。共情的心理机制使人彼此理解、交流情感、分享经验、感受意图，使个体经验成为社会经验和社会认知能力。杨柳隐喻表现的离情别绪、相思念远、思乡怀土、缅故怀古和感物伤己等情感，形成民族群体的共情感受，使历史与现实积淀交错，富有张力，具有共情心理的同源性，共情心理的渗透力和扩散力绵延古今，杨柳的外形意态、状貌结构、民族习俗和审美情趣共同进化，具有相似性，表达互动因子群体的意识和体验，包括记忆和思维等神经活动，表现为情感共情和认知共情。情感共情是互动因子共享的情感或情绪的神经表征。例如：

"苏家小女名简简，芙蓉花腮柳叶眼。"（白居易《简简吟》）

"雨沾柳叶如啼眼，露滴莲花似汗妆。"（蔡瑰《夏日闺怨》）

以柳叶映射眼睛是共同神经表征。情感共情的神经表征理解和预测他人的行为，在主体之间建立一种体验关系。知觉、观察和模仿刺激镜像神经系统，激活相同的神经回路，映射共同体验，使互动因子具有相似的认知。认知共情使个体具有相似的认知和思维方式。例如：

"眉欺杨柳叶，裙妒石榴花。"（白居易《和春深》）

"古镜菱花暗，愁眉柳叶颦。"（骆宾王《昭君怨》）

镜像机制的映射功能以眉毛和柳叶的认知映射相互交流情感。镜像神经元的匹配功能，直接联结以共情为机制的无意识模仿，表明互动因子之间"具有理解和感受的神经生理学基础，模仿是以镜像机制为基础的具身模仿"（叶浩生，2016）。

镜像机制具有双向"映射"功能。镜像神经元匹配观察和动作，映射他人动作，理解他人意图、情感和体验；镜像神经元也把自身的体验、行为和意图投射给他人，以理解他人的心理状态。例如：

"人言柳叶似愁眉，更有愁肠似柳丝。"（白居易《杨柳枝词》）

"柳叶随歌皱，梨花与泪倾。"（黄庭坚《槐绿低窗暗》）

柳叶（丝）和梨花的"愁""皱"和"倾"是互动因子的镜像机制，以自我感受和体验为基础，以"离线"方式把同一感受和体验投射给他人，想象他人具有同样的意图和体验，在互动因子之间复制传播，具有相同的社会功能，建立社会心理联系。镜像机制是个体之间意识经验联通社会性的生物媒介。

对于群体成员共同的信念和价值观来说，模仿和复制是文化传递的重要因素。人类表现出一种模仿言语方式的倾向，通过无意识地模仿周围人的行为模式来融入其社会环境，这大多是一种无意识的行为。引导模仿和复制行为的内在动机是一种渴望获得社会认可的深层愿望，因为模仿具有社会功能，有助于群体成员有效协调行为，群体成员的相似行为又引发积极的社会态度，因此，模仿的核心是社会机制，是社会发展的先天基础。隐喻是存储于心智中的图式结构，思想来源于先前的感知，所有思想都是图式，概念性知识栖居于心理语言中，心理语言也是思维语言，所有思想都是图式复制和存储指称链的语义域之间的关系，图式包孕的概念具有一致性，是一种同类包含的逻辑关系，词汇意义之间的相互关系具有范畴化，不断激活话语使用中的图式，形成同类范畴的种种语义关系，隐喻是话语模仿和复制的产物，复制是由上游图式范畴主导的过程。理解彼此嵌套，由基础心智模型或复制理解方式建构，与其他模型相联结，因为人类思想具有循环递归和组合的特征，人可以用有限的图式表达无限的思想。镜像神经元的功能是遗传现象，是人类进化和选择的结果。在人与猿的共同祖先中，某些个体有可能形成镜像神经元，从而易于理解其他个体的动作和意图，生存适应度相对高，有可能大量繁衍后代，自然选择保存镜像神经元的遗传倾向，最终进化为人类的生物神经机能，动作、感觉和经验不断促进镜像机制发展。

第四节
隐喻生成和进化的模因特性

复制是一个实体生成两个或更多的复制物。复制具有必须重复的意义，复制因子衍生，复制生成复制物及其相似类型的数量不断增多。复制因子和复制物构成各种可选形式的整体，整体由部分组成，部分可追溯到个体。复制使可选择形式和个体的相对频率在整体和个体中都有变化，变化的相对频率是进化的本质。隐喻复制一般表现为模仿或重复感官活动和言语认知活动，感官活动表现为视觉和心理感受，言语认知以语符解码，以图式映射意象，意象由因果关系、临近性、相似性和范畴化等途径生成，复制的目的包括抒发情感、建立或巩固人际关系和社会网络、满足社交功能等。

模仿复制意象隐喻，但是意义复制需要基于语境，不同表现方式的文字和不同程度的意象，累积相似的意义。意象隐喻的累积和认知受隐喻概念域的表现方式和受说话人的交际意图影响。隐喻语法和词汇之间的约定性在很大程度上源于语言和意象之间的累积性表达，也源于交际方式和概念表达的不断积累，同时适应约定俗成的结构和用法，以隐喻的结构化方式复制已经形成的结构和用法，复制的一般方式是推理和联想，互动因子的推理和联想因文化能力和认知能力不同，可能有一定的差异。如果以认知理论来解释复制过程，习得图式的基础是遗传，以特定文化知识解释意象隐喻，用言语表达意象隐喻，这是语言和文化刺激、触发意象隐喻的特定表现方式的学习机制和能力，这些机制和能力本身一部分由基因遗传，另一部分由文化传承。

复制的映射过程是本体和喻体的联结过程，模仿、推理、类比、联想和想象等多种方式可能触发映射过程，这些方式在心智中可能以某种方式在不同程度上彼此结合，生成意象隐喻，文化传递和复制的方式比生物复制复杂得多，因为文化传递和复制涉及社会、文化、历史、心理和环境等诸多因素。隐喻复制是社会学习行为。"通过社会学习所获得的不同文化变体生存的频率不同，形成文化进化的不同结构"（Campbell，1966：328）。社会学习是互动因子观察和习得复制因子的适应过程，模仿是大脑预设的行为，模仿的目的包括社会学习、文化传递、心理理论的发展和共情（Hickok，2016：186）。杨柳隐喻的进化主要有五条复制链。

第一，送别生留别，离情生离恨，离恨而思乡，思乡具象化为思人的情感复制链。例如：

"巫山巫峡长，垂柳复垂杨。同心且同折，故人怀故乡。"（萧绎《折杨柳》）

"瞻云望鸟道，对柳忆家园。"（阴铿《望乡诗》）

"离恨远萦杨柳，梦魂长绕梨花。"（刘迎《乌夜啼》）

第一句以巫山巫峡和折柳告别抒写远行的伤感凄怆。第二句以游子见柳思乡。第三句以"杨柳"映射思念之人。

第二，杨柳纤柔的物理特征和袅袅婷婷的生物状貌，使互动因子联想到女性及其神态、情感、思念、幽怨和命运等意象，柳的柔弱信息传递到女性及其特征。例如：

"二月和风到碧城，万条千缕绿相迎。舞烟眠雨过清明，妆镜巧眉偷叶样。歌楼妍曲借枝名，晚秋霜霰莫无情。"（晏几道《浣溪沙》）

"碧城"指茂盛的柳枝，用以塑造歌女温馨旖旎的形象，"绿相迎"以柳枝新绿的迎风飘拂之态表现有情相迎的意态，女子把双眉描成柳叶状，情歌以柳枝为曲名，互动因子萌发怜悯之心，希冀霜雪莫打杨柳，表达同情歌女之心。

第三，表现士大夫追求心灵宁静的出世之志和高远超脱之趣，渲染简朴清静、自足自乐的隐居生活，生成淡泊高远和身心不受拘束的复制链，适应以杨柳风姿绰约、纤柔飘逸的生物性状映射个体修养的传统文化主题。例如：

"庭植不材柳，苑育能鸣鹤。"（梅陶《怨诗行》）

"纺绩江南，躬耕谷口。庭中三径，门前五柳。"（费昶《赠徐郎诗》）

第一句以柳和鹤意象相联，表达田园生活的出世之志。第二句借用陶潜之典，营造出悠闲自得的田园生活图景。

第四，垂柳引发悠远情思，适应以史实生成的联想，形成抒发历史主题，借古鉴今或者感伤盛衰的复制链。杨柳复制因子的岁月久长成为吊古咏史的意象，历史积淀使复制因子具有恒久性，隋宫柳和官渡柳等作为史实，使杨柳成为悲悯亡国和以史喻今的隐喻复制链。例如：

"于今腐草无萤火，终古垂杨有暮鸦。"（李商隐《隋宫》）

以杨广逸游的放萤和栽柳史实，对比"萤火""腐草""垂杨"和"暮鸦"于"有""无"之间，感慨今昔，揭示亡国主题。

第五，春华秋枯生成惜春悲秋的传统意象，形成珍惜欢会时光，悲叹寂寞孤独，哀伤华年不永，感慨生命不常的复制链。伤春和悲秋的本质相似性形成相似的体验和认知，成为文化图式和隐喻复制链。例如：

"凉风绕曲房，寒蝉鸣高柳。踟蹰感节物，我行永已久。游宦会无成，离思难常守。"（陆机《拟明月何皎皎诗》）

凉风、寒蝉、秋柳、节物变迁、游宦无成、寂寞思亲等意象使悲秋主题具有塑造力和多产性，形成离别、伤逝、冷落和孤独等凄凉情感，表现现实社会与传统积淀生成的心理复杂性。

杨柳及其生物状貌和物理形态是基因型信息，在心理和情感作用下，转移到人的情态、命运和情感上，生成无数表现型信息。虽然复制因子的信息不断传递，生成变体，但是基因型信息复制保真度高、信息恒久而多产，在互动因子和环境的作用下，形成信息传递过程，这一过程具备遗传性、变异性和选择性。遗传性保证隐喻复制过程的准确性与持久性，变异性形成进化关系，每一个复制事件是一系列相似事件的节点，这些节点形成进化的谱系。选择性会选择隐喻自身能

复制的特性，形成有差别的变异，保证隐喻的遗传特性，复制因子承
受的选择压力在特定时空中具有适应度，累积适应度是进化的必要条
件（Aunger，2002：155）。

　　信息在复制因子和复制物之间传递，形成信息之间的谱系关系。
复制事件是一系列相似事件中的节点，节点生成进化的谱系，谱系是
复制和进化的结果，可能具有无限的变化。谱系也是进化存在于时间
中的永恒特征，表征复制序列，例如"昔我往矣，杨柳依依"（《诗
经·采薇》）中的"依依"，一般认为是杨柳隐喻的滥觞。谱系中的复
制事件相互关联，因为复制事件由相同事物的表征所联结，复制事件
或复制程度之间的谱系关系是信息传递关系，复制因子是在相同类型
的语境中复制的相似实体，复制信息在特定的语境中传递，谱系关系
是信息传递关系，说明复制在图式和隐喻之间"具有对等的结构，在
整个语境中具有相同的效应"（Aunger，2002：155），相似的语境生成
复制效应，因为复制因子是谱系进化的触媒，图式是"记忆结构的奴
隶"（Pinker，2015b：299），复制因子的能产力表现为一种相邻性映射
关系，映射物是图式的下游结果，复制因子及其映射物的信息源于记
忆，"杨柳"谱系具有选择的累积效应，在时间上具有适应度，是不同
时期的复制因子联结起来的连续序列。

第五节
隐喻模因进化视角下的文化传承

　　社会文化活动是杨柳隐喻复制而进化的文化生态。杨柳成为意象
隐喻，其复制基础是特定社会与杨柳相关的社会活动和文化生态。社
会活动和文化生态形成杨柳复制的历史文化、社会环境和相关心理，
互动因子不断适应社会文化和相应的心理结构，在适应过程中，杨柳
意象具有调节意义和社会交际的效用，这种效用强化心理结构和相关
知识，互动因子的记忆-酬报系统调节与杨柳相关的类比、联想和推理

的能力，使杨柳意象隐喻越来越适应于复制。

第一，杨柳隐喻的复制具有社会基础。人类逐水而居，柳树生命力强，种植分布广，宅院堤岸，宫廷民间，亭台楼阁，到汉代栽柳已蔚然成风。隋代在运河河堤栽植柳树，例如，白居易的《隋堤柳》即是这一史实的反映：

大业年中炀天子，种柳成行夹流水；西自黄河东至淮，绿荫一千三百里。

因柳适植，唐以降，栽植更为普遍，兴修水利和道路时，柳大量用于固堤护路。大范围栽植使杨柳成为社会生活的组成部分，不断影响互动因子的感知和心理结构。1875年，左宗棠于新疆平叛，西行沿途栽植数百万株柳树，被誉为"左公柳"。

新栽杨柳三千里，引得春风度玉门。（杨昌浚《恭诵左公西行甘棠》）。

大范围栽植使杨柳成为社会生活的组成部分，成为人们出行中的鲜明景观和庇荫的良木，不断影响互动因子的感知和心理结构。

第二，随着经济发展，商业繁荣，城市规模扩大，社会交流增多，植柳造景，柳和社会生活的关系愈发密切。"缘城堤边，悉植细柳，绿条散风，清阴交陌"（盛弘之《荆州记》）。唐代韦庄在《秦妇吟》中写道：

采樵斫尽杏园花，修寨诛残御沟柳。

至宋、明和清时期，仍然大规模植柳。扬州园林的柳景被誉为"绿杨城郭"，北京园林的杨柳景观被赞为"垂柳高槐""廊遍桃柳"和"柳浪闻莺"，济南园林柳景被颂为"千条杨柳数声鸥"（蒲松龄），"两岸垂杨荫绿苔"（王允榛）。中小城市亦大量植柳，甘肃省平凉市有一"柳湖公园"，建于宋神宗熙宁元年（1068），以"柳中湖，湖中柳"形成独特景观，暮春时节，柳絮轻飘，弥漫湖面，被誉为"柳湖晴雪"，至今仍是当地景观。在人柳交融的环境中，柳成为社会生活的一部分，与柳相关的民俗不断积淀，形成戴柳、插柳、折柳赠别、折柳寄远等习俗，柳被人格化，柳亦成为崇拜的物象，成为反映民族心灵的物质实体和心理表征，民间有以柳祛邪得吉的风俗，后来柳神出现，柳被赋予神性。例如：

我失骄杨君失柳，杨柳轻飏直上重霄九。（毛泽东《蝶恋花》）

杨柳在社会生活中的普遍性，形成杨柳隐喻的社会表征基础，凝聚与杨柳相关的心理氛围，现实世界和心理结构交融，物我相似性成为杨柳意象隐喻复制的心理基础，"通过身体、大脑和对世界的体验形成并理解"（Schermer，2010：497），对杨柳的认知越来越具有社会性，社会认知是在社会因素的作用下，互动因子对社会性行动、情绪和意愿的理解过程，表现为适应过程，互动因子是社会环境和人际空间的"反射镜"，社会环境和群体认知相互作用、不断适应的过程，使互动因子对杨柳的人际认知通达社会认知。

第三，传统的诗歌唱和是士人阶层社交网络的重要组成部分，从语用交际功能来看，诗歌唱和是互动因子情感交流和社会交往的一部分，相互唱和与酬赠等交际行为强化杨柳意象在语用层面的复制，有助于在知识群体形成特定的文化心理和认知框架。内心世界、现实自然和人文景观相互作用，杨柳隐喻成为社交和情感互通的意象，例如，王维借用陶潜的《五柳先生传》之典，以陶潜自况，并把其好友喻为春秋时代"凤歌笑孔丘"的楚国狂士接舆，表达趣味相投、超然物外的心迹：

复值接舆醉，狂歌五柳前。（王维《辋川闲居赠裴秀才迪》）

士人之间的唱和与酬赠等交际行为还使杨柳意象复制与传播的速度加快，覆盖范围变广，同时能够以书面语记载和流传，而文字载体使杨柳隐喻具有最稳定恒久的传播方式。

第四，娱乐场所成为杨柳意象隐喻传播的文化空间之一。唐宋时期，社会风气兼容并蓄，文化交流融合并包，社会生活不断开明，乐舞成为时尚，名流名妓交往，唱和之风更盛，咏柳诗涌现。民间曲调《折杨柳》等成为乐舞和时尚乐曲体系的一部分，广为传唱，诗与音乐结合，杨柳的复制越发频繁。唐宋以降，杨柳进化到同女子及其身体特征相关联，类比女性的腰肢和眉毛等身体特征。例如：

昨与美人对尊酒，朱颜如花腰似柳。（白居易《劝酒》）

依旧桃花面，频低柳叶眉。（韦庄《女冠子》）

这些特点在元代话本杂剧和明传奇中依然泽芳依旧，并进化为表达执着追求的爱情。例如：

似长亭折柳赠柔条，哥哥你休有上梢没下梢。（郑光祖《迷青琐倩女离魂》）

随着主体个性意识增强，柳的物理属性和物候特征不断延展，柳的意象图式表现柔媚蜜意、感物伤己、物是人非、青春难再、缅故怀古，成为物我对照、民族心灵和文化历史的表征者，成为民族集体意识的产物，杨柳隐喻的复制在进化中定型为民族文化中最常见的复制因子之一，在表达情感时具有恒久性，无论在时间上还是在情感上，都具有持久的不变性和保真性。

第六节
小结

隐喻的进化研究不但揭示了隐喻的历时性过程，也对隐喻语言的生成具有一定程度的揭示作用，使我们能够一窥文化的传承恒久性，并有助于深入探索民族经典文化意象形成的一些内在规律，从而深化理解语言文化的传承规律，并以历史性来探索弘扬民族文化的基本方式。基于这一研究目的，对"杨柳"隐喻的描写性分析表明，隐喻的生成和传播具有相对明显的哲学复制原理，杨柳隐喻的复制和传承具有明显的复制信息链，该复制信息链具有进化的谱系特征。复制是意象认知和语言表征的适应过程，模仿复制隐喻图式，但是意义复制则基于语境，不同表现方式的文字和不同程度的意象，累积相似的意义。复制的基本表现方式是模仿，模仿表现为具身模仿，模仿的核心本质是社会机制内化于主体心灵的自然表达。复制的动机是社会联系和人际交往的需求，引导模仿和复制行为的内在动机是渴望获得社会认可和强化人际关系的深层愿望，具有共情机制。模仿和复制是语言传递的重要因素之一，表现为文化传承的文化基因，这些都说明"杨柳"文化意象的语言结构和意义流传具有模因的鲜明特征。对"杨柳"隐喻的研究说明文化的传承具有恒久性、多产性和保真性，弘扬民族文化的手段之一是挖掘和传承民族文化的经典形象。更进一步的研究可以通过其他民族经典文化形象的进化过程来验证本文的研究结论是文化传承的一般规律。

第六章

模因理论和意识形态

应用模因思维探索战争新规律，以国家政治和军事力量争夺意识形态领域，抢占思想高地，影响态度和观点，塑造观念，赢得不同力量的支持，形成信息优势，理解并接受模因战成为现代战争的核心组成部分之一。

第一节
模因战是意识形态领域的新型战争

模因是文化领域类似于生物学中基因的信息结构。模因论的基本原理是，大脑接受信息，信息满足某些选择和适应标准，成为观念传播的特定信息模式，引导人们复制和传播该模式的形式和内容，进而影响群体的观念和行为，形成能够观察到的文化现象，例如行为方式、流行语或客观信息，成为模仿或学习的行为方式或思想观念，在文化系统内复制和传播。所以，模因像基因一样传递，像病毒一样传染，这种传染在本质上是思想或观念的传播，即在个体意识中复制思想或观念。意识形态具有和疾病传染相似的理论特征，因此，模因能够像药品一样，用来预防、感染或诊治对手及其意识形态，获得民意支持，在意识形态领域形成对抗或影响行为。

人际交往和社会交往传播模因。模因影响观念，观念影响并形成信念，信念形成信仰，影响政治立场、情感和情绪，最终产生行动，行动引起行为并影响行为，也就是说，模因影响、形成并改变观念和行为。从这一逻辑进路来看，意识形态的宣传、影响或攻击是宣传、影响或攻击一个或一组核心或先验观念，不同程度地改变个体和群体的价值观和行为。因此，模因是操控意识形态的重要工具，直接关系到国家的政治和军事安全。

一、有效打击甚至摧毁对手的意识形态

理解军事模因在于接受非线性思维，将其外推为一种军事思想。非线性思维挖掘问题的核心根源或多层次因果关系，探索解决问题所需的诸多方向和深层因素，是一种螺旋式思维和深度解决问题的能力。意识形态之战（包括反恐怖主义、反暴乱和反骚乱等）是常规战中最困难的战争之一，因为意识形态具有以下特点：从动力学角度难以根除，高度动态化，不太容易确定得到支持的原因，本能地产生敌意，强迫非战斗人员拿起武器，影响战略、作战和战术关系，以简单的形式对受过常规训练的官兵构成严峻的挑战。因此，意识形态在本质上是个复杂的军事问题，是复杂适应系统之一。模因在意识形态领域能够发挥有效的作用，因为模因传播信息，信息具有影响力，并持续影响观念。模因作为一种军事构想，能够打击甚至摧毁对手的意识形态，赢得面对大量信息而难以决定立场的非战斗人员，动摇对手的信心和信念，瓦解对手的士气，达到谋动而慑人之心、不战而屈人之兵之效。

当今时代，常规战争不一定是未来冲突的本质，也不应该是我们所准备的唯一战争。未来战争的核心组成部分之一是应对意识形态的复杂适应现象，向不同受众快速传播有说服力的信息，有效传达我国政府的能力和意图，直接影响不同层次受众的决策能力，这是越来越强有力的遏制侵略的手段之一。

二、在促进和限制模因变异之间寻求平衡

模因战是赢得观念的战争。按照模因传播的流行病学原理，模因扩散是模仿和传播的过程，认知病毒感染宿主，模因是心智中的信息单元，信息单元在其他心智中复制更多的相似信息。因此，模因战就是采取恰当的信息行动，向受众传播预定的信息，或者在受众的大脑中植入新信息，或者编辑现有信息，以影响受众的情感、动机和意图，利用模因自我复制、传播和感染的特性，使模因扩散到越来越多的目标群体，从而使受众不再认同已接收的信息，转而接收新信息。由此看来，模因战是信息战的进一步发展，即用对国家有益的思想来感染目标群体。

模因战是在媒体环境中生成和传播信息的战争。模因战在促进和限制模因变异之间寻求平衡。模因设计者预期受众接受某一个（组）核心观念，引导观念扩散和传播，使观念最终成为受众自己的理念，同时控制观念突变的程度。如果能够做到这一点，模因就能够形成突变，突变延伸核心观念，模因战便成为预防并破坏对手网络宣传的一种非动态手段。通过模因实施更积极的宣传策略和更广泛的战争，有助于以低廉和简单的方法，摧毁对手的影响力和士气，在社交媒体战场上控制叙事、观念和舆论。模因战是具有内在破坏性的过程，从生成新模因到影响对手的行动，再到大范围的社交媒体舆论战，这是对互联网在线环境现实的直接反应——预测不断变化的价值观，识别容易受到观念影响的群体，确保某一核心观念传播，分析促进观念传播的网络特征，预测观念传播的后果。目前，国外有一些军事研究机构正在开发工具和技术，以快速检测、识别和评估在社交媒体上传播的模因，同时生成和传播反模因。

三、在常规作战和非对称作战中具有预期价值

模因论在包括反恐在内的常规作战和非对称作战中，包括信息战、心理战、网络战和军事文化等方面具有预期价值。

模因信息战是新型的信息战。模因信息战针对包括官兵在内的更多受众，尤其针对非战斗人员，形成有利于作战部队的文化理念的非线性方法，影响对手或潜在对手决策者，使对手停止威胁我国国家安全利益的行为。在战略、战术和战斗层面，模因信息战通过系列设计、方法和过程，寻求丰富和深入的分析能力，提供全方位的模因生成、传播、分析、质量保证和传输设备，以感染对手的个体和组织，在非线性战斗空间执行任务时具有新型能力感，能够以相同的实力和灵活的战斗力，在非线性战场上作战，在思维竞争中获得优势，争夺文化和观念空间，最终钳制并摧毁对手。模因信息战更加依赖于情报界和其他科学学科，认知科学家、文化人类学家、行为科学家和博弈论专家是新型专业模因战士，争夺心智，在思想观念领域获得优势。模因信息战具有在知识和信息上更复杂的处理能力，用于专门对抗对手信息扩散的复杂性，赢得非物质领域的战争。为国家的领土完整而战神圣且重要，同样，捍卫思想领域的本质、生产和流通，以对抗由于信息的支配和影响而产生的愤怒、仇恨和不宽容，并尽可能地减少对手的信息造成的有害影响，是当今信息战的重要组成部分。

模因网络战是破坏和颠覆对手的对话控制、叙事和心理空间的战争。影响政治和军事结果的因素不仅包括利益和正义，也包括心理因素，模因网络战是政治过程、军事过程和心理过程相互作用的多维过程。个体把某些观念融入自身的性格中，形成某种认同，这些观念最终神圣不可侵犯，这种固化在性格中的观念能够为政治和军事运动提供心理基础，导致群体成员在参与政治和军事过程中，不按照利益或理性选择自己的行为。因此，在解释和评价一些政治和军事行为时，既需要利益相关的评判机制、正义的原则，也需要注重特定群体的心理需求。模因网络战注重研究和满足群体的心理需求。

模因心理战是以各种媒体为主战场的心理战。这种心理战专注于战场的认知领域，以对手的思维为目标，瞄准对手的观念，以有利于国家和军事友好目标的方式，寻求机会影响外国领导人、组织、群体和个体，诱导其情感、动机和推理，强化其认知、态度和行为，同时挖掘对手的心理脆弱性，制造恐惧、混乱和瘫痪，最终削弱对手的士气和战斗精神。

模因心理战包括战略心理战、军事行动心理战和战术心理战。战略心理战是在国家层面开展的、全球范围的信息传播活动，以影响域外人士的态度、认知和行为，向有利于我国的目标转化。军事行动心理战是在确定的军事行动区域，在系列军事行动中，提高指挥员战略和战役的有效性。战术心理战是在特定的战区，在一系列军事行动中支持指挥员打击对手的战术任务。

反模因宣传是模因心理战的重要组成部分。反模因宣传识别和反击对手的敌对宣传活动，揭露对手试图影响我国军事力量和友好群体的情境性理解活动，抵制、抵消和减少外国心理战或宣传活动的影响，获得宣传优势。反模因宣传应宣传真实信息，减少对手的信息，干扰、削弱和禁用对手的模因心理战，必要时整合应用这些方法。

模因在支持军事文化上具有潜在军事价值。在招募和训练时，模因能够影响新兵的动机，培养军人服务国家的意识，国家意识使军人具有全球视野。模因还能够提供更好的训练知识，使新兵更容易理解并强化训练内容，提高参训的积极性，促进了解驻地的传统、风俗和习俗，巩固军事文化，提高我国军队和军人形象。

模因战的框架。模因战的概念性框架是模因战争中心。模因战争中心是相关部门之间的联合机构，向指挥员提供模因生成和传播的方案，分析对手、友好人口和非战斗人口的思想和态度，给意识形态和非线性战场提供最相关的模因战争方案。

模因战争中心需要实施模因传播和反模因处理两项任务。在一些国家，情报和国防模因（MIND）研发中心提供履行这两项任务所需的工具和技术，模因处理在信息采集和语义处理上高度自动化。反模因处理由多学科模因工程人员来完成，包括文化人类学家、语言学家、语义学家、心理学家、社交网络分析师、战术研究分析师、情报和心理战分析师、经济学家、认知科学家、行为科学家和博弈论专家等，他们将成为未来战场上的模因战士，在意识形态战争中使模因"武器化"，以满足越来越复杂的信息战的需求。

模因战争中心包括两个不同且互补的从属机构：内部模因中枢和外部模因中枢。内部模因中枢向指挥员提供有关友军编成和态势的信息，各部门和机构之间的合作与协调，包括但不限于命令环境（训练和指挥战争中的命令链所形成的环境）、指挥员指导（运筹帷幄的能力和艺术）、指挥哲学（指挥员有效使用资源，调遣、组织、指挥、协调和控制官兵完成任务的科学方法）、士气（官兵对目标的信念，情绪、态度和完成任务的能力）、战争哲学（研究战争及其意义和原因，战争与人性的关系以及战争伦理等）、参与规则和效果评估等范畴。制定影响和感染友军参战官兵文化的模因，在联合作战部队内部的共同传播媒介上传播、分析和管理。内部模因中枢需要人力资源管理、临床心理学、平等机会和评估专家等的系列技能，从内部视角，在身心和道德视域，形成对我军和友军的公正看法和态度。

外部模因中枢由模因工程、模因分析和模因通信三个单元组成，在对手作战部队、当地非战斗人口和战略受众三个维度向指挥员提供决策的依据。

模因工程单元负责模因生成、拟达到的目标和模因预防，需要配备文化人类学家、经济学家、语言学家、目标专家和评估专家等不同主题的专家组，在非线性战场生成针对目标受众的模因，取得意识形态的传播优势，洞察对手和非战斗人口的文化与心理，理解对手的目标、思维方式、战术和战略，并制定相应的反模因预防措施。

模因分析单元监测记录我军内部传感器的模因反馈回路，分析评估结果，解释反馈的信息和批判性思维的结论。模因分析师要熟悉对手，熟练掌握社会科学、行为科学、博弈论和认知科学等学科知识，具有在战略和作战层面应用机动战的知识，分析要严谨。意识形态是复杂适应系统，模因分析师与军事行动研究系统分析师一起，分析对手和非战斗群体的复杂适应度，保证全面和深入理解对手和非战斗人口，通过人员配备和技能组合，形成最有说服力的分析结论。

模因通信单元涉及模因通信和战略通信两部分。模因通信部分需要装备技术、战术和相关知识能力，应用最有效的介质传播模因，把模因工程和分析单元的模因转换成可接受的、合理的和可转移的媒介，利用所有能够利用的媒体和渠道传播模因，获得最大程度的受众饱和度。战略通信单元需要充分利用本地、区域和全球媒体，以传播所需要的模因，并具有与对手媒体输出竞争所需的技术能力和敏锐度。另外，还需要行政手段保证模因通信单元联系和同步各参战部队，以及邻近的和联盟的部队，同时传播非军事参与者和国际参与者的观点和意见。

模因战目前还是个新概念。很多人不了解社交媒体能够成为战争空间，也不理解当下模因战发生的程度大小，更不了解怎样才能把社交媒体作为共同防御的工具和武器，还有人很难理解当下信息传播的速度和信息在全球范围传播的深度与广度，以及信息传播对认知、叙事和社会运动影响的重要性。一旦以模因视角看待互联网，我们就会看到发生在不同场合的模因战：各种竞选活动、对新闻事件的各种评论、微信的点击和分享、微博浏览、视频传播、个人网站、流行语的复制等，所有这些都是模因在塑造观念，并激发公众的支持。要认识模因战，我们需要具有正确的思维模式，研究哪些模因有效果，哪些模因没有效果，接受模因战作为现代战争的基本能力。

第二节

模因战在第四代战争中的主导作用

世界已经进入了以技术和观念为内在动力的第四代战争。敌对国操纵媒体和信息，以改变国内和国际舆论，媒体话语是比军事实力更强大的武器。战争的目标是对手的政治基础设施和平民社会，战争的结果是摧毁敌对国的国民对其政府和战争的支持。第四代战争没有明确的战场，没有容易辨认的敌人，却以精心设计、高度复杂的心理战直接攻击对手国的文化，通过媒体操纵和法律战，使用政治、经济、社会和军事等一切可能的压力向对手施压，接受媒体信息的所有受众都可能成为第四代战争的参与者。谁先理解第四代战争，并且实施由代际战争的变化所带来的变革，谁就能获得决定性的优势。

一、信息和网络技术是军事模因的基底

当下的技术发展为第四代战争提供了物质实现基础。网络信息和数字媒体技术给国家安全和国防建设带来全新的挑战。信息支配作用越来越强，信息技术广泛运用于军事领域，直接推动了军事信息技术的发展。了解世界相关军事技术的新进展，有助于吸收最新的信息技术，以加强我国的军事信息技术建设。

信息和网络技术发展的直接后果是观念的便捷和快速流动。由于观念在全球范围内加速流动，有学者指出，反恐、反独和反分裂等的较量是长期的战争，是与不对称对手的持续冲突，从根本上说是观念的战争。从这个意义上来说，战争的重要表现形式是信息战，美国前国防部部长拉姆斯菲尔德（Rumsfeld）曾经指出，在反恐战争中，美国50%的战争发生在公共信息领域。在针对基地组织的战争中，FBI认识到，战争的另一半是观念的较量，因此，需要以大规模的方式传播观念，以对抗极端分子用来补充力量的言论和方法。在阿富汗战争中，美国的信息战的基本方针是，大力甄别虚假信息，扭转对手的极端主义意识形态，对抗对手的大规模信息传播行为，打击对手不分青红皂白的暴力行为。

在上述技术发展的背景下，以及在处理对外冲突的过程中，一些国家认识到信息和观念在国防力量中越来越表现出其重要性，因此进行了一系列与模因论相关的研究项目，开展了一系列把信息和观念作为战争要素的高端研究，其中军事模因就是一项重要的研究项目。

二、研究观念的传播对国防安全的作用

模因是传播、产生影响力并持续存在的信息。模因论是对模因传播信息的方式和效果的研究与应用，军事模因是利用模因论以加强国家安全和国防的技术。军事模因是神经认知战的一个子集，是信息战中的革命性工具，能够为信息战、心理战和打击恐怖分子与分裂分子的全面战争提供相关的科学方法。

模因的作用机制可以分为外部作用机制和内部作用机制。外部模因能够对人类的行为和文化产生影响，而内部模因能够对个体的大脑及其神经元的行为产生影响。外部模因和内部模因不是两种不同类型的模因，而是模因的两种不同表现形式，是模因发挥作用的两种不同效果。

研究模因两种表现形式的工具和技术不同。如果要研究外部模因，则需要模拟社交网络，即研究社交网络的实际传播规模和效果，新型网络技术所形成的社交媒体对于传播模因特别有效。传播外部模因的工具和技术包括互联网、手机短信、语音信息、谣言与八卦、口碑营销和病毒式传播。外部模因的研究还包括研究神经经济学行为的实验方法，包括博弈论、风险、注意力和意识、评估、动机、情感、行为、信任和依恋以及成瘾行为等内容。如果要研究内部模因，则需要使用相关仪器和科学技术，例如，功能磁共振成像（fMRI）或其他类型的神经成像、基因图谱、心理药理学操纵、心理生理学（EMG、ERP 和 EEG）、行为测量、心理测试、血液化学、激素分析、神经化学反应和单一神经元纪录等。对模因的研究必须与社会文化现象结合起来，同时需要展开相关的多学科和跨学科研究。

军事模因应用于国家安全，有意义的模因是简洁的或中等长度的信息，以便信息在社交媒体上传播，并探索如何才具有传播的最佳效果。模因的设计应该具体传播对国家安全、国防建设和战争需要有利的信息，或者用于动摇对手的意志和意图，这些信息能够产生可预测的影响力，而且能够持续存在一段合理的时间。因此，就需要制定和

评估信息传播的方式和范围，也需要制定传播信息、确定信息持久性变量的度量标准。模因对国家安全的预期影响，能够在相对短的时间内产生所设计的作用。这种影响作用表现在个体层面上，能够改变个人和群体的价值观和行为，在群体层面上，能够使功能失调的文化加速失调，并且尽可能促使某些亚文化加快发生变化。

军事模因的研究，首先需要确定模因论是否具有解释和预测信息传播的能力。其次，确定模因传播和具有影响力的衡量和评估指标。最后，使用工具和技术（例如 fMRI 和社交网络模拟）来研究信息的传播、所产生的影响力，以及影响力持续传播的程度和范围。

研究军事模因的目的首先是开发新方法，在恐怖分子、分裂分子和叛乱分子等成为恐怖、分裂和叛乱分子前后，以科学的方式影响他们的信仰，以打击或抑制恐怖、分裂和叛乱活动。其次，预防或缓和非理性冲突。如果信念和观念是非理性的，则触发、放大和维持某种非理性情绪，这表现为信念触发想法，想法形成感受，感受会选择某种行为，非理性信念主要表现为不能正确认识"想要"和"需要"之间的区别。引导非理性行为趋于理性，有助于受众形成理性的解释和行为，化解或者消弭引起非理性情绪和反应的事件，从而有助于实现国家安全的短期和长期目标。最后，促进国家、国际和地区问题的理性解决，有助于实现军人在维和任务、心理战、士兵招募和军人训练的既定目标。总之，军事模因的整体目标是研究人脑、认知和社交网络之间的关系，以发现人脑、认知和社交网络之间的规律和相互作用的方式，以实现相关的军事目的。

三、利用观念的流行病学原理影响目标受众

观念的流行病学的研究目标是预测不断变化的文化价值观，开发相应的识别技术，以确保传播观念，确定易受观念影响的目标人群，确定促进观念传播的网络特征，预测传播观念的后果。因此，观念的特征类似于模因的特征。

研究观念的流行病学是生物学、文化研究和传播学的范围和功能。

生物学研究信息在大脑中接受的原理，用功能磁共振成像等技术分析受众接受视觉、听觉、触觉等刺激后的脑部皮层信号变化，以定位皮层中枢功能区以及其他脑功能的科学研究，神经化学反应（如多巴胺、血清素等）在一定程度上能够反映客观世界。很多时候，人的激动、焦虑、忧郁、兴奋、感动这些情绪都是因为神经系统的激素影响的，而多巴胺、血清素、内啡肽、催产素是四种影响人类感受的主要激素。例如，多巴胺是一种能够带来能量和动力的神经传导物质，能够左右人的行为；血清素是人体内产生的一种神经传递物质，能够影响人的内驱力和情绪。

文化一般表现为价值观和驱动行为的内在信念。特定文化以特定语言为载体，文化可以以人口特征细分的方式和规模来传播，其中一种传播方式是病毒式传播，就是利用公众的认知和人际网络，让信息像病毒一样传播和扩散，信息快速复制，传播给数以万计、数以百万计的观众，所传播的信息能够像病毒一样深入人的大脑，将信息短时间内传向越来越多的受众。

从传播学视角来看，网络模型和智能暴徒是两种传播方式。网络模型是一种数据库模型，是以信号和数据等信息为流量的信息传播网络。使用者根据实际需要，确定预测目标和要求，收集有关信息，选择适宜的方法预测和评估信息，分析预测结论是否合理，否则，则需要修订完善收集信息的相关目标和要求，或重新选择预测方法，以传播并收集相应的信息。

智能暴民（smart mobs）是使用个人通信技术协调集体行动的结果，以短信和移动临时社交网络召集人群。通信和计算技术提高了人的合作能力，就出现了智能暴民。移动通信设备的普及和无所不在的计算，以及嵌入日常物品和环境中的廉价微处理器，使智能暴民成为现实。恐怖组织使用这一技术来协调恐怖袭击。其中两个具体表现为：1999年，在反世贸组织的抗议活动中，街头示威者在"西雅图之战"中使用动态更新的网站、手机和"蜂拥"战术，举行反全球化示威；2001年，约百万菲律宾人通过大量短信，组织公开示威活动，最后导致埃斯特拉达总统下台。

模因的重要特征是其能够传播信息和观念，所传播的信息和观念具有影响行为的效力，即有影响力，传播和影响力能够持续一段合理的时间。因此，模因是一种在文化上传播的观念型信息，具有传播、影响力和持久性的系列变量，经过系统研究和开发，能够实现军事价值。

第三节
语言模因有助于建构国际话语权

第四代战争的内在动力是技术、观念、信息的传播和建构话语权的竞争。在 Web 2.0 时代，技术已臻成熟，话语和观念能够大量复制与传播，建构话语权以语言模因为重要形式之一，利用网络和媒体新技术模仿、复制和传播话语，感染受众，语言模因成为不同思想、观念和话语传播的主要方式之一，这给中国建构国际话语权带来新机遇，因为中国国际话语权的理论建构与现实之间具有巨大的张力，路径相对匮乏。应用语言模因研究建构中国国际话语权，传播中国治国理政的战略、政策和话语，鼓舞本国民众的文化自信，打击并反击对手的语言模因传播、观念输出和话语渗透，把中国的实践成果转化为对世界的影响力和感召力，让西方民众了解中国，并接受一个和平发展的中国，最终推动中国国家话语传播，保障中国国家话语安全。

人类在争夺物质和空间的过程中，意识到控制对手的思想比战争的成本低，却可以占有更多的物质和更大的空间，操控信息和话语的传播就成为战争的手段之一，建构和巩固话语权就成为国家实力的体现和获得对外认同的手段。因此，战争的形态更多地表现为通过信息和话语的传播，由物质征服向心理和思想征服过渡。当今时代已经进入以网络为信息传播载体的 2.0 时代，其主要特点是网络信息和话语的即时化传播，争夺网络信息的传播主导权和话语渗透力已经深入思想、政治和文化等不同领域。最近几年，随着国际政治、经济和安全等领域的形势越来越复杂，国家之间的竞争和较量已经深入到包括网络技术在内的高技术领域，而以网络为载体的新媒体影响着人类生活的方方面面，越来越成为社会和人际交往的主要方式之一。根据中国互联网络信息中心发布的网络发展状况统计报告，截至2020年6月，中国网民规模达9.40亿，相当于全球网民的五分之一。中国网络视频（含短视频）用户规模达8.88亿，网络新闻用户规模为7.25亿，随着5G技术的更新换代，信息传播速度越来越快，话语覆盖范围越来越大。基于这一信息传播背景，以数字媒体为载体的话语作为模因不断被复制、模仿、编辑并传播，不但反映了中国的社会文化，同时也展现了网络时代背景下中国与世界的联系。在这种形势下，网络信息传播和话语权竞争给中国国家意识形态安全带来新的挑战和机遇，从国家安全的视角来看，"意识形态较量也是一种战争、一种没有硝烟的更高层次的战争"（王志中，2015）。韩庆祥等学者指出其中的原因，"目前，我国意识形态安全面临着资本主义的渗透、非马克思主义思潮冲击、网络时代媒体舆论生态深刻变化等严峻挑战"（韩庆祥、张健，2020）。目前，中国学术界对于信息竞争和国际话语权的重要性已经有充分的认识和研究，但是对于中国国际信息竞争和话语权建构的系统理论和建构实践还有待深入研究，本文就是对这一方面的理论和实践的具体研究结果。

在网络媒体发达、信息渠道去边界性的技术背景下，争夺话语主导权已经深入到思想、政治和文化等诸多领域。世界正在进入以技术、话语和观念为内在动力的第四代战争（Lind & Thieleg，2015：35-36），表现为对手国利用各种媒体操纵国内外舆论，话语是比装甲师更强大的武器，用以打击对手国的政治基础设施和社会舆论，摧毁对手国国民对其政府和相关行动的支持，以心理战直接攻击对手国的政治、文化和国民心理，使用政治、经济、法律和军事等一切可能的压力向对手施压，接受媒体话语的所有受众都可能有意识或无意识地成为第四代战争的参与者。"信息主导作用日趋加强，战争将不只是国家和各种武装集团之间的军事冲突，而是各种主体之间话语和观念冲突的聚合"（王志中，2015）。美国对中国发动贸易战，特朗普执政期间，中美爆发激烈的话语冲突，国家层面的冲突引发民众的情绪对抗，这些都反映出第四代战争的特征。国际政治在一定程度上已经成为建构话语权的政治，如果一个国家尚未建立强大的国际话语权，不仅无法实现崛起，而且可能使自己的物质发展成果无法获得国际社会的认同（赵长峰、吕军，2018）。2013 年 12 月 30 日，习近平总书记在第十八届中央政治局第十二次集体学习讲话时指出，对国际话语权的掌握和运用，我们总的是生手，在很多场合还是人云亦云，甚至存在舍己芸人现象。要精心构建对外话语体系，发挥好新兴媒体作用，增强对外话语的创造力、感召力、公信力，讲好中国故事，传播好中国声音，阐释好中国特色。目前，在建构国际话语权方面，中国创新能力不足，对社会主义实践取得的卓越成就解释不够有力和全面，面对国际社会安全的误会和误解缺少有效的理论和解释。在这种情况下，我们提出了中国建构国际话语权的语言模因路径，"语言是模因传播最得力的工具。语言中的模因指模因宿主或受众（传递模因者）的意图，借助语言结构，以重复或类推的方式反复不断传播某个信息"（何自然，2017）。根据目的和主题设计的话语成为语言模因，在传统和社交媒体上复制、模仿和传播，这是建构国际话语权的新型工具，话语是语言的具体表达，语言模因和话语模因意义相同，两者可交替使用。本文指出语言模因建构中国国际话语权的原理，提出基本设想、实现路径和时代意义。

国内学者同时指出，在"有核时代大国之间不打仗"的判断依然有效，国际政治在一定程度上已经成为"话语权政治"的当今世界，一个国家缺乏强大的国际话语权，不仅无法实现崛起，而且可能使自己的物质发展无法获得国际社会的认同。所以，信息传播的竞争和话语权建设不仅是国家实力的体现，也是国家实力获得国际认同的实现路径之一。

信息和话语的网络传播技术与第四代战争的特点将不断改变人类对传统战争的认识。随着科学技术的迅速发展，国际政治趋势日趋复杂，世界经济格局不断变化，贸易战此起彼伏，新冠病毒感染使国家内部和国家之间出现了从未遇到过的新问题，并促使人们思考人类的命运和生活方式的变化，因此，当代战争形态的表现形式之一是信息主导作用日趋加强，战争将不只是国家和各种武装集团之间的军事冲突，而是各种主体之间观念和话语冲突的聚合。在这种背景下，模因的信息传播和话语建构研究成为当下国际网络信息传播和话语建构研究的热点，中国需要利用模因思维探索第四代战争的新规律，争夺网络信息传播空间和话语权竞争领域，抢占网络信息传播高地，主动影响网络受众的态度和观点，着力塑造网络受众的观念和话语，赢得国内外不同力量的理解和支持，形成信息和话语传播优势，逐步接受模因传播信息和建构话语的新观念，把模因战作为现代战争的基本能力之一来认识。鉴于这一背景，本文以文化和信息传播的模因论为理论基础，探讨中国话语权从生成、传播和实现的理论依据、系统过程和路径框架。

一、语言模因建构国际话语权的原理

模因是文化领域类似于生物学中基因的信息结构。1976年，理查德·道金斯提出文化领域具有和生物学的基因功能相似的功能，他把这一功能单位命名为模因（1976：189）。道金斯认为模因是基因的文化类似物，因为模因能够自我复制、变异，而且能够适应选择性压力，是传播话语、思想、观念、符号和实践等文化行为的复制因子，人类社会的进化既有基因复制的生物原理，也有模因复制的文化根据。模因是文化复制因子，文化经由模仿、复制、变异、选择和传播的过程进化，世代传播的话语、知识和观念是模因，经由模仿或社会学习，经过代际垂直传递和同代平行传递，成为模因（文化基因）。文化的复制与基因的复制、疾病的传染具有相似的原理，因此，文化传播具有恒久性、多产性和保真性等生物传播特性（Heylighen & Chielens, 2009）。模因建构话语权的实现手段是语言，语言模因为建构话语权研究提供了一个新方法。

　　语言模因论的原理是，语言信息满足某些选择和适应标准，成为话语和观念传播的特定语言模式，引导人们复制、传播该语言模式的形式和内容，进而影响群体的观念和行为，形成能够被观察到的文化语言现象，包括但不限于指令、规范、规则、机制和社会实践，成为模仿或学习的思想、观念和行为方式，在特定的语言文化系统内不断复制传播。因此，语言模因像基因一样传递，像病毒一样传染，这种传递或传染在本质上是话语、思想和观念的传播和蔓延，语言模因就是在整个社会中传播和复制的话语信息，文化传播就成为与基因传递相似的进化现象。语言模因和话语流行都以信念和价值观为基础，语言模因在很大程度上是特定群体共有的话语、信念和价值观，话语传播具有和疾病传染相似的理论特征，语言模因可以感染、预防并抑制对手的话语传播，遏制对手的话语权，使自我获得不同层次的民意支持和话语认同，在建构话语权上形成影响或对抗行为。

　　语言模因影响话语和观念，话语和观念影响并有助于形成信念，信念逐步形成信仰，影响政治立场、情感和情绪，最终产生行动，行动引起行为并影响行为，也就是说，语言模因影响、形成并改变话语和观念。语言信息传播和话语宣传、影响或攻击是宣传、影响或攻击一个或一组核心或先验观念，不同程度地改变个体和群体的价值观和行为。

二、国际政治环境要求建构国际话语权

　　国际话语权指国家以实力为基础，以经济合作、文化交流、外交谈判、媒体话语等方式，把文化理念、价值观念和利益诉求等传播到国际社会，并且能够在国际事务中设置议题、制定标准和规则，以得到其他国家、国际组织和民众的认同与接受。建构话语权的本质是以高效和相对低廉的成本传播话语和观念，并使其渗透到目标受众，最终说服人心。近年来，中美之间的"贸易战"和双方之间的话语攻击行为，明显地表现出针对信仰、思想、心理和精神的对抗和反对抗，从中看出建构话语权的必要性。

语言模因建构话语权是国际政治议题。语言本身具有政治和建构性特征，能够改变认知，形成共识，而且使用语言比军事、经济等手段成本低，语言博弈形成话语对峙，最终可能改变认知和行为。新冠病毒暴发后，特朗普使用"中国病毒"一词，引起了中国的强烈反对，点燃了两国民众的情绪和对抗行为，进而引起法律问题，表现为这一时期的重要政治话语议题。话语权对抗和反对抗由特定时期的国际政治、经济、文化和环境等因素所决定，是国家主体之间根据自身利益和需求，进行系统和有目的的话语对抗活动。在话语对抗中，政治、法律和经济诉求是核心内容，话语权的各种表达形式往往以政治、法律为载体，与经济诉求相互影响和相互作用，核心话语及其认同构成重要的政治资源，对话语权的争夺、控制、引导和利用是当下现实社会中极其重要的政治议题（李大光，2018）。媒体，尤其是网络媒体，作为话语的动态载体，不间断传递话语，即时更新话语，持续影响人们的思想，而且能够跟踪检测话语的影响力程度，话语在媒体的传播和竞争中的重要性，无论如何认识都不为过。媒体自身的结构具有语言扩散的属性，媒体信息、文化和语言在不同程度上具有语言扩散和传播的特征，因为人总是生活在话语交流之中，总会受到话语交际的影响或支配。

语言模因建构国际话语权的武器化。在社会环境和语言情境的影响下，或在群体压力的作用下，个体可能会无意识或有意识地改变自己的态度或行为，或者放弃原有的观点，产生和他人一致的思想或行为，这是个体在其意识里复制话语、思想和观念。所复制的话语、思想和观念扩散到整个群体，模因就是在整个社会中传播和复制的语言和文化信息，语言文化传播就是与基因传递相似的进化现象。语言复制一般以信念和价值观为基础，模因在很大程度上是特定群体共有的话语、信念和价值观，语言传播具有和疾病传染相似的理论特征，模因可以感染、预防并且抑制对手话语的传播，获得不同层次的民意支持和话语认同，话语传播形成影响或对抗行为。随着互联网信息传递量越来越大，覆盖面越来越宽，建构国际话语权从地域空间进化到虚拟空间，呈现出全方位的立体多维形式，建构话语权的特征功能、时空秩序和表现方式也在发生着颠覆性的变化，语言模因在网络媒体建构话语权中的工具化和武器化，正是适应了这种变化。在话语传播越来越成为思想和观念传播的背景下，我们应该充分利用语言模因的模仿、复制、传播和感染特性，积极应对话语权建构的困境和挑战，把语言模因作为建构话语权的工具，充分挖掘语言模因应用的潜力，使语言模因成为中国建构国际话语权的实现手段之一。

第四节
中国国际话语权的语言模因建构

网络信息传播和话语权竞争以高效和相对低廉的成本传播观念与话语，使观念和话语渗透到目标受众，最终征服人心。自古以来，人们都在寻找武力手段之外的战争方式，作为更加高效的较量手段，例如，"不战而屈人之兵"注重心理攻击，在武力征服对手之前或同时，控制对手的心理和精神，使对手屈服。而在当下，针对信仰、心理、精神和思想的信息传播及话语对抗与反对抗，成为网络信息传播和话语权竞争的战争方式。

一、语言模因传播中国真实和有效话语

当代信息技术的发展使语言模因以指数式规模传播。社会事件和个人行为，一旦与公众利益相关，或者吸引受众的注意力，便迅速在社交媒体中传播，成为公众注意的事件或者所谓的"网红"，其本质就是语言和视觉模因的传播与复制。时空距离已经不是语言传播的障碍，技术使语言模因大规模传播话语成为现实，因此，针对西方主要国家在国际舆论中攻击中国的负面语言，以及一些西方政客围绕病毒源头等问题攻击中国，鼓吹"中美脱钩""中美新冷战"等对抗性模因话语，我们需要把语言模因应用在话语权的建构中，精心制作，用目标

明确、针对性强的语言模因反映中国实际，说明中国人自己的想法，反制不利于中国的话语，以简洁流畅的语言模因解释中国理念，说明中国现实，把中国的实践成果转化为对世界的影响力和感召力，让西方民众了解中国，并接受一个和平发展的中国。

在国际传播领域，我们需要增强有效传播的能力，包括鼓励和动员多元化的传播手段和渠道，改善和增强中国国际形象（傅莹，2020）。利用语言模因的复制和感染特性，在网络载体上向国际社会提供关于中国的大量一手信息和资料，让受众更多地从中国人手里获取直接信息，而不是从间接渠道得到关于中国的间接信息。虽然"中国威胁""中国挑战"等语言模因信息的持续传播对中国话语权来说是挑战，但是，从话语模因传播的视角看，外部的高度关注也为中国针对相关主题传播中国话语提供了机会，给建构国家话语权提出了基本目标和方向，通过语言模因的快速复制、感染和传播，建构有针对性的话语反对抗行为。

二、语言模因是话语传播新趋势

利用语言模因预防、说服或对抗分裂、恐怖和极端势力，具有重要的现实意义。"民族分裂势力、宗教极端势力、暴力恐怖势力及境外国际敌对势力，对中国民族地区安定团结的政治局面和国家安全构成严重危害"（郑元景，2015）。而反对恐怖主义和不对称对手的对抗行为在本质上是话语和观念的对抗，针对反恐和反暴力事件的研究发现，把语言模因武器化是恐怖和暴力宣传的常见做法，恐怖和暴力组织主要在网络媒体上传播和扩散话语信息（Prosser，2006），网络媒体成为恐怖和暴力组织话语传播的新型方式。鉴于此，我们需要利用模因传播的流行病学原理，把叛乱话语传播视为病毒，把语言模因视为病毒扩散的途径，以社会学、认知心理学和行为博弈论的相关理论，使用临床分析方法，研究叛乱语言模因传播的文化心理因素，探讨导致叛乱行为的内在根源，洞察叛乱和分裂等文化信念，分析大众媒体、社会、政府和个体相互作用的态势，有针对性地预防或说服有可能感染的受众，因为"思想传染能够把旧话语和观念重新组合为新话语和观念，有时重组的信念具有新意义，能够产生全新的想法，有时重组的信念本身就成为新思想的传播源"（Lynch，1996：39）。以语言模因的传播、影响和持久性为核心，研究人脑、认知和社交网络的内在关系，探讨发挥语言模因影响心理的潜在作用，制定话语和观念传染的目标，预测文化价值观的变化过程和结果，判断保证话语和观念传播所需的技术，识别什么人容易受到所传播的话语和观念的感染，决定有利于传播话语和观念的网络的特点，预测话语和观念传播的结果，语言模因的传播有利于国家话语权的建构。

三、语言模因是话语防御和对抗手段

理解语言模因的武器化在于接受非线性思维，并将其外推为一种对抗和防御思想。话语中的对抗行为（包括反恐怖主义、反暴乱和骚乱等形式）是不太容易解决的对抗行为之一，因为语言中固有的观念和思想，从动力学角度难以根除，而且高度动态化，一般还不容易发现得到支持的原因；而且思想或信念在根本上抵触的话，则会本能地产生敌意，这种敌意甚至会使普通民众拿起武器，形成对抗行为。因此，话语对抗行为在形式上看似简单，但在本质上是复杂的政治和心理问题，是复杂适应系统之一，复杂和适应指这些对抗行为在不断变化，有时难以理解或难以预测，而且在不断地适应所在的环境或条件，这些对抗行为从单一行为或现象中难以解决，必须用系统和全面的方式理解、预测和干预。语言模因能够发挥强大的影响和威慑作用，因为把语言模因置于复杂适应系统中来处理，预先设计的语言模因传达特定的信息和有针对性的话语，话语经过精心设计和评估，具有影响力，能够持续影响观念。作为一种对抗和防御理念，语言模因能够打击甚至摧毁对手的网络话语传播和话语体系，赢得面对大量话语信息而难以决定立场的不同层次的受众，从而动摇对手的信心和信念，瓦解其士气。

以语言模因建构国际话语权对于中国国家安全来说具有战略战术

意义。习近平总书记指出，"随着新媒体快速发展，国际国内、线上线下、虚拟现实、体制外体制内等界限愈益模糊，构成了越来越复杂的大舆论场，更具有自发性、突发性、公开性、多元性、冲突性、匿名性、无界性、难控性等特点"（中共中央文献研究室，2017：45），给国家安全提出了新挑战。如果在动力学上摧毁网络话语传播者（在肉体上消灭被感染者），在大多数情况下可能只有暂时的效果，但也很可能产生相反的效果。而利用语言模因复制和传播原理，以科学的方式影响恐怖和叛乱分子的信仰，在叛乱和恐怖话语复制与传播前后，打击恐怖和叛乱分子的信念，预防或缓解非理性冲突，有助于合理解决国家安全问题。未来战争的核心组件之一是应对网络话语传播的复杂适应系统，向不同受众传播有说服力的话语信息，有效传达中国政府的意志、能力和意图，以语言模因复制、传播和感染形式，直接影响不同层次受众的决策能力，这是保卫中国国家安全的新型手段。

四、语言模因建构国际话语权的主要作用

在第四代战争中，话语作为语言模因，在传统和网络媒体中大规模传播，在积极和消极两个方面影响心理和观念：或凝聚人心，强化信念，使民众万众一心，维护国家及其权利，保持社会稳定；或动摇人心，瓦解国民对其国家及其政策的支持，进而破坏国家的政权基础，造成动乱。在适当的框架内，把语言模因武器化，利用语言模因的双重作用，防止或解决非理性冲突，形成话语权，保障国家安全，摧毁对手国家的话语体系和政治生态。语言模因行动是赢得话语权的行动形式，主要包括语言模因信息行动、语言模因网络行动和语言模因心理行动。

语言模因行动赢得话语权。科学设计的语言模因在捍卫国家的和平和利益，在解决包括反恐在内的武装冲突和非对称冲突等方面具有预期价值。按照语言模因传播的流行病学原理，模因经由模仿和复制传播。语言模因是心智中的信息单元，信息单元影响事件，在其他心智中复制这一事件的相关信息，"复制通过数量、效率、说服、保存、对抗、认知和动机等模式实现，每一种复制模式都有思想感染的宿主或载体，宿主或载体增加话语和观念感染的数量，或者增加宿主自身的数量"（Lynch，1996：64-65）。因此，语言模因武器化就是采取恰当的话语行动，向受众传播预定的话语模因，或者在受众的大脑中植入新话语模因，或者编辑话语模因的编码信息，影响受众的情感、动机和意图，利用模因自我复制、传播和感染的特性，把语言模因传播给越来越多的目标群体，使受众不再认同已接收的信息，或者接收新信息（Finkelstein，2011）。语言模因行动以计算机和网络信息为技术基底，用有助于建构中国发展的良好的国内外环境的话语和观念来感染媒体受众，使受众了解和接受反映中国实际的话语，完整准确传播体现中国发展实际的话语、思想和观念。

语言模因行动在媒体环境中生成和传播话语。语言模因行动在促进和限制语言模因变异之间寻求平衡，寻求平衡的基本方法是，模因设计者预期受众采纳某一个（组）具有核心观念的话语模因，引导话语模因扩散和传播，使话语和观念最终成为受众自己的话语和理念，同时控制话语模因突变的程度。模因研究如果能够做到这一点的话，模因在某一领域形成突变，突变延伸具有核心观念的话语模因，语言模因行动便成为破坏对手网络宣传的一种非动态手段（Prosser，2006）。通过语言模因行动实施积极的宣传策略和广泛的话语传播，这不但是摧毁对手影响力和话语权的一种成本相对低廉的方法，而且能够在传统和社交媒体上控制叙事、观念和话语；语言模因行动还能够对网络在线环境给予直接反应，表现为从生成新语言模因到影响对手的行动，再到实施更大范围的媒体舆论行动。在直接反击对手的话语时，要预测不断变化的价值观，识别容易受到具有核心观念话语影响的群体，确保某一核心话语和观念的传播，分析促进话语和观念传播的媒体和网络特征，预测话语和观念传播的后果。语言模因行动是具有内在破坏性的行动。

语言模因信息行动传播核心话语信息。与传统信息行动相比，语言模因信息行动的受众覆盖面更广泛，传播对象不仅包括需要受到影响的受众，在必要时，还需要针对对手国家的大部分民众。采取非线性方法，综合分析相关因素，形成有利于具有核心观念的话语信息传播的氛围和环境，把具有核心观念的话语信息传播给尽可能多的受众，形成话语的威慑力，影响对手国的民众及其潜在决策者，使对手停止威胁中国国家主体安全利益的行为。信息服务体系将发挥核心作用，有效利用信息和智慧影响对手的计划和行动，控制对方的认知将成为语言模因信息行动的核心，网络从信息载体转化为知识系统（梁晓波，2020）。在战略和战术层面，语言模因信息行动通过设计、方法和过程，寻求丰富而深入的分析能力，提供全方位的话语模因生成、传播、分析、质量保证和传输设备，以感染对手不同层次的组织和机构。在设计具体的话语模因时，需要考虑文化差异、语言规范及表达习惯，适应语境，突破传统的国家、民族及地域等界限，做出恰当的语言选择，均衡包容，强化彼此间共有的社会规范，从共同的利益需求出发，完善国际话语的逻辑性，缩小社会距离，寻求深层次的情感认同（张婷，2018）。语言模因信息行动的最终目标是以相对低廉的成本和灵活的话语动员力量，使自我社会和民众具有心理上的信心，在思维竞争中占据优势，争夺话语、文化和观念空间。

与传统信息行动相比，语言模因信息行动更加依赖于情报界和相关学科知识体系。新型专业模因设计者和行动者包括认知科学家、文化人类学家、行为科学家和博弈论专家，以系统知识收集、传递、处理、分析和设计信息，争夺心智，在话语、思想和观念领域获得支配性优势。语言模因信息行动在知识和信息上具有复杂的处理能力，具有有效对抗并处理对手扩散话语信息的各种复杂手段，"对特定地区人群各类数据的获得成为了解当地语言文化的重要信息，特别是群体与个体对任何事物的看法与态度、偏好与判断、心理与理智、情感与认知、决策与行动等，都可以通过相应的数据计算出来。特定社会的语言文化模型和心理认知与行为模型，能够合成智能型行动触发及其控制模型"（梁晓波，2020）。媒体、信息技术和互联网的深度融合，使得语言模因信息更容易传递到每一个受众，从而赢得非物质领域的行动。捍卫思想领域的本质、生产和流通，以对抗由于话语信息的支配和影响而产生的愤怒、仇恨和不宽容，尽可能地减少对手的话语造成的有害影响，是语言模因信息行动的重要组成部分。

语言模因网络行动破坏对手的心理空间。互联网逐渐发展成为人类生存的"第五空间"，"随着网络破坏力的提升，网络威慑成为传统威慑的有效补充"（曹强，2020）。影响话语威慑的因素不仅包括利益和正义，也包括心理因素，语言模因网络行动是政治过程和心理过程相互作用的双向过程，这一过程不但针对实体和组织，也针对群体和个体，"即使网络战最后的目标是攻击一个国家的基础设施，也往往会从攻击个体开始，经过一连串的攻击链，最后才能达到目标"（马俊，2019）。心理分析中的"内向投射"（introjection）原理，即把环境中的某些话语信息内化为自身的某种无意识的性格特征，最终成为个体的心理防御机制（Malancharuvil，2004），也在逐步应用于网络语言模因行动中。如果个体把某些具有核心观念的话语和价值观融入自身性格中，形成某种认同，最终这些观念性话语有可能难以侵犯，此类固化在性格中的观念性话语作为一种模因，能够为政治性话语行动提供心理基础，导致群体或个体在参与政治和相关重大事件时，可能不会因为利益或出于理性来选择自己的行为，而以长期积累的观念和性格决定行为。因此，在解释、评价一些政治和重大利益行为时，既需要关注利益的评判机制、正义的原则，又需要注重特定群体的心理需求，语言模因网络行动侧重研究群体的心理需求，按照不同群体的心理，有针对性地传播具有核心观念的语言模因。

语言模因心理行动使用媒体达到预期目标。语言复制、编辑和传播技术增加了话语的互动性和回应性。话语的网络传播改变了灌输与强制的传统话语形式，多元话语信息传播使受众在话语信息混乱杂多和选择困惑与迷惘中，根据已有的心理倾向选择性接受话语，形成以自我心理和自我认知为基础的话语接受倾向，语言模因心理行动就是根据受众的认知心理和认知习惯，操纵媒体话语，达到预先设计的话语目标。首先，精心设计的语言模因能够改变某一符号概念体系的内涵，诱导并改变特定群体和个体的意识与观念，最终改变公众的社会认同（Finkelstein，2011）。其次，语言模因心理行动专注于认知领域，以攻击者的思维和认知倾向为目标，瞄准对手的观念和意识，以有利于国家和友好目标的方式，寻求机会影响外国领导人、群体和组织，诱导其情感、动机和推理，强化其认知、态度和行为，同时挖掘对手的心理脆弱性，制造恐惧、混乱和瘫痪局面，最终削弱对手的士气，影响对手的心理和信念。语言模因心理行动是"实现政治目标，消除安全威胁，谋求不战而胜的手段和工具"（聂书江，2020）。最后，语言模因心理行动既要针对传统受众，即有影响力的上层精英人士，但是，"国外青年人已经成为本国主要的话语接收者、塑造者和传播者，青少年借助社交平台组织和采取行动的能力已经显现"（赵启正，2020），因此，语言模因心理行动需要按照受众对象分类，根据媒体特点和话语热点表达观点，引起不同受众的关注和反思，利用新媒体实现话语行动的社交化和平民化，为中国话语的影响力提供多层次受众，利用传统和社交媒体给不同层次的受众传播话语，以达到预期目标。

语言模因心理行动包括战略心理行动、行为心理行动和战术心理行动。战略心理行动是在国家层面实施的全球范围的具有核心观念的话语传播活动，影响域外人士的态度、认知和行为向有利于中国的目标转化。行为心理行动是在确定的行动区域，在系列话语传播行动中，提高具有核心观念的话语信息传播的有效性。战术心理行动是在特定的区域，在一系列话语传播行动中，以具体的、目的明确的话语模因打击对手的方法。

五、国际话语权的语言模因建构设想

中国国际话语权建构的组织架构之一拟为语言模因中心，分析不同层次话语受众的思想和态度，提供最佳话语模因传播方案，并有效处理和还击对手的话语模因。

语言模因中心。语言模因中心传播精心设计的话语模因，并且反击和处理对手的对抗性话语模因。这两项任务所需的工具和技术需要由专业的研究机构来提供，高度技术化是语言模因武器化的目标，是语言模因行动的核心要素，语言模因传播和反语言模因处理在信息采集和语义处理上高度自动化。反话语模因处理需要由多学科模因工程人员来完成，包括文化人类学家、语言学家、心理学家、社交网络分析师、情报和心理分析师、认知科学家、行为科学家和博弈论专家等，这些专业人士将成为未来话语传播的语言模因行动战士，以满足越来越复杂的语言模因行动的需求。在传播语言模因的同时，还需要开发监测语言模因的恶意攻击和自动识别防御系统，形成预警防范机制，防范西方利用新技术对中国实施话语渗透。

语言模因中心的基本架构。语言模因中心在职能上可以初步设计为内部语言模因中枢和外部语言模因中枢，分别处理国内和国际两个范围的语言模因传播和反传播。

内部语言模因中枢的功能。内部语言模因中枢向决策者提供决策所需的话语信息，包括中国和友好国家地区之间的合作与协调，设计、生成和传播语言模因的规则和效果评估等范畴。根据不同受众的心理和文化背景，设计具有针对性和目的性的话语模因，需要语言学家和心理学家参与设计，熟悉和了解受众的语言文化和心理，针对目标受众的话语要完整有效，话语模因是否有效，则需要深入理解对手的文化和语言表达形式，研究理解话语所需的社会、认知、文化和习俗等外部因素，应用人工智能技术，影响受众的行为，预计传播范围，在尽可能多的传播媒介上传播、分析和管理。内部语言模因中枢从内部视角，在身心和道德视域，形成对中国和友好国家地区的公正看法和态度。

外部语言模因中枢的功能。外部语言模因中枢由模因工程、分析和通信等单元组成，针对对手的决策群体、普通民众和战略受众对语言模因的传播和接受情况，向决策者提供相关决策的有效依据。

模因工程单元负责语言模因生成、拟达目标和语言模因预防，需要配备文化人类学家、语言学家、目标专家和评估专家等不同主题的专家组，生成针对目标受众的话语模因，保证具有核心观念的话语模因的传播优势，使决策者洞察对手的决策群体、普通民众和战略受众的文化与心理，理解对手的目标、思维方式、战略和战术，并制定相应的反语言模因预防措施。

模因分析单元监测并记录内部传感器的语言模因反馈回路，收集、分析评估结果，解释反馈的信息和批判性思维的结论，这些工作由语言模因分析师完成。模因分析师要熟悉对手，熟练掌握社会科学、行为科学、博弈论和认知科学，在战略和战术层面灵活运用传播学等相关学科知识，传播语言模因，保证分析和结论严谨。话语权建构是复杂适应系统，模因分析师与行为研究系统分析师一起，分析对手和不同人口群体的复杂适应度，保证全面和深入理解对手的决策者和不同层次受众的认知和态度，通过人员配备和技能组合，生成最有说服力的分析结论。

模因通信单元需要模因通信和战略通信两部分。模因通信部分需要装备技术、设备和相关知识能力，应用最有效的介质传播话语模因，把模因工程和分析单元的语言模因转换成媒介信息，在维护中国国家立场和观点的同时，尊重不同民族的语言文化差异，选择设计切实有效的语言模因，采用受众能够接受的表达形式，适应受众的语境，保证目标受众能够接受语言模因，而且在技术上能够复制和转移，利用所有能够利用的媒体和渠道传播语言模因，获得最大程度的受众饱和度。战略通信单元需要充分利用本地、区域和全球媒体，以传播所需要的模因，并具有能与对手媒体输出语言模因竞争所需的技术能力和敏锐度。

六、语言模因建构国际话语权的时代意义

在Web 2.0时代，信息以模仿形式复制，模仿是网络用户和受众的有意识行为，传播技术的发展使互联网遍及整个虚拟空间，网络媒体载体成为一个自动中间媒介，使信息能够容易地在受众之间复制和传播。从技术上看，互联网已经成为一种隐性参与体系，这种体系能够有效地利用用户和受众自身的力量，话语传播服务只起到一种智能代

理的作用，超级链接使用户和受众在添加新内容时，在技术上进入一种特定的网络结构，这种结构由其他用户和受众发现内容并建立链接，通过编辑和复制越来越强大，充分利用了用户或受众的大众智慧，用户或受众作为共同开发者，拥有丰富的体验和强大的使用动力（O'Reilly，2005）。互联网的这些技术优势，能够使用户和受众以复制、转发和链接来传播语言模因。数字技术易于编辑和传播的特性，使模仿、编辑和重新组合成为语言模因生成的越来越重要的手段，也成为互联网用户和受众在虚拟公共空间表达思想和情感，参与社会和文化的工具。与传统载体相比，网络为建构话语权提供了一种几乎没有任何限度的空间，我们应该利用技术发展的上述时代特征，在四个方面建构中国话语权。

第一，提高中国相对于西方的话语对抗能力。2013 年 8 月 19 日，习近平总书记在全国宣传思想工作会议中指出："要着力推进国际传播能力建设，创新对外宣传方式，加强话语体系建设，着力打造融通中外的新概念新范畴新表述，讲好中国故事，传播好中国声音，增强在国际上的话语权。"语言模因对中国建构话语权能力，以及与对手的话语竞争提供了新途径，"中国话语权建构的重点在于构建以马克思主义理论为指导的话语权，信息化为马克思主义理论的传播和话语权建构提供了重要载体和新技术手段"（郑元景，2015）。研究语言模因的复制和传播规律，分析影响行为和心智的各种变量，以技术手段设计话语传播的主动权和先发制人的能力，利用模因复制、感染和传播的自身特性，加上网络空间信息的巨大流动性和容纳能力，不仅在技术上为中国建构话语权奠定了基础，还同时为传播马克思主义和中国特色社会主义建设的话语体系开拓了新空间，增加了新途径，建构中国话语权具备了新技术方法和前沿创新能力，通过分析、研究和设计影响行为，以及在心智存留的各种语言模因变量，有针对性地使语言模因适应传播有目的的话语，发挥模因的武器化潜力，提高中国相对于西方的话语对抗的潜在价值。

第二，强化中国特色道路的话语传播途径。以语言模因阐释中国的历史发展、基本国情、发展需求和中国特色社会主义道路，诠释人类命运共同体的主张，使国际社会和各国民众全面理解中国道路和中国理论。语言模因的传播原理表现出强化中国特色道路的话语传播途径：语言模因是由一个或多个主要话语源传播给受众的话语，这些受众作为次阶话语源，把话语模因再次复制，二次传播给比主要话语源至少多一个数量级的受众，科学概念上的一个数量级一般是十倍的数量。话语模因持续一段合理的时间，产生一定程度的影响力，相同的话语可能给不同的受众带来不同的影响和效果，模因发挥武器化的效果也因受众的实际情形会有所不同，因此，我们需要不断收集反馈的模因信息，评估效果，不断提高语言模因的影响能力。语言模因的主要话语源可能是新设计或制作的初始模因，可能是现有模因的变体，也可能是复制先前设计的模因，分析不同语言模因的反馈效果，优化语言模因的内容和形式，调整传播渠道，一个主要话语源包含的话语模因有可能传播给成百上千的受众，精心设计的话语模因最终有可能传播给任意数量的受众，最终形成具有中国特色的制度性话语权和舆论性话语权。语言模因的优势不仅表现在话语信息的流量和流向上，还表现在具有长期设定的主题和生动形象的修辞上，以简洁有力、直击人心的主题和生动形象的感染力表达语言模因。国家修辞就是一类语言模因，是在一定历史时期表达国家政治、经济和文化诉求的话语，在国家发展和处理国际关系过程中经常使用，如"统一战线""发展才是硬道理""三个代表"和"科学发展观"等。这一类语言模因随着国家的发展目标，产生新的表达形式，如"人类命运共同体"和"一带一路"等。国家修辞语言模因是国家话语权的基本内容，以丰富的内涵和严谨的逻辑，表达对国家发展历史阶段和世界发展态势的认知，突出了治国理政的战略和政策，故而能够吸引和鼓舞本国民众，同时也成为外国公众理解本国的一把钥匙（赵启正，2020）。根据中国的发展战略和政策，甄选国家修辞语言模因，不断选择语言模因的动态适应语境，分析语言模因的适应过程，在国际社会或者特定区域实现国家话语诉求和话语交际意图。

第三，还击对中国话语体系的恶意渗透。以主题明确的语言模因，反击冲击中国主流话语内容，否定中国特色社会主义道路，动摇中国共产党执政地位的话语攻击行为。语言模因的模仿、复制和传播，使越来越多的受众作为次阶信息源，不断传播话语，感染越来越多的受众。模因的复制和传播表现为同化、记忆、表达和传播的循环周期，所以，适应度强的话语模因有可能复制无限的数量，语言模因在复制和传播过程中影响受众的心理，表现为大脑中可以识别的神经元模式，或者表现为个体的其他生理效应，还可以表现为个体或群体的行为。话语模因影响的程度大小通过技术手段以客观或主观方式衡量，也可以把主观和客观方式结合起来衡量，评估话语模因的传播效果，进而判断哪一类话语模因在特定情形的应用中具有更好的传播效果，分析不同类型和不同数量的话语模因传播效果好坏的原因，不断优化话语模因的质量和数量，使话语模因在建构国际话语权时明确反击西方话语的恶意渗透，揭穿西方主要国家编织的谎言和谣言，化解"中国威胁论"等西方国家话语模因的不利影响，遏制其攻击性，揭穿其诱惑性和欺骗性，塑造中国话语权的国际语境，提升中国国际话语权。

第四，开展话语权的语言模因预见性研究。以语言模因争取战略主动权。新技术带来的话语生产与传播，给国际话语权带来新风险，例如，表情包视觉模因能够用任何人的照片或图片，尤其是明星或公众人物的照片或图片，复制编辑出一系列特色鲜明的表情包，配以简约的语言模因，吸引特定群体，传播特定话语，话语和图像信息的复制编辑技术给话语权的分层和分散传播带来了深远影响，形成话语权建构的战略博弈，西方主要国家利用技术制造话语，形成舆论，散布谣言，最终很可能危害中国话语权和中国形象。据报道，社交媒体已经发展成为西方国家的话语工具，"美国媒体是对外传播美国国家形象的重要载体，也是重要推手。与此同时，美国媒体对国内问题的监督和反思也使得美国在国内国际重大问题的议题设置上引领话语优先权"（侯丽，2020）。因此，媒体话语既是政策工具，也是各种话语的表达工具和传播平台，从而成为一种国家话语体系的表达介质，国际话语权建设和安全面临不断发展的新技术挑战。针对这一问题，我们要根据语言模因的收集和积累，设计和传播经验，分析媒体对话语模因传播的作用和影响，逐步从防范外部话语入侵，向具备监测未知新话语的网络攻击能力过渡，形成具有自动识别话语模因防御措施的能力，在话语权建设和防范预警机制上采取战略主动权，抵御西方主要国家的话语渗透和侵蚀，开展国际话语权及其安全体系的新威胁来源、新风险特征、新危险构成的预见性研究，主动参与到国际话语权的竞争和建设中，积极建构国际话语权，这是时代和技术发展对我们建构国际话语权的要求。

第五节
小结

迄今为止，语言模因行动尚属新概念。无论是语言模因信息行动，还是语言模因心理行动，一般都需要设计一个简单清晰，能直击人心的模因主题词，然后通过多角度、多方位推导和多叙事渲染，形成压倒性的话语和舆论优势，语言模因的武器化能够发挥这一优势。在建构话语权领域，我们需要强化有效传播的能力，培育多元化的传播手段，语言模因武器化就是这样一种手段。要认识语言模因行动，把语言模因作为中国建构话语权的理论依据和方法之一，我们需要具有开放的思维模式，宽阔的视域，灵活的态度，接受新理论、新技术，在国家建构话语权中采纳前沿理论，接受国际最新理论成果和最新思考结论，研究语言模因强化国际话语权的方式和效果，把语言模因作为中国建构话语权的基本能力之一。

第七章

网络模因和参与文化

道金斯认为模因是文化进化中的基因。但是模因概念在学术界一直有争议，反对者主要以绝对自然科学的理念认为，基因具有实体，而模因无法找到和基因对等的实体，模因和基因的类比或者隐喻表达不足以使模因论成为一门科学理论。但是，近年来，随着科学技术，尤其是网络应用和网络编辑技术的发展，网络模因兴起，并得到规模化的使用，模因和基因的类比成为现实，模因在网络上复制的数量和规模达到令人难以想象的程度，本章我们围绕这一现象进行讨论。

第一节
网络模因的技术基础和基本特征

随着人类步入 Web 2.0 时代，科学技术术的发展和网络应用的普及解决了模因概念的争议问题。Emoji、Emoticons 和表情包在网络上大量复制与传播，其复制和传播方式与基因的复制和传播方式相似，从而说明前沿概念和理论体系的成立与否跟科学技术的发展密切相关，理论体系在很大程度上是科学的开端，是为科学发展搭建的一个新平台，模因论也不例外。道金斯本人在 2013 年的一次演讲中，明确肯定了模因概念的进化现象：模因概念自身变异，并向新方向进化。网络模因是对最初模因概念的"劫持"和改变，网络模因不以自然选择的形式传播，而是由人类的创造力形成的变化，是有意识设计的结果。在给出模因的第一个定义大约 20 年之后，《韦氏词典》给出了模因的第二个定义：通过社交媒体广泛传播的纯粹娱乐的或者有意义的信息（例如具有图题的图片或视频），或者是表达这些信息的体裁。表情包的英语对应词也是 meme（模因）。在国内外，有一些学者根据网络模因主要由图像信息构成这一因素，把网络模因称为视觉模因，以突出网络模因的视觉特性。

那么，科学技术如何能够使模仿、复制、编辑和传播文化信息成为可能呢？这首先表现在科学技术作为网络的基础和集中应用上。Web 2.0 是新一代技术解决方案，在 Web 2.0 时代，无论团体或是个体，应用网络的能力越来越强，把网络作为表达思想的手段越来越丰富，而且网络制作者和网络使用者彼此相互作用，信息制作和消费的界限越来越模糊，制作者可能是消费者，反之亦然，这种现象被传播学者定义为"参与文化"，以区别于传统的消费文化。其次，互联网的触角遍及虚拟空间，网络平台能够使用户或者消费者越来越丰富、精确和迅捷地发布信息，并且能够及时得到反馈的信息。互联网的隐性参与体系能有效利用用户自身的力量，让用户参与创造内容，因此，网络的内容组织与信息传播得到空前的变革，形成信息的密切关联，并且使信息越来越具有社会性，事关社会或者公众利益的信息，在很短的时间内可以动员数量空前的参与者，网络媒体的内容架构就是基于用户的紧密联系。因此，Web 2.0 时代是一个"用户自主"的网络媒体时代，网络用户成为目的性强、功利性明确、注重实用的创造性网络使用者群体，网络在某种程度上成为人人能够对话的一个平台。最后，

网络服务只起智能代理的作用，用户或者消费者在添加新内容时，就
进入了一种特定的、预先设计的网络结构，这种结构由其他用户发现
内容并建立链接，通过复制、编辑和链接变得越来越强大，所发布的
信息经过简单编辑之后，能够不断复制和传播，从而充分利用了集体
智慧，所有用户实际上是网络内容的共同开发者。从这个意义上来说，
网络成为所谓的全球的大脑，从模因进化的视角来看，信息的传播从
传统的"自私的"传播方式变化为当下的一种"利他的"传播方式，
模因信息的进化呈现出与传统进化方式完全不同的进化方式，这是笔
者初步感受到的模因信息的进化方式，本章围绕这一初步的看法来讨
论网络模因和其进化的一些基本特征。

第二节
技术使网络模因呈现利他性趋势

由于网络具有上述技术特性，用户从传统上的信息接收者，变成
网络时代的信息制作者、编辑者和传播者，用户在信息受众和信息主
体之间转换，从而赋予信息主体前所未有的想象力和创造力。在这种
情况下，网络变成为用户提供良好的发布平台、便捷的交际和展示平
台、顺畅的出入机制、高效的信息整合手段的场所。网络的这些技术
优势，能够使主体以复制、转发和链接来传播内容，数字技术使模仿、
编辑和重新组合信息与图像成为网络模因生成的主要手段，也成为互
联网主体在网络公共维度表达思想和情感、参与社会和文化的工具。
一旦某个网络模因具有特色，反映与社会现实或者主体相关的情绪，
或表现对社会事件的看法和观点，就能够迅速引起用户的共鸣，引发
大量的仿效，从而成为网络模因，信息发布者则成为网络意见领袖，
在一定程度上能够左右某一时间或者某一事件的发展方向。主体以自
己的方式编辑、修改或者再次组合模因的元素，表达感受或观点，生
成网络模因的变异。大量的需求随之产生各种网络模因的制作模板，

使主体根据自己的意图和目的，在模板上修改编辑，制作符合个体意图的模因。大量易于使用的应用程序使主体能够轻松下载、重新编辑和分发，引起共鸣的网络模因的传播速度和数量大得惊人，从而成为民情和舆情的反映，成为社会热点事件的集中表达方式。

技术提供的便利条件，使现实生活和虚拟生活彼此交织，模因的生产和消费成为网络使用者日常生活的一部分，表现出与"消费文化"不同的"参与文化"的特征：主体可以相对自由地在网络上表达思想和观念，便捷地制作、编辑、复制或者传播自己认可的模因，认同或者喜欢相关模因的主体形成某种群体，群体成员之间有一定程度的社会联系，形成特定群体的隶属关系，在特定群体中表达意愿或者思想，合作解决某些问题，相关模因信息因此在特定群体中传播和流通，最终表现在文化进化中，科学技术使网络模因呈现一定的利他性趋势。

第三节
表情包等视觉模因的信息表征

表情包是在互联网和社交媒体上表达情绪、情感、态度和立场的视觉图像。表情包具有动态性和持久性，经过了从个人电脑到手持移动设备，从简单到复杂，从静态到动态，从表情符号、卡通图像再到真人图像的进化过程。图像在编辑和复制的过程中有变异，例如姚明表情包源于真实表情，经过编辑、复制和传播，最后成为各式各样的表情，其中不少是怪诞滑稽的表情，但是每一张表情都能够感受到最初真实表情的痕迹，具有谱系特征。因此，这种视觉图像的生成、模仿、复制和传播过程表现的遗传性、保真度、持久性和多产性是模因的特征，也是保存在个体记忆中，能够复制到其他个体记忆中的模因信息模式。表情包的谱系、复制、变异、信息模式和传播特征符合模因的信息表征规律（周翔、程晓璇，2016；曹进、靳琰，2016；葛厚伟、别君华，2017；阮先玉，2016），以模因理论分析表情包的表征过

程，探讨表情包文化现象的生成和传播机制，分析表情包视觉模因
"开始逐渐替代文字符号进行信息交流和传播"（郑满宁，2016），能够
洞察参与文化对当代社会和文化的影响，因此，本节研究表情包作为
视觉模因的图像信息表征和传播优势。

　　视觉模因（visual memes）概念以模因理论研究表情包的独特视觉
形象、视觉信息传播功能和在参与文化中的作用。《韦氏词典》等工具
书中，表情包的英语对应词是 meme，其定义是 "an amusing or
interesting item（such as a captioned picture or video）or genre of items that
is spread widely online especially through social media."［奇特或有趣的图
形或视频信息（例如带文字的图形或视频），或这一类型的信息，尤其
会通过社交媒体在网络上大量传播。]（https：//www.merriam-webster.
com/dictionary/meme）。视觉模因研究表情包等网络视觉表现形式及其视
觉作用原理（Xie，Natsev，Kender，Hill & Smith，2011；Lisa & Maik，
2019；Hristova，2014）。虽然表情包具有非视觉素材，例如简短的文字
提示等其他元素，但是表情包的核心元素是图像视觉信息的传播，文
字等其他元素是补充或者提示信息，"形象不再用来阐述词语，词语成
为结构上依附于图像的信息"（夏德元，2015）。加上互联网交际表现
出越来越视觉化的趋势，"图像替代语言成为主要的意义构建资源"
（Kress，2001：66-82），而且"图像对社会现实和心理现实既具有复制
作用，又具有重新建构的作用，甚至在吸引读者注意力、进行意义构
建方面能发挥比语言更大的作用"（Kress & Leeuwen，2006：147）。意
义表征的以上作用和发展趋势，尤其是"就目前的文献来看，直接对
表情包流行原因的研究并不多，相对也不够深入，大部分研究集中在
表情包的传播与复制双方的互动关系方面"（郑满宁，2016）。因此，
研究表情包视觉模因在参与文化中的信息表征机制和传播优势，可以
更深入地了解视觉模因的表征本质和流行原因。

　　在 Web 2.0 时代，互联网技术进入成熟期，视频编辑制作与传播技
术不断发展，现实生活和虚拟生活交织，内容生产和消费共享，网络
内容生产和消费成为互联网使用者日常生活的一部分，表现出与"消

费文化"不同的"参与文化"特征:各种创造性内容共享平台使社会、团体和个体与社交媒体相互作用,社交媒体的(超)文本、图像、视频和音频等内容的生产者同时是消费者,互联网用户、信息主体等不同群体参与互联网信息和内容的创建、生产和消费,其中视觉模因成为互联网主体交流情感的重要形式,也成为主体表达态度的一种全新的话语模式。视觉模因具有多义性,生产者和消费者按照各自的方式制作和理解,而网络的虚拟性、匿名性和距离感,使情绪的表达各取所需,态度的表达互不干预,因此表情包能够承载多维度的意义和情感,成为参与文化中交流情感和表达态度的主要方式之一。

一、视觉模因在参与文化中的生成和功能

视觉模因是参与文化的一种有机生活方式,其形成过程大致经过三个阶段:首先,一张视觉图像可能有意或无意地被发布在互联网上,例如,姚明表情包的原型图像是2009年姚明和队友的新闻照片。其次,互联网文化的参与者发现这一照片具有夸张特色和感染力,网友形容为"整个脸都笑成了一个'囧'字",瞬间表情的感染力和名人效应,使这一照片在编辑后上传到互联网,得到越来越多网络主体的认同。最后,这一照片被大量复制,基本元素是姚明的表情,但是添加了夸张、幽默和滑稽等怪诞特征,成为社交媒体中使用频率非常高的视觉模因,表现开朗乐观和轻松幽默的情感。

另一个具有代表性的表情包"葛优躺"也具有生成视觉模因的相似过程。这一表情包源于影视剧截图,反映特定社会群体的受挫退缩、迷茫彷徨和消极萎靡等无力感和类似情绪,成为表达类似心态和感受的视觉模因。这类视觉模因还有悲伤蛙、咸鱼瘫、日本漫画"懒蛋蛋"和美国喜剧动画马男波杰克等,其风格以幽默为主,以消极颓废、自我嘲讽为特征,表达在当代社会竞争和努力之后的失望、悲伤、消极厌世等心情和感受,成为具有特定感受的群体释放心理压力,在虚拟空间交际时获得认同和寻求安慰的手段。具有相同感受的群体具有类似的体验和认同,意义的生产和复制以图像为主要媒介,文化亚群体

共享的情感、体验和表达方式使特定群体成员"用差不多相同的方法解释世界，并能用彼此理解的方式表达他们自己，以及他们对世界的想法和感情"。这种感受和解释最终成为参与文化中不同亚群体的文化行为方式，反映文化发展的可能性和趋势。

视觉模因不是简单的文化产物，而是表达意义的已经成熟的一种类型，有自己的一套生成规则和惯例（刘雅静，2018）。视觉模因以图像为主要形式传达信息，可能附有简短的文字信息，在传播过程中形成自身特有的语法：图像传达特定的信息，非正式规则规定哪些词汇和短语以特定的意义添加在图像中。视觉模因因此构成了一种共同的文化语言，常常超越互联网，成为参与文化主体的行为"密码"，只有参与其中的主体才能够理解所传播的内容（Hull，2003：3）。视觉模因一般针对特定问题，能够引起相关主体的共鸣、认同和接受，具有适应度和吸引力。

视觉模因的核心元素是由个体编辑或复制的图像信息。图像的基本意义是以幽默、玩笑、调侃和自嘲等方式释放情绪和感受，图像的社会和政治意义指向社会现实，反映民情民意和社会舆论，推动解决社会问题。因此，视觉模因不仅仅是在互联网上分享的一种扩散式图像，而是社会和文化的一种参与方式，这种参与方式的表现力具有持久性、多产性和恒定性，部分原因在于其"结构的参与性质"（Bradley，2015：1899）。这种参与性质具有"内群体性"特点，参与文化主体共享模因编辑、复制和传播的知识，主体和参与文化社区都是视觉模因的重要组成部分，主体所生成的情境是视觉模因具有意义和功能的内在原因，对模因的认同和复制传播是参与文化主体的有意识行为，人作为主体，赋予视觉模因意义和功能，这种意义和功能以数字文化形式呈现，参与文化的网络介质特征形成的距离感和认同感产生于模因的重新语境化，"群体成员之间的距离和认同为个体提供了应对挫折、变化与挑战的心理资源，增强了个体的信任感、归属感、安全感和支持感"（王勃、俞国良，2016），从而使主体具有复制、传播视觉模因的心理动机。

二、视觉模因复制和传播的动力机制

如果原始图像有某种特色，具有视觉和心理吸引力，在普通聊天会话中可能被编辑，开始复制、变异和传播。复制传播的知识和经验赋予视觉模因新的上下文，主体分享视觉信息和感受，有关名人的视觉效应所产生的引人注意、强化视觉感受和模仿心理等，是生成视觉模因的基本动机。幽默效果和主体体验是参与文化主体所共同具有的经验，复制过程中的变异是在参与文化中重新语境化而产生的不同效果，这种重新语境化可能是重复视觉模因所形成的常规语境，也可能是赋予视觉模因某种不同特征或不同效果的再语境化。例如，电视剧《人民的名义》中的"达康书记"成为视觉模因表情包，已经再语境化了，具有不同的特征和意义，反映了参与文化主体对主流文化与主流价值的态度和信仰，是主流边界的模糊化和对原始角色的反讽和戏仿。

视觉模因在复制过程中变异的陌生程度表达模因的表现力和吸引力。在重新语境化的过程中，某些语境特征可能会减少，与其他语境融合，语境化是形成陌生感的一个动态过程。主体根据共同知识和经验形成对陌生性的共同理解，理解结果成为主体不断更新的共同知识和经验。因此，原始图像中的语境不断消解，参与文化主体的感受和信念重新语境化，在模因的变异、复制和传播过程中，主体不断调整共享知识，相似的观念不断强化和集中，最终形成主体的共同观念。例如，视觉模因"原谅帽"表情包的传播过程中存在着多次意义流变，"原谅"更多地表现为一种"无可奈何"和"被动"的情绪，包含着轻松、搞笑犯贫的态度和行为，"原谅她"带着戏谑嘲弄，不仅是对当事人的同情和嬉笑，也暗藏着对于精英阶层和主流价值观的抵抗与消解（赵斓、于承州，2017）。

视觉模因的竞争和选择具有历史性和现实感。历史性是模因形成的背景知识和特定属性，现实感是参与文化所反映文化事件和主体的共同认知所形成的一致认同。在模仿、编辑、复制和传播的过程中，竞争和选择使视觉模因的认同不断趋于一致，最终形成主体的历史和集体记忆，形成模因惯例和客观世界的联系，这些联系使参与文化主体更有兴趣，更重视并不断参与数字文化。例如，"杜甫很忙"视觉模因把历史人物杜甫再语境化到当下语境，使杜甫具有手端狙击枪、骑车旅行、打篮球和玩赏风月等现代形态，被戏称为"杜甫很忙"。这种娱乐狂欢形式和追求社会认同心理，使杜甫具有历史和现实的双重形象与体验：杜甫诗歌的教育是青少年时代接受的间接知识，杜甫作为社会化过程中一个褒扬性的人物，他所具有的顽强、诙谐、风趣等品质，作为"历史记忆"的社会化过程，成为特定群体的心理知识、认知经验和知识积累，如其诗《空囊》中的"翠柏苦犹食，晨霞高可餐。囊空恐羞涩，留得一钱看"，描写自己穷困潦倒，只得餐霞食柏权且充饥的现状，传统文化中的明霞翠柏还表现了非凡脱俗的高尚品节。杜诗以轻松、幽默、诙谐之法描写一种反常心理，渲染沉重悲苦的情绪，从而成为特定群体的双重体验和感受，反映孤独、社会和生活压力等心绪，使"杜甫很忙"视觉模因成为特定群体追忆青春时光、寻求归属与爱、追求美好生活和重塑社会认同的表达手段（段瀣希、李钢，2012）。

视觉模因超越文字，似乎成为表达意义和态度的更重要的手段，在网络成熟阶段，成为各种互联网亚文化主体的表达手段和资源，形成特定群体表达情感、态度和立场的一种类型，也成为特定群体属性的外在认知标签。

视觉模因与参与文化互为表里，彼此依赖，参与文化是视觉模因形成的肥沃土壤，视觉模因是参与文化结出的硕果。互联网在当下已经发展为没有任何界限的公共传播平台，无论距离远近，所有网站形成类似于太阳系的网络交际和信息传播系统。图形和文本生成、复制和编辑技术延伸，强化了人的大脑和双手的功能，成为参与文化主体展示创造性、想象力和发挥主体性的手段，形成文化、技术和参与主体之间相互作用的复杂关系，呈现出一定程度的网络模因的"利他性"特征。

三、视觉模因是新型文化现象

视觉模因反映特定文化的信息和观念。参与文化主体既是视觉模因的生产者，也是消费者，生产和消费成为主体的共同行为，打破了传统文化生产和消费是不同主体行为的界限。社交媒体等平台是视觉模因传播的表达路径，个体传播的内容在很短的时间内能够扩散到规模化的水平，这种分散的、不分层的、基于用户的模型推动了在社交媒体上使用的心态和社会规范。例如，2016 年高考全国卷作文配图被制作成表情包传播，其粉丝收藏该类表情包，并在其他社交平台上进行二次传播，还有一些爱好者模仿其风格不断复制，形成"戏说高考"系列表情包，以幽默戏谑的方式，有趣却又无奈的格调，宣泄和释放学生群体的情感和压力，反映社会对高考的心态和观点。视觉模因虽然由参与文化的亚群体生成和复制，在微观层面传播，但却具有宏观层面的作用和社会影响力，塑造观念、行为方式和群体的行为。

四、视觉模因以模仿形式复制

模仿是参与文化主体的有意识行为，互联网技术的发展突破了模因主体无意识复制的最初模因观。互联网的触角遍及虚拟空间，网络平台成为一个自动中间媒介，使主体之间有意识的复制和传播成为可能；互联网具有一种隐性的"参与体系"，能有效利用用户自身的力量，互联网服务只起智能代理的作用；超级链接是互联网的基础，用户添加新内容时进入一种特定的网络结构，这种结构由其他用户发现内容并建立链接，通过复制和强化变得越来越强大，从而充分利用了集体智慧，用户作为共同开发者拥有丰富的体验（O'Reilly，2005）。互联网的这些技术优势能够使主体在参与文化中以复制、转发和链接来传播内容。数字技术易于编辑和传递的特性，使模仿、编辑和重新组合成为视觉模因生成的主要手段，也成为互联网主体在网络公共维度表达思想和情感、参与社会和文化的工具。一旦某个视觉模因具有特色，反映和社会现实相关的情绪，或表现对社会事件的看法和观点，就能够迅速引起互联网主体的共鸣，引发大量的仿效，成为视觉模因。主体以自己的方式编辑，修改或者再次组合，表达或添加感受与观点，引起视觉模因的变异；大量易于使用的应用程序使主体能够轻松下载，重新编辑和分发，引起共鸣的视觉模因的传播速度和数量大得惊人，使得视觉模因不能被忽略或置之不顾，从而成为民情和舆情的反映，成为社会热点事件的集中体现，李文亮烈士的整个过程和处理结果就是民意和热点事件在参与文化中的集中反映，表现了四两拨千斤的舆论传播和影响功能。所以，参与文化主体的模仿和重新组合成为当代参与文化的重要支柱，我们"生活在由超模因逻辑驱动的时代"（Shifman，2013）。视觉模因的复制、转发和传播反映主体的各种交际意图和行为，由于互联网的虚拟、匿名和交际距离等特点，介于真实和虚拟之间的技术性质，互联网具有推动参与文化不断发展的潜力。

五、视觉模因反映适者生存的进化原理

视觉模因的复制和传播以竞争和选择为手段。视觉模因的持久性和多产性适应模因所生存的网络文化环境，视觉模因的选择性复制、变异和传播适应主体所生存的社会文化环境，反映主体的参与和竞争意识。例如，"暴走"表情包视觉模因以简单的手绘表情（愤怒的脸）构成开放式视觉图像，先由参与文化主体创作，经审核验证后上传作品，再由其他参与文化主体评价和传播，其粉丝人数已突破300万，官方网站的访问量每天能达到上百万人次（李霞、李霜燕，2015）。视觉模因的开放和竞争式生存释放了参与文化主体的创造力和积极性，具备基本的网络能力就能够制作和发布幽默新颖的视觉图像，从而解放了大众的信息生产和传播能力，适应了网络社交与娱乐需求，优胜劣汰使视觉模因不断适应主体的需求和参与文化的语境。视觉模因所传递的信息具有含蓄性和多义性，"建构了全新的，不同于文字社交时代的认知制度与秩序"（蒋建国、李颖，2017），通过和文字信息竞争，这些认知制度和秩序使参与文化主体选择视觉模因的丰富意指功能，更直观便捷地表达内涵意义，同时规避审查和审核，回避或抵制甚至嘲讽主流文化价值观。

尽管视觉模因具有回避或抵制甚至嘲讽主流文化价值观的倾向，但是，网络空间是社会空间的一部分，视觉模因等网络信息传播方式直接影响青年主体的思想和行为，对社会的发展具有引导和影响作用。因此，视觉模因"在对社会主流意识形态发挥一定建构功能的同时，又起到一定的解构作用，为了引导青年亚文化与中国特色社会主义文化之间的互构共建、发挥网络青年亚文化的积极正面作用，必须对网络空间青年亚文化进行意识形态引导"（林峰，2019），这就需要积极引导参与文化中青年亚群体的思想和行为方式，发挥社会主义核心价值观的规范和引领作用，为参与文化的健康发展提供正确的观念体系和行为规范。

第四节
表情包等视觉模因的传播优势

在哲学、行为科学、心理学等领域，文献一致认为图像具有黏性和区分度特征。神经认知和认知心理学研究表明，人类在长期进化中形成的大脑结构在图像处理方面具有优势。

一、黏性和区分度特性强化有效记忆

黏性指图像本身具有的记忆力、吸引力和注意力等特性。这些特性引起的视觉印象越精确，反差效果越大，越能引起主体的关注和兴趣，从而得到大量的注意和处理努力。有人认为只有以证据和逻辑为基础的缜密的讨论才具有说服力，但是，黏性现象表明，人们更经常受到非理性的刺激，如图像、笑话或简单的把戏。如果图像等信息越被扭曲或越有变化，则黏性越大，"图像诉诸感性刺激，逼真、鲜活、耐人寻味，往往图说世相，而且画外有'话'，因此，图像表征具有强大的社会动员力量和话语建构能力，具有参与文化时代激活公共围观

趣味的先天优势"（刘涛，2012）。

区分度指具有新颖独特的个性或容易区别的特性，例如幽默、夸张、荒诞、嘲讽、戏谑、滑稽、新奇、喜感、丑化、诙谐和不合逻辑等特征，使图像信息丰富、直接、形象和生动。区分度是"在具有共同性的某些背景下的变化"（Larry，Fergus & Craik，1979：3），和普通信息的语境编码相比，具有区分度特征的信息生成的语境编码信息更具有特色。图像的区分度由该事件与其他图像编码的关系决定，"在普通物品的背景下展示具有区分度特征的物品，这一物品在功能上更加新颖奇特，更富有表现力"（Larry，Fergus & Craik，1979：2）。因此，主题对象具有新颖和常见编码时，注意力和区分度框架一般都集中于预测新颖的图像，以把记忆引导到搜索具有更多区分度特征的图像上（唐宏峰，2016）；而常见图像的语境提供理解新信息所需的对比度，以把注意力集中在新颖奇特的图像上，例如，影视剧《庆余年》的常规语境是理解视觉模因"庆余年"表情包的基础和对比性语境。

黏性使理解新颖的图像比理解常见图像需要更多的记忆力。这种记忆力实际上是对图像的优先理解和处理，说明新颖的图像具有更强的检索性。相对于常见图像，主体需要花费更多的时间处理新颖奇特的图像，增加处理时间影响信息的可检索性，也影响信息事件中单一信息项的可访问性。唐宏峰指出，"帝吧出征"的其中一幅典型图像包含了丰富的层次，由内而外至少形成了三层的套层结构，最终图像形成了一个张力巨大的套层，不同层次之间相互对立、拆台，充满矛盾和反讽，但整体却又极为奇怪地达到了和谐一致，毫不违和地被运用到各种需要的地方，发挥强大的表意功能（唐宏峰，2016）。

图像信息的语境有共同编码时，新颖奇特的图像能够增强记忆，对比之下，新颖的编码具有更明显的区分度和更强的黏性。区分度和黏性增强识别能力和待记忆物品的可分辨性（Eysenck，1979：89-118）。影视剧截图是原型视觉模因的基本取材内容之一，演员夸张的表情具有视觉冲击力，吸引参与文化主体模仿、复制视觉模因，如马景涛在影视剧中"卖力咆哮"的夸张表演画面，"还珠格格"中周杰饰演的尔康夸张的神态表情等，这类题材具有共同编码，富有强烈的表现符号（蒋建国、李颖，2017），原始画面与视觉模因变异的对比使视觉模因具有吸引力，增强分辨性，场景图像作为原型视觉模因，具有娱乐、戏谑、滑稽等黏性特征，选用人物具有舆论热度或争议性等名人效应，运动员傅园慧比赛后接受采访时阳光、欢快、夸张的神态表情，制作成视觉模因之后，迅速风靡社交媒体，成为舆论热点，突破百万的关注度，其微博一天之内粉丝超过两百万。视觉模因是虚拟空间交际的产物，主体凭其直觉和创造力，在社交过程中模仿、复制和传播，调适视觉模因的效果，这种效果和大脑结构有关。

二、大脑结构有利于处理视觉模因

视觉线索利用启发式方法，使大脑能够以比检索文本更快的速度检索记忆中与图像相关的信息。神经认知研究证实，人脑主要是一个图像处理器，其感觉皮层远远大于其文字处理中心，大部分感觉皮层用于视觉处理，而不是用于文字处理（Kouyoumhjian，2012）。因此，图像可以给主体以直接冲击，使大脑感受到强烈的情绪氛围（王晓晖，2020）。例如，视觉模因的戏谑化特征表达主体无法直言的情绪，影射对公共事件的立场，暗示对现实的看法，宣泄不满情绪。例如，"我太难了"视觉模因的制作和传播与主体在现实中受挫有关，表达主体对现实的无力与不满。

图像信息理解和验证快。实验证明，图像信息被验证的速度更快（Holyoak，1973）。理解图像信息不需要在记忆中搜索大量的背景知识和语义结构，推理努力更简单，一般情况下无须演绎推理，因此，理解图像信息的速度快，响应图像信息的速度相应就快。帕维奥（Paivio，1971）指出，理解图像信息时，视觉系统使用并行处理方式，处理图像信息的速度快，而言语信息在本质上是听觉和发音上的信息，因此只能串行处理，处理速度慢。图像的编码复杂程度低于文字信息的编码程度，图像信息更容易快速理解。图像释义丰富、浮动、不确定，从而使任何人都可以围绕图像符号来构造并理解意义，在参与文化中，主体的观看和理解方式发生了变化，面对大量的信息及其表征体系，主体需要快速获得意义和快感，视觉模因的图形信息正迎合了这一需求。

三、图像表征优于语义表征

视觉模因由感知信息组成，传达的信息比视觉模因结构本身的表面信息多。这种凭直觉感知的信息说明，处理图像信息比处理文本信息时间少，能够快速传达复杂的概念（Lang，1979：496-512）。大卫·基拉斯（David Kieras）的实验证明，图像表征在记忆存储和处理速度上优于语义表征。例如，像"平行四边形"的基本知觉概念和知觉关系，要比纯粹的语义概念和语义关系，例如，"两组对边分别平行的四边形"，能够更长久地保留在记忆中，而且主体能够快速存储和检索图像所表征的信息（Kieras，1978：532-554）。再如，用视觉模因"友谊的小船说翻就翻"表征友谊关系，直观形象地说明当代个体意识的强化，个性的彰显和主体的独立意识所导致的人际关系的脆弱，当代年轻群体对友谊的感受和处理方式等信息，比用文字论证友谊的主题更直观，更具有说服力，而且主体的理解更轻松，更节省时间，更容易理解友谊这一抽象概念。

图像直观，容易感知，比语言更容易识别和辨认，图像的感知信息比言语的编码信息更具有说服力，这就是所谓的"有图有真相"。例如，女排队员发达的腹肌线条图片，直观地说明中国女排为夺取世界冠军所付出的刻苦努力和自律精神，图像中的冗余连接能够补偿信息的遗忘，与中国女排相关的其他图像信息使主体不容易遗忘中国女排的付出和努力。西蒙（Simon，1972）的研究表明，感知表征中的画面直观而又快捷地表征图像信息，使图像具有直观化、形象化特征，具有感染力和吸引力，便于理解，说服力强，对于读者来说可信度高。2020年年初，钟南山院士乘坐高铁的餐车到武汉，这一视觉图片具有很强的感染力，令人难忘，具有强大的传播效果。图形信息的感知和理解效率高，在存储和记忆处理上比语义表征更持久。

四、图像信息适应信息传播的认知规律

心理图像理论认为，媒介信息能够影响主体大脑中世界的固有图像，主体在接收、处理新信息时会参考以前所建构的图像信息。心智与时空和主体之间、自然现象和情感等因素之间有一种互动特点，主体体验事物的效果取决于心理图像。兰格（Lang）的研究表明，图像刺激或激发情绪，情感刺激的图像表征（例如蜘蛛）能够激活已存储信息的联想网络，信息网络与现实生活中的实际体验所激活的信息重叠，图像具有激活生理和行为反应系统的能力（Lang，1987）。想象的刺激和真实的刺激在感知信息上重叠，想象与刺激物的相互作用引起与真实刺激相关的情绪反应，想象与刺激物的相互作用就是一种"就像真的一样"的模板，用于重复和修正对现实生活中相同刺激物的情绪和行为反应（Lang，1977）。视觉模因以一种直观形象的方式帮助形成心理意象，在心智积累的图像结构基础上获取交际意义，在主体之间的心智和情感领域形成相似的行为反应能力，产生相似的认知、观念和说服力。由此可见，心智所建构的视觉认知特性是参与文化主体的认知动因。认知心理学把图像视为"预期大脑"（prospective brain）的核心组成部分（Schacter，Addis & Buckner，2007），即想象力与记忆力依赖相同的神经机制，预期大脑以先验知识和对过去经验的记忆来模拟假设的未来事件，进行预测和计划（Moulton & Kosslyn，2009）。视觉模因具有引起认知和情感反应的能力，使主体不仅能够感受丰富的语义和情感信息，也能够感受视觉模因的合理原因和后果。

技术可能越来越强化了对启发式方法的依赖，使消费者有可能不深入思考，而凭直觉和感受接受信息。视觉领域的研究表明，无论是喜欢还是反感的情绪暗示，都在大脑中优先处理（Gerdes，Wieser & Alpers，2014）。情绪反应能够从潜意识中引发出来，这表明主体尚未意识到原因，态度和行为就会受到影响（"Association for Psychological Science： Cause and Affect： Emotions Can Be Unconsciously and Subliminally Evoked"，*Science Daily Review*）。情感唤起信息的黏性以及图像在激发这些情感反

应时产生的有效性，形成文本传播手段所没有的信息传播功效，视觉模因能够在不知不觉中激发和操纵情绪。科学家认为，由于人类已经进化出对图像信息刺激做出快速而无意识的反应，因此我们在没有充分意识的情况下，能够对情绪事件做出反应。而且由于自然选择，人类能够自动检测诱发情感的特定图形信息。神经影像学和单细胞记录研究的结果提供了越来越多的证据，表明图像具有激活神经网络，协调自主神经系统反应，参与情绪处理和激发情绪反应的能力。克雷曼（Kreiman，2000）认为视觉模因以一种戏谑游戏的方式进入主体的情感领域，其轻盈有趣的风格符合心智所建构的寻求快乐并避免痛苦的基本原则，心智会主动接受这一信息刺激，生成一种"持续性的自反思维"（Scott，1994），实现感性消费向理性思辨的转化，最终使启发式思维进一步发展为理性的思考和持久的说服作用。

有效的交际技巧包括视觉表情语言、语气声调和交际内容，具体来说，交际=55%的视觉表情语言+38%的语气语调+7%的交际内容（Mehrabian，1971：44）。营销研究表明，视觉图像在互联网迅速发展（Kim，2015），超过80%的传播内容很快将成为视觉内容，视觉内容在消费者参与度方面已经超过文本内容（Mawhinney，2017）。图形信息吸引的读者数量多于图形信息周边的文本信息，这说明主体选择在认知上容易处理的信息，而不选择在认知上不容易处理的信息。主体喜欢图像和共享图像的频率是其他类型的互联网内容的3倍。图像会大大增加准确遵循指示的可能性，如果配有图像，遵循指令的效率会达到300%；而且图像能够显著提高信息保存率，配有图像的信息保存时间比单独呈现的信息保存时间长。视觉模因已经成为交际生活和传播信息的强大工具，表达和接受视觉模因信息已经成为互联网时代的一种认知能力、表达手段和生存工具。

第五节
网络模因的多维度研究

参与文化是传播学家亨利·詹金斯（Henry Jenkins）提出的概念，指各种内容共享平台使社会、团体和个体与社交媒体相互作用，文本、图像、视频和音频等内容的生产者同时是消费者，用户共同参与互联网信息的创建和消费，信息表达和传播表现出与传统文化完全不同的形态。

我们把"模因"定义为主体有意识共享的，具有共同特征的信息及/或组合信息。在参与文化中，信息的扩散在本质上是模因的传播。模因以分散的、不分层的和基于用户的模式传播，推动了使用媒体的个体、群体和社会的心态、行为和规范。"传播"指网络用户创建、复制和扩散信息，形成参与者共享的文化体验和认同。我们以类型学方法，研究模因传播的"主题、内容、形式和立场"维度。

一、国内外相关研究的学术史梳理

20世纪70年代，一些生物哲学家和生物行为学家开始用生物学方法研究文化持续和系统传播的可能性，其中道金斯提出"模因"概念。进入 Web 2.0 时代以来，网络模因规模化传播，模因概念得到社会和学术界的认可和接受。《韦氏词典》在给出第一个定义大约20年之后，给出了模因的第二个定义：在社交媒体上大量传播的有意义的信息，或者纯粹娱乐的信息，或者是表达这些信息的体裁。

目前，国内研究模因传播的成果比较多，但是，大部分成果主要集中在模因传播的现象、重要性和影响上，具体的传播力、规律和策略研究尚不多。应用模因研究国际传播能力建设虽然有一些成果，但是，尚未出现专著形式的成果。对参与文化所要求的模因传播的类型学研究，其成果更少。国内对网络模因的特征有大量的研究，但是，以多维层次研究模因的传播力，以加快中国国际传播能力建设的研究成果相对较少。但是，近十年来，国内关于模因传播的丰富研究成果，为本研究提供了大量的基础资料。国外对模因的传播研究相对比较深入，对模因特性进行了具有前瞻性的研究，例如，一些学者、智库和政府机构把模因的传播能力应用于国家安全、国际传播和国家形象建设等方面。但是，这些研究不一定符合中国国际传播的具体特征和实际需求，需要甄别、选择吸收和利用。总体来看，国外对模因传播力的学理分析比较完整，理论研究相对系统，从意识形态、符号学和互文性等多角度研究模因的传播力，立意比较高远，例如，从观念传播到社会整体和个体视角来研究模因的传播力。近两年来，相关专著陆续出版，这为本研究提供了系统的资料。

国外学者、有关国家政府部门和智库，已越来越重视在数字时代和参与文化语境下利用模因的传播力，以构建国际传播体系，建构并维护国家形象，努力改变国际受众的价值观和信念，以朝对其有利的方向发展。所以，模因应用于传播研究发展很快。但是，国内的研究还相对滞后，研究内容有些单一，只集中于话语和图像的模因传播及其重要性等方面，研究范围相对狭窄。

国内研究的不足，已经制约了中国国际传播能力。我们的话语传播能力还不足以影响国际受众，例如，面对西方提出的"中国崛起的威胁"，以及2020年5月《美国对中华人民共和国战略方针》报告中提出的制度和价值观之争，以及舆论战等战略方针，给中国的国际传播提出了新的挑战。外交部前副部长傅莹指出，"在国际传播领域，我们需要增强有效传播的能力，包括鼓励和动员多元化的传播手段和渠道"，这就要求我们要深入研究参与文化中的传播规律，提出能适应参与文化特征的相应方法，进一步提升中国的国际传播能力。因此，研究参与文化语境下的模因传播现象，有助于增强中国的国际传播能力建设。以主题、内容，形式和立场的类型学方法研究模因的传播能力，是创新性研究，能够克服传统研究的局限性，研究与参与文化语境相适应的模因传播现象。研究模因的传播能力，有助于增强中国数字媒体的国际传播能力。探索受众接受信息的模因模式，很有可能为中国国际传播提供一定的启示，甚至可能修正对国际传播的传统看法和假设。可以验证模因在数字文化中的传播能力，有助于进一步完善数字技术背景下中国的国际传播体系。

研究模因传播能力，是构建国际传播的新范式和新体系的有机组成部分。可以了解参与文化语境下国际传播的规律，以制定相应的传播策略和方法。可以为加快国际传播能力建设提供对策和建议，为中国故事和中国声音的表达和传播提供具有针对性的实施途径，最终有助于为国际传播能力建设提供原则、策略和方法。有助于加快国际传播手段的建设与创新过程。探索在参与文化语境、互联网技术和社交媒体背景下，模因在主题、内容、形式和立场维度的类型学研究，是适应参与文化语境和网络传播新特征的更深入和更全面的研究。

二、参与文化和网络传播的新特征

参与文化和网络传播的新特征主要包括以下三个层次：参与文化的特征和网络传播的新规律。网络的隐性参与体系能够动员用户参与和创造信息，用户既是信息的生产者，也是信息的消费者，"参与文化"取代了传统的"消费文化"。用户成为目的性强、功利性明确、注重实用的创造性使用者群体，网络成为人人都能够对话的平台，信息越来越具有社会性。国际传播需要深入探索这些传播规律。在参与文化语境中，模因表征成为信息最重要的传播形式之一。信息具有模仿、复制、编辑和传播的模因的特征。研究模因的传播规律，是参与文化语境下国际传播能力建设的重要内容之一。应用模因传播能力，有助于加速构建国际传播的新模式。充分利用互联网技术和参与文化语境中的模因传播模式，有助于加速建设适应时代特征的国际传播能力。

三、适应数字文化传播的新要求和新方法

模因属性与参与文化。网络文化的形成方式：模因在微观层面传

播，塑造心态、个体行为和社会规范，具有宏观层面的影响力。复制方式包括模仿、转发、链接与合成。传播方式一般表现为竞争和选择。选择过程的元信息的可见性，是评估和优化传播能力建设的依据之一。主题维度一般表现在加强国际传播能力建设的题材分析、甄别与总结上。中心思想则是设计有利于国际传播能力建设的核心主题和指导原则。观念传播表现为分析题材和核心思想的有机结合模式，提炼需要传播的观念。文本内容及意识形态的研究包括研究模因及其变体的内容和意识形态的传播力。复制和传播的规律目前表现为模因在其数字周期中的迭代及其基本方式。观念、文本行为和传播策略研究则是分析这些多重信息的传播力，有助于洞察模因塑造心态、个体行为和社会规范的规律。形式维度：文本的语言、视觉、听觉形式和特征需要研究模因传播的具体形式。组织语言、视觉和听觉形式的研究侧重于模因传播的表达形式。形式表达的多重信息关注形式维度的模因传播力。立场维度侧重于交际语境反映的立场：说话者把自己定位于文本、语符、听话者和其他说话者的情形，模因及其迭代如何传播创建者和复制者的立场。话语交际立场关注传播者具有、复制者采纳的立场维度及其原因。立场维度的多重信息包括参与结构（参与者、参与权利、参与方式）、基调（传播的语气和风格）、交际功能（指称、情绪、意动、酬应、元语言和诗性功能）等反映出的保持社会联系和交际通道的方式。

　　参与文化的传播规律是网络模因研究的重点内容。参与文化主要表现在以网络技术为支撑，以传播和编辑技术为手段，以网络和社交媒体为媒介上。随着技术的不断升级换代，这是传播的发展趋势，我们需要研究这一趋势所要求的传播规律和方式。以模因的传播力强化国际传播能力既是重点，又是难点。模因在社交媒体上成为交流信息、态度、情感和立场的全新传播形式。需要深入研究如何把模因传播模式应用到国际传播能力建设的实践中。对参与文化语境中网络和社交媒体的传播研究是前沿和综合性的研究，具有挑战性。文化之间的传播效力一直是难点问题，尚未得到实质性的解决，研究这一问题具有重要的现实意义。国际传播能力一直困扰着相关部门，模因的传播力研究有助于解决这一问题。

四、把握参与文化中国际传播能力建设的影响因素

分析参与文化中模因所体现的国际传播能力的维度的相关规律。分析模因在国际传播能力建设中的制约因素，传统传播模式和模因传播模式有机结合的可能性和具体路径。研究参与文化中模因的国际传播能力建设的机制和应用的一般规律。研究利用模因传播能力的方案、效用评估机制和优化措施。

模因传播是参与文化语境中信息生成和传播的主要途径，能够补充网络传播学术思想的相关内容，有助于拓展网络国际传播理论。有助于把国际传播能力建设中的模因传播理论进一步结构化和系统化。研究网络模因的传播特性，有助于研究模因传播和相关技术支撑的关联性，可以作为加强国际传播能力建设策略和方法的依据。在参与文化的生产和消费模式下描写、解释和分析模因的多维传播力，能够比较深入和相对完整地研究模因的国际传播能力。模因表征是网络和社交媒体的主要传播方式，要占领网络和社交媒体等传播阵地，就需要研究模因的传播力。研究方法和内容包括文献分析、历史分析、类比分析、案例分析、交叉移植、比较借鉴和系统创新等，方法要富于逻辑性、条理性和综合性，有助于系统、全面和科学地研究模因传播的理论和实践。已有国内模因传播研究主要针对政策、原则和重要性等范畴，理论分析和实践应用研究相对不足，笔者认为研究模因传播力建设有助于进一步加强网络和社交媒体国际传播的理论和实践，而模因传播力的研究涉及传播学、语言学、文化和心理学等领域，是科学和人文相结合的交叉学科研究，理论解释力比较强，应用范围广泛。

第六节
小结

　　表情包视觉模因是主体在参与文化中交流情感和表达态度的一种全新话语模式，其核心信息是由个体模仿、编辑、复制、共享和传达意义的图像，以幽默和戏谑等方式释放情感，反映社会现实。视觉模因表现主体的创造性和想象力，形成技术、文化和主体之间相互作用的复杂关系。针对视觉模因信息表征和传播优势的此项研究发现，图像信息的区分度和黏性特性使图像信息具有与文本信息不同的特性。神经认知和认知心理学研究发现，大脑结构有利于处理图像信息，视觉模因符合信息传播的认知规律，理解和验证快，优于语义表征，因此，互联网视觉模因的传播表现出快速增长的趋势。

　　网络模因的复制和传播研究有助于解决中国国际传播的实际问题，理论研究和应用研究有机结合，具有实践价值，有助于为国际传播能力建设提供比较翔实的理论依据和应用策略。是适应参与文化语境的复杂系统和复杂环境特征的传播现象研究，具有现实性和针对性，在国际传播和争取国际认同方面具有应用价值。

　　对模因的多维度研究，能突破模因的传统传播力研究的局限性，有助于深入和全面研究模因传播的规律。研究模因的传播力对个体与群体心理、行为的影响方式和程度，能够洞察参与文化中的传播规律，以推进国际传播能力建设研究。

第八章

模因理论与外语教学

　　从某种程度上看，外语学习中的母语迁移是母语文化模因的强势表现形式。在文化进化的连续体中分析母语迁移的根源和本质，以母语迁移的发生发展过程探索母语迁移的基本解决原则和相对系统的学习方法，这是因果和过程相结合的研究，具有方法论上的合理依据，研究结果也能够相对系统地指导目标语学习。在因果关系研究中，分析文化进化的语言、哲学、生活二元观和遗传等因素对目标语学习的制约作用，在一定程度上就能发现母语迁移产生的必然性，最终产生解决母语迁移问题的文化、心理和知识动力，这是培养学习者发挥主体性，学习适应和建构能力的基础。适应性和建构性是解释母语迁移过程研究的理论基础。在培养学习者适应和建构能力的过程中，研究适应目标语学习的认知原则和基本方法，建构目标语学习的新型伦理关系，有助于从文化根源上认识母语迁移现象的本质，最终采取适合目标语学习的比较系统的原则和方法，逐步解决制约目标语学习的一些问题。

第一节
母语负迁移的模因进化成因

从文化进化维度研究母语迁移现象，是因为对待不同语言文化的态度和方式，是在文化进化中长期积淀的一种潜意识的认知表征，表现为一种复杂的和根深蒂固的学习态度和学习行为，这些学习态度和学习行为就是特定文化中的模因（文化基因）行为，对目标语学习具有伦理导向作用，在认知模式上亟须适应目标语的规律，更需要建构适应目标语学习应有的变化。研究母语负迁移的文化维度，不是由于理论上的紧迫性，而是亟须解决目标语学习中的实际问题：对待不同语言文化的态度和行为，是一种潜意识的行为，反映目标语学习的伦理导向和认知模式，这种导向和模式制约目标语学习。

由于母语群体成员的压力、语言文化差异、语言相对论所指出的母语对目标语认知的制约等因素都表明，母语社会文化因素影响目标语的学习。因此，学习目标语"需要研究多种视角，包括学习者自身的文化视角"（Curtis，1998：137），而且，"意识到母语自身的假设、偏见、定型是能够积极地和目标语群体交流以及向目标语学习的第一步，这个过程是跨文化学习的本质"（Martins，2008：203）。学习者的行为和态度在形成目标语能力方面起着重要的作用（Pawlak，2012：242；Gardner，1991：45；Lambert & Tucker，1972：217），因为"价值观的自然倾向直接制约目标语学习的程度，对其他群体的自我中心性倾向和态度决定学习者是否能学好目标语"（Gardner & Lambert，1972：3），同时"在认知层面上，语言既反映学习者的社会文化定位，又由于把现有概念和语言范畴具体化，从而使母语中心性合法化；在社会层面上，通过图像、表征和范畴等级体系，权威话语通过社会和政治效应使母语中心性具体化"（Alejandro，2011），其结果必然是"母语中心性倾向越严重，对其他群体和文化以及整体世界文化的理解就越差"（Hinenoya & Gatbonton，2000：226）。学者对日本学生英语学习的研究表明，"母语中心性是相关影响因素"（Reischauer，1981：36，Miller，1982：15）。斯洛宾（Slobin，1996：89）等指出，母语的语法范畴会影响选择言语中必须表征的经验范畴的方式，基于母语的世界观会影响到目标语学习。麦克威尼（MacWhinney，1992：378）指出，母语迁移不是一个简单的一般过程，而是学习者探索所有可能的迁移路径的语言学习的一般方法。当某一迁移路径被阻塞时，学习者会探索另一条路径，当所有传输路径都被阻塞时，学习者要么放弃，要么等待新信息。因此，初学者总是试图构建基于母语结构的目标语解释。从质性研究来看，学界公认目标语学习具有母语群体成员的压力、语言文化差异、语言相对论所关注的母语对目标语认知的制约等客观因素，这些因素都影响目标语的学习。因此，学习目标语"需要研究多种视角，尤其要研究学习者自身的文化视角"（Curtis，1998），而且，"意识到母语自身所具有的假设、偏见、刻板印象和定型，是能够积极地和目标语群体交际的前提，也是向目标语学习的第一步，这个过程是跨文化学习的本质"（Martins，2008）。从这一本质来看，学习者的学习态度和学习行为在形成目标语能力方面起着重要的作用（Pawlak，2012），具体表现在"价值观的自然倾向直接制约目标语学习的程度，对其他群体的自我中心性的倾向和态度，是决定学习者能否学好目标语的关键因素"（Gardner，1972），因为"在认知层面上，语言既反映学习者的社会文化定位，又由于把现有概念和语言范畴具体化，从而使母语迁移合法化；在社会层面上，通过图像、表征和范畴等级体系，权威话语通过社会和政治效应使母语迁移具体化"（Alejandro，2011），结果必然是，"母语迁移现象越严重，对其他群体和文化以及整体世界文化的理解就越差"（Hinenoya，2000）。从语言自身来看，斯洛宾（1996）等指出，母语的语法范畴会影响如何选择言语中必须表征的经验范畴，基于母语的世界观会影响目标语的学习。简言之，母语迁移是学习者语言学习的初始基本方法，这一方法是在下意识地探索所有可能的迁移路径。如果某一迁移路径被阻塞，学习者会探索另一条路径。如果所有的迁移路径都被阻塞，学习者要么放弃，要么等待新的信息。因此，初学者总是试图构建基于母语结构的目标语解释。如果这种基于母语的解释形成学习习惯，学习者浑然不知其以外语学习的危害，这种学习观所表现的学习方法就固化在学习者的大脑中了。

国内学者蔡金亭等指出，母语负迁移一直是目标语学习研究无法回避的一个问题。随着目标语学习的逐渐深入，学习者会不可避免地受到母语加工机制的影响，很难将母语与目标语加工机制区分开来（蔡金亭、苏海琳，2019：20）。母语和目标语之间的类型差异以及由此导致的母语负迁移是我国学生学习外语时不可回避的影响因素（李锡江，2019：116）。语言迁移除了语言结构和意义的影响之外，"还包括语言之外因素的影响，如思维模式、文化传统、社会历史等方面"（彭程、鲍珍，2017：56）。综上来看，外语界对母语负迁移的影响具有一致的看法。虽然外语界对母语负迁移的实证影响研究成果很多，但对语言之外的文化影响因素的研究很少，有学者已经指出，"国内二语习得界重视实证研究，而疏于理论提升的现状"（蔡金亭、李佳，2016）。本章尝试分析母语负迁移影响目标语学习的文化因素和解决途径。

对母语迁移现象的研究，实证主义能够提供实在和准确的结论，但是实证主义把社会非人性化、把人完全客观化的研究方法，却难以洞察结论之后的规律和学习者在规律中的作用。而大部分质性研究基本上还是囿于语言文化本身的研究，尚无从其他维度探索来解释这一复杂现象的成果。本章从文化进化的适应和知识建构的方法论视角，来探索解决母语迁移问题的一些原则和方法，以培养学习者发挥主体性的适应和建构能力。笔者从文化进化和相对固化的过程中，分析母语语言文化因素制约目标语学习的本源及本质，这是把母语迁移现象置于文化进化时空的溯源性研究，分析学习者受到的母语制约和限制因素。在溯源的基础上，探索学习者对目标语学习的适应和建构能力的可能路径，这是前瞻性研究，因此，研究具有连续性和整合性，以历史为依据，以当下为起点，研究学习者塑造目标语学习能力的发展潜力。这是联结过去、现在和未来的复杂性研究，具有历史、科学和现实依据，能够解释和澄清制约目标语学习中母语制约的一些问题。把因果和过程研究结合起来，这和传统的母语迁移研究有所不同，对目标语学习应该具有方法论上的合理依据和比较系统的指导性，是具有一定程度的创新性研究。

在文化进化过程中，自我中心性是社会化过程的自然结果，是群体成员认知的最基本标准和参照框架，进化于群体成员的潜意识中，是一种本能行为，有其形成的必然性。"隧道视野"（tunnel vision）正是自我认知局限性的形象说明，即以个体的有限经验假设目标语的学习，而且学习者没有意识到目标语学习的"假设"性质，假设的实质是没有理解目标语的语言文化，在母语的认知惯性作用下，无意识地认为母语的经验在目标语语境中正确或者适用，进行类推式的目标语学习，"不知不觉地把英文当作和中文差不多的东西看待，不知不觉在那里比附……只见其同不见其异"（吕叔湘，2005）。由于文化在本质上的不可通约性，在逻辑上的相互排斥性和自成体系性，对目标语的"假设"不能反映目标语的内在规律。但是，假设现实的"自然"基础是人的正常行为，也是一种无意识的进化行为。已有的经验是自我"现实"的基础，是认知和期待的前提，因为已有的认知和经验模式能够产生预期的结果。所以，"每个人在某种程度上都具有自我中心性的倾向……不可能没有人不具有这种倾向"（Gudykunst & Nishida，1994）。其结果是，"对目标语文化理解有限，从而影响目标语学习的能力"（Montgomery，2001）。自我中心性具有产生的必然性，这一必然性具有文化进化的以下根源。

第一，语言符号是母语迁移形成的物质基础。语言符号是以社会约定俗成的方式进化的过程，语言在使用者之间引起联想，概念的形成是所指。能指与所指的关系体现约定俗成的强制性，以二元结构思考语言的意义，思考的基础是特定群体共有的认知模式，能指和所指关系的改变，即意义的形成和变化，也是群体约定俗成的结果。能指和所指的意指过程是特定群体的知识、记忆、事实和理念的相对秩序的进化过程，只要出现意指作用，符号的意义则可能会改变。意义的生成和交际是学习者之间的互动行为，在文化内部，相互作用表现不同心灵的共同特征，这个共同特征是文化内部学习者之间的交际行为。心灵的共同性和共享性表现为不同心灵之间的交际和传播，是语言学习者之间的主体间性的体现。能指和所指的概念在特定群体的使用过程中，成为群体成员共同的经验，积累在特定社会的"知识库"中，由群体成员共同使用。因此，在意义生成、变化、交际和使用过程中，约定俗成、共享认知模式和共同特征的内核都是学习者母语特征的表现形式。如果没有有意识的适应行为，那么，这些表现形式会不可避免地迁移到目标语的学习中。

第二，主客分离是母语迁移现象的哲学基础。"主客二分"是知识产生和形成的指导原则，笛卡尔以降的哲学家认为，人是客体的拥有者和支配者，根据物质世界现象组成部分的排列和运动，客观世界的现象由学习者来解释，社会、语言和文化是学习者认知和解释的客观实在。那么，既然不同群体成员支配不同的客观世界，不同群体成员以其特定的认知方式理解特定社会，结论自然而然是，不同群体的社会和人文知识在进化中表现为不同的形式和结构，因为不同群体认知的基础是已有的经验和其表现形式，即特定群体以母语语言所表达的知识，把这些母语知识应用到目标语学习中，如果没有有意识的适应态度和建构行为，那么和母语相关的这些知识会迁移到目标语的学习过程中。

第三，生活的二元冲突观是母语迁移的现实基础。主客二分以对立方式看待现实世界，以对错、好坏等二元绝对标准评判现实生活，这些二元评价标准在进化中形成于特定文化群体的环境中，其基础必然是特定群体的语言和文化的中心性表现方式：现代精神或现代性的表现特征之一是二元论，由此产生了一种激进的自我中心主义伦理观（格里芬，1998：156）。在这一伦理观中，自我经验和自我群体的价值观是观察和学习的基础，具体表现为："我们生活的基础是有目的的自我解释和对生活的解释，我们甚至认为没有必要寻求解释，也没有必要有意识地了解这些解释是什么"（Christopher & Bickhard，2007），这在目标语学习中表现为以根植于母语文化的，预先习得的信念和价值观进行跨语言文化的价值判断，学习者自身的社会知识强化了自我中心性。既然特定群体的自我中心性的基础是社会知识，结果必然是社会知识在文化上和特定群体联系在一起。不同群体之间社会知识的标准，不同时代同一群体成员之间认知模式的差异，就是一种客观存在。由此可见，母语迁移具有现实和知识基础，因此具有特定文化的参数，不是所有人都能以相同的方式"学习"不同的语言和文化，生活的二元冲突观，使母语文化的参数自然而然地迁移到目标语的学习过程之中。

第四，人类优先使用自己经验过的知识是基于遗传的特征。自我中心性是人类的心理共性，在人类心灵中存在大量的可能是遗传的普遍规律。"所有文化都具有自我中心性的倾向，自我群体成员在判断其他群体成员的经验时，文化倾向于教授其成员使用自我文化的范畴；人类优先使用自己经验过的知识是自然的、先天的和基于遗传的特征"（Lustig & Koester，2006）。人类学家也注意到人类认知是由进化而产生的这一普遍规律，认为这些规律使人类的心灵以某种方式"能够而且愿意思考"（Brown，2004），并且以自我中心性的不同方式"倾向于预先产生反应"（Wrangham，2004）。人类学家和心理学家赫希菲尔德（Hirschfeld，1998）的实验表明，"人类心灵中有一种专门处理人类信息的机制，种族认知寄生于用于其他目的的机制上"。还有实验表明，"遗传和环境影响个体的特征，无论是政治态度还是生理特征，基因—文化的相互作用是理解态度和行为来源的关键（Alford、Funk & Hibbing，2005），而"行为常常是由行为者自身没有自觉意识到的力量所塑造的"（McDermott，2004），从而使"习得行为转化成了本能行为"（Breland & Breland，1961）。母语迁移就是这样一种本能行为，是由学习者没有意识到的习惯和行为所支配的一种自然学习行为。

综上所述，母语迁移是一种无意识的自然行为，表现为一种文化倾向，具有普遍性，表现在语言的使用过程、知识产生和形成的哲学方法论、对社会生活的基本态度和知识与文化的进化过程中，因此有其形成的历史性和必然性，由于母语文化的惯性和导向性质，表现在目标语学习中则具有规范性、约束性和局限性。在目标语教学中，这是教师和学习者首先要意识到的基本问题。只有意识到这一基本问题，才能进一步探索母语迁移的本质。

第二节
心智转换是语言模因的适应策略

母语迁移的基本表现是"假设"目标语的学习，认为目标语和母语学习具有相同的认知过程和学习方法。具体来说，学习者本能地使用母语认知模式，运用母语价值观对目标语进行价值判断，母语知识和学习经验是目标语学习的潜意识指南。从文化进化的本质来看，这是群体的历史经验的导向功能，是语言认同形成逻辑中的信念和动力，是形成人类社会不同文化的基础，这一现象被称为种族优越感（或者种族中心主义）。种族优越感是"人类历史上形成的自然状态"（Lewis，1976：23），是"所有文化中的普遍现象"（Segall，1990：292）。在个人的一般行为上，种族优越感表现为以个体为中心的自我中心性，在目标语学习中，则表现为以自我语言和文化作为无意识的思维和学习导向，从而产生方法上的教条主义。

自我中心性是理解语言迁移的重要进化特征之一。自我中心性把个体自身所具有的语言和行为等文化实践模式置于目标语学习的中心位置，自我中心性表现为大量的歧视性态度和行为。自我中心性的本质是其规范性，具体表现为群体内部大量的社会化的规范性经验，这些经验引导群体内部的日常生活、认知和学习秩序，从而形成对待其他群体的导向性和规范性行为，这是每一种文化教会人类思考和理解的方式，具有制约目标语学习的必然性，因为学习者"沿袭他们没有明显意识的规律，并且假设目标语中的客观规律，这种假设是由母语文化所影响而形成的，最终必然塑造目标语学习者的心理模式"（Keesing，1974）。文化在本质上就是一个过滤器，目标语受到母语文化的过滤，学习者所接收到的信息和最初发送的信息不同。作为符号系统的活动，目标语学习过程充斥着大量的母语语言文化的杂音，是以学习者自我为中心的对话，学习者无意识地把母语学习方法视为目标语的学习方法，不能有意识地扩大自己的文化视角，或者看不到和母语不同的语言文化实践，从而对目标语学习产生局限性。

方法上的教条主义是以自我为中心的意识形态的结果（Reid，1995）。教条主义"在任何地方，心灵遵循自我设置的标准，作为确定真理的方式"（Polanyi，1962：268）。教条主义认为，知识要接受经验的检验，因此，只能在自我传统参照框架的基本结构内部学习知识："默契和求知热情，相同语言文化传统，同质社会的密切联系，这些因素都是塑造人类种族优越感的本能倾向，我们依赖这种倾向掌握知识。任何学习、理解和推理能力，无论多么具有批判性和创造性，都脱离不了这样一个参照框架"（Polanyi，1962：266）。因此，方法上的教条主义制约形成能够适应于目标语学习的变化，在教条主义的认知方式下，由于把母语特点迁移在目标语中，从而在目标语中人为强行推行了母语的语言文化秩序，产生母语迁移问题。

从文化进化的本质来看，语言文化是人类在进化过程中形成的稳定的社会秩序和认知结构。在目标语学习中，这种社会秩序和认知结构通过跨文化学习来传递，以语言为介质。从表面看，语言之间的差异是学习者表征观念系统的语言载体形式上的差异，但是，从本质上来看，语言之间的差异是环境、意识和行为之间的差异，最终形成不同的社会秩序和认知结构。在不同语言的学习中，由于所进化的信念和观念系统的制约，这些特征和独特性具有其独立的作用方式，反过来塑造学习者对于他者语言文化的理解框架，具体表现在不但塑造学习者对于目标语的预期，还塑造学习者对于目标语学习方法的预期，从而有可能持续引导学习者按照所习得的母语习惯和表达方式来学习目标语。所以，母语迁移在本质上是特定语言文化所形成的认知和学习结构在目标语学习中的无意识的转移，只有认识到母语迁移的进化特征、历史根源和局限目标语学习的制约因素，才能认识到解决母语迁移问题在目标语学习中的迫切性，才能有转化目标语学习策略的动机和动力。

母语迁移现象在本质上是目标语学习和母语学习类比的过程。这一类比是大多数目标语学习者与其母语环境的相互作用所形成的必然结果，表现为以"隧道视野"的狭窄、单一视角来学习目标语，学习者始终以母语的规律作为学习目标语的参照规律，看不到目标语自身的规律及其表现形式。鉴于这一表现形式，笔者把适应定义为学习者能够有意识地观察和学习目标语的基本特征，不断纠正母语对目标语学习的消极影响，逐步掌握目标语学习所需要的原则和方法的过程。适应目标语所带来的变化是目标语学习者基本态度的变化，其理论基础是戈弗雷-史密斯（Godfrey-Smith）的方法适应论，把这一方法适应论应用在目标语学习中，学习者掌握目标语学习系统的最佳方式是"寻找适应和良好设计的特征，适应是进化研究的一个很好的'组织概念'（organizing concept）"（Godfrey-Smith，2001）。方法适应论是关于工具能够提高效率的方法，学习者对目标语的特征和规律，即"良好设计的特征"的解释可能正确，也可能不正确，但是，应用方法适应论是找到特征和规律的真正因果解释的最直接的方法。如果以目标语的规律来寻找目标语的学习方法（即工具），那么，母语特征的迁移会不断减少，母语迁移会逐渐丧失对目标语学习的制约和影响力。应用方法适应论还可以进一步认识到，目标语的规律和由"隧道视野"所得出的目标语学习方法之间的明显差异，是对目标语学习的预测和学习方法不当所带来的差异，因此，就需要认真总结目标语的正确学习方法。

把目标语的正确学习方法视为适应性变化的"组织概念"，那么，在母语语言文化环境中学习目标语，学习者必须有意识地培养不断适应目标语语言文化的自觉意识，把适应性作为目标语学习的基本要求，才能逐步建构目标语学习的指导原则和具体方法。因此，本章并不仅是简单地分析因果关系，而是把因果关系和过程分析相结合，这样能更好地体现目标语学习所需要的适应过程，从而使学习者不断调整所需要的变化。

适应性带来的必然结果一定是有意识地建构目标语的学习过程。具体来说，在教师的指导下，学习者需要建构学习规范和期待与目标语学习的相关性和一致性，由于母语迁移对目标语学习的制约性，因此有必要建构一个发展视角。结构人类学认为，文化进化是多元的，不同文化具有不断融合的可能性。如果我们能够把现有秩序和形式视为主体性、意向性和个体信奉一个价值体系的问题，那么秩序和形式则是学习者的个体意愿和自由意志的表达。我们把这一观点应用在目标语学习中，改变目标语的约束力和规范性就是学习者的一种主观意愿，具有主观上的有效性，目标语学习所需要的变化，则更多地体现为学习者发挥主体能动性的一种态度。

人类学的这一观点是目标语学习从无意识到有意识建构的基础。我们需要把对母语迁移的不同表现形式放在具有客观性和主观性的连续体上，把语言文化的不同和变化视为建构客观因素和主观因素的过程。知识建构的主观特性在今天已得到学术界的普遍认可，因为知识建构是有意识的人类活动，"是一种人类产品，或者更准确地说，是一种持续的人类生产过程"（Berger，1966：52）。而特定群体的知识一向是过去的经验和将来的期待的合成物。对知识的认同是由时间意识的两种构成意向所推动的，胡塞尔将这两种意向称为滞留（retention）和前摄（protention），通俗地说，就是记忆和期待。记忆和经验有关，期待和目的、价值观、规范有关。根据记忆的个体或群体的利益，记忆改变和记忆相关的过去，这是由于和记忆的合成产生的期待效应。期待不仅是学习者的愿望和目的，学习者还必须以自己的经验去适应这种愿望和目的。以发展的视角来看待知识的建构性，对于学习者来说，建构性就是建构目标语学习的规范和期待。由于规范、经验、价值观、事实和想象力充满张力的相互作用与不断结合，就可以不断建构目标语的规范和期待与目标语学习的密切相关性，这是人类学习和变化的力量所表现出的适应性，在不断建构而形成变化的环境和条件下，心灵力图与自我以及不同群体的关系相适应，并最终尽可能达到某种程度的一致性。知识的建构特性就是不断克服母语迁移消极影响的理论基础之一。

帕珀特（Papert）关于学习的建构主义（constructionism）是目标语学习建构观的直接理论基础。建构主义学习观关注的是学习方法的重要性，在帕珀特的建构观中，学习方法也被称为学习的艺术。母语和目标语在不同语境中形成和变化，学习者的感受以及感受的表达是至关重要的技巧，因此是一门艺术，因为这种感受及其表达可以让学习者分享对目标语学习的认知，学习者对目标语的认知也影响教师的思路和教学方法，知识的学习基于情境和语境，感受及其表达影响学习者的自主学习过程，帕珀特指出，"更好的学习不是来自为教师找到更好的指导方式，而是来自给学习者提供更好的建构机会"（Papert，1993：3），这种教育观就是建构主义。学习者不断建构目标语的规范和期待与目标语学习的密切相关性，学习者实际上同时在头脑中构建目标语的知识，这些新知识使学习者在一个自我强化的知识循环中，建构更复杂、更系统和更全面的关于目标语的规律，从而吸收更多的目标语知识。

文化的适应性在本质上表现为学习能力。适应性是推动人类行为和态度变化的力量，因此，适应性能够使学习者不断培养对目标语的适应能力，同时能够不断地认识母语自身的规律，从而使学习者具有心智转换（mindshifting）的能力，心智转换是学习者能够完全控制自己思想和行为的能力。心智转换是学习者调整和转换他们对目标语学习的假设、信念和思维的方式与方法，以适应目标语的学习过程。在目标语学习中，文化适应表现为学习者改变态度和视角，以适应目标语言和文化，逐渐具有相应的视角和实践的进化过程。学习者应该足够灵活，以不断习得的目标语语言文化知识为基底，适应目标语学习所需要的变化。如果学习者具有文化适应的能力，而且有意识地不断培养自己的学习能力，他们就会抓住机会，迎接挑战，并乐于发现目标语学习的新方法。适应性能够强化学习技能。

文化适应促进对目标语的观察式学习。观察式学习是能够提供选择优势的复杂的适应过程。社会学习加上个体的选择学习，使学习者不断积累选择优势和经验，棘轮效应使目标语知识不断累积，最终形成学习者自身所特有的复杂类别和范畴，这反过来促进学习者的多语言文化视角，从而形成以语言文化平等观为内在价值观的行为和态度，建构使学习者有目的、有针对性的学习目标语，文化适应使学习者在观察式学习中不断培养对目标语的适应能力。文化适应的方式之一是模仿，模仿能够使学习者进行选择学习和累积改进。学习者不断理解和积累目标语群体在意义和功能上的特定表达方式，文化适应能力最终表现为学习者的学习能力。文化适应的大多数机制使用语言或者习得行为与不同群体交际，从而使观念、语言和行为彼此吸收，不断融合，产生新的语言表达形式、新的观念和新的行为。吸收和融合有助于学习者从母语中心性过渡到平等的语言文化价值观。

语言文化的平等观是学习伦理和认知模式转换的基本原则。鉴于母语迁移所内在的自我中心性特征，在跨越语言和文化差异时，学习者应该以平等原则指导其学习伦理和认知模式的建构和适应过程，这样，差异便丧失区分语言文化的传统力量。母语认知的经验和约定俗成的母语价值体系是学习伦理和认知视角适应和建构的最基本的问题，如果把平等原则应用于学习伦理重构和认知模式重塑的过程中，就能形成承认差异的原则，平等原则从而成为一种平衡原则，这有助于培养学习者具有多语言文化视角，用恰当的视角理解不同语言文化，学习者会逐步具有开放的心态，不对目标语进行价值判断，视目标语和母语为平等的，但却是不同的语言系统。

以平等态度学习目标语，多重视角和价值观是基础。首先，学习者需要评估是否对目标语进行假设和价值评判，观察相同或相似的概念在不同语言的语境中是否有不同的意义和功能，不断检查和反省是否把母语学习伦理和价值观无意识地应用于目标语学习中，这有助于学习者有意识地培养学习伦理和认知模式的转换能力，在目标语学习中控制、约束自我中心性的无意识价值观，逐步形成多重视角和价值观。其次，需要培养分析不同意义和功能的能力，尤其分析母语和目标语在相似语境中的概念和交际情景。人文性、社会性是意义的本质属性，意义的多维性表现在语言的社会结构和功能结构层面，理解能指意义、蕴含意义在母语和目标语中的差异，辨识两种语言结构的形态和价值观，感知不同语言反映的不同社会秩序，这些都应该成为目标语学习的多重目标。最后，不同语言文化的相似或差异是语言学习的理性知识基础，以平等的态度分析、理解和接受不同语言中的语言文化现象，以所习得的目标语语言文化规律来把握与持续指引目标语的学习，即理解母语和目标语文化的来源、进化过程和不同特色，同时能够自主决定如何适应新的语言文化环境。

学习者需要重视偶然性的作用。偶然性是学习目标语的契机，偶然性有可能塑造并改变目标语学习的过程和结果。从偶然性中发现错误，修正错误，根据偶然性所揭示的语言文化规律，不断调整目标语学习的态度、观念和动机，从纠正错误中学习。一旦以母语来假设所形成的合理性假象被打破，已习得的学习方法和实践会受到质疑，从而促使学习者更加理性地思考，并评估已经习得的学习方法和习惯，把感性认识逐步发展成目标语学习的内在图式结构，并随时接受理性认识的修正。这种渐进的逻辑修正方法，能够使学习者以不断试错的方式，寻找解释语言文化差异的策略和方法，随之自然是视角和价值观的多元化，从而不断积累正确的学习策略和方法。

母语和目标语的双重参照框架是学习者的最终目标。学习者不断培养心智转换的能力，那么，目标语学习是持续的建构和适应过程，不断建构母语和目标语的双重参照框架，并同时不断适应这种双重框架，应该能使学习者在语言学习中认识并体会自我适应和建构的无穷潜力。以平等互补的原则，而不是以母语迁移的内在冲突视角来对待不同语言文化的认知和学习模式，学习者会不断地适应目标语，并建构目标语学习的新模式和新方法，尝试目标语学习的新的可能性，从而使单调乏味的纯粹语言学习过程，能够转化为语言、历史、文化和社会知识等多元系列知识的学习过程，不断学习在不同文化语境中，对相似语言文化和社会问题的不同处理方法，这是全方位理解目标语社会的语言和文化机制的过程。语言文化学习的多样性自然具有适应性，经验语言文化的方式越多，就有越来越多的语言文化知识资源，满足文化上的适应性。由于不断地适应，目标语知识越来越固化，人类经验生活的种种可能性就会展现在学习者面前，这是更好地体验和强化不同语言文化的方法论的基础。

第三节
模因视角是外语学习的策略建构起点

在分析了母语迁移在人类社会进化中产生的必然性，理清其主要进化特征，并提出纠正母语迁移的消极影响的理论基础和一般原则之后，笔者最后讨论模因视角有助于解释母语迁移现象的基本策略。

第一，学习者需要分析自己的目标语的实际现状和存在的问题，现状和问题是母语文化中习焉不察的模因行为，这也是培养理性学习技能的前提。反思母语迁移的学习伦理和认知模式的根源与逻辑，认识语言之间假设和类比的局限性，分析无意识使用的判断标准是否合理。语言哲学和跨文化交际理论应当成为指导目标语学习的基础理论，理解对词法、句法和意义等语言共相的哲学思考方法，学习关于语言的逻辑关系和验证方式的基本规律，理解语言的本质，语言与现实的关系等与目标语学习相关的哲学规律，从而能够全面认识目标语学习中存在的偏见。以跨文化交际理论为指导，辨识不同文化群体在交际方式上的相似和差异之处，学习在特定语境中有效交际的方法，学习者不断调整与不同文化背景的主体交际的方式。基础牢固的理解和学习并不是完全没有偏见，而是认可和控制偏见，以培养全面的理解能力和学习技能。技能的培养就是不断探索和积累方法的过程，这一过程在本质上就是学习目标语的适应过程。

第二，通过跨文化比较，培养不同语言文化互补的视角和方法。目标语学习的基本方法是比较和对比，借此认识不同语言现象之间的相互关系和作用方式，通过跨文化比较，比较不同群体的各种语言和文化因素，评估母语和目标语文化中语言文化的相似性或多样性，以理解影响人类经验的种种因素，从而使目标语学习者具有相对完整的理解视角，逐步纠正母语中心性的惯习，最终具有相对全面的语言文化理解能力，并同时积累和掌握与目标语学习有关的预测性知识和技巧。

在语言学习中，跨文化比较和对比在某种程度上能够更多地揭示学习者的母语视角，价值观和认知模式是客观了解母语语言文化的发展历程和自我特征形成的过程。只有在认识、理解并自觉反思母语和目标语文化的基础上，不断探索和适应不同语言的学习方法，才能观察和理解不同语言文化的基本秩序和表现方式。一旦开始理性的比较母语和目标语的不同特点和表现方式，转换视角和认知模式就有了现实基础，控制偏见，采取语言平等观就有了动机需求。

观察目标语的特征和规律。观察是细察和体会目标语的结构和表达方式，并分析认知视角和学习方法是否适应目标语的过程。一旦能够培养语言文化比较和对比的意识，就能保证在母语和目标语之间建立一种客观关系，以比较所发现的差异，来验证自我的假设是否合理。开放的心态，对母语的中心性惯习保持清醒的认识，不断培养心智转换的能力，这些都是观察和比较的前提。观察和比较目标语和母语的语法与词汇等细节知识，保持一种质疑的心态，从而保证对观察和比较结果的解释可信，对目标语特点和模式的思考和描写应该全面翔实。观察和比较有助于强化学习者的适应能力和建构能力，并培养心智转换的灵活性。

第三，在目标语学习中学习应用人类学的主位和客位方法。从主位视角来看，学习者要努力从目标语的视角来理解目标语及其话语实践的主体意义，以足够详尽的方式，描述目标语的细节，纠正由于文化差异造成的理解偏差。具体来说，用目标语的观念体系和意义解释目标语使用者的经验世界，学习目标语规定意义的方法，以目标语确定事物的方式来理解目标语的意义和范畴，以目标语的观念体系和意义解释态度和行为，以目标语的使用方式解释难以理解的结构和概念，以目标语所使用的逻辑分析来阐明概念，理解假设和偏见。探索文化差异的构成是学习其他文化的基础（Mahoney & Schamber，2004）。客位视角则需要客观地分析目标语，以目标语学习的相关理论和概念来理解和把握目标语，以语言学理论解释目标语及其表达的因果关系，解释学习者在目标语学习中所表现出来的以母语为导向的学习行为和学习方式，认识语言差异是一种自然存在。以主位和客位视角学习目标语，是以交互式的分析方法探索目标语的一些内在的共同规律，从而逐步形成目标语学习的比较系统的方法。

第四，学习目标语反映行为和环境的适应功能。语言形成并存在于特定的社会文化环境中，语言表现社会结构和社会功能的机制，是一种利用语言这一有限手段表现意义的无限应用。特定意义在特定的生活领域才具有功能，这有助于理解目标语群体适应环境、社会和心理等的挑战，而且有助于理解人类的生存和发展有很多不同但有效的方法，因此，学习语言的意义和功能就是学习语言的社会文化属性。虽然学习者不可能经验目标语群体的一切知识或经验，也不可能完全理解目标语群体。但是，可以培养一种功能上的理解能力，并且达到这样一个目标：在控制偏见的前提下，全面理解的知识和信念在目标语中是正确的，这是不断深入学习目标语的有效基础。

第五，用正确的意识和方法论指导目标语学习。学习者需要努力摈弃意识形态和方法论上的教条主义，在目标语学习中，尽可能有意识地和母语社会的日常生活和价值观保持一定的心理距离，系统学习和接受目标语的价值观，同时有意识地培养区别母语和目标语价值观的能力，这在本质上表现为培养目标语的学习能力。跨文化语用学具有方法论上的重要性，因为理解语言符号和使用者的关系，学习不同语言群体对意义建构方法的不同期待和感知模式，学习语言在使用中的意义建构和理解，尝试对跨文化语用中产生差异的原因做出科学合理的解释，这不仅是对传统目标语学习方法的一种补充和完善，而且能够使学习者深入到不同语言、语用学习者的最隐秘的文化和认知结构中，从而最大限度地理解目标语语言。

第四节
小结

种族优越感在个体层面表现出的自我中心性，是每一个民族及其成员在其历史中进化的核心文化，在积极意义上表现为民族的凝聚力，也表现为语言在特定民族中的号召力和动员力量。正因为如此，在目标语学习中，则需要学习者清醒地认识母语迁移对目标语学习的制约和影响因素。从笔者的教学实践来看，这不是一个容易实现的目标。但是，通过文化适应和知识建构，经过足够长时间的观察和比较，学习者能够逐步发现目标语社会在历史上进化的语言模式和所反映的各种权利形式，即其"客观结构"，和母语并不相同。目标语学习实际上是学习目标语的种种社会经验之间的关系，这种感受最初可能是朦胧模糊的，需要一个逐步清晰和深化的过程，如果能够达到这一步，则是一个良好的开端，要取得和目标语使用者基本相同的感知能力，这是学习者长期的目标和任务，语言教师应该积极研究如何帮助学习者努力接近这一目标。

参考文献

[1] ABLONKA E, LAMB M. Evolution in four dimensions: genetic, epigenetic, behavioral and symbolic variation in the history of life [M]. Cambridge: MIT Press, 2005.

[2] ALEJANDRO A. Ethnocentrism in ir: interest and aversion of our discipline for the study of cultural reflexivity [C]. The Conference Proceedings of Third Global International Studies Conference. Porto: 2011.

[3]ALFORD J,FUNK C,HIBBING J. Are political orientations genetically transmitted? [J]. American Political Science Review, 2005 (2).

[4] ALVAREZ A. Memetics: an evolutionary theory of cultural transmission [J]. Sorites, 15:24-28.

[5]ATRAN S. The trouble with memes: inference versus imitation in cultural creation

[J]. Human Nature, 2001(4).

[6]AUNGER R.Darwinizing culture: the status of memetics as a science [M].Oxford: Oxford University Press, 2000.

[7]AUNGER R.Darwinizing culture: the status of memetics as a science [C].Oxford: Oxford University Press, 2000.

[8]AUNGER R. The social science encyclopedia[Z]. Routledge, 2005.

[9]AUNGER R. The electric meme: a new theory of how we think[M]. New York: Free Press, 2002.

[10] AYALA J, ARP R (Eds). Contemporary debates in philosophy of biology[C].Chichester: Wiley-Blackwell, 2010.

[11] BECHTEL W. Mental mechanisms: philosophical perspectives on cognitive neuroscience[M]. New York: Routledge, 2007.

[12]BENZON W.Culture as an evolutionary arena[J]. Journal of Social and Evolutionary Systems, 1996, 19(4).

[13] BERGER P. The social construction of reality: a treatise in the sociology of knowledge [M]. Garden City: Doubleday, 1966.

[14]BLACKMORE S.Consciousness in meme machines[J]. Journal of Consciousness Studies, 2003, 10(4-5).

[15] BLACKMORE S. Memetics does provide a useful way of understanding cultural evolution[C]. Chichester: Wiley-Blackwell, 2010.

[16] BLACKMORE S. The meme machine [M]. Oxford: Oxford University Press, 1999.

[17] BLEVINS J. Evolutionary phonology: the emergence of sound patterns[M]. Cambridge: Cambridge University Press, 2004.

[18]BLOCK M.A well-disposed anthropologist's problems with memes [A].Oxford: Oxford University Press, 2000.

[19] BOECKX C. Biolinguistics: a brief guide for the perplexed [J]. Linguistic Sciences, 2011(5).

[20] BOREL A. Mathematics: art and science [J]. Mathematical

Intelligencer, 1983(4).

[21] BOTSMAN R. Who can you trust? how technology brought us together and why it could drive us apart [M]. New York: Penguin, 2017.

[22] BOYD R& RICHERSON J. The origin and evolution of cultures [M]. Oxford University Press, 2005.

[23] BRADLEY W. The discursive power of memes in digital culture: ideology, semiotics, and intertextuality[M].London: Routledge, 2020.

[24]BRELAND K & BRELAND M. The misbehavior of organisms [J]. American Psychologist, 1961, (11).

[25] BRODIE R. The virus of the mind: the new science of the meme [M]. London: Hay House, 2009.

[26]BRONOWSKI J. Science and human values[M].London: Faber and Faber, 2011.

[27] BROWN D. Human universals, human nature, human culture [J]. Daedalus, 2004(4).

[28]CAMPBELL D. Variation and selective retention in socio - cultural evolution [C].Cambridge: Schenkman Publishing Company, 1966.

[29] CARR L, IACOBONI M, DUBEAU M. Neural mechanisms of empathy in humans: a relay from neural systems for imitation to limbic areas [J].Proceedings of the National Academy of Sciences of the United States of America, 2003, 100(9).

[30] CHESTERMAN A. Memes of translation: the spread of ideas in translation theory [M]. Amsterdam and Philadelphia: John Benjamins Ltd, 1997.

[31] CHESTERMAN A. Memetics and translation strategies [J]. Synapse, 2000(5).

[32]CHESTERMAN A. Teaching strategies for emancipatory translation [A].John Benjamins: Amsterdam/Philadelphia, 2000: 77-89.

[33]CHESTERMAN A. The view from memetics [J]. Paradigmi, 2009,

27(2).

[34] CHILEANS K. The viral aspects of language: a quantitative research of memetic selection criteria[D].Unpublished master's thesis, Vrije Universiteit Brussel, Brussels, Belgium, 2003.

[35] CHRISTOPHER C & BICKHARD M. Culture, self and identity: interactivist contributions to a metatheory for cultural psychology [J].Culture & Psychology, 2007(3).

[36] CONTE R. Darwinizing culture: the status of memetics as a science [C].Oxford, England: Oxford University Press, 2000.

[37] CROFT W. Explaining language change: an evolutionary approach [M].London: Longman, 2000.

[38] CSIKSZENTMIHALYI M. The evolving self[M].New York: Harper Collins, 1993.

[39] CURTIS A. Creating equally responsive curriculum: making race matter [J].The Clearing House, 1998(3).

[40] DARWIN C. Descent of man [M].Princeton: Princeton University Press, 1981.

[41] DAWKINS R. A devil's chaplain [M].Boston: Houghton Mifflin, 2003.

[42] DAWKINS R. Climbing mount improbable [M].New York: W. W. Norton & Company, 1996.

[43] DAWKINS R. Forward in blackmore, the meme machine [M]. Oxford: Oxford University Press, 1999.

[44] DAWKINS R. The blind watchmaker [M]. New York: Norton & Company, 1986.

[45] DAWKINS R. The selfish gene [M]. Oxford: Oxford University Press, 1976.

[46] DAWKINS R. The selfish gene, 30th anniversary edition [M]. Oxford: Oxford University Press, 2006.

[47] DAWKINS R. Dennett and his critics: demystifying mind [C]. Oxford: Blackwell, 1993.

[48] DE SOUSA SANTOS B. The future of the world social forum: the work of translation[J]. Development, 2015, 48(2): 15-22.

[49] DELIUS D. The nature of culture [C]. Bochum: Bochum Publications, 1989.

[50] DENNETT D. Darwin's dangerous idea [M]. London: Penguin, 1995.

[51] DENNETT D. Memes and the exploitation of imagination [J]. The Journal of Aesthetics and Art Criticism. 1990, 48(2).

[52] DISTIN K. The selfish meme: a critical reassessment [M]. Cambridge: Cambridge University Press, 2005.

[53] DREYFUS L. & DREYFUS E. Mind over machine [M]. Oxford: Blackwell/New York: The Free Press, 1986.

[54] DZIUBALSKA K. Phonology without the syllable [M]. Poznan: Motivex, 1995.

[55] EYSENCK M. Levels of processing in human memory [C]. Hillsdale: Erlbaum, 1979.

[56] FAUCONNIER G. & TURNER M. Conceptual structure, discourse and language[C]. Stanford: CSLI Publications, 1996.

[57] FINKELSTEIN R. Presentation Military Memetics Tutorial [DB/OL]. https://www. Docdroid. Net/3qeoyme/Presentation-Military-Memetics-Tutorial-13-Dec-11-Pdf.

[58] FOGASSI L. The mirror neuron system: how cognitive functions emerge from motor organization [J]. Journal of Economic Behavior & Organization, 2011: 77.

[59] FRYE N, BAKER S& PERKINS G. The harper handbook to literature [M]. New York: Harper & Row Publishers, 1985.

[60] GALLESE V, ROCHAT M & BERCHIO C. The mirror mechanism

and its potential role in autism spectrum disorder [J]. Developmental Medicine & Child Neurology, 2013:55.

[61] GALLESE V, ROCHAT M, COSSU G& SINIGAGLIA C. Motor cognition and its role in the phylogeny and ontogeny of action understanding [J].Developmental Psychology, 2009(1).

[62]GARDNER R, LAMBERT W. Attitudes and motivation in second-language learning [M].Rowley: Newbury House, 1972.

[63]GELL-MAN M. The mind, the brain and complex adaptive systems [C].Boulder: Westview Press, 1995.

[64]GELL-MAN M. The evolution of human languages, sfi studies in the sciences of complexity[C].Proceedings, Reading, 1992.

[65]GELL-MAN M. Language acquisition, change and emergence[C]. Hong Kong:City University of Hong Kong Press, 2005.

[66] GENTNER D, RATTERMANN J & FORBUS D. The roles of similarity in transfer: separating irretrievability from inferential soundness[J]. Cognitive Psychology, 1993, 25(4).

[67] GERDES A, WIESER M & ALPERS G. Emotional pictures and sounds: a review of multimodal interactions of emotion cues in multiple domains[J]. Front, Psychol, 2014:1351.

[68] GIDON A, ZOLNIK T, FIDZINSKI P, BOLDUAN F. Dendritic action potentials and computation in human layer 2/3 cortical neurons [J]. Science, 2020:6473.

[69] GIESEA J. It's time to embrace memetic warfare [J]. Defense Strategic Communications: The Official Journal of the NATO Strategic Communications Centre-of Excellence, 2015(1).

[70] GODFREY - SMITH P. Adaptationism and optimality [M]. New York:Cambridge University Press, 2001.

[71]GOODENOUGH O & DAWKINS R. The 'st jude' mind virus[J]. Nature, 1994:371, 6492.

[72]GREENO G,COLLINS M & RESNICK B. Handbook of educational psychology[C].New York: Macmillan Library Reference USA,1996.

[73]GUDYKUNST B & NISHIDA T. Bridging japanese/north american differences[M].Thousand Oaks:SAGE,1994.

[74]HALLIDAY M A K. An introduction to functional grammar (2nd ed.)[M].London:Edward Arnold,1994.

[75]HALLIDAY M A K. An introduction to functional grammar [M]. London:Edward Arnold,1985/1994.

[76]HALLIDAY M A K & HASAN R. Cohesion in english (1st ed.) [M].London:Routledge,1976.

[77]HALLIDAY M A K.System and function in language[M].London: Oxford University Press,1976.

[78]韩礼德.功能语法导论[M].彭宣维,赵秀凤,张征,等,译.北京: 外语教学与研究出版社,2010.

[79] HAYES N. Foundations of psychology [M]. Andover: Cengage Learning EMEA,2000.

[80]HERBERT A,SIMON W. Cognition in learning and memory [C]. New York:Wiley,1972.

[81] HEYES C. Tinbergen on mirror neurons [J]. Philosophical Transactions of the Royal Society,2014.

[82] HEYLIGHEN F, CHILEANS K. Encyclopedia of complexity and systems science[C].Larkspur:Ramtech Limited,2009.

[83] HIRSCHFELD A. Race in the making: cognition, culture& the child's construction of human kinds [M].Cambridge:The MIT Press,1998.

[84]HRISTOVA S. Visual memes as neutralizers of political dissent[J]. Triple C,2014,12(1).

[85]HULL D. Are species really individuals? [J].Systematic Zoology, 1976:25.

[86]HULL D. Individuality and selection [J].Annual Review of Ecology

& Systematics 1980:11.

[87]HULL D.Science as a process: an evolutionary account of the social and conceptual development of science [M]. Chicago: The University of Chicago Press,1988.

[88] HULL D. Taking memetics seriously: memetics will be what we make it [C].Oxford:Oxford Univ. Press,2000.

[89]JABLONKA E, LAMB M. Evolution in four dimensions: genetic, epigenetic, behavioral and symbolic variation in the history of life [M]. Cambridge:MIT Press,2005.

[90]JAN S. The memetics of music: a neo - darwinian view of musical structure and culture[M].Surrey: Ashgate,2007.

[91]JENKINS H, ITO M. Participatory culture in a networked era: a conversation on youth, learning, commerce, and politics [M]. Cambridge: Polity,2015.

[92] KEESING R. Theories of culture [J]. Annual Review of Anthropology,1974(1).

[93]KEITH H. The role of imagery in the evaluation of sentences [J]. Cognitive Psychology,1973,4(1).

[94]KELLER R. On language change: the invisible hand in language [M].London:Routledge,1994.

[95]KIERAS D. Beyond pictures and words: alternative information - processing models for imagery effects in verbal memory [J]. Psychological Bulletin,1978,85(3).

[96]KIM L. 16 Eye - popping statistics you need to know about visual content marketing [DB/OL]. https://www. inc. com/larry-kim/visual-content-marketing-16-eye-popping-statistics-you-need-to-know.html.

[97]KIMIKO H & GATBONTON E. Ethnocentrism, cultural traits, beliefs, and english proficiency: a japanese sample [J]. The Modern Language Journal,2000(2).

［98］KOUYOUMHJIAN H. Learning through visuals: visual imagery in the classroom［J］.Psychology Today, 2012.

［99］KREIMAN G, KOCH C, FRIED I. Imagery neurons in the human brain［J］.Nature, 2000:408.

［100］KRESS G. Sociolinguistics and social semiotics［C］.London & New York:Routledge, 2001.

［101］KRESS G, LEEUWEN T VAN.Reading image—the grammar of visual design［M］.London and New York:Routledge, 2006.

［102］KUPER A. If memes are the answer, what is the question?［C］. Oxford:Oxford University Press, 2000.

［103］LAKOFF G & JOHNSON M. Metaphors we live by［M］.Chicago: University of Chicago Press, 2003.

［104］LAKOFF G & JOHNSON M. Philosophy in the flesh—the embodied mind and its challenge to western thought［M］. New York:Basic Books, 1999.

［105］LAKOFF G. Image metaphors［J］.Metaphor and symbolic activity, 1987(3).

［106］LANG P. A Bio - informational theory of emotional imagery［J］. Psychophysiology, 1979, 16(6).

［107］LANG P. Image as action［J］.Cognition & Emotion, 1987, 1(1).

［108］LANG P. Imagery in therapy:an information processing analysis of fear［J］.Behavior Therapy, 1977, 8(5).

［109］LANIER J. On daniel c. dennett's 'the evolution of culture'［DB/OL］.http://www.edge.org/documents/archive/edge53.html.

［110］LARRY L, FERGUS J, CRAIK I. Effects of elaboration of processing at encoding and retrieval: trace distinctiveness and recovery of initial context［M］.Hillsdale:Erlbaum, 1979.

［111］LASS R. Historical linguistics and language change［M］. Cambridge:Cambridge University Press, 1997.

［112］LEE T & WANG D. Translation in the time of #COVID-19［C］. New York：Routledge,2022: 1-11.

［113］LEECH G. Semantics: The Study of Meaning［M］. London: Penguin Books,1974.

［114］LEWIS M. Social Anthropology in Perspective: The Relevance of Social Anthropology［M］.Harmondsworth：Penguin,1976.

［115］LIND W, THIELE G. 4th generation warfare handbook［M］. Kouvola：Castalia House,2015.

［116］LINDA S. Images in advertising: the need for a theory of visual rhetoric［J］.Journal of Consumer Research,1994,21(2).

［117］LUICK K,ET AL. Historische grammatik der englischen sprache - primary source edition［M］.BiblioBazaar：Nabu Press,2014.

［118］LUSTIG W & KOESTER J. Intercultural competence: interpersonal communication across cultures［M］.New York：Harper Collins,2006.

［119］LYNCH A. Thought contagion: how belief spreads through society ［M］.New York：Basic Books,1996.

［120］MACWHINNEY B. Transfer and competition in second language learning［C］.Amsterdam：North Holland,1992.

［121］MADANI M. Visual cultures as world forming［M］. Berlin: Sternberg Press,2020.

［122］MAHONEY S & SCHAMBER F. Exploring the application of a development model of intercultural sensitivity to a general education curriculum on diversity［J］.The Journal of General Education,2004,53(3/4).

［123］MALANCHARUVIL J. Projection, introjection, and projective identification: a reformulation ［J］.The American Journal of Psychoanalysis, 2004(2).

［124］MAMELI M. The selfish meme: a critical reassessment［DB/OL］. Notre Dame Philosophical Review,2005(9), http://ndpr.nd.edu/review.cfm? id=4001.

[125] MARSDEN P. Brand positioning: meme's the word[J].Marketing Intelligence & Planning,2002,20(5).

[126] MARTINS, F. Learning to live together: the contribution of intercultural education[J].European Journal of Education,2008(2).

[127] MARX, KARL & ENGELS, FEDERICK. The manifesto of the communist party[M].Ohio: Erythrós Press and Media,2010.

[128] MAWHINNEY J. 42 Visual content marketing statistics you should know in 2017 [DB/OL]. https://blog. hubspot. com/marketing/visual-content-marketing-strategy.

[129] MCDERMOTT R. The feeling of rationality: the meaning of neuroscientific advances for political science [J]. Perspectives on Politics, 2004(4).

[130] MCGRATH A. Dawkins' God: genes, memes, and the meaning of life[M].Oxford:Blackwell,2005.

[131] MEHRABIAN A. Silent messages[M].San Francisco: Wadsworth Publishing Company,1971.

[132] MEYER E. Re-localization as micro-mobilization of consent and legitimacy[C].London & New York:Routledge,79–89.

[133] MEYERS R. Encyclopedia of complexity and system science[Z]. New York:Springer,2009.

[134] MIDGLEY M. Why meme? [C].London:Cape,2000.

[135] MONTGOMERY W. Creating culturally responsive, inclusive classrooms[J].Teaching Exceptional Children,2001,Mar-Apr(4).

[136] MOULTON S & KOSSLYN S. Imagining Predictions: Mental Imagery as Mental Emulation [J]. Philosophical Transactions of The Royal Society B:Biological Sciences,2009,(364)1521.

[137] MUFWENE S. Language evolution: contact, competition and change[M].London:Continuum,2008.

[138] MUFWENE S.The ecology of language evolution[M].Cambridge:

Cambridge University Press,2001.

[139]NETTLE D. Functionalism and its difficulties in linguistics and biology[C].Amsterdam:John Benjamins,1999.

[140]NETTLE D.Review of nikolausritt selfish sounds and linguistic evolution:a darwinian approach to language change[J].Journal of Linguistics, 2007(43).

[141]NETTLE D. Review of watts miller "durkheim,morals and modernity" [J].Journal of Linguistics,2007:43.

[142]NEWMARK P.About translation[M].Shanghai:Shanghai Foreign Language Education Press,2006.

[143] NEWMARK, PETER. A textbook of translation [M]. Shanghai: Shanghai Foreign Language Education Press,2001.

[144]NORÉN K & LINELL P. Meaning potentials and the interaction between lexis and contexts. Pragmatics[J].Pragmatics,2007,17(3):387– 416.

[145]O'BRIEN S,CADWELL P & LOKOT T. Parallel pandemic spaces [C].New York:Routledge,2022:62–77.

[146]O'REILLY T.Imagery and comprehension latencies as a function of sentence concreteness and structure[J].Perception & Psychophysics,1971, 10(6).

[147]PAPERT S. The children's machine:rethinking school in the age of the computer [M].New York: Basic Books,1993.

[148] PAWLAK M. New perspective on individual differences in language learning[M].New York/London:Springer,2012.

[149]PINKER S.The language instinct:how the mind creates language [M].New York:Harper Collins,1994.

[150]PITTS - TAYLOR V. I feel your pain:embodied knowledges and situated neurons [J].Hypatia,2013:4.

[151] POLANYI M. Personal knowledge towards a post - critical

philosophy[M].Chicago:University of Chicago Press,1962.

[152] PROSSER M. Memetics—a growth industry in us military operations[DB/OL].https://apps.dtic.mil/dtic/tr/fulltext/u2/a507172.pdf.

[153] REID M. President's message: Let's put the "T" back TESL/ TEFL programs'[J].TESOL Matters,1995(5/6).

[154] RICHERSON P, BOYD R. Not by Genes Alone: How Culture Transformed Human Evolution [M]. Chicago: University of Chicago Press, 2005.

[155] RITT N. Agents or vehicles? the role of speakers in directing linguistic evolution [DB/OL]. http://wa. amu. edu. pl/plm_old/2010/files/ Abstracts/PLM2010_Abstract_Ritt.pdf.

[156] RITT N. Language change as evolution: looking for linguistic "genes"[J].Vienna English Working Papers,1995(1).

[157] RITT N. Memes and language [Z]. Cambridge: Cambridge University Press,2014.

[158]RITT N. Quantity adjustment:vowel lengthening and shortening in early middle english[M].Cambridge:Cambridge University Press,1994.

[159] RITT N. Selfish Sound and Linguistic Evolution: A Darwinian Approach to Language Change[M].Cambridge:Cambridge University Press, 2004.

[160] RITT N. What language change can tell us about the mental organization of linguistic competence [DB/OL]. http://csjarchive. cogsci. rpi. edu/proceedings/2005/docs/p2547.pdf.

[161]RORTY R. Philosophy and the mirror of nature [M].Princeton: Princeton University Press,2009.

[162] ROSSETTI J. Deconstruction, rhetoric, and Economics [C]. Boston:Kluwer and Neijhoff,1992.

[163]SALINGAROS N & MIKITEN T. Darwinian processes and memes in architecture: a memetic theory of modernism [DB/OL]. http://www. math.

utsa.edu/ftp/salingar.old/Darwinian.html.

[164]SCHACTER D, ADDIS D & BUCKNER R. Remembering the past to imagine the future: the prospective brain [J].Nature reviews Neuroscience, 2007,8(9).

[165] SCHERMER L. Mirror neurons: their implications for group psychotherapy[J].International Journal of Group Psychotherapy,2010:4.

[166]SEGALL H. Cross-cultural psychology: human behavior in global perspective[M].Monteray: Pergamon Press,1990.

[167] SHIFMAN L. Memes in a digital world: reconciling with a conceptual troublemaker[J].Journal of Computer-Mediated Communication, 2013,18(3).

[168] SIMON H, CHASE W. Perception in chess [J]. Cognitive Psychology,1973(4).

[169]SLANE M,LUSK G,BOOMER B,HARE E. Social cognition,face processing, and oxytocin receptor single nucleotide polymorphisms in typically developing children [J]. Developmental Cognitive Neuroscience, 2014:9.

[170] SLOBIN D. From "thought and language" to "thinking for speaking"[C].Cambridge: Cambridge University Press,1996.

[171] SMITH P, DISESSA A& ROSCHELLE J. Misconceptions reconceived: a constructivist analysis of knowledge in transition[J].Journal of the Learning Sciences,1993(3).

[172]SPERBER D. An objection to the memetic approach to culture[C]. Oxford:Oxford University Press,2000.

[173] SPILLANE P, REISER J & GOMEZ M. Policy implementation and cognition: the role of human, social, and distributed cognition in framing policy implementation[C].Albany:State University of New York Press,2006.

[174]STEIN J. Random house webster's unabridged dictionary[Z].New York:Random House,2005.

［175］STEINER G. After babel—aspects of language and translation ［M］.Shanghai：Shanghai Foreign Language Education Press，2001.

［176］STEPHENSON N. Snow crash［M］.NY：Random House，1992.

［177］STERELNY K. Memes revisited［J］.The British Journal for the Philosophy of Science，2006.

［178］TOURY G. Descriptive translation studies and beyond ［M］. Amsterdam and Philadelphia：Benjamins，1995.

［179］VAN DIJCK J & ALINEJAD D. Translating knowledge，establishing trust the role of social media in communicating the covid - 19 pandemic in the netherlands［C］.New York：Routledge，2022：26–43.

［180］VENUTI L. The scandals of translation：towards an ethics of difference［M］.London：Routledge，1998.

［181］VERMEER，HANS J. Translation and the "meme" ［J］.Target，1997,9(1).

［182］VINAY J, DARBELNET J. Comparative stylistics of french and english：a methodology for translation ［M］. Amsterdam：John Benjamins Publishing Company，1995.

［183］VINAY J & DARBELNET J. Stylistique comparée du Français et de l'Anglais［M］.Saint-Nazaire：Didier Scolaire，1958.

［184］WAI SIM LAU D. Chinese stardom in participatory cyberculture ［M］.Edinburgh：Edinburgh University Press，2020.

［185］WAYTZ A & P MITCHELL.Two mechanisms for simulating other minds：dissociations between mirroring and self - projection ［J］. Current Directions in Psychological Science，2011(3).

［186］WEICK E. Sensemaking in organizations ［M］. Thousand Oaks：Sage Publications，1995.

［187］WIGGINS B, BOWERS B. Memes as genre：a structurational analysis of the memescape［J］.New Media & Society，2015,17(11).

［188］WILSON E. Consilience［M］.London：Little，Brown and Company，

1998.

[189]WIMSATT W. Genes, memes and cultural heredity [J]. Biology and Philosophy,1999,14(2).

[190]WIMSATT W. Memetics does not provide a useful way of understanding cultural evolution[C].Chichester:Wiley-Blackwell,2010.

[191]WRANGHAM R. Killer species[J].Daedalus,2004,Fall.

[192]YANG G. Communication as translation:notes toward a new conceptualization of communication [C]. Cambridge: Cambridge University Press,2020:184-194.

[193]艾柯.论《共产党宣言》的风格[J].杨慧林,译.政治经济学评论,2011,2(3):166-170.

[194]安托瓦纳·贝尔曼.翻译及对异的考验[C]//谢天振.当代国外翻译理论导读.天津:南开大学出版社,2008.

[195]加里·贝克尔.一个经济学家的良知和社会责任[M].樊林洲,译.商务印书馆,2011.

[196]苏珊·布莱克摩尔.谜米机器——文化之社会传递过程的基因学[M].长春:吉林人民出版社,2001.

[197]蔡金亭,苏海琳.竞争模型框架下的语言迁移——理论与实证[J].当代外语研究,2019(2).

[198]蔡金亭,李佳.语言迁移的多维动态理论框架[J].外语教学,2016(4).

[199]曹进,靳琰.网络强势语言模因传播能力的学理阐释[J].国际新闻界,2016(2).

[200]曹明伦.英语定语从句译法补遗[J].中国翻译,2001(5).

[201]曹强.新特点、新趋势、新挑战——网络战回顾与省思[J].信息安全与通信保密,2020(1).

[202]陈榕.哥特小说[J].外国文学,2012(4):97-107.

[203]陈原.语言与人[M].北京:商务印书馆,2003.

[204]陈琳霞,何自然.语言模因现象探析[J].外语教学与研究,2006

（2）.

[205]程琪龙.语言认知和隐喻[J].外国语,2002(1).

[206]程同春.英语隐喻的思考与翻译[J].中国科技翻译,2005(2).

[207]崔鹏,王峰.当前我国国际传播面临的问题与思考[J].国际传播,2020(9).

[208]德里达,雅克.巴别塔之旅[C]//谢天振.当代国外翻译理论导读.天津:南开大学出版社,2008.

[209]董德兵.共产主义者同盟与无产阶级政党组织原则的原初形态[J].当代世界与社会主义,2018(5):77-84.

[210]董晓晨,吕丹.元宇宙视角下媒介变革对多元文化传播的影响[J].中国广播电视学刊,2002(6):30-32.

[211]杜薇.近代西方术语在中日翻译传播的路径及启示[J].上海翻译,2021(2):88-93.

[212]段漉希,李钢.恶搞历史名人现象的本质、心理和应对——以"杜甫很忙"事件为例[J].新闻世界,2012(10).

[213]樊林洲.模因理论的发展和应用综述[J].科学技术哲学研究,2015(2).

[214]樊林洲.模因论推动翻译问题研究[N].中国社会科学报,2016-2-23(5).

[215]樊林洲.文化进化的模因论透视[J].自然辩证法通讯,2015(1).

[216]樊林洲.学术模因翻译应以规范和忠实为原则[J].中国科技术语,2017,19(1):29-35.

[217]樊林洲.学术模因跨语际复制的变异和对策[J].上海翻译,2013(1).

[218]樊林洲.隐喻:经济学概念认知和推理的母体[J].福建师范大学学报(哲学社会科学版),2016(2).

[219]方凌智,沈煌南.技术和文明的变迁——元宇宙的概念研究[J].产业经济评论,2022(1):5-19.

[220]方梦之.翻译策略的理据、要素与特征[J].上海翻译,2013(2).

[221]冯伟年."外位语"结构在翻译中的运用[J].外语教学,1991(4).

[222]弗·梅林.马克思传[M].樊集,译.北京:生活·读书·新知三联书店,1965.

[223]傅莹.新冠疫情后的中美关系[DB/OL].http://www.inewsweek.cn/world/2020-06-28/ 9679.shtml.

[224]高放.世界上第一个共产党——共产主义者同盟创建启动[J].中国延安干部学院学报,2013(4):28-45.

[225]大卫·格里芬.后现代精神[M].王成兵,译.北京:中央编译出版社,1998.

[226]葛厚伟,别君华.强势网络流行语模因的传播要素与社会性[J].中国出版,2017(5).

[227]辜正坤.外来学术模因翻译与中国学术问题[J].中国翻译,1998(6).

[228]顾嘉祖.谜米学:20世纪末文化学与语言学理论体系的重大突破[J].外语与外语教学,2007(1).

[229]郭爱萍.从构词理据谈科技学术模因的汉译[J].中国科技语,2007(5).

[230]韩江洪.国内翻译策略研究述评[J].外语与外语教学,2015(1).

[231]何自然,何雪林.模因论与社会语用[J].现代外语,2003(2).

[232]何自然.语言模因与公共领域的生态环境[J].中国外语,2017(3).

[233]何自然.语言中的模因[J].语言科学,2005(6).

[234]侯丽.垄断国际话语权令美媒面临挑战[N].http://news.cssn.cn/zx/bwyc/202010/ t202015195177.shtml.

[235]侯国金.语言学学术模因翻译的原则和"三从四得"——应姜望琪之"答"[J].外国语文,2011(3).

[236]胡维佳.功能翻译理论指导下的专有名词翻译[J].上海翻译,2006(4).

[237]怀特海.思维方式[M].刘放桐,译.北京:商务印书馆,2006.

[238]黄国文.功能语篇分析纵横谈[J].外语与外语教学,2001(12):1-4,19.

[239]黄友义.如何讲好中国故事[J].公共外交季刊,2014(4).

[240]斯图尔特·霍尔.表征:文化表征与意指实践[M].徐亮,陆兴华,译.北京:商务印书馆,2003.

[241]江玉琴,李艺敏."元宇宙"的空间变革与当代思考——兼论尼尔·斯蒂芬森的《雪崩》[J].中国图书评论,2022(4):28-40.

[242]姜飞.与时俱进,守正创新:中国国际传播能力建设规划急需升级版[J].国际传播,2020(1).

[243]姜望琪.论学术模因翻译的标准[J].上海翻译,2005(1).

[244]蒋建国,李颖.网络涂鸦表情包:审丑狂欢抑或娱乐的大麻[J].探索与争鸣,2017(1).

[245]约翰·卡特福德.翻译的语言学理论[M].穆雷,译.北京:旅游教育出版社,1991.

[246]卡西尔.人文科学的逻辑[M].关子尹,译.上海:上海译文出版社,2004.

[247]蓝江.《共产党宣言》与共产党人的历史使命——21世纪对《共产党宣言》的再解读[J].学术交流,2018(3):18-25.

[248]乐黛云.跨文体之桥[M].北京:北京大学出版社,2002.

[249]李晗.英汉科技学术模因对比分析与翻译[J].中国科技术语,2018(3).

[250]李杰.元宇宙背景下的《雪崩》引文分析[J/OL].科学观察,2022-10-21.

[251]李霞,李霜燕.从"暴走漫画"看视觉审美素养教育[J].北京邮电大学学报(社会科学版),2015(4).

[252]李悦.And语用意义与翻译研究[J].西安外国语大学学报,

2007(4).

[253]李大光.全球化背景下的总体国家安全研究[J].学术前沿,2018(4).

[254]李君如.以崇高的政治使命建设中国特色话语体系[J].马克思主义与现实,2021(1).

[255]李田心.《共产党宣言》首句应该如何翻译?——论spectre在语境中的意义[J].北京师范大学学报(社会科学版),2018(3):158-160.

[256]李田心.《共产党宣言》首句翻译探析[J].科学社会主义,2015(6):131-136.

[257]李希光.在国际舆论战中建立主攻阵地[J].世界社会主义研究,2020(5).

[258]李锡江.中国学习者英语形容词词类习得研究[J].东北师大学报(哲学社会科学版),2019(4).

[259]连淑能.英汉对比研究(增订本)[M].北京:高等教育出版社,2010.

[260]梁丽,王舟.标点符号的语篇衔接功能与英汉翻译中的信息处理[J].中国翻译,2001(4).

[261]梁晓波.智能时代:催生未来语言战新边疆、新模式、新战士[J].语言战略研究,2020(1).

[262]林峰.网络青年亚文化的转向、症候及发展[J].新疆社会科学,2019(4).

[263]林铃.卡特福德翻译转换模式下的翻译过程研究[J].语文学刊,2009(5).

[264]刘涛.图像政治:环境议题再现的公共修辞视角[J].当代传播,2012(2).

[265]刘涛.新概念　新范畴　新表述:对外话语体系创新的修辞学观念与路径[J].新闻与传播研究,2017(2).

[266]刘建明.科技大国"元宇宙"观点述评[J].中国广播电视学刊,2022(6):11-17.

[267]刘建明."元宇宙"臆造的新式乌托邦——展望下一代互联网的终极形态[J].新闻爱好者,2022(2):4-9.

[268]刘兰民.汉语仿词造词类型刍议[J].修辞学习,2001(2).

[269]刘兰民.汉语修辞造词法初探[J].修辞学习,2007(1).

[270]刘润泽,魏向清.政治话语跨文化传播中的"术语滤网"效应与术语翻译策略反思——以"一带一路"话语传播为例[J].中国外语,2019(1):79-88.

[271]刘雅静."葛优躺"背后的退缩型主体——"丧文化"解读及其对策[J].中国青年研究,2018(4).

[272]刘怡玮,章军华.汉代至唐代诗歌中柳意象的审美心理嬗变[J].东华理工大学学报(社会科学版),2016(1).

[273]刘宇红.模因学具有学科的独立性与理论的科学性吗?[J].外国语言文学,2006(3).

[274]陆谷孙.英汉大词典(第2版)[Z].上海:上海译文出版社,2007.

[275]陆岷峰.关于当前我国元宇宙发展及在商业银行的应用战略[J].当代经济管理,2022(6):77-86.

[276]吕俊,侯向群.英汉翻译教程[M].上海:上海外语教育出版社,2001.

[277]吕叔湘.中国人学英语[M].北京:中国社会科学出版社,2005.

[278]马俊.国家级网络战来了[DB/OL].https://tech.huanqiu.com/article/9cakrnkmjib.

[279]马萧.从模因到规范[J].广东外语外贸大学学报,2005(3).

[280]马建辉.马克思主义文论解释学初论——关于马列文论经典文本的释读[J].黑龙江社会科学,2010,119(2):63-67.

[281]黛尔德拉·迈克洛斯基.经济学的花言巧语[M].石磊,译.北京:经济科学出版社,2000.

[282]杰里米·芒迪.翻译学导论——理论与实践[M].李德凤,译.北京:商务印书馆,2010.

[283]聂书江.全球治理下中国话语权提升的路径创新[J].甘肃社会

科学,2020(5).

[284]克里斯蒂安妮·诺德.译有所为——功能翻译理论阐释[M].张美芳,王克非,译.北京:外语教学与研究出版社,2005.

[285]平克.思想本质:语言是洞察人类知识之窗[M].张旭红,梅德明,译.杭州:浙江人民出版社,2015.

[286]平克.心智探奇:人类心智的起源与进化[M].赫耀伟,译.杭州:浙江人民出版社,2016.

[287]平克.语言本能:人类语言进化的奥秘[M].欧阳明亮,译.杭州:浙江人民出版社,2015.

[288]祁芝红,李智.中国国际传播话语体系建构的实践困境刍议[J].国际传播,2021(6).

[289]钱乃荣.论语言的多样性和"规范化"[J].语言教学与研究,2005(2).

[290]阮先玉.网络流行语模因现象的社会文化解读[J].社会科学家,2016(8).

[291]瑞恰慈.文学批评原理[M].杨自伍,译.南昌:百花洲文艺出版社,1992.

[292]邵泽鹏.马克思笔下"幽灵"之源头[N].中华读书报,2021-7-21:18.

[293]石志鸟.杨柳:江南区域文化的典型象征[J].南京师大学报(社会科学版),2007(2).

[294]石志鸟.中国杨柳题材与意象研究[D].南京:南京师范大学,2007.

[295]米哈伊诺芙娜·斯科瓦尔左娜.文化理论与俄罗斯文化史[M].王亚明,等,译.兰州:敦煌文艺出版社,2003.

[296]隋岩.从网络语言透视两种传播形态的互动[J].北京大学学报(哲学社会科学版),2015(3).

[297]汤黎."新维多利亚小说"中的文化记忆和幽灵书写[J].西南民族大学学报(人文社会科学版),2017(6):183-187.

[298]唐宏峰.套层与滑脱:表情包大战的图像分析[J].中国图书评论,2016(6).

[299]陶慕宁.青楼文学与中国文化[M].北京:东方出版社,2006.

[300]天文学名词审定委员会.天文学名词[M].第二版.北京:科学出版社,1998.

[301]王斌.密母与翻译[J].外语研究,2004(3).

[302]王立.柳与中国文学——传统文化物我关系一瞥[J].烟台师院学报(哲学社会科学版),1987(1).

[303]王寅.Lakoff和Johnson的体验哲学[J].当代语言学,2002(2).

[304]王寅.隐喻认知理论的新发展[J].解放军外国语学院学报,2006(5).

[305]王勍,俞国良.群体认同与个体心理健康的关系:调节变量与作用机制[J].心理科学进展,2016(8).

[306]王士元.语言进化的探索[C]//钟荣富,刘显亲,胥嘉陵,等.门内日与月:郑锦全先生七秩寿庆论文集.台北:中央研究院语言学研究所,2006.

[307]王士元.语言是一个复杂适应系统[J].清华大学学报(哲学社会科学版),2006(6).

[308]王维佳.中国国际传播话语体系面临的时势与挑战[J].国家行政学院学报,2017(3).

[309]王晓晖.图像语言共识的重建——互联网中介化传播中的情感补偿[J].青年记者,2020(2).

[310]王晓路.论翻译的历史文化功能:认知模式与知识谱系[J].外语教学与研究,2021,53(2):263-272.

[311]王学东.国际共产主义运动历史文献(第1卷)[M].北京:中央编译出版社,2011.

[312]王振昆.仿造词的形式及其规范化[J].汉语学习,1999(2).

[313]王志中.信息化2.0时代:技术改变战争形态[N].解放军报,2015-07-30(4).

[314]威廉·克罗夫特,艾伦·克鲁斯.认知语言学[M].邵连航,译.北京:商务印书馆,2022.

[315]魏向清,张柏然.学术摹因的跨语际复制——论学术模因翻译的文化特征及研究意义[J].中国外语,2008(6).

[316]吴建广.《共产党宣言》是"共同构建人类命运共同体"的原道——德文本《共产党宣言》"引言"之翻译与诠释[J].当代外语研究,2018(3):33-47.

[317]吴文子.《现代汉语词典》(汉英双语)随机抽样探讨[J].中国翻译,2003(5).

[318]吴泽球.汉语新学术模因构造方法的优先选择[J].中国科技学术模因,2012(5).

[319]武军仓,纪程飞.信息化条件下心理战研究综述[J].西安政治学院学报,2006(3).

[320]希科克.神秘的镜像神经元[M].李婷燕,译.杭州:浙江人民出版社,2016.

[321]夏德元.图像转向:读图时代的内容产业困局与出路[J].新闻记者,2015(6).

[322]夏家驷,时汶.模因论与人文社会科学[J].科技进步与对策,2003(9).

[323]夏蒙山,吴刚.试析美军非战争军事行动中的心理战[J].南京政治学院学报,2010(1).

[324]夏一东.战争形态发展新趋势[N].人民日报,2016-03-20(5).

[325]夏征农.大辞海[Z].上海:上海辞书出版社,2009.

[326]熊兵.翻译研究中的概念混淆——以"翻译策略""翻译方法"和"翻译技巧"为例[J].中国翻译,2014(3).

[327]许钧.翻译概论[M].北京:外语教学与研究出版社,2009.

[328]杨春华.试谈专名的翻译[J].中国翻译,1986(2).

[329]杨洋,胡近.近年来国内网络意识形态建构话语权研究述评[J].马克思主义研究,2019(2).

[330]叶浩生.镜像神经元的意义[J].心理学报,2016(4).

[331]叶子南.高级英汉翻译理论与实践[M].第二版.北京:清华大学出版社,2008.

[332]尹丕安.模因论与翻译的归化与异化[J].2006(1).

[333]喻国明.新媒体范式的历史演进与社会构建——兼论传播学学科发展的着眼点与着手处[J].现代出版,2021(4).

[334]喻云根,陈定山.英语介词汉译初探[J].中国翻译,1982(1).

[335]张婷.从语境适应论看中国国际话语权的构建[J].广西社会科学,2018(12).

[336]张莹.从觅母的角度谈异化翻译的趋势[J].深圳大学学报(人文社会科学版),2003(6).

[337]张沉香,张治英.林业学术模因译名的规范化探讨[J].中国翻译,2007(2).

[338]张德禄,刘汝山.语篇连贯与衔接理论的发展及应用[M].上海:上海外语教育出版社,2018.

[339]张德禄.论衔接[J].外国语,2001(2):23-28.

[340]张锦文.英汉学术模因翻译与双语词典编纂问题[J].学术模因标准化与信息技术,2002(4).

[341]张培基.英汉翻译教程[M].上海:上海外语教育出版社,2009.

[342]张勤,吴颖.经贸外宣资料的翻译探索[J].中国翻译,2003(3).

[343]张生祥.翻译是一种知识的管理与转化[N].中国社会科学报,2016-03-01.

[344]章宜华.浅谈外语特色词的仿造翻译法[J].学术模因标准化与信息技术,2004(1).

[345]章宜华.双语词典翻译的等值原则——兼谈双语词典翻译与文学翻译的区别[J].学术研究,2003(3).

[346]章振邦.新编英语语法[M].上海:上海译文出版社,1983.

[347]赵斓,于承州.作为"非抵抗"的狂欢:社交媒体表情包研究[J].东南传播,2017(12).

［348］赵启正.跨文化传播中的话语力问题［J］.甘肃社会科学,2020
(5).

［349］赵彦春,黄建华.隐喻——认知词典学的眼睛［J］.现代外语,
2000(2).

［350］赵长峰,吕军.近年来国内学界关于中国建构国际话语权研究
述评［J］.社会主义研究,2018(3).

［351］郑满宁.互联网表情包的流行与话语空间的转向［J］.编辑之
友,2016(8).

［352］郑述谱.学术模因翻译及其对策［J］.外语学刊,2012(5).

［353］郑元景.当代我国网络意识形态建构话语权的变迁与重构［J］.
社会科学辑刊,2015(6).

［354］中共中央文献研究室.习近平关于社会主义文化建设论述摘
编［M］.北京:央文献出版社,2017.

［355］中国人民大学科学社会主义系.国际共产主义运动史文献史
料选编(第一卷)［M］.北京:中国人民大学出版社,1983.

［356］钟玲俐.国内外模因研究综述［J］.长春师范学院学报(人文社
会科学版),2011(5).

［357］钟书能,黄瑞芳.中国英语学习者习得英语虚拟位移构式的实
证研究［J］.外语教学理论与实践,2017(1).

后　记

由于相对特殊的人生经历，在读研究生的时候，怕语言学和文学等内容太过于繁杂，没有足够的时间和精力学好，决定读翻译专业，因为自己还算有不短的翻译实践经历，自信在翻译研究上有一点儿积累。但是，重新在高校工作之后，由于所谓的科研任务，便积极撰写论文。虽然翻译方向的论文写了好几篇，但是发表的情况不是很理想，便萌发了翻译与其他方向结合的想法，想来想去，感觉自己的工作经历和文化有点儿关系，经常会思考和文化相关的问题，于是，便开始考虑和关注与文化和翻译相关的选题，阅读相关的学术文章。20多年前，模因论以其新颖的类比和形象的框架吸引了我的注意力，便开始学习和研究这一理论，学习和研究的结果主要体现为此书稿的基本内容。

现在回想，其实任何一门学科，不管是相对成熟的学科，还是新兴学科，发展到今天，都是人类文明积累的结果。新兴科学或者学科当然也不是全新的，模因论也不例外，人类文化如何进化到今天这样一种丰富多彩、纷繁复杂的形态，进化论只是一种研究思路，而模因论只是利用进化论的思路，以生物学的方法研究文化变化和进化的其中一个思路而已，当然模因论是否能够解释文化的一些问题，还有待时间来证明。我在此主要想表达的是，今天不论任何学科的学术研究，都需要有扎实的多学科知识、恰当的研究方法、长期不懈的坚持和对学术研究存有敬畏之心，才能有些许成果。我在从事模因论的研究过程中，总是感觉自己在上述几个方面有不足之处，虽经努力，总是觉得心有余而力不足，最终对学术研究产生了一种敬畏之情。

感谢兰州大学出版兰州大学哲学社会科学文库，而本书有幸被选为其中之一。在兰州大学工作的这些年里，宽松的学术环境和浓厚的学术氛围，使我能够静下心来，有相当长的一段时间，看了一些书，写了一些东西，译了几本书。

感谢何自然教授。在近年模因相关学术会议上的发言中，我发现何老师对国内模因研究的关注热情之高，关注程度之细，令我印象深刻，深受感动。何老师对学术的专注和热情，加上何老师对模因观的引进、介绍、研究和推广，以及对模因研究学者的大力支持，都是我辈等一些后来者在模因研究领域能够取得一点儿成绩的基础。因此，在本书成稿之后，虽心怀忐忑，怕给何老师增加工作上的负担，但是模因研究领域的研究成果，怎么能不请先生指正呢？怀着这种心情，我请何老师作序，先生热情答应，在此感谢何老师。

我要感谢我的妻子姜越。长期以来，她在工作的同时，默默地承担了烦琐的家务和教育孩子的大部分工作，才使我有相对充足的时间和精力投入研究工作。

最后，感谢兰州大学社科处组织和筛选文库的领导和老师，感谢审读本书的专家和学者，并同时感谢兰州大学出版社为本书出版付出辛劳的所有老师。